"十三五"国家重点图书出版规划项目

新版《列国志》与《国际组织志》联合编辑委员会

列国志

GUIDE TO
THE WORLD
NATIONS 新版

贺双荣 | *URUGUAY*

编著

乌拉圭

社会科学文献出版社

SOCIAL SCIENCES ACADEMIC PRESS (CHINA)

科尔唐迪 //四人州性 1 Bella Vista 贝亚普雷索 Gobernador Virasoro 戈亚弗拉索 王贞姆 拉贝斯 Lajas

乌拉圭议会（张昆　摄）

蒙得维的亚独立广场（乌拉圭驻华大使馆　供图）

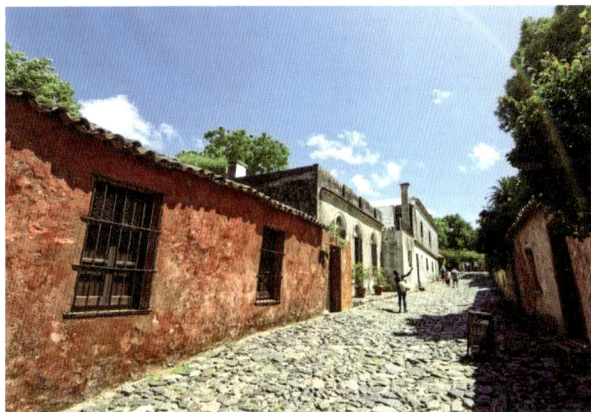

科洛尼亚的历史街区（齐群　摄）

科洛尼亚的炮台遗址（齐群　摄）

科洛尼亚的灯塔（吴雪　摄）

拉瓦耶哈的 CAMOU 城堡（乌拉圭驻华大使馆　供图）

圣佩德罗教堂（郑雪珍　摄）

世纪体育场（乌拉圭驻华大使馆　供图）

索利斯剧院（乌拉圭驻华大使馆　供图）

蒙得维的亚海边的孔子像（张昆　摄）

科洛尼亚街景（乌拉圭驻华大使馆　供图）

蒙得维的亚街景（韩欣然　摄）

埃斯特角城的人民之家（李心蕊　摄）

科洛尼亚的工艺品商店（吴雪　摄）

涂鸦（郑雪珍　摄）

穆尔加（乌拉圭驻华大使馆　供图）

乌拉圭探戈《假面舞会》（乌拉圭驻华大使馆　供图）

出版说明

《列国志》编撰出版工作自 1999 年正式启动，截至目前，已出版 144 卷，涵盖世界五大洲 163 个国家和国际组织，成为中国出版史上第一套百科全书式的大型国际知识参考书。该套丛书自出版以来，受到社会各界的广泛好评，被誉为"21 世纪的《海国图志》"，中国人了解外部世界的全景式"窗口"。

这项凝聚着近千学人、出版人心血与期盼的工程，前后历时十多年，作为此项工作的组织实施者，我们为这皇皇 144 卷《列国志》的出版深感欣慰。与此同时，我们也深刻认识到当今国际形势风云变幻，国家发展日新月异，人们了解世界各国最新动态的需要也更为迫切。鉴于此，为使《列国志》丛书能够不断补充最新资料，更好地服务于社会各界，我们决定启动新版《列国志》编撰出版工作。

与已出版的 144 卷《列国志》相比，新版《列国志》无论是形式还是内容都有新的调整。国际组织卷次将单独作为一个系列编撰出版，原来合并出版的国家将独立成书，而之前尚未出版的国家都将增补齐全。新版《列国志》的封面设计、版面设计更加新颖，力求带给读者更好的阅读享受。内容上的调整主要体现在数据的更新、最新情况的增补以及章节设置的变化等方面，目的在于进一步加强该套丛书将基础研究和应用对策研究相结合，将基础研究成果应用于实践的特色。例如，增加了各国有关资源开发、环境治理的内容；特设"社会"一章，介绍各国的国民生活情况、社会管理经验以及存在的社会问题，等等；增设"大事纪年"，方便读者在短时间内熟悉各国的发展线索；增设"索引"，便于读者根据人名、地名、关键词查找所需相关信息。

顺应时代发展的要求，新版《列国志》将以纸质书为基础，全面整合国别国际问题研究资源，构建列国志数据库。这是《列国志》在新时期发展的一个重大突破，由此形成的国别国际问题研究与知识服务平台，必将更好地服务于中央和地方政府部门应对日益繁杂的国际事务的决策需要，促进国别国际问题研究领域的学术交流，拓宽中国民众的国际视野。

新版《列国志》的编撰出版工作得到了各方的支持：国家主管部门高度重视，将其列入"'十二五'国家重点图书出版规划项目"；中国社会科学院将其列为创新工程学术出版资助项目，王伟光院长亲自担任编辑委员会主任，指导相关工作的开展；国内各高校和研究机构鼎力相助，国别国际问题研究领域的知名学者相继加入编辑委员会，提供优质的学术指导。相信在各方的通力合作之下，新版《列国志》必将更上一层楼，以崭新的面貌呈现给读者，在中国改革开放的新征程中更好地发挥其作为"知识向导"、"资政参考"和"文化桥梁"的作用！

新版《列国志》编辑委员会

2013 年 9 月

前　言

自 1840 年前后中国被迫开关、步入世界以来，对外国舆地政情的了解即应时而起。还在第一次鸦片战争期间，受林则徐之托，1842 年魏源编辑刊刻了近代中国首部介绍当时世界主要国家舆地政情的大型志书《海国图志》。林、魏之目的是为长期生活在闭关锁国之中、对外部世界知之甚少的国人"睁眼看世界"，提供一部基本的参考资料，尤其是让当时中国的各级统治者知道"天朝上国"之外的天地，学习西方的科学技术，"师夷之长技以制夷"。这部著作，在当时乃至其后相当长一段时间内，产生过巨大影响，对国人了解外部世界起到了积极的作用。

自那时起中国认识世界、融入世界的步伐就再也没有停止过。中华人民共和国成立以后，尤其是 1978 年改革开放以来，中国更以主动的自信自强的积极姿态，加速融入世界的步伐。与之相适应，不同时期先后出版过相当数量的不同层次的有关国际问题、列国政情、异域风俗等方面的著作，数量之多，可谓汗牛充栋。它们对时人了解外部世界起到了积极的作用。

当今世界，资本与现代科技正以前所未有的速度与广度在国际流动和传播，"全球化"浪潮席卷世界各地，极大地影响着世界历史进程，对中国的发展也产生了极其深刻的影响。面临不同以往的"大变局"，中国已经并将继续以更开放的姿态、更快的步伐全面步入世界，迎接时代的挑战。不同的是，我们所面临的已不是林则徐、魏源时代要不要"睁眼看世界"、要不要"开放"的问题，而是在新的历史条件下，在新的世界发展大势下，如何更好地步入世界，如何在融入世界的进程中更好地维护民族国家的主权与独立，积极参与国际事务，为维护世界和平，促进世界与人类共同发展做出贡献。这就要求我们对外部世界有比以往更深切、全面的了解，我们只有更全面、更深入地了解世界，才能在更高的层次上融入世界，也才能在融入世界的进程中不迷失方向，保持自我。

与此时代要求相比，已有的种种有关介绍、论述各国史地政情的著述，无论就规模还是内容来看，已远远不能适应我们了解外部世界的要求。人们期盼有更新、更系统、更权威的著作问世。

中国社会科学院作为国家哲学社会科学的最高研究机构和国际问题综合研究中心，有11个专门研究国际问题和外国问题的研究所，学科门类齐全，研究力量雄厚，有能力也有责任担当这一重任。早在20世纪90年代初，中国社会科学院的领导和中国社会科学出版社就提出编撰"简明国际百科全书"的设想。1993年3月11日，时任中国社会科学院院长的胡绳先生在科研局的一份报告上批示："我想，国际片各所可考虑出一套列国志，体例类似几年前出的《简明中国百科全书》，以一国（美、日、英、法等）或几个国家（北欧各国、印支各国）为一册，请考虑可行否。"

中国社会科学院科研局根据胡绳院长的批示，在调查研究的基础上，于1994年2月28日发出《关于编纂〈简明国际百科全书〉和〈列国志〉立项的通报》。《列国志》和《简明国际百科全书》一起被列为中国社会科学院重点项目。按照当时的计划，首先编写《简明国际百科全书》，待这一项目完成后，再着手编写《列国志》。

1998 年，率先完成《简明国际百科全书》有关卷编写任务的研究所开始了《列国志》的编写工作。随后，其他研究所也陆续启动这一项目。为了保证《列国志》这套大型丛书的高质量，科研局和社会科学文献出版社于 1999 年 1 月 27 日召开国际学科片各研究所及世界历史研究所负责人会议，讨论了这套大型丛书的编写大纲及基本要求。根据会议精神，科研局随后印发了《关于·〈列国志〉编写工作有关事项的通知》，陆续为启动项目拨付研究经费。

为了加强对《列国志》项目编撰出版工作的组织协调，根据时任中国社会科学院院长的李铁映同志的提议，2002 年 8 月，成立了由分管国际学科片的陈佳贵副院长为主任的《列国志》编辑委员会。编委会成员包括国际片各研究所、科研局、研究生院及社会科学文献出版社等部门的主要领导及有关同志。科研局和社会科学文献出版社组成《列国志》项目工作组，社会科学文献出版社成立了《列国志》工作室。同年，《列国志》项目被批准为中国社会科学院重大课题，新闻出版总署将《列国志》项目列入国家重点图书出版计划。

在《列国志》编辑委员会的领导下，《列国志》各承担单位尤其是各位学者加快了编撰进度。作为一项大型研究项目和大型丛书，编委会对《列国志》提出的基本要求是：资料翔实、准确、最新，文笔流畅，学术性和可读性兼备。《列国志》之所以强调学术性，是因为这套丛书不是一般的"手册""概览"，而是在尽可能吸收前人成果的基础上，体现专家学者们的研究所得和个人见解。正因为如此，《列国志》在强调基本要求的同时，本着文责自负的原则，没有对各卷的具体内容及学术观点强行统一。应当指出，参加这一浩繁工程的，除了中国社会科学院的专业科研人员以外，还有院外的一些在该领域颇有研究的专家学者。

现在凝聚着数百位专家学者心血，共计141卷，涵盖了当今世界151个国家和地区以及数十个主要国际组织的《列国志》丛书，将陆续出版与广大读者见面。我们希望这样一套大型丛书，能为各级干部了解、认识当代世界各国及主要国际组织的情况，了解世界发展趋势，把握时代发展脉络，提供有益的帮助；希望它能成为我国外交外事工作者、国际经贸企业及日渐增多的广大出国公民和旅游者走向世界的忠实"向导"，引领其步入更广阔的世界；希望它在帮助中国人民认识世界的同时，也能够架起世界各国人民认识中国的一座"桥梁"，一座中国走向世界、世界走向中国的"桥梁"。

《列国志》编辑委员会
2003年6月

CONTENTS

目 录

CONTENTS
目 录

CONTENTS

目　录

CONTENTS
目 录

CONTENTS

目 录

CONTENTS
目 录

CONTENTS
目 录

CONTENTS
目 录

CONTENTS

目 录

CONTENTS

目 录

乌拉圭驻华大使序

作为乌拉圭驻华大使，能为贺双荣教授的专著书写序言我深感荣幸，这部著作讲述了乌拉圭——离中国最遥远但关系密切的国家之一的国情。

这部著作现已修订更新，可供中国读者阅读，也为加强两国人民友谊以及日益增进的双边关系做出极大贡献，而这种双边稳定关系是建立在政治互信的基础之上的。

自《乌拉圭》出版以来，两国之间的相互了解不断深化：2016年乌拉圭总统塔瓦雷·巴斯克斯阁下与中国国家主席习近平阁下达成共识，决定将两国关系提升为战略伙伴关系，关系的提升涵盖了多领域的合作，两国关系的全面性日益突出。

同时，乌拉圭成为南大西洋地区第一个正式加入中国"一带一路"伟大合作倡议的国家，这表明乌拉圭和中国一样是多边主义的捍卫者，并且在高度互联时代下，坚信世界各国互相了解的重要性。因此，两国政府共同努力开展"一带一路"框架下的合作项目，乌拉圭力图成为共建"一带一路"的合作伙伴和南美洲的最佳枢纽。

中乌友谊经过30多年的多层面外交往来得到了巩固，两国之间的深厚友谊源远流长：2019年是中乌建立议会关系60周年，也是两国立法代表机构友好往来60周年。1959年，乌拉圭众议长带领的议会代表团访问中国，他们不仅参观了中国的名胜古迹，还与中国重要政界人士进行了会晤，包括中国时任国务院总理周恩来阁下以及全国人民代表大会常务委员会委员长朱德阁下。可以说，议会代表团的访问成为中乌友谊历史里程碑。

因此，可以肯定的是中乌人民友谊及关系现处在巅峰时期，但还有很多任务尚未完成。我深信，贺双荣教授撰写的《乌拉圭》（第二版）一书，将为多元互补及政治关系稳定的两国建立新桥梁。《乌拉圭》（第二版）的出版，将加深两国人民互相了解，为在新时代共建"一带一路"框架下双边关系的提升做出极大贡献，并将增进两国友谊，深化两国合作，共谋发展。

乌拉圭驻华大使费尔南多·卢格里斯

北京，2019 年 7 月

导　言

乌拉圭的全称为"乌拉圭东岸共和国"（República Oriental del Uruguay）。由于它位于乌拉圭河东岸，乌拉圭人有时也称自己为东岸人。由于中国对遥远的乌拉圭缺少了解，1956 年前乌拉圭的中文译名为"乌拉圭东方共和国"。1956 年乌拉圭驻香港领事来中国访问之前，外交部美澳司司长徐永焕向周恩来总理提出，乌拉圭的中文译名有误，建议将"东方"改为"东岸"。建议被采纳后，新华社的新闻稿、《世界知识》、《世界知识年鉴》、国家出版的地图都将乌拉圭的译名进行了更改，并一直沿用至今。①

乌拉圭因形似宝石又盛产紫晶石，被称为"钻石之国"。乌拉圭（Uruguay）这个词的来源和含义有多种说法。一种说法认为它源于瓜拉尼语，在乌拉圭河流动的水中经常能找到一些贝类，瓜拉尼人将这些水生贝类动物称作乌拉圭，乌拉圭河的意思就是能找到贝类的河。另一种说法是乌拉圭河里有一种鸟，瓜拉尼人把这种鸟称作 URU，GUA 的意思是来自什么地方，Y 是水的意思，乌拉圭河的意思就是有鸟飞出的河。此外，根据耶稣教徒鲁卡斯·马通（Lucas Marton）编写的一本书中的说法，乌拉圭意为"给人带来食物的河"。还有人认为乌拉圭这个词源于艾马拉语，意为"多好的天啊"。②

乌拉圭是南美洲的小国，曾被称为"南美瑞士"。19 世纪到 20 世纪 50 年代，乌拉圭曾是世界最富有的国家之一。乌拉圭人常常用"没有一个地方像乌拉圭一样"来形容这段曾经的繁盛时期。1880 年在世界所有

① 徐庆来编著《徐永焕纪年》，中央文献出版社，2011，第 265 页。
② 焦震衡：《拉美和加勒比国家象征标志手册》，社会科学文献出版社，2015，第 335 页。

独立国家中，乌拉圭的经济和社会发展水平居第四位。在社会改革方面，乌拉圭在拉美及世界都有许多值得称颂的成就：乌拉圭是世界上第一个设立农业工人最低工资标准的国家，拉美第一个给予妇女选举权、最早实行8小时工作制的国家，19世纪70年代就已实施了小学免费义务制教育，公立大学也是免费的。

自20世纪50年代中期以后，乌拉圭的现代化和工业化进程开始出现危机。用德·托雷斯·威尔逊一句精练的话来说就是"乌拉圭，从一个没有问题的国家，突然变成了一个有问题的国家"①。乌拉圭经济陷入停滞，从一个发达国家逐渐滑落为发展中国家。与此同时，政治上长期稳定的局面不复存在，社会动荡加剧，逐渐出现了"拉丁美洲化"，与多数拉美国家一样，1973年军人发动政变，开始实施军人统治。1985年乌拉圭虽然实现政治民主化和经济的结构性改革，但经济增长相对缓慢，并在2001~2002年发生了历史上较为严重的经济危机。乌拉圭著名作家爱德华多·加莱亚诺（Eduardo Galeano，1940~2015）把乌拉圭由盛到长期停滞的这一发展进程形象地称作"时光倒退机器"，指出："20世纪初乌拉圭是一个21世纪的国家。20世纪末，乌拉圭是一个19世纪的国家。"②

然而，神话是很难消除的，乌拉圭作为"南美瑞士"的形象仍然使其在拉美国家乃至世界多项政治经济社会指标排名中名列前茅：乌拉圭仍是世界上人均拥有牛最多的国家；乌拉圭是世界上空气最清洁的国家；是收入分配最公平、对同性恋最友好的拉美国家；是世界上少数几个将大麻合法化生产作为一项公共卫生和安全政策的国家；是世界上唯——个将所有学童都拥有笔记本电脑作为国家政策的国家；等等。总之，乌拉圭是拉丁美洲一个非常特别的国家，一方面它有拉美国家的许多共同特征，另一方面也具备许多拉美其他国家并不具备的特征。值得指出的是，自2003

---

① Jose de Torres Wilson, *La Conciencia Historica Uruguaya*, Feria del Libro, 1964, p. 35, 转引自 Stephen Gregory, *Intellectuals and Left Politics in Uruguay*, *1958 - 2006*, Frustrated Dialogue, Sussex Academic Press, 2009, p. 1。

② 〔乌拉圭〕爱德华多·加莱亚诺：《拥抱之书》，路燕萍译，作家出版社，2013，第156页。

年以来，乌拉圭经济出现了持续的增长。

乌拉圭虽是一个小国，但国际舞台上不乏它的身影，其外交政策既坚持原则又有一定的灵活性，与世界保持了普遍性关系。2018 年，适逢中乌两国建交 30 周年之际，共建"一带一路"合作延伸至拉美，为新时代中乌合作提供了新的机遇。

第一章

概　览

第一节　国土与人口

一　地理位置

乌拉圭位于南美大陆的东南部，介于南纬 30°～35°、西经 53°～58°。从地图上看，乌拉圭的形状像一个倒置的心脏。北部和东北部与巴西接壤，西部与阿根廷相邻。东部和东南部为大西洋，南部为拉普拉塔河。它在南美大陆中的位置非常重要，通过拉普拉塔河、巴拉那河及乌拉圭河可以进入南美大陆的中心地带。

乌拉圭陆地边界线全长 1564 千米。其中，与阿根廷和巴西的边界线长度分别为 579 千米和 985 千米。此外，乌拉圭还有 660 千米的海岸线。乌拉圭河和拉普拉塔河将它与阿根廷分开。夸雷姆河、亚瓜龙河及米林湖将它与巴西分隔开来。乌拉圭对大陆架的主权要求为 200 米深或可开发的深度。领海的主权范围为 200 海里。

二　国土面积

乌拉圭陆地面积 17.6215 万平方千米，水域面积 14 万平方千米（包括领海、岛屿及河流和边界湖泊的水域）。在南美洲国家中，面积仅大于苏里南。

三　行政区划

乌拉圭全国共有 19 个省级行政区：阿蒂加斯省、里韦拉省、萨尔托省、塔夸伦博省、塞罗拉尔戈省、派桑杜省、内格罗河省、杜拉斯诺省、三十三人省、索里亚诺省、弗洛雷斯省、佛罗里达省、拉瓦耶哈省、罗恰省、科洛尼亚省、圣何塞省、卡内洛内斯省、马尔多纳多省和首都蒙得维的亚。表 1 - 1 为乌拉圭全国 19 个省级行政区的基本状况。

表 1 - 1　乌拉圭全国 19 个省级行政区的基本状况

	面积 （km²）	人口数量 （人）	占总人口 的比重 （%）	人口密度 （人/km²）	在全国 的经济 排名	首府
蒙得维的亚	530	1319108	40.14	2488.9	1	蒙得维的亚
阿蒂加斯省	11928	73378	2.23	6.2	16	阿蒂加斯
卡内洛内斯省	4536	520187	15.83	114.7	9	卡内洛内斯
塞罗拉尔戈省	13648	84698	2.58	6.2	17	梅洛
科洛尼亚省	6106	123203	3.75	20.2	3	科洛尼亚
杜拉斯诺省	11643	57088	1.74	4.9	12	杜拉斯诺
弗洛雷斯省	5144	25050	0.76	4.9	7	特立尼达
佛罗里达省	10417	67048	2.04	6.4	11	佛罗里达
拉瓦耶哈省	10016	58815	1.79	5.9	5	米纳斯
马尔多纳多省	4793	164300	5.00	34.3	2	马尔多纳多
派桑杜省	13922	113124	3.44	8.1	4	派桑杜
内格罗河省	9282	54765	1.67	5.9	13	弗赖本托斯
里韦拉省	9370	103493	3.15	11.0	19	里韦拉
罗恰省	10551	68088	2.07	6.5	10	罗恰
萨尔托省	14163	124878	3.80	8.8	8	萨尔托
圣何塞省	4992	108309	3.30	21.7	14	圣何塞
索里亚诺省	9008	82595	2.51	9.2	6	梅塞德斯
塔夸伦博省	15438	90053	2.74	5.8	18	塔夸伦博
三十三人省	9529	48134	1.46	5.1	15	三十三人城

资料来源：乌拉圭国家统计局，"Superficie, Población, Densidad de Población, Tasa de Masculinidad y Variación Porcentual en el Período Intercensal, según Departamento"，http://www.ine.gub.uy/web/guest/censos - 1852 - 2011。

四 地形与气候

（一）地形特点

乌拉圭既没有高山也没有一望无际的平原，大部分地区为波状平原，或者说"准平原"。它的南部地区主要是平原，是阿根廷潘帕斯草原的延伸。几个世纪以来，这片肥沃的平原以"东岸"而闻名。北部为巴西高原的延伸。这里的草地坡度很缓，林木茂盛，水流缓慢。低矮、起伏的丘陵很少有海拔超过 200 米的。夹在中间的是波状平原，这里分布着一些低矮的丘陵。其中最主要的有三个：从东北部向东南部延伸的格兰德丘陵、西北部的贝伦丘陵、从北部延伸至中西部的阿埃多丘陵。这些丘陵最高的不超过 600 米。全国最高的山为卡特德拉山（Cerro Catedral），海拔513.66 米，只比美国纽约帝国大厦高一点点。全国第二高峰为拉斯阿尼马斯山，高 501 米。这一地区的丘陵也以这座山命名，最令旅游者感兴趣的山是蒙得维的亚山、位于拉瓦耶哈的阿雷基塔山和位于马尔多纳多的潘德阿苏卡尔山。乌拉圭东南沿海是低地平原，是乌拉圭水稻的主要产区。在靠近南部狭长、多雨的大西洋沿岸，分布着一些湖。其中，有些湖是淡水湖，有些则是盐水湖。乌拉圭最大的沿海湖是米林湖。它长约 177 千米、宽 40 千米，是乌拉圭与巴西的界湖。此外，这个地区还有一些沙丘，它们向内陆地区可延伸大约 8000 米。西北地区的地貌也呈现不同的特征，有山脉也有宽阔的山谷和低矮的高地。

（二）河流湖泊

乌拉圭河湖密布，水量丰富，但没有一条大河流经整个国土。

乌拉圭河位于该国的西部，为南美洲最重要的河流之一。它起源于巴西南部，主要源流佩洛塔斯河距大西洋仅 64 千米。在皮拉图巴附近与卡诺阿斯河汇合成乌拉圭河，向西流经巴西海岸山脉后转向西南，并在圣卡塔琳娜的热拉尔山成为阿根廷与巴西的一条界河，经阿根廷的卡塞罗斯山向南折返，成为乌拉圭与阿根廷之间的界河。在布宜诺斯艾利斯，它与巴拉那—巴拉圭河汇合在一起，共同形成了拉普拉塔河。乌拉圭河全长1600 千米，可航行的距离为 320 千米，吃水量在 4.2 米的船舶从河口向上可航行 209 千米，至派桑杜。乘小船可再航行 96 千米至萨尔托。萨尔托以上的河段，水流湍急，不适合航行。乌拉圭河两岸堤坝很低，有时洪水会淹没大片地区。

拉普拉塔河位于乌拉圭西南部，长 450 千米，是乌拉圭与阿根廷之间的界河。拉普拉塔河河口很宽。当年，西班牙探险家胡安·迪亚斯·德索利斯（Juan Diaz de Solis，1471～1516）航行到拉普拉塔河时，因河面很宽，一望无际，他误以为是一片大海。但由于这里不是海水而是淡水，他就把这条河称作淡水海。印第安人则把这条河称为巴拉那 – 瓜苏（Paran-Guazu），意思是像海一样宽的河。

乌拉圭还有一些内陆河。它们有的向西流入乌拉圭河，有的向东流入大西洋或靠近东南部地区的湖，有的向南流入拉普拉塔河。最长和最重要的内陆河是内格罗河（Río Negro）。它发源于巴西高原，全长约 1000 千米。从乌拉圭东北部向西南流经 800 千米，横贯整个中部地区，最后注入乌拉圭河。1937 年乌拉圭在帕索德洛斯托罗斯城（也是该国的中心地带）附近修建了林科德尔博内特水坝。由此形成的内格罗水库长 140 千米，面积 1139.6 平方千米，是南美最大的人工湖。内格罗河上建有几座水电站。由于乌拉圭燃料依赖进口，这些水电站对国家的经济发展具有重要作用。在水坝下游，内格罗河转而向西流，最后在弗赖本托斯城南部注入乌拉圭河。只有河口以上 72.4 千米的河段可以航行。

从重要性上说，伊河（Río Yi）对乌拉圭来说是居第二位的内陆河流。它发源于格兰德丘陵，全长 224 千米。其他河流还有圣卢西亚河（Rio de Santa Lucia）、塞沃亚蒂河、大克瓜伊（Queguay Grande）河等。

（三）气候条件

乌拉圭属温带气候，是南美国家中唯一的国土面积全部处于温带地区的国家。四季气候变化明显。春季通常比较潮湿、凉爽并且多风；夏季比较温暖，但不炎热；秋季比较温和；冬季比较寒冷且潮湿，令人感到有些不适。

乌拉圭位于南半球。它的季节正好与中国的季节相反。中国的夏天正好是它的冬天，中国的秋天正好是它的春天。最热的月份是 1 月，平均温度为 23.4 摄氏度（见表 1-2），平均最低和最高气温分别为 17 摄氏度和 28 摄氏度；6 月是最冷的月份，平均最低和最高气温分别为 6 摄氏度和 14 摄氏度。

表 1-2 乌拉圭全年平均气温

单位：摄氏度

1 月	2 月	3 月	4 月	5 月	6 月	7 月	8 月	9 月	10 月	11 月	12 月
23.4	22.9	21	17.1	14.1	10.7	11	12.1	13.8	15.9	19.2	21.7

乌拉圭的降水量一年四季分布相对均匀，最干旱的月份平均降水 66 毫米，最潮湿的月份平均降水 99 毫米。相对而言，春秋两季降水较多，冬季和夏季降水少一些。从全国看，降水由东南向西北逐渐增加。一般的年份，位于南部的蒙得维的亚年平均降水量为 950 毫米，北部的阿蒂加斯为 1235 毫米。由于雨水充沛，乌拉圭气候比较潮湿，经常有雾。与多数温带气候一样，冬季当冷风袭过时就会产生降雨，出现阴雨连绵的天气，而夏季常有雷暴。

全国各地的气候差别不大。但西北部由于远离大的水域，与其他地区相比，夏季更热一些，冬天更温暖、干燥一些。将南部的蒙得维的亚与西北部的阿蒂加斯做比较，我们会看得更清楚一些。夏季，蒙得维的亚平均最低和最高气温分别为 17 摄氏度和 28 摄氏度（最高气温曾达到 43 摄氏度）；而阿蒂加斯的气温高一些，分别为 18.2 摄氏度和 31.7 摄氏度。由于蒙得维的亚非常潮湿，体感温度比实际温度要低一些。

但无论是冬天还是夏天，每年的天气都不一样，这主要取决于风的作用。从北部吹来的是暖风，从阿根廷潘帕斯草原吹来的是冷风。由于没有山做屏障，当风吹来的时候，乌拉圭几乎所有的地方都容易受到劲风吹袭，天气会出现急剧的变化。冬季和春季多风。夏季的风主要来自海洋，对于缓解白天的炎热有重要作用。

五　人口、民族、语言

（一）人口

西班牙统治时期，东岸地区人口增长缓慢。1828 年乌拉圭独立时只有 7 万多人。19 世纪 40 年代至 20 世纪初，畜牧业发展迅速，对劳动力的需求扩大，大量欧洲移民进入东岸地区。1840 年的蒙得维的亚，在国外出生的人比当地人还要多。1900 年全国有 1/3 的人是在国外出生的。大量欧洲移民的到来使人口数量急剧增加。1908 年人口总数达到 104.27 万人（见表 1 - 3），1930 年增加到 169.9 万人。20 世纪 30 年代中期以后，乌拉圭的人口增长率开始逐步下降。1937 年人口年均增长率为 1.4%，此后维持在 1.2% ~ 1.7%。1967 年以后降到了 1% 以下，1975 年仅为 0.6%。20 世纪 80 年代人口增长率较前有所提高，1996 年人口增长率为 0.62%。2011 年只有 0.2%，2018 年为 0.37%。

表 1 - 3　乌拉圭人口数量及增长情况

年份	数量（千人）	增长率（%）
1852	132	—
1860	229.5	7.16
1908	1042.7	3.20
1963	2595.5	1.67
1975	2788.4	0.60
1985	2955.2	0.58
1996	3163.8	0.62
2004	3241	0.30
2011	3286.3	0.20
2018	3449.3	0.37

资料来源：乌拉圭国家统计局，"Censos 1852 - 2011: Población en el País, según Departamento"，http: //www. ine. gub. uy/web/guest/censos - 1852 - 2011；世界银行；CEIC 数据库。

与拉美其他国家相比，乌拉圭长期以来保持了较低的人口增长率，其原因有以下几点。首先，人口出生率较低。1900 ~ 1904 年乌拉圭人口出生率为 38.9‰，1945～1949 年下降到 21.1‰，1980～1985 年为 19.5‰。目前，17.42‰的人口出生率在拉美国家中是相对较低的。每个育龄妇女平均生育 2.37 个孩子。其次，移民的减少及人口流出也是一个重要因素。从 20 世纪 20 年代起，外国移民流入数量开始减少。20 世纪 50 年代以后，由于经济停滞，很多人移居国外，乌拉圭由移民流入国变为移民流出国。20 世纪 60 年代中期以后，由于政治动荡，特别是军政府时期（1973～1985 年）的政治迫害，大批乌拉圭人向国外移民。据官方统计，1963～1985 年，有 33 万人（约占总人口的 1/10）离开了乌拉圭。20 世纪 70 年代初，蒙得维的亚港有一幅著名的黑色幽默涂鸦，上面写着"最后走的人请关灯"。20 世纪 80 年代末，由于国内就业机会较少，大批年轻人向外移民，去美国、澳大利亚、西班牙、巴西、委内瑞拉等国家寻找更好的工作机会。20 世纪 90 年代末，经济衰退，失业率居高不下，加剧了人口外流。2000 年移民的净流出率为 0.63‰。根据联合国经济和社会事务部（Department of Economic and Social Affairs，DESA）的统计，2019 年约有 63.3 万乌拉圭人生活在国外，约占总人口的 18%。外流人口大多是年轻人，其中有很多是专业人士，这导致乌拉圭人才大量流失，对其生产力和竞争力产生了极为负面的影响。

2017 年乌拉圭人口为 343.66 万人，是南美洲人口最少的国家之一，但它的人口密度较高，每平方千米约有 20 人，居拉美国家前列。

乌拉圭城市化水平比较高，大部分人口居住在城市。早在 19 世纪，其城市化就达到了相当高的水平。20 世纪初，它已成为世界上城市化水平最高的国家之一。乌拉圭的城市化率持续增长。1960 年为 80.24%，1980 年增加到 85.39%，2017 年达到 95.24%（见表 1-4）。

表 1-4 1960～2017 年乌拉圭城市化水平

单位：%

年份	1960	1970	1980	1990	2000	2010	2017
城市化率	80.24	82.37	85.39	88.97	92.03	94.41	95.24

资料来源：世界银行；CEIC 数据库。

乌拉圭人口的地区分布极不平衡。蒙得维的亚、科洛尼亚、卡内洛内斯和圣何塞的面积占全国的9%，却集中了全国60%的人口。其中，首都蒙得维的亚是全国人口最集中的地方，2018年有138.19万人，占全国总人口的40%，其次是卡内洛内斯，占全国总人口的16.8%。派桑杜和萨尔托也是人口较为集中的城市。

乌拉圭是拉美人口平均预期寿命最高的国家之一。根据世界银行的统计，2017年人口出生预期寿命为77.7岁。其中，男性为74.17岁，女性为80.72岁。但是，由于人口出生率低，人口平均寿命较高，人口老龄化问题越来越严重。2018年，0~14岁人口占总人口的20.09%，15~64岁人口占总人口的65.64%，65岁及以上人口占14.27%（见表1-5）。

表1-5　乌拉圭人口的年龄结构占比

单位：%

	1908年*	1963年*	1975年*	1996年	2000年	2002年	2006年	2011年	2017年	2018年
0~14岁	40.9	28.3	27.0	24.91	24.50	24.24	23.53	22.10	20.32	20.09
15~64岁	55.2	60.1	58.7	62.42	62.51	62.56	63.01	64.16	65.52	65.64
65岁及以上	3.9	11.6	14.3	13.74	12.99	13.20	13.46	13.74	14.15	14.27

注：标 * 的年龄组为0~14岁、15~60岁、60岁以上。

资料来源：M. H. J. Finch, *A Political Economy of Uraguay since 1870*, The Macmillan Press Ltd. , p. 26；乌拉圭国家统计局，"Indicadores Demográficos：Estructura Demográfica Edad Media a la Maternidad", http：//www. ine. gub. uy/web/guest/indicadores - demograficos1。

（二）民族

乌拉圭在人口普查中通常将人口划分为白人、印第安人、黑人、黄种人和混血人种。其中，白人占绝大多数。2006年，乌拉圭进行了"全国家庭扩展调查"（Encuesta Nacional de Hogares Ampliada，ENHA），增加了一个旨在确认人口种族构成的问题。这是乌拉圭独立后继1852年、1996年和1997年之后开展的第四次有关种族构成情况的人口普查。根据这次普查的种族自我认知情况，白人占87.42%、黑人占1.98%、印第安人占

0.43%、黄种人占 0.14%，其余为各类混血人种。①

　　早在西班牙和葡萄牙殖民者占领之前，乌拉圭国土上生活着 1 万～2
万印第安人，其中有瓜拉尼人（Guarani）、查鲁亚人（Charrua）、查纳人
（Chana）和阿拉查人（Arachan）等印第安人部落。殖民地时期，印第安
人遭殖民者大规模屠杀。到 18 世纪，印第安人不超过 1 万人。此后，受
通婚、外来疾病以及屠杀等因素影响，印第安人急剧减少。在 1931 年 4
月 11 日萨尔西普埃德斯大屠杀（Massacre of Salsipuedes）中，查鲁亚人
被新生的共和国部队屠杀殆尽。余下约 300 名查鲁亚妇女和儿童被分散到
欧洲白人家中，充当奴仆。到 1850 年，除瓜拉尼人外，其他印第安人已
不复存在。现在，只有很小一部分乌拉圭人拥有印第安人血统。根据
2006 年"全国家庭扩展调查"，自我认知的印第安人有 14183 人，只占人
口的 0.43%。根据 2011 年人口普查，2.4% 的人有印第安人血统。

　　乌拉圭人口中白人占绝大部分，2011 年占 87.7%。白人在人口中
所占的比重只有阿根廷和哥斯达黎加与之差不多，被称为拉美最"白"
的国家。在这些人口中，西班牙移民后裔最多，约占 54%。其次是意
大利人，1908 年意大利移民及移民后裔占当时人口总数的 1/3，2011
年占 22% 左右。此外，还有不少英国人、德国人和葡萄牙人的后裔。
乌拉圭还有一些犹太人，他们中的大多数是二战时期为躲避德国纳粹迫
害从欧洲移居过来的，1970 年约有 4 万人。此后不少犹太人移居以色
列，1980 年犹太人口的数量下降到 2.5 万人。白人主要居住在首都及
周边地区。

　　黑人在乌拉圭人口总数中占 4.6%（2011 年）。1756 年黑人作为奴隶
被贩运到这里。18 世纪中期到 19 世纪初，有几千名奴隶被贩运到乌拉
圭，当时黑人曾占到国家总人口的 20%。这些黑人主要来自非洲西海岸
和东南部的莫桑比克。但随着欧洲移民大量涌入，很多黑人奴隶被卖到巴

---

① Marisa Bucheli y Wanda Cabella, " El Perfil Demográfico y Socioeconómico de la Población
Uruguaya según su Ascendencia Racial", http: //www. ine. gub. uy/c/document_ library/get_
file? uuid = 0d5d2e5d－898c－49f6－8465－c3a5b606a284&groupId = 10181.

西。仅 1832～1841 年被卖的黑人奴隶就有 4000 人，黑人数量由此不断减少。这也是乌拉圭为什么很快放弃奴隶制的原因。到 20 世纪 70 年代，黑人只有不到 6 万人，其中大多是黑白混血人，纯血统的黑人还不到人口的 2%。乌拉圭黑人主要居住在北部地区，主要在农场和牧场中工作。他们中的很多人是 1888 年巴西废除奴隶制以前逃到乌拉圭的巴西黑人奴隶的后代。首都蒙得维的亚也有一些黑人，他们大多以音乐和娱乐业为生。18～40 岁的黑人妇女，至少有 3/4 的人从事家政服务。乌拉圭尽管没有种族歧视，黑人依法可享有平等的社会地位和政治权利，但很少有黑人取得较高的社会地位。

2011 年，黄种人有 4533 人，占乌拉圭人口总数的 0.14%。

（三）语言

乌拉圭官方语言为西班牙语。乌拉圭人讲的西班牙语与阿根廷人一样，有浓重的意大利口音，因此，乌拉圭人在外旅行时常常被误认为是阿根廷人。在语音方面，乌拉圭人讲的西班牙语元音被加重了，字母 ll 和 y 被硬化，它们的发音更接近英语 j 的发音。在词汇方面，一些意大利语词取代了西班牙语。比如，很多人不使用西班牙语 adiós 表示"再见"。Morgar（吃）也是人们常使用的一个意大利语词。

生活在阿根廷和乌拉圭潘帕斯草原上的牛仔，也被称为"高乔人"，对乌拉圭文化和语言产生了重要影响。在乌拉圭，如果赞美一个人及他的工作，常常说他"很牛仔"，意思是说他很勇敢和直爽。牛仔们使用的一些词语仍在使用。如：boleadoras（捕捉牲畜、兽类用的索套）、facones（长刀）、rastras（宽金属带或耙子）、mazamorra（一种用磨碎的玉米和牛奶做成的食品）、bambacha（高乔人穿的一种松垂的裤子）、chiripa（用长长的、带有菱形花纹的布做成的，系在腰部像裤子一样的外衣）等。此外，还有一些从印第安瓜拉尼人和查鲁亚人的语言中演变来的词。

在北部靠近巴西边境的一些地区，有 70% 的居民使用西班牙语和葡萄牙语两种语言。在这里还形成了一种特有的边界方言，即西班牙语和葡萄牙语的混合语。在里韦拉等边境城市，人们将这种西葡混合语称为葡西语（Portuñol）。

在现代技术、商业、体育、饮食和社会生活方面，许多英语词语被广泛使用。如公共汽车、篮球、足球、垒球、威士忌饮料、酒吧、会议等。商业语言为英语和葡萄牙语。法语和意大利语也广泛使用。

六 国旗、国徽、国歌

（一）国旗及官方旗帜

乌拉圭是世界上唯一采用国旗、阿蒂加斯旗和东岸 33 勇士旗三种官方旗帜作为国家象征标志的国家。在政府大楼上，必须一起悬挂三种旗帜。节日期间，三种旗帜也同时飘扬在国土上空。

独立战争时期，乌拉圭曾使用红、白、蓝三色国旗。1828 年 12 月 16 日乌拉圭颁布法令，正式启用由总统华金·苏亚雷斯（Joaquín Suarez）设计的国旗。国旗长宽比例为 3∶2。国旗底色为白色，由蓝白相间的 17 条平行宽条组成，在靠近旗杆一侧，即国旗左上角的白色区域内有一个太阳，名为"五月的太阳"，象征着国家独立。太阳中心是一个人的脸谱。太阳的四周有 16 条光芒射线。其中，8 条光束是波状的，8 条光束是直的，象征国家的独立。1830 年 6 月 12 日，乌拉圭颁布新法令，将白蓝相间的 17 个宽条缩减为 9 个宽条：白色 5 条和蓝色 4 条。这 9 个横条代表当时的 9 个行政区划省（现在有 19 个省）。4 个蓝色横条分成两组，下面两条与国旗的长度一样，上面两条略短些。由于历史上乌拉圭与阿根廷曾同为一个国家，两国国旗有很多相似之处，都有蓝色、白色和"五月的太阳"等图案。

阿蒂加斯旗是为了向乌拉圭独立之父、该国的民族英雄阿蒂加斯致敬。它的长宽比例与国旗一样，也是 3∶2。旗子由等宽的蓝白蓝 3 条横条纹组成，上面有一条斜角的红色条纹，自左上向右下延展。

东岸 33 勇士旗是为了纪念独立战争时期 1825 年 4 月 19 日在阿格南达海滩（Agraciada Beach）登陆的 33 位东岸勇士。它有蓝白红三个横条纹，上面的蓝色代表伟大，中间的白色象征着共和国，底部的红色代表那些为了自由和独立而牺牲的人的鲜血。中间白条有一组文字"不自由毋宁死"，承载着乌拉圭的民族精神。

（二）国徽

乌拉圭国徽是该国人民信仰的象征。国徽中央是一面椭圆形盾牌，椭圆形盾牌分成四部分，分别代表不同意义。在左上部蓝色区域，有一个秤，象征着平等和正义；在右上部白色区域，耸立着蒙得维的亚山，象征着权力；在左下部白色区域，有一匹飞奔的骏马，是自由的象征；在右下部蓝色区域，有一头牛，象征着丰饶富裕。在椭圆形盾牌上方有一个光芒四射的"五月的太阳"，象征着国家的独立。椭圆形两侧以橄榄枝和月桂枝装饰，象征着和平与胜利。

（三）国歌

乌拉圭国歌在 2017 年 12 月 19 日被英国《经济学人》杂志评选为世界第三最好听的国歌，只有南非和俄罗斯的国家排名在它前面。[①]

乌拉圭国歌的词曲作者都是独立战争时期的爱国者。弗朗西斯科·阿库尼亚·德菲格罗亚（Francisco Acuña de Figueroa，1791～1862）为歌词作者，弗朗西斯科·何塞·德巴利（Francisco José Deballi，1793～1859）和费尔南多·基哈诺（Fernando Quijano，1850～1871）为歌词谱曲。作曲家德巴利是匈牙利裔移民，他向乌拉圭政府提出了三种国歌的选项，乌拉圭选择了一首，而另一首则被巴拉圭采用。后来，音乐家赫拉尔多·格拉索（Gerardo Grasso）及贝诺内·卡尔卡贝克恰（Benone Calcavecchia）对国歌进行了适当的音乐配器。1845 年 7 月 18 日乌拉圭政府以法令形式将乌拉圭国歌确定下来。

乌拉圭国歌的作者们不仅以行动，还以激昂的热情谱写了乌拉圭人民热爱自由的独立精神。

歌词大意为：

> 东部土地，我们的祖国或是坟墓！
> 东岸人，誓死保卫祖国！

---

① "Magazine：Uruguayan National Anthem, One of the 3 Best in World", http：//laht.com/article.asp? ArticleId = 2448372&CategoryId = 23620，December 31, 2017.

无自由毋宁光荣地牺牲！

这是心中的誓愿

我们将英勇地将其实现！

要自由，要自由，东岸人！

这一呼声拯救了祖国，

激励着她的勇士们

昂扬地投入激战。

在神圣的光环下，

我们获得了荣誉。

暴君们发抖吧！

我们将为自由浴血奋战

至死也不停息。[①]

第二节　宗教与民俗

一　宗教

（一）宗教政策、历史发展及地位

乌拉圭实行宗教自由政策。但信教人口占总人口的比重远不如拉美其他国家大。根据皮尤宗教论坛（Pew Forum on Religion）2014 年发布的一项调查，乌拉圭"没有宗教信仰"的人口比重最高，达 37%，而巴拉圭只有 1%，墨西哥为 7%，巴西为 8%，阿根廷为 11%。[②]

教会在乌拉圭社会生活中的作用及影响相对较小有其历史和政治上的原因。从历史上讲，西班牙对这个地区征服较晚。1624 年耶稣会传

---

① 杨洁篪主编《跨世纪的问候》，世界知识出版社，2000。

② Néstor Da Costa, "Creencia e Increencia Desde las Vivencias Cotidianas: Una Mirada Desde Uruguay", *Estudos de religiao*, Vol. 31, No. 3, 2017, p. 33.

教士进入东岸地区传教，但他们远远没有取得像在新大陆其他地区那样的影响力。当时东岸地区只是作为布宜诺斯艾利斯主教区的一个附属单位，直到 1878 年才分离出来，建立了单独的主教区。19 世纪末至 20 世纪初，欧洲移民大量流入也使教会地位受到削弱。从法国、英国来的定居者将他们的文化和世俗主义思想带到了这个地区。欧洲唯物主义哲学及科学技术的发展对当时的知识分子和统治阶层产生了重要影响。从政治上讲，支持教会的保守的白党在乌拉圭政治中一直未占有重要地位，而政治上主张自由、反对教会干涉国家事务的红党在国家政治生活中取得了支配性地位。红党在 19 世纪末到 20 世纪初通过一系列立法，不断削弱教会的影响和特权。1837 年世俗婚姻被承认，1838 年方济各会女修道院被关闭。1907 年离婚合法化，相比之下，邻国阿根廷和智利分别在 1987 年和 2004 年才实施离婚合法化。在巴特列 - 奥多涅斯政府（1903～1907，1911～1915）的推动下，乌拉圭在 1916 年正式实施政教分离，并且这一原则被写入 1917 年新宪法。此外，政府从 1870 年起推动的公共教育也使教会在教育中的作用被国家取代。1909 年乌拉圭明确规定公立学校禁止宗教训喻。

随着世俗化进程的发展，教会在乌拉圭社会生活中的作用逐渐减弱或消失。以节日为例，几乎所有的宗教节日都被赋予了新的名称。在乌拉圭，"圣周"又被称作"旅游周"，圣诞节又被称为"家庭节"，主显节又被称为"儿童节"，12 月 8 日被改成了"海滩日"。

世俗化社会的发展使教会的政治影响力一直很小。1872 年第 1 个天主教政党成立。1912 年改名为"乌拉圭公民联盟"（Unión Cívica del Uruguay，UCU）。该党在全国大选中获得的选票从来没有超过 1%。但 20 世纪 60 年代，教会的力量特别是天主教的影响有所扩大。这与当时在教皇约翰十三世和教皇保罗六世影响下，教会在世界范围内取得的进展有密切关系。1968 年在哥伦比亚麦德林举行的拉丁美洲主教会议（Latin American Bishops Conference）和 1979 年在墨西哥召开的第二届拉丁美洲主教会议对乌拉圭教会的激进化产生了重要影响。这一时期天主教在拉美被称为"穷人的优先选择"，在乌拉圭情况也是一样。当时，乌拉圭教会十分激进。20 世纪 60～70 年代开展游击战的图帕马罗斯成员 1985 年被大赦前，很多人长时间住在蒙得维的亚的修道院中。

20 世纪末，宗教在乌拉圭有回潮的趋势，形象的说法是"上帝正在回来"。1999～2003 年乌拉圭出现了近 50 年来持续时间最长、影响最大的经济危机。"由于经济危机，许多人正在面对他们从来未曾面对的贫困现实。他们开始寻找生活的意义。那些没有否认上帝存在的人正在寻找上帝。"他们认识到，"希望不在（现实）世界里，而在上帝那里"。[1] 所以，经济危机把许多人引向上帝那里。这使得教堂数目及到教堂做礼拜的人数大幅增加。1998 年乌拉圭有教堂 998 座，2003 年增加到 1500 座。同期，到教堂参加礼拜的人数增加了一倍，达到人口总数的 5%。

尽管如此，宗教在乌拉圭的影响仍很小。当阿根廷红衣主教豪尔赫·贝尔格里奥（Jorge Bergoglio）被任命为教皇方济各（Pope Francis）后，乌拉圭时任总统何塞·穆希卡没有出席他的任职典礼。穆希卡当时解释道，"自上个世纪以来，教会与国家分离。在这方面，乌拉圭与拉丁美洲其他国家不同。我们极其尊重宗教，民众有信仰宗教的自由，但我们不是信徒"[2]。

（二）主要宗教派别

1. 天主教

尽管乌拉圭的世俗化程度很高，但天主教在该国仍占重要地位，不过其地位逐步下降。根据拉美晴雨表的数据，信仰天主教的人占总人口的比重从 1995 年的 60% 下降到 2013 年的 41%，但仍是信徒最多的宗教。[3]

神父与信徒的比例为 1∶4000，高于拉美其他国家。不过，乌拉圭一半以上的神父住在首都。神父一年中到内陆的农村地区访问一次或两次。

---

[1] Joshua Juetten, "Uruguay: Basic Facts", http://www. Joshuaj. Org/uruguay. htm.

[2] "Why Uruguayans Celebrate Tourism Week-not Easter", April 15, 2014, http://www. guruguay. com/why - uruguayans - celebrate - tourism - week - not - easter.

[3] Latinobarómetro, "Las Religiones en Tiempos del Papa Francisco", https://www. cooperativa. cl/noticias/site/artic/20140416/asocfile/20140416220038/las_ religiones_ en_ tiempos_ del_ papa_ francisco. pdf.

1958 年蒙得维的亚大主教被升为红衣主教，当年 11 月安东尼奥·玛丽亚·巴尔比耶（Antonio María Barbier）被教皇约翰十三世任命为乌拉圭历史上第一个红衣主教。现任大主教丹尼尔·斯图拉（Daniel Sturla）是 2014 年被任命的。

蒙得维的亚大主教区下设 9 个主教教区。它们是佛罗里达、萨尔托、梅洛、圣何塞、米纳斯、塔夸伦博、梅塞德斯、卡内洛内斯和马尔多纳多。主教教区下面有 205 个教区，其中 1/3 分布在首都。

2. 新教

第一所新教教堂建于 19 世纪中期。进入 20 世纪后新教发展很快。1960～1985 年新教徒增长了 60%（同期拉美的新教徒增长了 500%）。根据 2010 年的调查，新教教徒占总人口的 11%，新教牧师与信徒的比例很高，为 1∶200。新教徒中约有一半的人周日到教堂做礼拜。新教的传教活动与国外的新教教派关系密切。在新教徒中，中产阶级和下层社会成员占多数。自第二次梵蒂冈会议（Second Vatican Council）后，天主教与新教的关系变得比较和谐。

新教有近 25 个不同的教派或派别。卫理公会（Iglesia Evangélica Metodista）建于 1878 年，是新教传统教派。信徒人数不断减少，已从 20 世纪 70 年代的 5000 人降至 1997 年的 1193 人，主要以律师、医生和其他职业的中上层人士为主。瓦尔登斯福音派教会（Iglesia Evangélica Valdense）成立于 1952 年。耶稣复临派教会（Iglesia Adventista）成立于 1901 年，20 世纪 50～60 年代发展很快。乌拉圭福音派教会联合会（Federación de Iglesias Evangélicas del Uruguay）成立于 1956 年，为新教教派组织，现有 8 个会员组织。

3. 犹太教

乌拉圭犹太人的历史可以追溯到殖民地时期。第一次世界大战和第二次世界大战期间，犹太人大量涌入乌拉圭。乌拉圭犹太社区主要由德系犹太人组成。乌拉圭拥有南美洲第四大犹太人社区，仅次于阿根廷、巴西和智利。根据 2015 年的调查，犹太教徒约占人口的 0.2%。几乎所有的犹太教徒都居住在首都蒙得维的亚。自 1970 年起，由于人口移出，犹太人社区规模不断缩小，犹太教徒人数也随之下降。

4. 巴哈伊教（Baha'i）

巴哈伊教是伊朗巴哈欧拉（1817~1892）创立的一个独立宗教。主张世界上只有一个神，全人类同是一族，天下团结，构成一个全球性社会。该宗教在乌拉圭也有分支机构。第一个进入乌拉圭的信奉巴哈伊教的人是玛莎·根（Martha Root）。全国巴哈伊精神大会（National Spiritual Assembly of the Bahais）成立于1938年。1940年，第一个定居在那里的拓荒者是威尔弗里德·巴顿（Wilfrid Barton）。1942年，蒙得维的亚选举产生了当地第一个巴哈伊教精神领袖。2001年巴哈伊教徒分布在全国140个地方，约有4000人。

5. 伊斯兰教

乌拉圭穆斯林人口不多，有900~1000人，占总人口的0.02%。[①] 多数穆斯林居住在蒙得维的亚、阿蒂加斯和里韦拉等地。乌拉圭设有清真寺。三个伊斯兰中心都设在蒙得维的亚。

二 节 日

（一）主要假日

乌拉圭的公共假日有两种，一种是固定公共假日，另一种是可变动的公共假日。固定公共假日如下。

1月1日：新年

1月6日：儿童节或主显节（纪念耶稣显灵的节日）/三王节

4月19日：33个爱国者登陆纪念日

5月1日：劳动节

5月18日：拉斯皮德拉斯战斗纪念日

6月19日：阿蒂加斯将军诞辰纪念日

7月18日：宪法日

[①] Oishimaya Sen Nag, "Major Religions Practiced in Uruguay", https：//www.worldatlas.com/articles/major - religions - practiced - in - uruguay. html, April 15, 2018.

8 月 25 日：国家独立日

10 月 12 日：萨兰迪战斗纪念日，也称种族日或美洲大陆发现日

11 月 2 日：万圣节

12 月 8 日：水祝福日

12 月 24 日下午和 25 日：圣诞节

12 月 31 日（下午）：除夕日

另外，乌拉圭有些节日是不固定的，如狂欢节和圣周。

（二）主要节日介绍

1. 狂欢节（carnival）

狂欢节是乌拉圭最重要的节日。它通常在 2 月中下旬，时间为复活节之前第 7 个星期三之前的周一和周二，共放假 2 天。但商铺通常会放假一周。

乌拉圭狂欢节虽然不如巴西狂欢节名气大，但蒙得维的亚狂欢节是世界上持续时间最长的狂欢节，历时一个半月。通常从 1 月的最后一周持续到 3 月的第一天，长短视天气而定。由于没有那么多外国游客，乌拉圭狂欢节主要是本地人参与和观看，不那么拥挤，费用也没有那么高。观看游行的座位价格大约为 220 比索（不到 8 美元），小剧场的票价也很便宜。一些街区的小剧场还会得到政府补贴，2 美元就可获得一张票。

狂欢节必看活动有三项。一是 2 月初被称为"召唤节"的游行，游行持续两夜，是狂欢节最受关注的节目。二是小剧场表演，活动期间大街小巷及商业住宅区会搭建起露天表演舞台，表演舞台可以是活动的，也可以是固定的。除非下雨，每天都有节目上演，而且小剧场表演的队伍每天都有变化，有些很棒。三是狂欢节行进表演，活动通常在 1 月下旬举行，有时活动中会充斥着大量广告横幅。

狂欢节期间，在蒙得维的亚，人们用各种颜色的旗子和彩灯装饰自己的家和夜晚的街道。哑剧演员和人们又唱又跳，走街串巷。在波西托斯的海边，有令人激动的鲜花大战，而俱乐部、旅馆和赌场则聚集了许多戴着面具表演探戈和桑巴舞的人。在很多街区的露天舞台上，有各式各样的滑

稽表演，也有严肃的话剧演出。狂欢节的高潮是行进音乐和戏剧娱乐表演。表演者和音乐家在举行这个活动前，通常要花几个月的时间为此做准备。每个表演小组需按规定的街区进行表演。在狂欢节开始后的第一个星期五，在蒙得维的亚郊区的南街（Sur）和巴勒莫（Palermo）大街上举行"召唤节"游行。这是最具乌拉圭民族特色的节日活动。全国 50 多支"坎东韦"表演队在这里举行狂欢节游行。参加狂欢的人们在节奏感很强的黑人音乐伴奏下，尽情地欢跳。

2. 圣周

从重要性来说，圣周是乌拉圭最重要的节日之一。圣周从每年春分月圆后的第一个星期日开始，一般在 3 月底或 4 月初。

圣周在乌拉圭已经没有浓厚的宗教色彩了。20 世纪初，乌拉圭在拉美国家中最早实现了政教分离，宗教影响较其他拉美国家要小得多。所以，圣周在乌拉圭又被称作"克里奥亚周"（Semana Criolla）或"本土周"，也称作"旅游周"。在这个节日里，观看高乔人技艺表演是最有吸引力的活动。其中最大和最具特色的活动是在蒙得维的亚的普拉多公园举行的为期一周的农村展。在这个节日里，对乌拉圭人来说没有比看高乔人驯马比赛和用索套套公牛更刺激的了。高乔人传统的套索是用皮革做成的一种绳子，在末端有一些很重的球，当准确地投掷到目标时，这个绳子就会套住动物的腿，并使它停下来。此外，还有唱歌比赛和舞蹈表演。民歌手在吉他的伴奏下，表演高乔人有关冒险或爱情的传统民谣。在这个活动中还有工艺品展览和销售等各种特色活动。

3. 圣诞节

在乌拉圭，圣诞节的宗教色彩已经淡化，它被称作"家庭节"。在这一天，人们会串亲访友来庆祝。由于天气很热，很多家庭常在宽阔的海滩上举行野餐，或出门度假。

三 民俗

（一）服饰

乌拉圭人的服饰风格，与美国人有很大差别，与欧洲人有些相近，略显保守。男人衣着比较讲究，正式场合均着西装，打领带。颜色多以深色为主。妇女则穿款式保守一些的服装。在商务会见中，乌拉圭人的着装比较正式。学生一般穿校服上学。无论男女都很少戴帽子，但一种深蓝色的巴斯克式的贝雷帽比较常见。

（二）饮食

家庭生活对乌拉圭人很重要，他们把家看作港湾。因而，他们宁愿请朋友来家里喝茶、参加鸡尾酒会或舞会，也不愿带他们去俱乐部。

1. 传统菜肴及膳食

乌拉圭人的食物以本国生产的肉、蔬菜、牛奶、鸡蛋和水果为主。乌拉圭人是"伟大的肉食主义者"，2013 年各种肉类的人均年消费量达 103千克，排世界第 4 位。2017 年是第二个肉类消费峰值，人均年消费量为100.9 千克。其中，牛肉消费最多，其次是羊肉、猪肉和禽肉。鱼和海鲜产品质量很好，种类也很多，但很少出现在乌拉圭人的餐桌上。淀粉类食物、奶及奶制品在人们的食物构成中占有重要地位。

烤肉或烧烤是最受欢迎、最具传统特色的膳食。烤肉通常在一种特殊的烤架上用木炭烤制。带皮烤肉是非常有特色的一种烤肉。做这种烤肉是将整头牛或羊（没有内脏）放在铁架上烤。做这种烤肉常常用肥肥的小母牛。野餐时吃烤肉是一件非常流行的事。吃烤肉时，面包和绿色沙拉也是必不可少的。如果再喝些红酒，就更惬意了。

三明治：chivito 是一种传统的、全国流行的三明治，它由切好的牛排、火腿、奶酪、鸡蛋和蛋黄酱制成；choripan，是在法式小面包里塞上烤香肠，这种香肠面包经常在吃烤肉前吃；另外还有奥运三明治和热狗卷裹辣香肠。

馅饼通常用牛肉末或奶酪作为馅料。加利西亚馅饼又称鱼馅饼，用金枪鱼、洋葱和青椒作为馅料。它的名字来源于把这种食物带到乌拉圭的西班牙加利西亚移民。

甜血肠（morcilla dulce）是一种略带甜味的血肠，之所以带甜味是因为在血肠里添加了葡萄干或核桃。

通心粉是乌拉圭人的日常食品。每月 29 日吃这道菜是乌拉圭人的一个传统，而且吃这道菜的时候通常会在盘子下面留下一枚硬币或一张钞票，期待生活更加富足。

乌拉圭"热狗"，是把法兰克福香肠夹在小圆面包里（也称为维也纳面包），然后涂上番茄酱、蛋黄酱，有时也涂芥末酱。

乌拉圭有一种很特别的比萨，字面意思是"按米出售的比萨"（pizza por metro），它与一般的比萨差不多，但它不是圆的，而是长方形的。这种比萨是在大的黏土烤炉里烤制的，上面有各种各样的配料，按米出售。

油炸蛋糕，是把圆而平的面团过油炸，然后与甜乳酪一起吃。

杂烩是很多家庭常吃的菜。这道菜源于西班牙，是用肉与蔬菜、香肠、豆子等加上香料及其他调味料一起煮成的一道菜。

杂烩汤是一种类似杂烩的菜，但它的汤较多，是内陆地区最基本的食物。

肉丁菜饭是一种常见食物，它用肉、米、桃子、梨和葡萄干炖成。

肋骨炖土豆是用肋骨与洋葱、西红柿、土豆和调味料炖成的一种食品。

米兰饼是一种用牛肉或鸡肉做的饼。做法是将调好味道的薄牛肉饼或鸡肉饼，裹上面包屑和鸡蛋，放入油锅里炸，它类似于维也纳炸肉排。

鸡肉面是用鸡肉与面条煮在一起的食物。

复活节饼是一种蔬菜饼。做法是将菠菜或瑞士甜菜与葱头放入油里炸，然后，将油炸过的蔬菜与奶酪、鸡蛋、应季蔬菜混在一起，最后用软面团将它们上下包裹起来，做成像三明治那样的东西进行烘烤，直至外壳变得焦黄。

土豆饼是将土豆切成片或切成条，加入少量洋葱，放入油锅里一起炸，待土豆和洋葱熟了之后盛出捣碎，然后加入盐和鸡蛋，再放入油里炸。

肉饼就像牧羊人吃的馅饼，将切成末或小块的牛肉、青椒和鸡蛋包裹在土豆泥里。

当地最有特色的甜点是奶昔，味道非常好，可与布丁、烤薄饼、蛋糕一起吃，也可以单独吃。其他甜品还有：大米布丁；bizcochos，乌拉圭比较经典的甜点，主要在早餐或工作休息时食用；chajá，一种来自派桑杜省的海绵蛋糕，上面覆盖着鲜奶油和捣碎的蛋白酥皮，有时还会加几片桃子；小油条是一种圆筒状的油酥饼，裹着奶昔和糖霜一起吃；甜木瓜果冻可涂在面包上食用；flan 是一种由牛奶、鸡蛋和糖制成的甜点，通常在上面撒上焦糖，有时还撒上奶昔；焦糖花生，带有一丝香草味；martín fierro，一片芝士配上一片木瓜果饯；ricardito，一种饼干，在上面撒上多种口味的蛋白酥皮。

随着美国快餐食品的大量流入，乌拉圭传统的饮食结构已发生了很多变化。

2. 饮食习惯

乌拉圭人的早餐与欧洲人的早餐差不多。加牛奶的咖啡、面包或饼干是人们最基本的早餐食品。人们也常在面包或饼干上涂一些果酱或夹上奶酪一起吃。一些富裕的家庭还会吃些牛排或土豆。

对大多数人来说，午餐是最重要的，就餐时间为下午 1：00 至 2：00。午餐一般为一个汤和一个以肉、土豆或米饭、蔬菜组成的菜，此外还有一盘沙拉和法式或意大利式的面包。甜点有奶油蛋糕、加果酱的奶酪、饼干或新鲜水果。有意思的是人们在说吃午餐时，除了用西班牙语"almuerzo"（午餐）这个词之外，还常常使用英语"lunch"（午餐）这个词。

乌拉圭人有喝下午茶的习惯。当下午 4：00 至 5：30，人们在家或在咖啡店见朋友时，通常会喝茶或咖啡。当然他们也像英国人一样吃一些饼干、糕点等小点心之类的东西。

由于有了下午茶，乌拉圭人的晚餐通常 21：00 以后才吃，而且晚餐也不像午餐那么重要。午餐时所吃的汤和甜点等食品有时会省掉。在低收入家庭中，尽管他们在晚餐时会喝一些酒，但所吃的食品与早餐没有多大区别。条件较好的家庭，晚餐会比较丰盛，与午餐差不多。

对来蒙得维的亚旅游的游客来说，港口市场（Mercado del Puerto）是一个就餐的好地方。港口市场建于 1868 年，位于旧城的中心，蒙得维的亚就是从这里发展起来的。现在是这个城市的金融中心。这里有各种各样的酒吧和饭店，向旅游者提供最好的烤肉。人们在这里能品尝到地道的乌拉圭风味食品。

3. 马黛茶及其他饮料

乌拉圭常见的饮料有马黛茶、可口可乐、苏打水等。其中，马黛茶是乌拉圭国饮，是该国文化的一部分。

马黛茶由草叶制成，这种草属冬青类植物，主要生长在阿根廷、巴拉圭、巴西等南美国家。这种草的叶子是从一种灌木上采摘下来的。人们将叶子和嫩枝放在火上烤，直到它们变得松脆，然后将其磨成粗粗的粉末。尽管它所含的咖啡因比茶叶和咖啡少，但它同样能使人提神，使人精神焕发。同时，它含有大量的维生素 A，有利尿和扩张血管的功效。

饮用马黛茶可以追溯到前殖民时代的瓜拉尼文化。自 17 世纪以来，当茶文化在欧洲占据主导地位时，马黛茶开始在南美洲的南锥体地区传播。最初，马黛茶是孤独的牧牛人的伴侣。随着时间的推移，马黛茶来到城市。在乌拉圭以及阿根廷、巴拉圭和巴西，饮马黛茶已成为人们的日常。

喝马黛茶最好的方法是用一种印第安人称为马黛的圆形小罐泡茶，马黛茶也由此得名。使用热水瓶而不是水壶来冲泡马黛茶的习惯是乌拉圭人首创的。马黛茶用开水冲泡后，人们用一根长长的金属管子吸着喝。这根长管通常由发亮的银子做成。通常来说，男人喜欢喝微苦的马黛茶，而女人则喜欢喝加糖的茶。在牧场，人们起床后，在太阳出来之前喜欢静静地喝马黛茶，上午工作之后在 11：00 前后以及晚上一天工作结束后再喝两次茶。家庭聚会时共饮同一罐马黛茶是乌拉圭的一种习惯。这种习惯在 1973～1985 年军政府统治时期特别流行。这是家人及朋友相互忠诚的象征。人们会在马黛（圆形的小罐）或茶杯中装满茶叶，沏上开水后，插入一个金属管，传递着一个接一个地共饮同一罐或同一杯茶。

饮用马黛茶已成为乌拉圭人文化和生活的一部分。该国有 80% 的人将自己描述为狂热的马黛茶饮者，平均每人每年消费 9 千克马黛茶。2013 年马黛茶价格上涨，嗜马黛茶如命的穆希卡总统甚至将这种情况称为

"一场灾难"。①

4. 酒

格拉帕梅尔（Grappamiel）是乌拉圭的国酒，由酒精和蜂蜜制成。人们常喝的酒有葡萄酒、苦艾酒和啤酒。乌拉圭人喝酒很讲究，不同的菜配不同的酒，如白酒、红酒或玫瑰红酒。

乌拉圭能生产很多很好的葡萄酒。塔纳特（Tannat）红葡萄酒是乌拉圭酿酒业最有代表性的一种红葡萄酒。1870 年西班牙巴斯克地区的移民将塔纳特葡萄引入乌拉圭。目前乌拉圭是世界上生产这种葡萄最多的国家，超过了原产地——法国西南部的马迪兰（Madiran）和伊罗莱瓜伊（Irouléguy）。塔纳特红葡萄酒占乌拉圭葡萄酒产量的 1/3。这种红葡萄酒色泽较深，口味芳香，很适合在吃牛肉和其他红肉时饮用。此外，乌拉圭还生产最好的法国系列葡萄酒，如赤霞珠、梅鹿辄等红葡萄酒以及霞多丽和长相思等白葡萄酒。

乌拉圭适宜的土壤、充足的阳光和适中的气候非常适合葡萄的生长，为葡萄酒业的发展创造了良好条件。每年，乌拉圭的葡萄酒都能在国际酒类评比中获奖。1999 年成立的乌拉圭葡萄酒出口商协会（Asociación de Bodegas Exportadoras de Vinos Finos de Uruguay）在开拓葡萄酒出口市场方面发挥了积极作用。

被称为"克莱里科"（Clericó，由白葡萄酒与果汁混合而成）和"一半一半"（medio y medio，由一半汽水与一半白葡萄酒组成）的酒在乌拉圭也很流行。

（三）礼仪和禁忌

乌拉圭的许多礼仪与拉美其他国家有很多相同之处。

在称呼方面，乌拉圭人见面时通常称对方为先生或夫人（或太太），对未婚青年男女可称少爷或小姐。较熟悉的人之间常用名字而不是姓氏称呼。一般来讲，人们通常把姓氏放在中间，姓前面是名字，姓后面是母亲的姓氏。例如，Manuel Cordero Pérez，最前面的 Manuel 是名，中间的

---

① "Uruguay's Mate 'Catastrophe'"，*Brazil & Southern Cone*，October 2013.

Cordero 是父姓，后面的 Pérez 则是母姓。在比较正式的场合，应称他为 Cordero 先生。女子结婚后通常把母姓和父姓去掉，加上丈夫的姓，并称某某太太。如果她离了婚，则恢复父姓。当有人因为公务询问名字时，男子通常会给出他的姓，已婚女子则要给出她原来的父姓或丈夫的姓。在正式场合，人们常用行政职务或学术职务称呼对方，如"总统先生""博士先生"等。

男子之间通常以握手来打招呼或道别。如果两个男子很长一段时间没有见面，或一个朋友想对另一个朋友表示祝贺或对一个朋友家人的死亡表示安慰，男子之间也会相互拥抱。当男子遇到熟知的女子，或两个女子相见时，他们会在脸颊上轻吻一下，或轻轻地碰一下面颊。一般来说，乌拉圭男子不吻女人的手。不过，许多有欧洲文化背景的绅士仍沿袭着这个习惯。

乌拉圭人在约会或参加活动时不太守时。客人通常会在主人规定的时间内再晚半个小时左右到达。当一个人或一对夫妇应邀吃晚餐或鸡尾酒自助晚餐时，应将花送到男主人或女主人的家里，而且花要在聚会开始前几个小时送达。这种礼节对一个高贵的客人来讲尤其重要。乌拉圭人的晚餐时间大都在 21：00 以后，一般正式宴会多在午夜才结束。人们在聚会时，谈论的话题主要是家庭、时事、天气及体育运动，其中谈论最多的还是足球，最好不要谈论政治。

婚礼的礼节在程序上与美国大不相同。婚礼请柬应在婚礼举行前 15~20 天送出。新郎、新娘的家人或亲戚收到的请柬是粉色的，这意味着他们在举行仪式时将坐在前排。其他请柬则是白色的。如果一个客人被邀请参加婚礼后的招待会，他将在装有请柬的信封里找到一个小卡片。尽管婚礼的世俗仪式是必要的，但一对即将结婚的男女在新郎家由神父举行例行的宗教仪式也是很常见的事。新郎将订婚戒指戴在新娘的右手。结婚后，她将订婚戒指戴在左手上。

在拉美许多国家，人们通常庆祝圣徒节。但在乌拉圭，人们多以庆祝生日为主。在生日那天，人们一般会在家里或晚会上招待亲朋好友。一些人还会在当地报纸的公告栏中发布一个消息。即使一个人在报纸上得知朋友的生日，他也不会去参加朋友的生日庆祝活动，除非他收到邀请函。在参加亲朋好友的生日晚会时，可以鲜花和糖果作为礼物。

在乌拉圭，葬礼的宗教色彩相对于拉美其他国家较淡。穿祭服的神父很少到葬礼上来。当一个朋友的家人死亡时，人们一般在葬礼那天到朋友家为死者送别。葬礼通常在人死后20~24小时举行，大多在家里举行。为死者送别之后，灵柩由马车拉着送到墓地。守卫灵柩的工作由男人承担，偶尔也会有女人这么做。如果逝世的人不是亲密朋友，人们也可以向死者家属寄一张慰问卡，不到家里为死者做最后送别。

与西方大多数国家一样，乌拉圭人忌讳数字"13"和"星期五"。忌讳的颜色为青色，青色被看作是一种令人懊丧或倒霉的颜色。

（四）婚姻及家庭生活

家庭对乌拉圭人很重要，"是社会的基本单位"。但是，从20世纪中期到21世纪初，乌拉圭的家庭结构发生了很大变化。其中三种趋势值得关注：一是单人家庭急剧增加；二是单亲家庭增加；三是大家庭显著减少（见表1-6）。

表1-6 1963~2011年乌拉圭家庭结构变迁

	1963 年	1975 年	1985 年	1996 年	2006 年	2011 年
单人家庭	11.4	14.5	15.0	16.9	19.8	23.4
无子女家庭	11.9	14.3	14.6	14.8	16.4	16.8
有子女家庭	36.4	34.4	35.1	34.1	34.9	31.4
单亲家庭	7.3	7.7	8.5	9.6	11.3	11.1
大家庭	21.2	20.7	20.5	20.1	15.2	14.9
复合家庭*	11.7	8.4	6.3	4.5	2.4	2.5
总计	100	100	100	100	100	100

注：复合家庭指上述任何一种＋其他非亲属。

资料来源：乌拉圭国家统计局，Wanda Cabella, Mariana Fernández Soto & Victoria Prieto, "Las Transformaciones de los Hogares Uruguayos Vistas a través de los Censos de 1996 y 2011", http://www.ine.gub.uy/documents/10181/34017/Atlas＋Sociodemogr%C3%A1fico＋Fasc%C3%ADculo＋6%2C＋Las＋transformaciones＋de＋los＋hogares＋uruguayos＋vistas＋a＋trav%C3%A9s＋de＋los＋censos＋de＋1996＋y＋2011/754f7200－7e29－4ac0－8e9a－f1498ec56325。

　　较拉美其他国家来说，乌拉圭每个家庭生育的孩子要少得多。其原因是中产阶级希望少生孩子，以便给孩子提供更好的教育。在农村地区，家庭人口较多，生育率也较高。然而，在农村人口中，男女性别比例有些失衡，主要是妇女更容易进入城市找到工作，如家政服务之类的工作。在农村地区，家庭不是很稳定，未经法律批准的婚姻和非法婚姻很普遍，但婚生子女和非婚生子女享有平等权利。堕胎为非法。不过，自 1984 年起主张堕胎合法化的呼声很高，议会就这个问题展开过多次辩论。2002 年 12 月 10 日众议院通过了允许合法堕胎的《捍卫生殖健康》（Defensa de la Salud Reproductiva）法案，但 2004 年 5 月 20 日此法案只差三票未获得参议院通过。2004 年 10 月巴斯克斯当选总统后，广泛阵线（Frente Amplio）的一些派别，特别是其中的一些妇女组织积极推动堕胎合法化。2005 年 1 月，50 个妇女组织发表一封公开信，要求巴斯克斯支持堕胎合法化，但巴斯克斯公开表示反对。目前，拉美国家中只有古巴实施堕胎合法化。

　　1927 年强制性的世俗婚姻仪式被修改，新娘不再保证必须服从，但双方必须发誓要相互尊重。妇女婚后仍保持自己姓氏的做法越来越普遍。

　　随着社会开放程度的提高，离婚率逐渐提高。1915 年离婚率仅有万分之一，1985 年提高到千分之一。现在，越来越多的人选择同居但不结婚，他们是生活伴侣，而不是配偶。由于经济及其他方面的原因，乌拉圭人也不再像过去那样那么隆重地举行婚礼。

　　20 世纪初，乌拉圭传统的父权制被打破。因此，在法律权利及社会习俗方面，乌拉圭的妇女解放走在拉美国家前列。早在 1907 年，乌拉圭就允许遭受丈夫虐待的妇女离婚，1912 年进一步允许妇女可以不必说明特殊原因而提出离婚。1918 年已开始允许已婚妇女在银行开立单独的资金账户。20 世纪初，妇女开始享有与男子平等接受教育的权利。1938 年妇女第一次被允许参加全国大选。在就业方面，20 世纪 60 年代有 1/4 的成年妇女外出工作。到 1985 年，蒙得维的亚有 45% 的妇女外出就业。2003 年，妇女就业人数占劳动力人口的近一半。

　　虽然乌拉圭的妇女解放起步较早，但家庭内的性别歧视仍普遍存在。

家务劳动更多地由妇女而不是男人承担，这种情况在农村更为严重。在家庭内，针对妇女的暴力行为也比较普遍，被认为是仅次于盗窃的最常见的犯罪。妇女被家暴致死的情况也时有发生。据拉美经委会拉丁美洲性别平等观察（Observatorio de Igualdad de Género en América Latina de la CEPAL）的数据，2014 年乌拉圭"妇女被伴侣或前亲密伴侣杀害"的人数达 24 人，死亡率为 0.0132‰，在南美国家中排第 1 位。[①] 2002 年 7 月，乌拉圭颁布了《反家庭暴力法》（Ley sobre Violencia Doméstica，第 17514 号法律），根据该法设立的全国打击家庭暴力咨询委员会（Consejo Nacional Consultivo de Lucha contra la Violencia Doméstica）制定了反对家庭暴力的 2007～2013 年第一个国家计划（I Plan Nacional）。2012 年根据该计划执行过程中发现的法律、体制、程序和其他方面的漏洞，政府又制定了《国家安全与共存战略》（Estrategia Nacional para la Seguridad y la Convivencia），针对家庭暴力问题的预防、根除和制裁机制制定了 15 项措施。然而，针对妇女的家庭暴力并没有太大的改观。据内政部统计，2016 年因家暴死亡的妇女高达 30 人。

在乌拉圭，象征性的亲属关系仍普遍保持着。当婴儿洗礼之后，人们会在当地社区的精英中寻找一个人做他的教父。为孩子找教父这种做法，目的是为孩子以后的生活提供一种可以利用的"关系"。它为农村精英与从属阶级之间的互动建立了一种重要的联系。孩子可以从教父那里得到就业或经济上的某种帮助，孩子则要对教父表示忠诚。

乌拉圭的孩子特别是女孩享有比拉美其他国家同龄人更多的自由。他们很少要人陪伴。尽管年轻人的独立性比较强，但乌拉圭的家庭关系仍很密切。孩子们在 30 岁之前，甚至他们结了婚通常还会住在家里。年轻人选择住在家里，很大程度上是出于经济上的考虑。因为，对于许多年轻夫妇来说，负担住房开支不是一件容易的事。

---

① Alejandro Espí. Hernández, "Violencia de Género en Uruguay: la Percepción y Rol de los Hombres Uruguayos ante las Relaciones de Pareja y la Violencia hacia las Mujeres", *Políticas Públicas en Defensa de la inclusión, la Diversidad y el Género*, Universidad de Salamanca, 2019, p. 622.

第三节 特色资源

一 名胜古迹

（一）科洛尼亚

科洛尼亚德萨克拉门托（Colonia del Sacramento），简称科洛尼亚，是乌拉圭及拉普拉塔地区最古老的城市。它位于蒙得维的亚以西 160 千米，与阿根廷首都布宜诺斯艾利斯仅有一河之隔。其悠久的历史街区融合了葡萄牙、西班牙和后殖民风格。1995 年该城被列为联合国教科文组织世界文化遗产名录。

1680 年葡萄牙人首先定居科洛尼亚。该城在地理上具有战略重要性，扼守拉普拉塔河河口，控制着秘鲁银和巴西农产品的出口通道。其战略地位使其成为葡萄牙和西班牙等殖民国家长期争夺的目标。在 1680 年至 1828 年，科洛尼亚相继被多国占领。到 1777 年，西班牙帝国终于占领拉普拉塔河畔这一战略重地。18 世纪初，在葡萄牙人统治下，这个城市逐渐兴盛。但是，1825 年 12 月 10 日至 1828 年 8 月 27 日巴西和阿根廷之间展开"西斯布拉丁之战"（Cisplatine War），在历史街区内的战斗导致该城市的防御工事和建筑受到损毁。1924 年科洛尼亚开始对历史街区进行保护。现在，圣礼教堂（Basílica del Santísmo Sacramento）、圣米格尔和圣特雷莎要塞（San Miguel and Santa Teresa Fortresses）、葡萄牙博物馆（Museo Portugués）、西班牙—乌拉圭历史博物馆、斗牛场、建于 17 世纪末的圣弗兰西斯科修道院（San Francisco Convent）遗址以及在该遗址上于 1857 年修建的灯塔，都成为重要的旅游景点。

由于科洛尼亚在历史上不断遭到破坏和易主，历史街区的建筑风格为混搭之风。不仅有葡萄牙和西班牙的风格，也有 19 世纪下半叶移民工匠打造的风格。该城三面环水，呈现了城市与河流和谐共生的特征。

（二）弗赖本托斯文化工业景区

弗赖本托斯（Fray Bentos）人口约 2.44 万人（2011），是乌拉圭河上最大的港口。它还是乌拉圭工业的发源地，19 世纪 60 年代，德国的李比希肉制品公司（Liebig Extract of Meat Company）和英国的盎格鲁肉制品包装厂（Anglo Meat Packing Plant）先后在这里设立。李比希肉制品公司自1865 年开始向欧洲供应肉制品和腌牛肉，而盎格鲁肉制品包装厂则从1924 年开始出口冻肉。20 世纪大萧条后，弗赖本托斯肉类加工业逐步衰落。

20 世纪 70 年代，乌拉圭政府将这两个废弃的工业厂区改造成文化工业景区。1971 年颁布的第 14040 号《遗产法案》，将该工业厂区定为国家历史地标，由国家文化遗产委员会管理。自 2008 年以来，该景区已由盎格鲁管理委员会（Anglo Management Committee）管理。2015 年 7 月被列入联合国教科文组织世界文化遗产名录。

该园区的标志性建筑是巨大的冷库和屋顶上排列的锯齿状砖瓦锅炉烟囱。这里的厂房和住宅楼以及社会机构的布局和环境展示了全球范围内肉制品生产的完整过程，成为 20 世纪早期工业发展的一个实例。

（三）独立广场和萨尔沃宫（Palacio Salvo）

独立广场是蒙得维的亚最重要的广场。它将蒙得维的亚老城区与市中心分开，一边是城堡之门，另一边是七月十八日大道的起点。广场中心是乌拉圭独立之父阿蒂加斯的陵墓（Artigas Mausoleum）。广场周边，有许多重要的建筑，如索利斯剧院、总统府、埃斯特韦斯宫（Estévez Palace）和行政塔（Executive Tower）。

广场上最具特色的建筑是萨尔沃宫。它坐落在独立广场东侧，位于七月十八日大道与独立广场的交叉处。该建筑由旅居布宜诺斯艾利斯的意大利移民建筑师马里奥·帕兰蒂（Mario Palanti）设计，这与他给阿根廷布宜诺斯艾利斯设计的巴罗洛宫（Palacio Barolo）风格相同。他的建筑设计受但丁（Dante Aligheri）《神曲》（*Divine Comedy*）启发，为哥特式建筑风格。在建成后的几十年里，该建筑风格一直被视为一种奇特的城市景观。

萨尔沃宫于 1925 年开工建设，1928 年建成。屋顶最初是一座带有920 毫米抛物面镜的灯塔，可照射大约 100 千米。但后来拆除了灯塔，加装了一个天线，从而使这个 27 层的建筑的高度从 95 米增加到 100 米，一度成为南美洲最高的建筑物。2012 年 11 月，天线被永久移除。

二 著名城市

（一）蒙得维的亚

蒙得维的亚位于乌拉圭最南端，处于拉普拉塔河与大西洋的交汇处。从塞罗山上望去，拉普拉塔河河口尽收眼底。河水有时是蓝色的，有时是棕色的。因此，在畅销书《乌拉圭狂欢节》（*Carnaval del Uruguay*）中，作者阿尔蒙多·奥雷菲塞（Armando Orefice）将蒙得维的亚称为一个"被大海亲吻的梦幻城市"。

蒙得维的亚是乌拉圭最大的城市，面积约 530 平方千米，人口为 138.19 万人（2018），占全国人口的一半左右，是南美洲人口密度最大的城市之一。蒙得维的亚在气候、公共交通、住房、教育、文化景观等生活质量方面，是拉美最宜居的城市。根据 2019 年 3 月 13 日美世人力咨询公司（Mercer）公布的 2019 年全球城市生活质量排名，蒙得维的亚在世界排第 78 位，在拉美国家排第一位。

16 世纪初，当麦哲伦驾驶"维多利亚"号船驶入拉普拉塔河河口时，一个站在瞭望台上的水手激动地用葡萄牙语喊道"我看见了山"（Monte vid eu）。其实他看到的"塞罗山"只是一个海拔 150 米的土岗，但"我看见了山"这句话后来却成了这座城市的名字。

蒙得维的亚分为旧城和新城两部分。旧城靠近港口，现在是商业区的一部分。银行和金融机构主要集中在旧城。旧城的街道比较狭窄，而且至今仍保留有殖民地时期的许多建筑，如乌拉圭法院等。在这个国家级建筑附近，矗立着"城堡之门"。在殖民地时期，这个门是用来设防的，当太阳升起或落下的时候，城门都要开启或关闭。独立战争时期的英雄，胡安·安东尼奥·拉瓦列哈和弗鲁克托索·里韦拉（Fructuoso Rivera）的住所也坐落在旧城。宪法广场是最古老的广场，广场一边是建于 1790～1804 年的蒙得维的亚大教堂，另一边是殖民地时期的市政厅（Cabildo，1808）。独立广场是蒙得维的亚的心脏地带，它将旧城与新城分隔开来。

独立广场的标志是矗立在广场中央的乌拉圭民族英雄阿蒂加斯骑着马的一尊青铜雕像。议会大厦、外交部大楼、市政府大楼等重要政府机构都分布在广场周围。以乌拉圭第一部宪法诞生日命名的七月十八日大道是蒙得维的亚新城的中轴线。它从独立广场开始一直延伸到巴特列公园。乌拉圭最大的体育馆——世纪体育场就坐落在公园的尽头。新城有很多现代化建筑。从 20 世纪 50 年代起,中心商务区和中产阶级居住区逐渐东移。富裕的中产阶级放弃市中心地区,搬到了城市东部的波西托斯的高层公寓内。在它东部的卡拉斯科地区,有许多豪华的现代化别墅。蒙得维的亚的卡拉斯科国际机场就位于那里。

蒙得维的亚虽然不像利马、布宜诺斯艾利斯那样有殖民地时期的宏伟建筑,但它是一个清洁的城市,建筑的阳台很有特色,被誉为"阳台王国"。蒙得维的亚北城和港口附近的工业区相对比较落后。社会各阶层分区而居的程度比南美洲其他城市低得多。

蒙得维的亚是个花园城市,有"玫瑰之都"的称号,城中遍布着小公园和小花园。现代艺术品和古典雕塑点缀在这些公园里。阿格拉西达大街尽头的北边是蒙得维的亚最大、最古老的普拉多公园(El Prado Park)。普拉多公园原是欧洲银行家何塞·布申达尔(José Buschental)的不动产。普拉多公园有玫瑰园之称,公园内种植了 800 多种玫瑰。公园四周是雅致的豪宅。

蒙得维的亚作为乌拉圭的首都,不仅是乌拉圭的政治中心,还是经济中心。在经济上,它占全国工业生产的 70%,是铁路、公路、航空及海洋运输的重要枢纽。其中,港口货物运输占乌拉圭外贸出口的 90%。

蒙得维的亚还是全国的教育和文化中心。主要大学和其他高等教育学院、国家图书馆、许多精美的博物馆和艺术画廊都集中在这里。主要的医院、电视台、广播电台、报纸和杂志等多数媒体都汇集在这里。1973 ~ 1985 年,军政府出于战略原因,试图开发北部地区,但没能改变这种过分集中的情况。

在这座美丽的海滨城市,沿着滨海大道,从西部的拉米雷斯海滩到东部的卡拉斯科海滩,分布着 9 个海滨浴场。每年 12 月到次年 3 月,都会吸引大批游客前来度假观光。

在南美国家中，蒙得维的亚也算是一个重要的城市。许多国际组织和机构将总部设在这里，如南方共同市场（MERCOSUR，简称"南共市"）、拉丁美洲国家石油互助协会（ARPEL）、拉丁美洲一体化协会（ALADI）及地区能源一体化委员会（CIER）。

（二）派桑杜

派桑杜也是乌拉圭河地区最重要的城市之一，面积居全国第三位，被誉为"北方的皇后"。该城建于 1772 年，由天主教神父创办的印第安人合作村发展而来。派桑杜（Paysandu）这个名字是由派（Pay）和桑杜（Sandu）两个词组成的，"派"在印第安语里的意思是神父、父亲的意思，"桑杜"是神父的名字。在这个城市，有一座 19 世纪修建的大教堂。位于乌拉圭河上的阿蒂加斯将军大桥，将这个城市与阿根廷的恩特里奥斯省连接起来，成为蒙得维的亚至阿根廷首都布宜诺斯艾利斯之间重要的陆上交通线。

（三）埃斯特角城

埃斯特角城（Punta del Este）是南美地区最重要的旅游城市。它作为度假胜地建于 1907 年 7 月 5 日。它距蒙得维的亚 139 千米，乘车只需一个半小时就可到达。美丽的森林和沙滩以及一流的服务和休闲设施使它具备了南美洲"顶级海滩度假胜地所有的一切条件"，可全年在此度假。不过，夏季游人最多。12 月至次年 3 月，即这里的夏天，是到埃斯特角城度假的最好季节。旅游收入占乌拉圭全部旅游收入的一半左右。

该城只有 9277 名（2011）常住居民，但每年接待的游客超过 70 万人次。游客主要来自阿根廷和巴西。通常情况下，在这里度假的阿根廷人比乌拉圭人多。作为南美最著名的旅游胜地，这里遍布私人别墅，其中不乏许多名人的私人别墅。

埃斯特角城为一个半岛。半岛东西两侧的海滩呈现完全不同的景象。半岛东临烟波浩渺的大西洋，汹涌的浪涛如同咆哮的猛兽，因而东侧的海滩被称为"狂暴海滩"，吸引了大批海上运动爱好者。但半岛西侧的海面常年风平浪静，素以"温顺海滩"著称。两种不同景色的海滩为不同爱好者提供了各自满意的活动场所。

许多世界性的国际会议曾在这里举行。1961 年 8 月，美洲国家组织在埃斯特角城举行了"争取进步联盟"成立大会。1967 年 4 月第一届美洲国家总统会议也在这里举行。1986 年，关贸总协定缔约国部长级会议（即"乌拉圭回合"贸易谈判）在这里举行，令这个城市蜚声全球。此外，埃斯特角城还经常举办国际电影节。2017 年 11 月 30 日至 12 月 2 日第十一届中拉企业家高峰会也在这里举行。

白房子是埃斯特角城最吸引人的景点，又被当地人称为"人民之家"（Casapueblo）。它位于距埃斯特角 13 千米的巴列纳角（Punta Ballena）。房子的主人是乌拉圭国宝级人物，人称"南美当代毕加索"的著名画家卡洛斯·派斯·比拉罗（Carlos Páez Vilaró，1923 ~ 2014）。他自学成才，曾涉猎壁画、油画、织画、陶瓷、雕塑等多个领域，在世界各地举办过 150 多次个人画展。比拉罗的油画，"给人的第一印象是艳丽粗犷，画中人物正面和侧面的组合交错，让人不由想到同样精谙于此的毕加索"。[①] 白房子，被称为"活雕塑"，起初是比拉罗为自己设计的住宅。它从 1958 年开始建造，历经 36 年才最终建成。房子也越建越大，多次修改最初的设计，最后成为一座集家居、画室、酒店和博物馆为一体的建筑。因此，它又被称为可以居住的雕塑。白房子依山而建，共有 13 层。面朝大海，从房子里可以看到大西洋的日落。房子设计的灵感来自希腊圣多里尼岛，白房子与蓝天碧海形成了独特的景色。然而，白房子不是按设计建造的，而是完全根据建造者当时的热情和想象建造而成。比拉罗表示此建筑也是为了向他遭遇空难而幸存的儿子致敬。他儿子卡洛斯·米格尔·派斯·罗德里格斯（Carlos Miguel Páez Rodriguez），是 1972 年 10 月 13 日在安第斯山脉坠毁的乌拉圭空军 571 号失事飞机的 16 名幸存者之一。

埃斯特角的"五指山"也是吸引游人的一个景点。这座雕塑是一位智利艺术家以自己的手指为原型雕刻而成的。在沙滩上，有五根巨大的手指从沙滩中伸出来。有点像一个人用手去抓世界，有时又像一个溺水的人

---

① 孙玉洁：《乌拉圭画家媲美毕加索》，《北京娱乐信报》2005 年 9 月 15 日。

露出的一只手。不同的人有不同的理解。

（四）皮里亚波利斯

皮里亚波利斯（Piriápolis）距首都蒙得维的亚 101 千米。它是一个非常有生气和受人欢迎的城市。这里拥有一流的旅游设施。沿海滨大道，遍布着旅馆、商店和宾馆。从甜面包山（Cerro de Pan de Azúcar）上可以鸟瞰该城的海滩。

（五）萨尔托

萨尔托（Salto）是内陆地区最大的城市，同时也是重要的港口和农牧业中心，这里的柑橘和酿酒用的葡萄非常有名，工业发展也很快。在萨尔托北部的乌拉圭河上有一座与阿根廷合建的萨尔托水电站。这个水电站对北部沿海地区的发展起到了积极的推动作用。

三 建筑艺术

乌拉圭殖民地时期的建筑遗存最多、保存最完整的地方是科洛尼亚。该城作为一个葡萄牙人在拉普拉塔河地区修建的一个边防前哨，具有重要的军事要塞功能。它由军事工程师设计，用石头和砖块堆砌而成。要塞内有保存完好的殖民地时期的建筑。1995 年科洛尼亚被联合国教科文组织列入世界文化遗产名录。除此之外，遗留下来的殖民地时期的其他建筑有一些要塞，如特雷莎要塞和圣米格尔要塞。殖民地时期的建筑还有巴洛克风格的教堂和市政府。蒙得维的亚大教堂是最具代表性的建筑。该教堂的主体设计是 1784 年由葡萄牙工程师何塞·库斯托迪奥·德萨阿（José Custodio de Saá y Faría）完成的。他还设计了马尔多纳多的具有新古典主义风格的圣费尔南多教堂（S. Fernanado，1796）。马尔多纳多的圣卡洛斯的教区教堂是由何塞·德尔·波索（José del Pozo y Marquy）在 1792 年设计完成的。1799 年西班牙建筑师托马斯·托尔维奥（Tomás Torbio）来到新大陆，引入了欧洲学院派新古典主义建筑。他在乌拉圭参与设计过蒙得维的亚大教堂的正面、科洛尼亚教堂（1808，1836～1841 年又重建过）和卡比尔多教堂（1804～1811），以及新古典主义风格的蒙得维的亚市政厅（现在外交部所在地）等。

1828 年独立后，乌拉圭的建筑继续受到新古典主义和法国帝国建筑的影响，这些建筑是新国家权力的象征。意大利建筑师卡洛斯·祖基（Carlos Zucchi）先后设计了独立广场（1837）和具有法国艺术风格的索利斯剧院。19 世纪最后 25 年，快速发展的城市建筑，进一步受到欧洲建筑时尚潮流的影响。这一时期的建筑具有明显的折中主义风格。意大利工程师路易斯·安德烈奥尼（Luis Andreoni，1853～1936）设计的乌拉圭俱乐部（1885）、翁贝托医院（1890）和中央火车站（1897）都是这种建筑风格。在意大利受过训练的乌拉圭建筑师胡安·阿尔韦托·卡普罗（Juan Alberto Capurro，1838～1906）也设计了一些折中主义风格的建筑。与此同时，随着经济的发展，一些高质量的住房也建立起来，如蒙得维的亚城北部和南部由卡塔卢尼亚金融家出资建立、精心设计的住宅区，如雷乌斯区（1890）。它们大多是一层或两层带院子的房子。

20 世纪初，乌拉圭进入经济快速发展时期，许多辉煌的和具有标志性的建筑大多是在这一时期建造的。建筑规模最大的议会大厦是这一时期建筑的最高代表。它共有 4 层，高 40 米，占地 8000 平方米。除宏伟的规模外，它还有精美的雕塑和装饰。大厦外墙上有大量精心制作的浮雕，内壁则以多彩的天然大理石镶嵌，并有众多反映乌拉圭历史场景的壁画。议会大厦花园中有四组意大利雕塑家詹尼诺·卡斯蒂利亚尼（1884～1971）制作的铜像，分别代表法律、公正、科学和劳动。这座由意大利建筑师维克托·梅亚诺设计的具有新古典主义风格的宏伟建筑自 1902 年 6 月被议会批准建设，1908 年 9 月正式开工，到 1925 年才建设完成。除议会大厦外，乌拉圭还修建了许多各种风格的公共建筑，如胡安·安东尼奥·斯卡索（Juan Antonio Scasso，1892～1975）设计的世纪体育场（1930）、卡洛斯·苏拉科（Carlos Surraco）设计的医疗中心（1932）和毛里亚奥·克拉维奥托（Mauricio Craviotto，1893～1962）设计的市政厅等。胡安·安东尼奥·鲁伊斯（Juan Antonio Ruis，1893～1974）为共和国大学哲学系设计的具有现代风格的三层白色建筑、埃内斯托·勒博尔涅（Ernesto Leborgne，1906～1986）设计的医疗诊所（1930）开创了乌拉圭现代主义建筑的先河。胡利奥·比拉马霍（Julio Vilamajo）是 20 世纪 40 年代乌拉

圭最有影响力的建筑师之一，他设计了蒙得维的亚北部的塞拉纳别墅
（1943～1948）。他的设计风格以实用主义而闻名。另一位著名的建筑师
是西班牙人安东尼奥·博内特（Antonio Bonet），他设计的建筑包括巴莱
纳角（靠近埃斯特角城）的贝林吉里之家（Casa Berlingieri，1946）和海
上阳台饭店（La Solana del Mar，1947）。胡利奥·比拉马霍的实用主义风
格被他的学生马里奥·派塞·雷耶斯（Mario Paysse-Reyes）继承。他在
卡拉斯科的家（1955）体现了这一风格。他还设计了埃斯特角城的共和
国银行（1962）。

　　20 世纪 60 年代乌拉圭修建了很多高层建筑，如公证处大楼（Notariado
Building，1962～1967），70 年代的建筑多以城市住房建筑为主。

第二章

历　史

第一节　上古、中古史

一　上古史

　　1976 年以前，乌拉圭考古工作者在乌拉圭河沿岸断断续续进行过考古发掘。由巴黎人类学博物馆第五考古研究队负责人安内特·拉明·昂佩雷尔（Anete Laming Emperire）博士率领的一批考古人员于 1976 年到达乌拉圭河地区，证实该地区有丰富的资源。由于昂佩雷尔博士不幸在巴西去世，指导工作由联合国教科文组织派遣的美洲史前史专家尼埃德·吉东（Niede Guidon）负责。考古出土的物件包括石器、陶器、木炭灰等，其中有石球、锥形石器、磨光器等石制用具和武器，有尸灰罐、鸟形器皿等陶土制品。出土的一些扁平的鹅卵石上刻有几何图案，其含义现尚未做出解释。此外，考古队还发掘出一些很大的村落遗址。这表明，该地区是当时居住在今属阿根廷、巴西和乌拉圭大草原上各处居民的会集地。他们原先以狩猎和采集为生，后来从事农耕。对于这些居民的情况，人们迄今所知极少。在乌拉圭河的一条支流附近，发现了掩埋在距今 9000 年的火山灰烬，这不仅表明当时这里已有人类活动，而且体现了当地人类的文化发展水平，而尤为引人注目的是人类遗骨的发现。在乌拉圭河的一个岛上，发现了一片有 81 座墓的坟场，但墓中没有完整的骨架，只有一堆堆的尸骨。据专家们分析，这是因为当时该地区的居民有这样一种习俗：埋葬死人之前，先将尸体肢解，把肉剔去，然后将骨头浸置于红色染液之中。[①]

二　中古史

大约 4000 年前，查鲁亚人和瓜拉尼人已开始在这里生活。他们那时都处于旧石器的中晚期，以狩猎、捕鱼和采集为生。其他印第安人有雅罗人（Yaro）、查纳人、格诺亚人（Guenoa）和博安内人（Bohane）。据推测，查纳人的经济发展水平处于新石器早期。他们掌握了一些农业耕种及制陶技术。

16 世纪欧洲殖民者到来时，东岸地区居住着 1 万多印第安人。查鲁亚人是最大的一支土著居民，约有 4000 人。他们主要居住在拉普拉塔河北部。在人种及文化认同方面，他们与查科、潘帕斯和巴塔哥尼亚的印第安人有很多相似之处。他们使用弓、箭、弹弓进行狩猎，还掌握了磨石技术，能制作一些刻着简陋花纹的陶器。

瓜拉尼人主要生活在乌拉圭河下游地区和拉普拉塔河北岸。他们的活动范围从巴拉那河向东最远到达蒙得维的亚附近的圣卢西亚河。17 世纪，他们就在这一地区消失了。

查纳人居住在乌拉圭河两岸及内格罗河中游地区的一些岛屿上。他们主要以打猎和捕鱼为生，也从事一些简单的农业劳动。他们的农业技术可能是从瓜拉尼人那里学到的。但他们很快被欧洲人同化了，到 18 世纪中叶，他们的文化就消失了。

第二节　近代史

一　殖民地时期

（一）发现与占领

1516 年 2 月，西班牙探险家胡安·迪亚斯·德索利斯为了寻找连接

---

① 言南：《乌拉圭发现九千年前人类遗址》，《世界历史》1979 年第 5 期。

大西洋和太平洋的南部通道，率船队向南穿越大西洋，到达南美大陆。他发现拉普拉塔河河口后，在蒙得维的亚东部 160 千米的一个地方登陆，并宣布这块土地为西班牙国王所有。然而，这支探险队一上岸就遭到查鲁亚人的袭击，包括迪亚斯在内的所有人都被杀死，只留下一个男孩。由于船上没有多少物资储备，迪亚斯的副手塞巴斯蒂安·卡伯特（Sebastián Cabot，1474～1557），只好命令留在船上的那些骨瘦如柴的船员返回西班牙。1527 年，塞巴斯蒂安·卡伯特带着西班牙船员重新回到这个地方，解救了被查鲁亚人俘虏的那名男孩。这次探险，他沿着拉普拉塔河逆流而上，最后到达圣萨尔瓦多河河口，并在那里建立了一个与那条河同名的小要塞。卡伯特在拉普拉塔河及巴拉那河地区居住了好几年。拉普拉塔河这个名字就是由他命名的，意思是"银河"。他之所以称这条河为"银河"，是因为当地的瓜拉尼人当时戴着很多用银制成的饰物，他认定这里有银矿。然而，这个地区并没有银矿，银这种金属是由安第斯山高地的印卡人生产的。

西班牙人到达乌拉圭河东岸地区 4 年后，葡萄牙人也来到这里。1520 年 1 月，费迪南·麦哲伦（Ferdinando de Magallanes）率船队航行至拉普拉塔河河口，在今天蒙得维的亚海湾抛锚靠岸。船队中一个叫胡安·罗德里格斯·塞拉诺（Juan Rodriguez Serrano）的船主"发现"了乌拉圭河。同年 10 月，麦哲伦发现并穿过了后来以他的名字命名的海峡——麦哲伦海峡。

西班牙人曾多次尝试在东岸地区建立一些要塞，作为征服内陆地区的基地，但他们遭到了查鲁亚人的顽强抵抗。查鲁亚人非常勇敢和好战，人们至今仍以"查鲁亚人的手掌"这个词来形容一个人的勇气和开拓精神。在与欧洲殖民者的交往过程中，查鲁亚人不仅从欧洲人那里学会了穿衣、喝酒、吸烟和喝马黛茶，也学会了使用铁制工具和武器，并掌握了高超的骑马技术。武器和骑马技术使查鲁亚人的流动性、好战性和劫掠性得到了加强。西班牙人虽然对他们进行了持续不断的战争，但从来没有将他们完全征服过。由于他们的顽强反抗，西班牙殖民者早期对东岸地区的征服遭到挫败。1552 年胡安·罗梅罗（Juan Romero）在东岸建立了圣胡安要塞，但一年之后就放弃了。1574 年胡安·德加拉伊（Juan de Garay）打败查鲁亚人后，奥尔蒂斯·德萨拉台（Ortiz de Zárate）在乌拉圭河与圣萨尔瓦多河交界的地方建立了圣萨尔瓦多城，这个城堡在 1577 年又被放弃了。早期探险家在东岸地区没有发现他们一直寻找的金、银等贵金属以及有价值的水果和农作物，这也是西班牙对这一地区征服较晚的一个重要原因。所以，西班牙殖民者在踏上东岸土地后 100 多年的时间里，没有在那里开展大规模的殖民和经济开发活动。

传教士在东岸地区有一些传教活动。1616 年西班牙方济各会传教士来到东岸地区，向印第安人传教布道。1624 年方济各会传教士在贝尔纳迪诺·德古斯曼（Bernardino de Guzman）神父的带领下，在乌拉圭河下游的查纳印第安人中建立了圣多明各索里亚诺印第安人村，这是该地区建立最早的定居点。与此同时，耶稣会在北部地区的瓜拉尼人中建立了几个"合作村"，但这些合作村常常受到巴西圣保罗教教徒的进攻，不是很稳定。1767 年耶稣会被西班牙人赶出美洲后，这些合作村也随之瓦解。

（二）西班牙与葡萄牙的争夺及西班牙殖民统治的确立

乌拉圭河东岸地区的战略地位早就引起了葡萄牙人的关注。他们希望控制这个地区，并以此为桥头堡，向南美内陆地区扩张。1680 年，里约热内卢的地方长官曼努埃尔·德洛博（Manuel de Lobo）命令一支葡萄牙舰队从巴西向南行驶进入拉普拉塔河河口，在距布宜诺斯艾利斯的西班牙人定居点仅一河之隔的东岸地区建立了第一个白人定居点——科洛尼亚。虽然驻守在布宜诺斯艾利斯的西班牙人当年就夺回了科洛尼亚，但在 1681 年签订的条约中，西班牙同意归还科洛尼亚，同时规定设立一个联合委员会，来确定西班牙与葡萄牙在美洲属地的疆界。

科洛尼亚在葡萄牙人的经营下很快发展成为拉普拉塔河地区重要的港口和非法贸易中心。从非洲、巴西和欧洲运来的黑人奴隶、烟草、葡萄酒、纺织品以及其他货物被用来非法地换取面粉、咸肉干和秘鲁的白银。西班牙商人由于担心他们的贸易垄断地位遭到破坏，于 1699 年请求西班牙国王准许重新夺回科洛尼亚。1703 年，布宜诺斯艾利斯的西班牙人奉命夺取科洛尼亚，于 1705 年重新占领了科洛尼亚。但西班牙王位继承战争之后，西班牙根据 1713 年的《乌德勒支条约》（Treaty of Utrecht），又将科洛尼亚归还给葡萄牙。1716 年葡萄牙人又重新占领了科洛尼亚。

1717 年布鲁诺·毛里西奥·德萨瓦拉（Bruno Mauricio de Zabala，1682～1736）被西班牙国王费利佩五世（Felipe V）任命为布宜诺斯艾利斯省省长。为了扼制葡萄牙人的扩张，1720 年萨瓦拉在东岸地区建立了圣费利佩城和圣地亚哥城（蒙得维的亚就是在这两个小城的基础上发展起来的）。1723 年，葡萄牙人试图征服蒙得维的亚湾，但仅一年后就被西班牙人赶了出去。此后，萨瓦拉着手在东岸地区建立新移民点。1726 年12 月 24 日，他说服 7 户人家从布宜诺斯艾利斯迁到蒙得维的亚，并与 15户从加那利群岛招来的移民组成了一个 100 多人的移民定居点。为使这些人定居在这里，西班牙殖民当局给予他们许多特权及免税的优惠。1730年西班牙在蒙得维的亚建立了地方政权——市政厅。1751 年华金·德比亚纳（José Joaquín de Viana）被任命为蒙得维的亚的第一任地方长官。此后至乌拉圭独立，西班牙共任命了 7 位地方长官。哈维尔·德埃利奥（Javier de Elio）是最后一位。从此，蒙得维的亚成为东岸的主要行政中心和西班牙在南大西洋重要的港口和基地。

1750 年西班牙和葡萄牙签订了《马德里条约》（Treaty of Madrid），葡萄牙人同意将科洛尼亚还给西班牙，西班牙则将巴拉圭耶稣会布道区的大部分领土还给葡萄牙。然而 10 年后，葡萄牙仍没有将这个港口交还给西班牙人，这使得西班牙国王卡洛斯三世（Carlos III）废除了这个条约。西班牙军队于 1762 年占领了科洛尼亚。但是 1763 年的条约又将东岸地区还给了葡萄牙。1777 年 7 月，在塞瓦略将军率领下，西班牙攻占了科洛尼亚。根据随后签署的《圣伊尔德丰索条约》（Tratado de San Ildefonso），科洛尼亚最终到了西班牙人手中。

随着西班牙取得对东岸地区的控制权，移民定居点先后建立起来。到18 世纪中叶，在沿海一带出现了几个城镇，如索里亚诺、科洛尼亚、蒙得维的亚、马尔多纳多以及拉斯皮德拉斯和埃斯皮尼略等。随后，西班牙移民开始向内陆地区扩张。到 1810 年，建立了 13 个城镇。东岸地区成为西班牙和葡萄牙之间的一个缓冲地区。为了防止走私、抵御印第安人对农场的袭击，西班牙在该地区组建了骑兵队。东岸地区是西班牙人在南美建立的最后一块殖民地。

（三）东岸地区的社会经济发展及英国的占领

1603 年，埃尔南多·阿里亚斯·德萨韦德拉（Hernando Arias de Saavedra，1561～1634）向东岸地区运送了 100 头牛、100 匹马，进行野生放牧。他这么做并非是精心设计的，连他自己也没有意识到此举对后来乌拉圭的经济和社会发展起了多大作用。水草茂盛的潘帕斯草原以它广阔的胸怀，很快将这批牛马孕育成群。到 18 世纪初，这里大约有 600 万头牛和 500 万匹马。成群的牛和马在一望无际的天然大牧场上自由奔跑，东岸地区由此变成一个没有围栏的大牧场。对于生活在那里的高乔人来说，获得食物是十分容易的事。"只不过是用套索把离得最近的一头牛捉住，或者用流星球把它打倒，杀了它，挑最好的部位割下来，放在篝火上烤，再用刀切，用手撕着吃"①，皮革则用于出售。布宜诺斯艾利斯的一些商人也来到东岸地区，从高乔人那里收购牛皮。无主的牛和马也吸引了大批牧民来到这里。他们跑马占地，建立自己的牧场。1780～1800 年，一些牧场开始生产腌牛肉，将它们出口到古巴和巴西，供种植园里的黑人奴隶消费。

1776 年拉普拉塔总督辖区建立后，蒙得维的亚及其周围地区被称为东岸。虽然它受布宜诺斯艾利斯的管辖，但它凭借优越的地理位置，逐渐发展成为拉普拉塔河地区最重要的港口和贸易中心。1770 年蒙得维的亚成为西班牙寄往南美洲邮件的终点站。从 1776 年起，由西班牙驶往秘鲁的一切船只都必须在蒙得维的亚停泊听候命令，并接受货物检查。1778 年西班牙国王卡洛斯三世对殖民地贸易进行改革后，蒙得维的亚获得了与布宜诺斯艾利斯进行直接贸易的权力，而不用再通过宗主国。这使它成为西班牙与布宜诺斯艾利斯和阿根廷其他港口的货物转运站。

1779 年蒙得维的亚海关设立。根据 1779 年和 1781 年的两项命令，

---

① 〔英〕约翰·斯特里特：《阿提加斯与乌拉圭的解放》（上册），辽宁大学外语系翻译组译，辽宁人民出版社，1974，第 15 页。

在此建立了一支海岸警备队，负责警卫总督辖区的海岸。由此，它作为拉普拉塔河地区军事咽喉的地位进一步加强。1797 年蒙得维的亚海关又成为向总督辖区以及智利与秘鲁输入黑人奴隶的唯一报关港口。1786 年一个名叫弗朗西斯科·德梅迪纳的人在东岸开创了咸肉行业后，蒙得维的亚作为商业中心的作用进一步扩大。随着蒙得维的亚贸易及军事作用的加强，它在政治上的独立意愿日益强烈。1785 年蒙得维的亚市市长提出将管辖权扩大到科洛尼亚和卡斯提略斯，也就是说从布宜诺斯艾利斯的对岸一直到巴西大西洋海岸的整个东岸地区。这个建议虽被驳回，但它预示了蒙得维的亚与布宜诺斯艾利斯之间的分裂已成定局。

1796 年英国与西班牙交战。英国控制了西班牙与南美殖民地之间的海上通道。在随后爆发的拿破仑战争中，西班牙与法国结盟抗衡英国。他们之间的战争延伸到西班牙的美洲殖民地。1806 年英国占领了布宜诺斯艾利斯，1807 年 2 月 3 日，1 万多名英国军人又占领了蒙得维的亚。英国的入侵遭到两地居民的顽强抵抗。由于损失惨重，英国不得不于当年的 9 月 9 日撤出了蒙得维的亚。

英国对蒙得维的亚的占领尽管只维持了短短 7 个月的时间，但对东岸地区的政治、经济和社会发展产生了深远影响。英国在占领期间将大量出版物从英国运来，英国人还用英文和西班牙文两种文字出版了拉美第一家自由出版的报纸《南方之星》（周报），使自由主义新思想在新大陆得到传播。与此同时，英国的民主管理方法暴露了西班牙专制统治的弊端。英国指挥官塞缪尔·奥克缪蒂（Samuel Auchmuty）要求原有的民事机构继续执行公务，并采取严厉措施防止部队滋扰当地民众，而且开放了蒙得维的亚市政会，允许克里奥尔人行使他们的权利。此外，英国的占领在某种程度上促进了蒙得维的亚的商业繁荣。1806 年，一支由 66 艘英国商船组成的商船队，随同军舰驶入蒙得维的亚的港口。这些商人在蒙得维的亚开设了很多商店。为了推销商品，英国商人在报纸上大做广告。英国占领当局还将平均关税从 50% 降到了 12.5%。于是"不久它就好像是一个英国殖民地，而不像一个西班牙殖民地了"。英国军人和商人还结交了很多当地人。当英军被打败后，很多士兵拒绝上船返回家乡，而宁愿留在这里。

许多商人回国后又很快重返拉普拉塔河地区谋求发展。对于东岸人来说，他们的生活也不像原来那样了。

二 独立战争

19 世纪初，西班牙美洲殖民地掀起了波澜壮阔的独立战争。但乌拉圭人民的独立之路要比拉丁美洲其他国家曲折得多。

（一）阿蒂加斯与乌拉圭的独立战争

何塞·赫瓦西奥·阿蒂加斯（José Gervasio Artigas，1764～1850）被称为乌拉圭的"独立之父"。1764 年 6 月 19 日，他出生在蒙得维的亚市。年轻时被送入圣贝纳迪诺修道院学习。他在那里学会了算术及拉丁文。但阿蒂加斯不是一个出色的学生，他常常跑到牧场学习骑马。他很快成为一名专业骑手，能像高乔人那样娴熟地驾驭马匹。1797 年 3 月，阿蒂加斯加入了骑兵团。由于英勇善战，他很快从一个士兵升为骑兵团的副团长。他还参加了反抗英国占领的斗争。

1808 年 3 月法国军队打着保护西班牙海岸免受英国侵犯的旗号入侵西班牙。拿破仑一世很快打败了西班牙军队，并迫使西班牙国王费尔南多七世（Fernando Ⅶ）退位，而把他自己的哥哥约瑟夫·波拿巴（Joseph Bonaparte）扶上王位。这个消息在 1810 年 5 月 13 日由一艘英国商船带到蒙得维的亚。5 月 25 日，布宜诺斯艾利斯的土生白人接管了政府，迫使西班牙总督退位。1811 年初，布宜诺斯艾利斯的革命者建立了"洪达"（Junta，拉美历史上的一个专用名词，意思是执政委员会）。2 月 12 日驻扎在蒙得维的亚的西班牙保皇派军事指挥官哈维尔·埃利奥（Javier Elío）向布宜诺斯艾利斯"洪达"宣战。15 日，阿蒂加斯放弃在科洛尼亚的职位，渡过拉普拉塔河到布宜诺斯艾利斯参加了反抗西班牙人的独立战争。与此同时，东岸几乎所有的地区都掀起了反抗西班牙的革命。2 月 28 日，在索里亚诺的阿森西奥河（Asencio）岸边，佩德罗·何塞·比埃拉（Pedro José Viera）和贝南西奥·贝纳维斯（Venancio Benavidez）发出了"独立之声"（Grito de Independencia），又称"阿森西奥之声"（Grito de Asencio）。

随后，布宜诺斯艾利斯"洪达"任命乌拉圭的另一位革命者何塞·龙德奥为东岸作战司令，阿蒂加斯为副司令，准备出征东岸。1811年3月初，阿蒂加斯被任命为司令官，统率东岸地区所有的起义军。4月初，阿蒂加斯渡过乌拉圭河，在派桑杜登陆，加入了东岸人民的革命斗争。5月初阿蒂加斯指挥大约1000名爱国者在蒙得维的亚周围组成了松散的包围圈。5月18日，在拉斯皮德拉斯战役中，阿蒂加斯率领的军队经过6小时激战，打败了约1000多名西班牙守军，切断了驻守在蒙得维的亚的西班牙人通往内地的补给线。这次战役是东岸人民开始独立战争以来取得的第一次胜利，它也使阿蒂加斯成为东岸唯一的真正领袖。被围困在蒙得维的亚的西班牙守军，终因弹尽粮绝，不得不向在巴西避难的葡萄牙王室寻求帮助。早已觊觎东岸这片土地的葡萄牙人应西班牙人邀请，向东岸进攻，并在1811年7月控制了东岸的大部分地区。

同年10月，布宜诺斯艾利斯"洪达"为了避免两面作战，与西班牙人签署了停战协定，并根据协议要求东岸人放弃对蒙得维的亚的包围。此举令阿蒂加斯十分不满，他认为，布宜诺斯艾利斯"洪达"与西班牙人的停战协定意味着东岸人的失败。10月23日停战协定被批准后，为了防止西班牙人向他和他的人民报复，阿蒂加斯率领1.6万人向北部转移。"东岸人的出走"（éxodo del pueblo oriental）虽不像以色列的出埃及记，但无疑是乌拉圭人争取独立斗争中最有戏剧性的事件。占当时全国人口1/4的东岸人离开了他们的家园，踏上了一条漫长而艰险的征途。这支浩浩荡荡的队伍除了3000名部队官兵外，还有1.3万名平民。他们像是一个散乱的商旅队，一些人骑着马，但大多数人包括妇女和孩子是步行的。他们头上顶着随身携带的物品，牛仔赶着一种带篷子的牛车跟在他们后面。从那时起，这种牛车就成为乌拉圭人民争取独立斗争的一种象征。经过2个月的旅行，他们于1812年1月渡过乌拉圭河，进入阿根廷的恩特雷里奥斯省，并在那里安营扎寨了几个月。这次艰苦跋涉被认为是乌拉圭国家形成的第一步。

在流亡营地，阿蒂加斯撰写了指引乌拉圭未来命运的《1813年指导方针》（Instructions of the Year XIII）。他提出：拉普拉塔联合省脱离西班牙，宣布独立；各省组成一个单一国家，最初是一个联邦，随后以联邦制为基础，实行民主共和制；布宜诺斯艾利斯将不再作为首都。阿蒂加斯的这个思想被 1813 年 4 月召开的东岸地区制宪会议接受。为纪念这个历史事件，至今蒙得维的亚议会大厦中还悬挂着胡安·勃拉奈斯·维亚尔所作的一幅题为《1813 年 4 月议会》的大型油画。然而，布宜诺斯艾利斯制宪大会拒绝东岸代表的要求。结果，阿蒂加斯与布宜诺斯艾利斯的关系破裂，1814 年 1 月，阿蒂加斯带领部队再次退到了乌拉圭河地区，与西班牙、阿根廷以及忠于阿根廷的东岸人展开了"三方战争"。

1814 年 6 月驻守在蒙得维的亚的西班牙军队向布宜诺斯艾利斯"洪达"投降。西班牙殖民统治时代由此结束。不过，阿蒂加斯反抗阿根廷和巴西的斗争仍在进行。1815 年 1 月 10 日，乌拉圭与阿根廷的军队在瓜亚博交战，阿蒂加斯夺回了蒙得维的亚。3 月，东岸人成立了议会和政府，阿蒂加斯宣布自己为"自由人民的保卫者"。与此同时，他还同阿根廷主张建立联邦的圣菲、科尔多瓦、科连特斯和恩特雷里奥斯等省组建了 6 省联邦同盟。他手下一个士兵的妻子制作了一面旗子，为红、白、蓝共和旗，上面写着"除了自由，我没有什么可以捍卫和畏惧的"。

1816 年 8 月，卡洛斯·费德里科·莱科（Carlos Federico Lecor）率领 1 万多人的葡萄牙军队，在阿根廷的默许下从巴西分三路入侵东岸，并于 1817 年 1 月占领了蒙得维的亚。阿蒂加斯和他的军队进行了 4 年多顽强的抵抗。1820 年失败后，他被迫流亡巴拉圭。1821 年葡萄牙将东岸并入葡属巴西，称为"西斯布拉丁省"。而阿蒂加斯再也没有回到他的祖国，1850 年 9 月 23 日，他客死在巴拉圭的亚松森。

（二）33 位爱国者与乌拉圭的独立

葡萄牙占领东岸后，当地人民的反抗斗争一直没有停止。1822 年巴西脱离葡萄牙独立后，东岸人民反抗巴西的独立战争继续进行。1825 年 4 月 19 日，胡安·安东尼奥·拉瓦列哈（Juan Antonio Lavalleja，1784～1853）和曼努埃尔·奥里韦（Manuel Oribe，1792～1857）领导的 33 位爱国者，在阿根廷军队的支持下，从布宜诺斯艾利斯出发，跨过拉普拉塔河，在阿格拉西达海滩（Playa de La Agracida）登陆，进入东岸地区。为了使祖国获得独立，曾追随过阿蒂加斯，后在巴西军队任职的何塞·弗鲁克托索·里韦拉（José Fructuoso Rivera，1784～1854）将军投奔了 33 人。1825 年 8 月 25 日，东岸人民在佛罗里达宣布独立。8 月 25 日因此成为乌拉圭的国庆日。由于乌拉圭爱国者宣布独立的同时宣布将东岸并入拉普拉塔联合省（阿根廷），巴西对此表示强烈不满，并随即向阿根廷宣战。1827 年 2 月 20 日，巴西人在伊图萨因戈战役中被打败。

英国一直关注着巴西与阿根廷的战争，因为巴西对布宜诺斯艾利斯港的封锁损害了英国与阿根廷的贸易。另外，英国认为在阿根廷与巴西之间建立一个缓冲国最符合英国的商业利益。1826 年英国首相乔治·坎宁（George Canning）任命约翰·庞森比（Lord John Ponsonby）为英国驻布宜诺斯艾利斯公使。随后，庞森比向巴西和阿根廷提出在东岸建立一个独立国家的计划。在英国的调解下，1828 年 8 月 27 日，阿根廷和巴西在里约热内卢签署和平条约。巴西和阿根廷同时承认乌拉圭的独立。

1828 年 12 月 13 日，乌拉圭宣布完全独立。1830 年 7 月 18 日，乌拉圭宪法经过阿根廷和巴西的批准后获得通过，正式建立了乌拉圭东岸共和国。10 月 24 日，何塞·弗鲁克托索·里韦拉当选第一任总统。

三　考迪罗与"大战争"

独立后，乌拉圭白党和红党之间的争夺使国家陷入了长期的内战。

（一）考迪罗与内战的爆发

1830 年 7 月 18 日，乌拉圭颁布了第一部宪法。然而，这部宪法没有使乌拉圭走上稳定发展的道路。考迪罗（意思是首领、头目，它是拉美国家特有的一种政治现象，指有权势的政治、军事头目）之间的权力之争与外国的干涉，使乌拉圭陷入了长期的内战和混乱之中。

拉瓦列哈、里韦拉和曼努埃尔·奥里韦是独立战争中涌现出的三位军事强人（或称考迪罗）。独立后，他们在外国势力的操纵下，展开了激烈的权力之争。拉瓦列哈是 1830 年宪法颁布以前管理东岸地区的第一任地方长官。里韦拉将军是 1830 年宪法颁布后就任的第一任制宪总统（1830～

1835)。在里韦拉任总统期间，拉瓦列哈组织了3次不成功的叛乱。奥里韦担任第二届总统（他也是33人中的一个）后，允许拉瓦列哈及其追随者从巴西返回国内，引起里韦拉的不满。1836年里韦拉将军起兵试图推翻奥里韦政权。9月19日，在卡品特里亚战役中，奥里韦总统一方的军队，头戴的帽子上饰有一条白色的带子。里韦拉一方的军队起初想戴蓝色的帽带，但由于在太阳照射下蓝色常常褪色发白，于是战斗前，里韦拉命令士兵从他们的披巾上撕下一条红色的带子扎在帽子上。此后，奥里韦和里韦拉两派力量根据本派士兵帽子上的帽带颜色，分别将自己一派的力量称作白党和红党。奥里韦得到了阿根廷的支持，里韦拉得到了当时与阿根廷独裁者罗萨斯有矛盾的法国人的支持。1838年，里韦拉取得了胜利，并于同年3月再次当选共和国总统。奥里韦被流放到阿根廷。

（二）"大战争"（La Guerra Grande，1839~1852）

1839年，里韦拉在法国和阿根廷移民的支持下，向阿根廷独裁者曼努埃尔·罗萨斯（Juan Manuel de Rosas，1793~1877）宣战，并把罗萨斯的军队赶出乌拉圭。1840年法国与罗萨斯达成协定，将法国的军队撤出拉普拉塔地区，里韦拉的力量受到削弱。随后的3年，里韦拉与奥里韦之间的战争主要是在阿根廷的领土上进行的。1842年，奥里韦在阿根廷独裁者罗萨斯的支持下打败了里韦拉。

1843年2月16日，奥里韦及罗萨斯的部队开始对蒙得维的亚进行包围。他们对蒙得维的亚进行了长达9年的包围。历史学家亚历山大·杜马斯（Alexandre Dumas）将这次包围称作"新特洛伊战争"。除里韦拉将军及其领导的部队外，阿根廷不满罗萨斯独裁统治的三个省的部队以及由法国、意大利和西班牙籍居民组成的兵团也参加了保卫蒙得维的亚的战斗。其中，包括意大利政治流亡者加里波第和他领导的"红衫党"。因此，在今天乌拉圭的教科书中仍把他视为乌拉圭的民族英雄。

为了阻止阿根廷吞并乌拉圭，确保乌拉圭河及巴拉那河的自由航行，英国和法国通过海上舰队向蒙得维的亚城内的守军提供补给。1845年12月英国军队还与法国海军一道封锁了布宜诺斯艾利斯港。1850年法国和英国由于对战争感到厌倦，先后撤出了乌拉圭。就在蒙得维的亚眼看要陷落的时候，阿根廷恩特雷里奥斯省省长乌尔基萨（Justo José de Urquiza）起兵反对罗萨斯，使形势发生了转机。1851 年他在一些乌拉圭人的帮助下打败了奥里韦，并结束了乌拉圭境内的武装冲突。1851 年 5 月，巴西也向被包围在蒙得维的亚的守军提供资金和海军力量。由于红党和白党都对外国干涉感到幻灭，当年 10 月 8 日，在乌尔基萨的推动下，奥里韦与里韦拉握手言和，双方一致认为谁也不是胜利者，谁也不是失败者，并一道参加了反对罗萨斯的战斗。1852 年 2 月，乌尔基萨的部队在 3000 名巴西人和 2000 名乌拉圭人的支持下，在卡塞罗斯山打败了罗萨斯。随着罗萨斯在阿根廷的倒台，支持红党的乌尔基萨率部队解除了对蒙得维的亚的包围。

长达 9 年的"大战争"使乌拉圭经济遭到沉重打击。城市和乡村人口大幅减少，大批牲畜死亡。牛的存栏数从 1843 年的 600 万头减少到 1852 年的 200 万头。此外，红党政府在战争期间（1851）同巴西签署的 5 个条约使乌拉圭沦为巴西的卫星国。为酬谢巴西提供的财政和军事支持，这些条约给予巴西很多特权，如干涉乌拉圭内部事务、引渡逃跑奴隶和罪犯（在内战期间，红党和白党为鼓励以前的奴隶参军，都宣布废除奴隶制）、在乌拉圭河及其支流航行、免税向巴西出口牛和腌肉、将巴西给予红党的援助变为欠巴西的债务。此外，巴西同意向乌拉圭提供更多的贷款，这是乌拉圭国库当时可以得到的唯一收入。双方的边界也得到承认，乌拉圭放弃了对夸雷姆河北部的领土要求，承认了巴西在两国间的天然界河米林和亚瓜龙河上的专属航行权。这个时期，大批巴西拓荒者乘机涌入乌拉圭，买下了很多庄园。当时登记在册的巴西拓荒者一度达到 2 万人，占乌拉圭人口的 10% ~ 15%，所买土地占领土的 30%。

（三）"大战争"后政治经济的发展

1852 年内战结束后，考迪罗之间实现了部分和解。1855 年 11 月 11 日，奥里韦同红党开明派贝南西奥·弗洛雷斯签订了"联合公约"。这给乌拉圭带来了一段相对和平的时期，社会生产活动逐步得到恢复。1852 ~ 1858 年，牛的存栏数增长了一倍，从 200 万头增加到 400 万头，1862 年达到 800 万头。引进的德拉种牛（1858）和赫里福德种牛（1864）大大改善了牛群的质量。1863年，德国人基培特（G. C. Giebert）在乌拉圭建立了第一座现代化的屠宰厂，从此牛肉生产和出口成为乌拉圭最重要的财富来源。与此同时，养羊业也出现了快速增长。羊的存栏数从1860年的100万只增加到1862年的300万只。在经济增长的推动下，各种公用设施逐步发展起来。1853年建立了煤气公司，1857年建立了第一家银行，1860年建立了污水处理厂，1866年开展了电报业务，1869年修建了通往内地的铁路，1871年建立了自来水厂。

然而，在考迪罗和外国力量操纵下，乌拉圭政局极不稳定。1853年，白党总统胡安·弗朗西斯科·希罗（Juan Francisco Giró, 1792~1866）被红党掌控的军队推翻。加夫列尔·佩雷拉总统（Gabriel Pereira, 1794~1861）在其任期内挫败了6次政变企图。1860年执政的白党总统贝尔纳多·贝罗（Bernardo Berro, 1799~1868），为遏制巴西的扩张，采取了一些维护民族主权的措施：一是鼓励乌拉圭人移民到边界地区；二是限制居住在乌拉圭的巴西庄园主使用奴隶；三是拒绝更新1851年"大战争"时期与巴西签署的贸易条约，对出口巴西的牛征税；四是对乌拉圭的土地和牛群征收较高的直接税，使巴西庄园主承担税赋责任。这些措施引起巴西庄园主及巴西政府的不满。1863年4月19日，红党的贝南西奥·弗洛雷斯（Venancio Flores, 1808~1868）在阿根廷支持下发动叛乱。1864年9月，巴西根据1851年的条约派军队进入乌拉圭，支持贝南西奥·弗洛雷斯的叛乱。1865年2月，弗洛雷斯掌握政权。阿根廷和巴西对乌拉圭的干涉引起了支持白党的巴拉圭独裁者弗朗西斯科·索拉诺·洛佩斯（Francisco Solano López）的不满，乌拉圭与巴西和阿根廷组成了三方联盟，同巴拉圭进行了巴拉圭战争（1864~1870）。

1868年2月，贝南西奥·弗洛雷斯被暗杀。随后上台的制宪总统洛伦索·巴特列（Lorenzo Batlle, 1810~1887）首先面对的是白党考迪罗蒂莫泰奥·阿帕里西奥（Timoteo Aparicio）的叛乱。此次"长矛叛乱"持续了2年多，对国家经济的破坏作用仅次于"大战争"。1872年，红党与白党达成了《1872年4月和平协议》。该协议允许白党在全国13个省中控制 4 个省。这种合作参与制是两大对立政党之间寻求妥协的一种方式。

四　现代民族国家的形成

1875 年以后，乌拉圭政治秩序建立，生产获得发展，现代民族国家正式形成。

（一）军人执政时期（1875～1890）

1875 年，何塞·埃廖里（José Ellauri，1834～1894）政府被洛伦索·拉托雷上校（Colonel Lorenzo Latorre，1840～1916）领导的政变推翻。1875～1890 年相继上台执政的军政府通过实行铁血政策，极大地削弱了内陆地区考迪罗的力量，巩固了中央政府的权力。

何塞·佩德罗·巴雷拉（José Pedro Varela，1837～1906）政府上台后逮捕了反对派领导人，并将他们中的很多人流放到古巴。1876 年初，巴雷拉政权被"三色革命"的暴动推翻后，军政府领导人洛伦索·拉托雷上校亲自掌握了政权。为了保护农场主和大牧场主的利益，他采取强硬措施镇压罪犯和失业者（当时没有工作的人被认为是流浪者），农村秩序得以恢复。1886 年马克西莫·桑托斯总统（Máximo Santos，1847～1889）镇压了反对派的叛乱。

军政府积极鼓励发展生产。为了改变野生放牧的无序状态，明晰产权边界，政府鼓励牧场主在牧场周围建立围栏。为此，政府于 1875 年取消了修建牧场围栏使用的铁丝网的进口关税。与此同时，政府还通过农业协会参与起草了农村法，该法案保证了农场主对土地和牲畜的所有权，从而有效维护了农村地区的社会秩序。此外，政府为了鼓励农场主放养品种更好的牲畜，从英国等地进口了许多纯种牛。这些措施为乌拉圭现代农牧业的发展起到了重要的推动作用。

军政府还积极采取各种措施推动民族工业的发展。1875 年、1886 年和 1888 年政府三次修改海关法，提高进口产品关税。拉托雷政府着手改进了运输和通信设施。首都蒙得维的亚于 1878 年开通了电话系统，1886 年有了照明设施。蒙得维的亚通往内陆地区的铁路先后开工建设，铁路网在 10 年内增长了一倍。政府建立并控制了邮政服务系统,各省首府之间建立了电报网。蒙得维的亚建立了一座发电厂,事实上它是南美建立的第一座发电厂。19 世纪 70 年代和 80 年代,银行和许多企业也纷纷建立起来。

1877 年拉托雷政府实行了免费初等教育。教育改革还延伸到共和国大学(即蒙得维的亚大学,1849 年建立,在 1984 年前是该国仅有的一所大学),1876 年和 1877 年分别在该大学建立了医学系和数学系。

军政府继续推行世俗化改革。1876 年拉托雷政府建立了民事登记制度,出生、死亡和婚姻的登记注册工作由教会移交给国家。1885 年桑托斯政府颁布了世俗婚姻强制法,规定只有世俗婚姻才是合法的。

军政府的改革推动了经济的繁荣和发展。1876 ~ 1886 年,皮革出口增长了 30%,羊毛出口增加了 40%。到 1884 年,羊毛的价值首次超过了畜产品的价值。[①] 经济的高速发展,扩大了对劳动力的需求。1882 年以后欧洲移民大量涌入,乌拉圭形成了第一次移民浪潮。

(二) 文人执政时期 (1890 ~ 1903)

随着资本主义的发展,军人的专政和独裁引起了人民的不满。蒙得维的亚各阶层群众举行了大规模群众示威活动。马克西莫·塔海斯(Máximo Tajes, 1852 ~ 1912)政府在人民的压力下,对军队进行了改编,撤换了亲桑托斯的军官,恢复实施了宪法,允许反对派参与政治活动。1890 年 3 月,胡利奥·埃雷拉 - 奥韦斯(Julio Herrera y Obes, 1890 ~ 1894 年执政)当选总统,乌拉圭正式恢复了文人统治。

文人政府上台不久,乌拉圭爆发了严重的经济危机。1890 年 7 月 31 日国民银行倒闭,黄金储备枯竭,外债急剧增加,工商企业大量破产。由于政府的经济措施使不同利益集团之间的冲突加剧,政局出现动荡。在 1894 年的总统选举中,议会经过 40 次投票,最后才指定胡安·伊迪亚尔特·博尔达(Juan Idiarte Borda, 1844 ~ 1897)为总统。博尔达上台后,

---

① 〔英〕莱斯利·贝瑟尔主编《剑桥拉丁美洲史》第 5 卷,社会科学文献出版社,1992,第 466 页。

政治形势进一步恶化。工人运动持续高涨，大批工会组织相继建立，工人罢工此起彼伏。与此同时，红、白两党的矛盾也日益激化。1872 年红党与白党曾达成一项政治参与协议。按照原来的协议，白党应该在全国 13 个省中有权控制 4 个省。当全国省份数目由 13 个增加到 19 个时，白党却只控制了 3 个省，这引起白党的极大不满。1896 年末在议会举行选举前，来自巴西里约格朗德州牧场主家庭的阿帕里西奥·萨拉维亚（Aparicio Saravia），打着选举保证人、反对秘密投票的旗号，向政府施压。1897 年 3 月，萨拉维亚发动叛乱，使本来就十分严峻的形势进一步恶化。同年 8 月，博尔达总统被暗杀。参议院议长胡安·林多福·奎斯塔斯（Juan Lindolfo Cuestas，1837～1905）被任命为临时总统。经过谈判，执政的红党与白党于 9 月 18 日签订了《拉克鲁斯和平协定》。这是乌拉圭历史上第一次以和平方式结束的内战。根据这项协定，白党控制了 19 个省中的 6 个省，奎斯塔斯还给参加叛乱的领导人 20 万美元，让那些白党人回归社会生活。

1898 年在议会中占多数的埃雷拉派，提出了自己的总统候选人，奎斯塔斯不愿意放弃权力，发动了军事政变。

第三节　现当代史

一　现代国家的确立和发展

20 世纪初，何塞·巴特列－奥多涅斯（José Batlle y Ordoñez，1856～1929）总统对政治经济制度进行了深刻的变革，乌拉圭进入一个繁荣发展的新时期，建立了南美第一个福利国家。

（一）何塞·巴特列－奥多涅斯与现代国家的确立（1903～1930）

何塞·巴特列－奥多涅斯是乌拉圭现代发展史上最具影响力的人物。他在 1903～1907 年和 1911～1915 年两次担任总统，其间推行了一系列的政治、经济和社会改革。这些改革至今仍影响着乌拉圭人的生活。正如历史学家所说的那样，"在拉丁美洲所有国家中，没有任何一个人对一个国家的思想和政策产生过像巴特列那样大的影响"①。1929 年巴特列 - 奥多涅斯逝世时，乌拉圭已成为政治稳定、经济发达、社会福利完善的国家。

1903 年 3 月 1 日，巴特列 - 奥多涅斯开始了他的第一任总统任期。他上任后面临的第一个政治危机是这一年圣诞节那天萨拉维亚领导的白党叛乱。1904 年 9 月 1 日，政府军在马索列拉战役中大败白党的军队，萨拉维亚在战斗中阵亡。随后，白党被迫与巴特列 - 奥多涅斯领导的红党政府签订了《阿塞瓜条约》，最终结束了红党与白党自 19 世纪以来持续不断的内战，实现了国家在政治上的统一。与此同时，巴特列 - 奥多涅斯也确立了在红党及国家政治生活中的地位。

20 世纪初，乌拉圭的畜牧业出现了快速发展。1904 年蒙得维的亚建立了第一个冷藏库，1905 年冷冻厂生产的牛肉第一次由冷冻船运往英国。从此，乌拉圭的出口产品结构发生了根本性改变，牛肉出口成为经济增长的新源泉。1909 年蒙得维的亚港经过现代化改造，成为可与布宜诺斯艾利斯竞争的地区性贸易中心。政治地位的巩固和经济的发展为巴特列 - 奥多涅斯推行政治及社会改革计划创造了良好条件。巴特列 - 奥多涅斯在两次执政期间推行的改革措施主要有以下几个方面。

第一，在经济改革方面，巴特列 - 奥多涅斯认为主要公共服务业必须掌握在国家手中，这样才能促进资本积累，避免外国资本汇回利润引起收支不平衡。在他的推动下，乌拉圭建立了一批国有企业。在金融领域，1911 年 7 月 17 日，共和国银行被收归国有。同年 4 月，巴特列 - 奥多涅斯提出国家对保险事业实行垄断经营的法案，但由于英国反对而未实行。于是政府于 1912 年 1 月 11 日成立了保险银行。同年 3 月，政府将 1892 年成立的抵押银行收归国有。在生产领域，1912 年蒙得维的亚发电厂改组为国营电力公司，对全国的电力生产和分配实行垄断经营。1912 年国家授权在 5000 人以上的城市修建上下水道。1913 年政府颁布法令，将下水道交给市政机关管理。1914 年政府购买了北方铁路公司，并在此基础

---

① Lavinia Dobler, *The Land and People of Uruguay*, J. B. Lippincott Company, Revised Edition, 1972, p. 58.

上建立了国家铁路管理局。1915 年政府还接管了全国电话服务业务，改组成立国家电力和电话公司（Usinas Electricas y Teléfonos del Estado）。1916 年根据巴特列的改革法案，成立了蒙得维的亚国家港口管理局。

巴特列－奥多涅斯曾试图改革农业生产结构，但不是很成功。受美国经济学家亨利·乔治（Henry George）的影响，他计划通过土地使用累进税和额外征收遗产税来解决土地所有权高度集中的问题。但由于遭到大土地所有者的强烈反对，农业改革计划没有取得多少成效。不过，政府在畜牧饲养、乳品、园艺、造林、种子及饲料方面建立了许多技术研发机构。

第二，在社会改革方面，巴特列－奥多涅斯在 1907 年第一任总统任期届满前，将有关预防工伤事故的法案与咨文一起提交议会，并提出了城镇工人和职员工作时限法案。1905 年，他还颁布法令，规定对一定收入水平以下的公务员的工资免征所得税。通过对欧洲国家社会福利的考察，巴特列－奥多涅斯认识到，"穷人和富人之间巨大的差距是非常不公正的，差距必须缩小"①。政府应承担起促进公民经济繁荣和幸福的更大责任，否则任何一个政府都不会成功。巴特列－奥多涅斯在第二次执政期间提出了一系列社会立法，并在此后几年先后在议会获得通过，成为法律。如退休金制度（1919）、职业安全法（1920）等。1914 年失业补偿法开始实施。

第三，在教育方面，巴特列－奥多涅斯政府扩大了对教育的投入，建立了许多校舍，招聘外国著名专家任教。设立基金资助优秀学生出国学习，大规模扩充了博物馆和图书馆。1903 年，组建了成人初等教育夜校，使许多不识字的工人不脱产也能上学。1912 年全国各地都建立了中学，1916 年中等教育实行了免费教育。为提高女生入学率，共和国大学建立了女生部。

第四，在政治改革方面，巴特列－奥多涅斯对瑞士政府由一个集团而

---

① Lavinia Dobler, *The Land and People of Uruguay*, J. B. Lippincott Company, Revised Edition, 1972, p. 59.

不是一个人组成的政治模式很感兴趣。他认为考虑到国家日益增加的复杂性，需要把特殊权力授予一个政府机关。这种制度还可以防止个人独裁。因此，1913 年巴特列－奥多涅斯提出了对政府机构进行改组的宪法修正案。他根据瑞士的政府模式，提出由多数党 9 名成员组成一个集体执政委员会取代总统的权力，其中 2 人由国民大会任命，任期 6 年，另外 7 名由人民选举产生，每年改选 1 名。

第五，在世俗化改革方面，巴特列－奥多涅斯是一个无神论者，他反对教会干预国家的政治和社会生活。因此，他大力推动世俗化改革。1905年他向议会提出了允许离婚的法案。1907 年该法案获得议会的通过。这是拉美国家通过的第一部允许离婚的法律。1912 年议会通过的法律进一步放宽了对离婚的限制，允许妇女不必提出特殊理由即可提出离婚。1906年乌拉圭禁止在国有医院悬挂十字架，1907 年取缔了在公开宣誓中向上帝发誓的做法。

巴特列－奥多涅斯的政治、经济和社会改革遭到了红党内部一些人的反对。他们指责巴特列－奥多涅斯的改革背叛了红党的传统，破坏了社会秩序。1913 年 3 月，卡洛斯·马尼尼·里奥斯（Carlos Manini Ríos）等人，以里韦拉将军的名字，在红党中建立了一个反对派——里韦拉派。以路易斯·阿尔韦托·德埃雷拉（Luis Alberto de Herrera，1873 ~ 1959）为首的白党也反对巴特列的改革计划，这使巴特列派在 1916 年 7 月 30 日的制宪会议选举中失败。费利西亚诺·比埃拉（Feliciano Viera，1872 ~ 1927）总统曾是巴特列－奥多涅斯的追随者，但他认为红党在 1916 年选举中的失败是由巴特列－奥多涅斯过去的政策造成的。因此，他宣布停止执行巴特列－奥多涅斯的社会改革计划，对工人的罢工进行镇压。为了阻止白党在选举中胜出，巴特列派不得不与红党内部的反对派达成选举协商。1919 年巴尔塔萨·布鲁姆（Baltasar Brum，1883 ~ 1933）作为红党中间派当选总统，何塞·塞拉托（José Serrato，1868 ~ 1960）将总统权力交给了里韦拉派的胡安·坎皮斯特吉（Juan Campisteguy，1859 ~ 1937）。"妥协政治"的结果大大冲淡了巴特列－奥多涅斯的改革日程。

虽然巴特列－奥多涅斯的改革受到白党和红党反对派的抵制，但后来的继任者大多坚持了他的政治、经济及社会改革政策。克劳迪奥·威廉（Claudio Williman，1863～1934）政府于1907年和1910年实施了选举法，扩大了反对党的政治参与。1909年对公立学校中禁止进行宗教教育做出规定。1916年，巴特列－奥多涅斯与反对派谈判，最终将集体行政权等政治改革目标写入宪法。规定行政权力由总统和9人组成的集体——全国执政委员会（Consejo Nacional de Administración，CNA）共同行使。总统有权任命外交、国防和内政部长。全国执政委员会不仅由执政党组成，而且包括在选举中得票居次位的政党——白党。白党内阁成员负责处理经济、教育和社会政策。曾在巴特列－奥多涅斯政府时期担任外交部部长的巴尔塔萨·布鲁姆，在执政时期大力推动了巴特列的社会改革计划。1920年实施了对工伤给予补偿及实行每天6小时工作制的法律，1923年农村最低工资法获得通过（但从来没有实行过）。1919年在公共部门就业者中建立了社会保障制度。胡安·坎皮斯特吉虽属红党里韦拉派，但巴特列－奥多涅斯改革思想仍得到贯彻，1928年社会保障制度扩大到私人部门。1928年政府投资建立了国家冷冻厂。

1929年10月，巴特列－奥多涅斯逝世，然而，他对乌拉圭的影响至今都存在。

（二）加夫列尔·特拉的独裁统治及 1942 年宪法

1929年10月世界经济危机爆发。为了减少危机的影响，政府加强了国家对经济的干预。1931年共和国银行被授权管理外汇交易，实行了固定汇率和进口限制措施。与此同时，红党的巴特列派与白党中埃雷拉的反对派达成了《钦丘林协定》（Pacto del Chinchulín），又称（政治）分肥协定（Pork Barrel Pact），双方同意扩大国家对工业的控制。此后根据这项协定建立了国家燃料、酒精和水泥管理局，该公司垄断了全国的炼油、酒精和水泥的生产及销售。

政府的这些措施并没有阻止世界经济危机向乌拉圭蔓延。1932年英国对乌拉圭牛肉实行进口限制，导致经济形势进一步恶化。1932年乌拉圭出口收入比1930年下降了40%。货币大幅贬值，失业人数急剧增加。

与此同时，随着政府财政赤字的增加、国有企业用于不动产贷款、公共健康和养老金等方面的支出不断扩大，银行面临破产的危险。由于政府实行的外汇管制、降低工资和公共支出等方面的措施损害了养牛牧场主、出口商和私人银行及外国资本的利益，传统政党内部发生分裂。另外，由于缺少工作机会，社会冲突不断加剧。

1933 年 3 月 31 日，加夫列尔·特拉（Gabriel Terra, 1873～1942）在白党的埃雷拉和红党的马尼尼支持下，以宪法阻碍政府实施稳定措施为借口发动了政变。政变后，特拉解散了议会和全国执政委员会，实施了新闻检查，暗杀了巴特列派领导人格劳尔特，流放了共和国大学法律系主任、社会党领导人埃米利奥·弗鲁戈尼（Emilio Frugoni, 1881～1969）等反对派领导人，逮捕了一些抗议者，一些参加抗议集会的公务员被解职。6 月，特拉组织召开了制宪议会，制定了新宪法，并于 1934 年将新宪法提交全民公决。尽管再度竞选总统是不合宪法的，但特拉仍当选为新一届总统。

1934 年的新宪法正式取消了全国执政委员会，将该委员会的权力转交给总统。新宪法对建立新的国有企业做了限制。规定建立新的国有企业需得到两院议会 2/3 多数的通过。新宪法禁止高利贷，承认一定的社会权利（如住房和工作的权利），给予妇女选举权。内阁部长和国有企业领导人由在选举中得票最多的两党共同担任，分配比例为 1/3～2/3，参议院议席由得票最多的两党平分，众议院将按比例代表制进行选举。

特拉的独裁统治遭到了反对派的抵制和民众的反抗。1935 年反对派试图暗杀特拉，但没有成功。左派政党与红党及白党中的反对派试图组建"人民阵线"也没有成功。为阻止反对派结成联盟，特拉政府于 1934 年颁布了选举法，对红党和白党的口号和那些参加选举的政党名称加以限制。

不过，特拉的独裁统治相对来说还是比较温和的。没有造成太多的人员死亡，公民的自由权利大部分被保留下来。特拉政府还实行了一些有利于经济和社会发展的国内外政策。在经济政策方面，特拉政府对畜牧养殖业和工业都给予支持。如对畜牧业实行减税、为支付债务提供多种选择和给予外汇特权等。为促进本国工业的发展，政府在 1931 年实行了限制进口措施，1935 年通过了《工业特权法》。在外贸方面，共和国银行仍控制着外汇的价格和买卖。1934 年政府建立了进口和兑换信用委员会（Honorary Commission for Imports and Exchange），负责进口配额和外汇的分配。政府在 1937 年与美国、1939 年与德国谈判达成了用比索支付外债利息的协定。在社会政策方面，尽管政府废除了一些社会立法，但国家在推动社会发展方面的作用没有受到削弱。1934 年政府提出了一项法律，对使用 12 岁以下的童工、妇女产假以及将养老金扩大到包括雇主在内的所有商业和工业部门等问题做出了明确规定。1937 年建立了国家住房供给委员会（National Affordable Housing Institute）和人民科学营养委员会（Institute for the Scientific Nutrition of the People），政府还为失业者提供"紧急工作"。此外，政府还改革了教育制度。在共和国大学开设了经济学系（1932）等新专业。1935 年将中等教育的管理权移交给一个自治机构。在外交方面，政府大力改善了与美国和英国的关系。1936 年美国总统罗斯福访问乌拉圭。根据 1935 年与英国签订的条约，乌拉圭同意支付外债，购买英国的煤。1935 年乌拉圭断绝了与苏联的关系。次年，断绝了与西班牙共和国的关系。与此同时，乌拉圭与意大利墨索里尼政府和德国的希特勒政府建立了密切的关系。1937 年乌拉圭用德国资本在内格罗河上修建了南美最大的人工湖——内格罗水库，在此建造了一座水电站。

1938 年特拉总统的任期结束后，特拉的姻兄阿尔弗雷多·巴尔多米尔（Alfredo Baldomir，1884~1948）上台执政。这时，国内要求恢复 1917 年宪法的呼声越来越高。反对派多次组织政治示威活动，他们要求颁布新宪法，恢复民主制。与此同时，红党与白党在外交上的分歧也越来越大。尽管乌拉圭于 1939 年宣布实行中立政策，但当年 12 月受英国海军重创的德国战舰"施佩伯爵号"（Graf Spee）在蒙得维的亚港外被自己的船员引爆后，乌拉圭采取了亲同盟国的立场。1940 年政府开始在全国调查纳粹的同情者。巴尔多米尔的外交政策遭到了白党，特别是参加联合政府的白党埃雷拉派的反对。他们主张实行中立政策，反对在乌拉圭部署美国的军事基地。这两个原因促使巴尔多米尔决定修改宪法。1941 年巴尔多米尔要求政府内阁中的三名埃雷拉派的部长辞职。随后，他任命了一个没有埃雷拉派参加的委员会，研究宪法改革问题。1942 年 2 月，巴尔多米尔发动了"好政变"（golpe bueno），解散了议会，成立了国务委员会（Consejo de Estado）。

1942 年 2 月，乌拉圭举行全国大选。巴特列派支持的红党候选人胡安·何塞·德阿梅萨加（Juan José de Amézaga，1881～1956）在选举中赢得胜利。与此同时，新宪法以 77% 的支持率获得全民公决的通过。1942 年 11 月 19 日的宪法修正案仍保留了总统制，恢复了议会，在参议院实行严格的比例代表制，废除了 1934 年宪法中红、白两党共同参与任命部长和国有企业董事的做法。

阿梅萨加政府在经济上实行了进口替代工业化战略，扩大了国营部门。1944 年建立了国家航空公司，在社会方面，恢复了劳工和社会保障等方面的立法。1943 年实行了工资委员会制度，由国家、工人和雇主三方代表组成的委员会来确定工资，并建立了家庭补助计划。1944 年议会通过了《解雇补偿法》，1946 年通过了《农业工人地位法》。

二　第二次世界大战后的民主政府

（一）二战后至 1955 年的稳定发展时期

二战后，欧洲国家的复兴和朝鲜战争的爆发刺激了乌拉圭经济外部需求的增长，为经济发展提供了良好的国际环境。1945～1955 年，工业产值增长了一倍，农业也出现了繁荣的局面。在经济增长的带动下，乌拉圭养老金制度等社会立法不断完善。1950 年乌拉圭再次获得世界杯足球赛的冠军，举国上下充满了乐观的情绪，"没有一个地方像乌拉圭那样好"这句口号是这种乐观情绪的写照。乌拉圭因此获得了"南美瑞士"的称号。

1946 年托马斯·贝雷塔当选总统，这标志着巴特列派的胜利。但他仅任职 6 个月就因病逝世。随后，副总统即何塞·巴特列的侄子路易斯·巴特列·贝雷斯（Luis Batlle Berres，1897～1964）按宪法程序接任了总统职务。路易斯·巴特列主张改革，因而又被称为新巴特列派。政治上，他反对在拉美实行共产主义，同时也反对实行以阿根廷总统庇隆为代表的威权民众主义。他主张各个阶级实行妥协及和解。对于国家的作用，他认为国家应保障社会稳定，适当地缩小由社会经济结构造成的"不公平差距"。与庇隆主义不同的是，他反对工会组织实行政治自治，主张社会合作。反对各种类似墨西哥革命制度党的集权主义政党。经济上，路易斯·巴特列主张通过国家干预主义和国有经济的发展，推动进口替代工业化战略，而不遵从国际货币基金组织的紧缩政策。为了向低收入家庭提供优惠，政府建立了一系列食品补贴项目。1947年政府建立了控制基本生活用品价格的国家补给委员会。然而，路易斯·巴特列政府推行的国家干预主义政策及工业化战略在一定程度上损害了农业部门的发展，引起土地所有者的不满。1950年贝尼托·纳尔多内（Benito Nardone，1906～1964）在农业协会领导人胡安·多明戈·博达贝里（后来任总统的胡安·玛丽亚·博达贝里的父亲）的支持下，建立了"农村行动联盟"（Liga Federal de Acción Rural，LFAR），提出了与路易斯·巴特列的国家干预主义完全相反的市场经济模式。

1950年乌拉圭举行了总统选举。红党的安德雷斯·马丁内斯·特鲁埃瓦（Andrés Martínes Trueba，1951～1955年执政）在选举中获得胜利。马丁内斯·特鲁埃瓦是何塞·巴特列－奥多涅斯的追随者。因此，在1951年3月的就职演说中，他提出修改宪法，恢复集体行政制，与反对派白党分享总统权力。他的修宪倡议得到白党埃雷拉派和红党巴特列派的支持。

1951年12月16日，新宪法经过公民投票获得通过。1952年3月1日，全国政府委员会（Consejo Nacional de Gobierno，CNG）成立。该委员会由9名成员组成，其中6名来自多数党，3名成员来自在选举中获得第二位的政党。委员会主席由6名多数党成员轮流担任，任期一年。国有企业的董事会也由多数党和少数党指定的人组成，比例是3∶2。

（二）1955～1973年的经济停滞及政治危机

20世纪50年代中期以后，由于外部需求减少及美国实行的限制性贸易政策，乌拉圭的羊毛和肉类等主要产品的出口大幅度减少。与此同时，依赖政府保护及进口能源和原料建立起来的进口替代工业也遇到了困难。

工业生产出现停滞，通货膨胀率上升。20 世纪 50 年代末，物价每年以
40% 以上的速度上涨，导致政府财政状况及经济形势急剧恶化。

经济形势的恶化，削弱了红党的地位。在 1958 年的大选中，白党加强
了内部团结。1942 年从白党分裂出来的独立民族主义派同意将他们的选票
计入埃雷拉派领导的白党选票中。这是近十多年来，白党第一次作为统一
的政党参加投票。在这次选举中，白党还得到农村行动联盟（LFAR）领导
人贝尼托·纳尔多内的支持。最后，白党取得了选举的胜利，红党则失去
了自 1865 年以来长达 94 年里一直掌握的政府权力。1962 年 11 月 25 日，
白党再次取得总统选举的胜利。

在白党政府执政期间（1959 年 3 月至 1967 年 2 月），乌拉圭的政治经
济危机进一步加剧。1959 年 4 月 8 日，86 岁的白党领导人埃雷拉逝世。埃
雷拉曾担任白党领导人四十多年，因此他作为白党的象征比其他任何一个
白党人都具有代表性。1931 年，埃雷拉创办《辩论报》（*El Debate*），6 次
参加总统竞选，但由于种种原因都失败了。1925～1931 年和 1955～1959 年，
他两次参加红、白两党组成的联合政府。埃雷拉主张建立强有力的中央政
府，十分推崇意大利墨索里尼独裁政府和阿根廷的庇隆政府。埃雷拉逝世
后，埃雷拉派分裂为两派，一派为正统派，由维克托·阿埃多（Eduardo
Víctor Haedo，1901～1970）领导；另外一派由马丁·埃切戈延（Martín
R. Echegoyen，1891～1974）领导。该派与纳尔多内领导的乡村派结成了
政治联盟。纳尔多内接受了埃雷拉的很多思想，埃雷拉死后他成为白党最
重要的旗帜。他在自己开办的"农村电台"（Radio Rural）中主持了一档
名为《鞭打》（*Chicotazo*）的节目。他那富于魅力的嗓音吸引了成千上万
名听众。1964 年纳尔多内逝世。这使本已在议会中占微弱多数的白党政
府受到进一步削弱。

白党执政后实行了市场经济政策。1960 年乌拉圭与国际货币基金组
织签订了第一个意向书。白党政府贬值了货币，建立了单一自由兑换市场
（但仍保留着共和国银行对汇率的干预政策），实施了贸易自由化。然而，
白党的经济模式带来了新问题。一是通货膨胀率上升。1963～1967 年，
通货膨胀率上升了 50%。二是出现了金融危机。1965 年大规模的银行危

机几乎使金融体系陷于瘫痪。

白党的经济自由化政策引起劳工的极大不满,工人运动日益高涨。1958年8月,工人罢工使全国的电话通信和电力供应中断了好几天。9月,100多个工会组织举行了24小时大罢工,要求增加工资。1962年工人运动组成了单一中央联盟——"全国工人大会"(Convención Nacional de Trabajadores,CNT)。1962年共和国大学法律系学生劳尔·森迪克(Raúl Sendic,1925~1989)与其他左翼领导人在乌拉圭北部甘蔗园的工人中建立了激进的游击队组织——民族解放运动-图帕马罗斯(Movimiento de Liberación Nacional-Tupamaros,MLN-T,简称"图帕马罗斯")。他们开始训练人员,组织地下工作网,为开展武装斗争做准备。

随着经济危机的加剧,传统政党出现分裂。红、白两党内的一些激进派别从这两大传统政党中分裂出去,与乌拉圭社会党组成了"人民联盟"(Unión Popular)。信仰共产主义的各党与其他小党组成了"左派自由阵线"(Frente Izquierda de Liberdad,FIDEL)。天主教徒组成了基督教民主党(Partido Demócrata Cristiano,PDC)。

1964年7月,前总统路易斯·巴特列·贝雷斯逝世。其子豪尔赫·巴特列·伊瓦涅斯(Jorge Batlle Ibañez,1927~2016)成为红党15派的领导人。红党14派领导人塞萨尔·巴特列·帕切科(何塞·巴特列-奥多涅斯的儿子)逝世后,退休将军奥斯卡·迭哥·赫斯蒂多(Oscar Diego Gestido,1901~1967)担任了该派领导人。1966年11月,红党在总统选举中获得胜利。奥斯卡·迭哥·赫斯蒂多当选总统。在红党推动下,乌拉圭经过全民公决在1966年通过了三个宪法修正案。据1967年宪法,乌拉圭恢复了总统制,总统任期延长至5年,建立了3个新的政府机构:计划和预算部、社会保障银行和乌拉圭中央银行。高等教育也成为义务教育的一部分。

1967年3月,奥斯卡·迭哥·赫斯蒂多上台时,乌拉圭经济及社会形势十分严峻。1965年和1966年生活费用上涨了88%和51%。1967年通货膨胀压力进一步加大,仅上半年就上涨了40%。劳工组织的罢工此起彼伏。1966年和1967年,乌拉圭每年发生700起罢工。赫斯蒂多政府曾试图改变 1959 年以来白党实行的经济和社会政策，恢复旧的发展主义模式，但遭到了参加政府内阁的"团结与改革派"的反对，政府内阁因此进行了多次改组。1967 年 10 月，政府与工会组织达成协议，银行职员结束了 117 天的怠工，蒙得维的亚 9 家报社（共有 11 家）的记者、印刷工人和报纸零售商停止了持续了 4 个月的罢工。政府接受了工会要求，同意以 7 月的工资为标准，将工资提高 35%。为了解决日益严重的通货膨胀问题，赫斯蒂多在 11 月任命曾在特拉政府中负责经济的塞萨尔·查尔洛内（César Charlone，1895～1973）为经济和财政部长。查尔洛内任职后，实施了国际货币基金组织提出的第二个稳定计划，再次建立了统一的汇率市场，并于 11 月 6 日将本国货币贬值了 100%。

1967 年 12 月 6 日，赫斯蒂多总统因突发心脏病逝世。副总统豪尔赫·帕切科·阿雷科（Jorge Pacheco Areco，1920～1998）接任总统职务。他上任不到一个星期，便采取了一系列惊人之举。他以"扰乱宪法秩序，鼓吹武装斗争"为由，取缔了乌拉圭社会党和其他左派组织以及他们的出版物。为推行新的货币政策，帕切科任命阿莱杭德罗·维格·比列加斯（Alejandro Vegh Villegas）为计划和预算部部长。1968 年 6 月，为了控制通货膨胀，政府宣布冻结工资和物价，建立了控制基本食品价格的物价和收入委员会（Comisión de Precios e Ingresos，COPRIN）。

帕切科政府采取的这些措施，引起社会各界的不满。工人罢工和学生的抗议活动此起彼伏。1968 年 6 月，在蒙得维的亚的一次示威活动中，学生及工会成员与警察发生冲突。共和国大学学生利韦尔·阿尔塞（Líber Arce）在冲突中死亡。共和国大学与政府的关系恶化。帕切科政府宣布进入紧急状态，规定无需法庭的命令和搜捕证，就可逮捕"暴乱"领导人。这项安全措施直到 1969 年 3 月才被取消。

在日益加剧的社会冲突中，图帕马罗斯迅速壮大。1967 年他们实施了几次引人注目的抢劫，在左派报纸上发表声明，宣告该组织的存在，提出要用武装斗争提高人们的政治良知，并最终改变国家的政治、经济结构。他们还揭露政府官员的腐败，用抢劫得来的钱购买食品，发放给穷人。他们通过这些活动逐渐在穷人中树立了"罗宾汉"的形象。进入 20

世纪 70 年代后，图帕马罗斯开展的暴力活动进一步升级。1970 年 8 月，他们暗杀了美国发展援助署官员丹·米特奥内（Dan A. Mitrione）。1971 年 1 月，绑架了英国驻乌拉圭大使杰弗里·杰克逊（Geoffrey Jackson）。这两次活动不仅引起本国政府，也引起世界各国对图帕马罗斯的关注。9 月 9 日，100 多名图帕马罗斯成员从监狱中逃跑。随后，帕切科政府任用武装部队镇压游击队，这为日后军人的上台打下了基础。

1971 年 11 月，乌拉圭举行全国大选。选举前，社会党、共产党、基督教民主党等左翼政党与红、白两大传统政党中的一些派别组建了广泛阵线（Frente Amplio），准备作为一个竞选联盟参加全国大选。为了支持广泛阵线参选，图帕马罗斯宣布从 1971 年 10 月起与政府休战。在这次选举中，白党的威尔逊·费雷拉·阿尔杜纳特（Ferreira Aldunate，1918~1988）虽然得票比其他候选人多，但由于红党得到的选票比白党多 1.3 万张，根据乌拉圭选举法（当选总统由得票最多的政党中得票最多的那一派候选人获得），红党内由帕切科支持的胡安·玛丽亚·博达贝里（Juan María Bordaberry，1928~1976）在一片争议声中以微弱多数当选总统。广泛阵线推选退休将军利韦尔·塞雷尼·莫斯克拉（Líber Seregni Mosquera，1916~2004）为候选人参加选举。值得关注的是，广泛阵线第一次参加选举就获得了 18.28% 的选票。这标志着乌拉圭左派作为一种政治力量开始登上历史舞台，对乌拉圭自独立以来形成的两党政治格局提出了挑战。

1972 年 3 月，博达贝里政府为了加强军队和警察的力量以镇压游击队，在财政预算方面，给予军队特别照顾。他还取消了大学的自治地位，扩大了军队和警察的权力。新政府日趋强硬的政策促使图帕马罗斯又恢复了武装斗争。4 月 14 日，图帕马罗斯对自称敢死队成员的警察和军官进行了一系列暗杀活动，共有 11 人被暗杀。之后，博达贝里政府立即获得了议会的同意，宣布国家进入紧急状态，取消了所有公民权利。7 月 10 日，政府颁布了《国家安全法》。由于图帕马罗斯高层领导人埃克托尔·阿马迪奥·佩雷斯（Héctor Amadio Pérez）的背叛和政府的残酷镇压，1972 年底，图帕马罗斯基本上被军队镇压。

三 1973～1985 年的军政府

（一）军人政变

军人在镇压图帕马罗斯的过程中壮大了力量。然而，当镇压任务完成后，他们却不愿退出政治舞台。1973 年 2 月，博达贝里总统未经军方同意，任命了一位文人为国防部长。此事引起军方的不满，陆军和空军联合发动了政变。起初，海军仍效忠总统，但随后也加入了政变。在军方的压力下，博达贝里与军方达成了保证军人参与国家政治决策的《博伊索·兰萨协定》（Boisso Lanza Pact）。这意味着博达贝里总统已成为名义上的总统，真正的实权已掌握在军人领导的国家安全委员会（Consejo de Seguridad Nacional, COSENA）手中。该委员会由军方任命的 25 人组成（后来增加到 35 人），包括陆、海、空三军司令和其他高级军官，以及国防、内政及外交部部长。6 月 27 日在军队的支持下，博达贝里总统解散了议会。12 月成立了国务委员会（Consejo de estado），部分行使议会的权力。

（二）军政府的统治

军人政变得到了红党帕切科派和白党内以马里奥·阿格龙多（Mario Aguerrondo）为首的埃雷拉派的支持，但遭到了工会及大多数政党特别是左翼政党的反对。军人开始对反对派大肆进行镇压。全国工人大会由于举行大规模的罢工遭到政府取缔。1973 年 12 月，乌拉圭共产党（Partido Comunista del Uruguay, PCU）和声称信仰马克思列宁主义的所有左翼组织都被禁止活动。1974 年 9 月，许多军官被派驻到国有企业里。军方还实行预防性镇压措施，许多被"指控"有政治犯罪动机的人被投入监狱。他们中有上千人被折磨致死或失踪，还有许多人受到拷打，一些人因政治原因被政府机关或国有企业开除。至 1976 年，军方关押的政治犯达 6000 人。对于当时仅有不到 300 万人口的乌拉圭来说，其政治犯占人口的比例是世界上最高的。

1976 年 6 月，博达贝里总统向军方提出一个取消所有政党，建立永久独裁统治，并自任总统的计划。此计划遭到军方的拒绝，博达贝里因此被军方废黜。国务委员会主席阿尔韦托·德米切利·利萨索（Alberto Demicheli Lizaso）担任总统职务。按宪法规定，1976 年乌拉圭将举行全国大选，白党的埃克托尔·古铁雷斯（Héctor Gutierréz）和广泛阵线的米切利尼（Zelmar Michelini）在阿根廷遭暗杀之后，各政党很难再对选举抱乐观态度。德米切利上任后马上颁布了《第一号制度法案》（Institutional Act No.1），取消了选举。三个月后，国家安全委员会选举阿帕里西奥·门德斯·曼弗雷丁（Aparicio Méndez Manfredin）为总统，任期 5 年。新政府虽然宣布要恢复民主，但仍继续迫害政治人物。政府还下令禁止所有参加 1966 年和 1971 年选举的人从事政治活动。

经济政策是文人在军政府内拥有影响力的唯一领域。1973 年 4 月，红党政府提出以市场经济为主导，推动建立价格机制的经济计划。这个计划被后来的军政府接受。1973 年爆发石油危机，乌拉圭经济形势进一步恶化。为了应对危机，1974 年亚历杭德罗·贝格·比列加斯（Alejandro Vegh Villegas）被任命为经济和财政部长，负责计划的实施。虽然他于 1976 年辞去了部长之职，但他仍被看作乌拉圭新自由主义经济模式的建筑师。1973～1980 年，乌拉圭实行了新自由主义改革。在非传统产品出口的带动下，经济出现了持续的增长。然而，进入 20 世纪 80 年代以后，由于国际经济环境恶化，乌拉圭与拉美许多国家一道陷入严重的债务危机，出现了自 1929 年大萧条以来最严重的经济衰退。

（三）军政府还政于民

经济危机的加剧迫使军政府还政于民。除此之外，军方推动的政治重建计划失败也是促使军政府交权的一个重要原因。1977 年军政府提出政治计划。一是在未来的几年，对白党和红党进行清洗。剥夺那些在 1966 年和 1971 年选举中作为候选人或负责主要党务工作的政治人物 15 年的参政权利。此项计划涉及上千人，包括前总统帕切科和博达贝里。二是进行政治重建。具体实施办法是第一阶段由军方提出一部宪法，然后在 1980 年举行全民公决，另外还要起草一个允许军队对政府所有政策行使否决权的新章程。

然而，1980 年由军方起草、门德斯总统提出的宪法法案遭到了红、

白两党内许多派别和广泛阵线的反对。最后，新宪法草案在 1980 年 11
月举行的全民公决中以 57.8% 的票数遭到否决。在这种情况下，军方
被迫与获得承认的政党领导人进行协商，对宪法草案进行修改。1981
年 9 月，退役中将、政变领导人之一格雷戈里·阿尔瓦雷斯·阿尔梅伊
诺（Gregorio Álvarez Armellino，1925~2016）被武装力量联合委员会任命
为过渡期内的总统。

　　阿尔瓦雷斯上台后与各政党恢复了政治对话。1982 年政党法开始实
施。1983 年，军方与政党领导人就政权过渡问题举行了非实质性的谈判。
3 个月后谈判陷于停顿。9 月，50 万名劳工组织成员举行了近 10 年来的
第一次抗议活动。11 月，所有反对党举行了大规模的政治集会，要求举
行没有政治限制的选举。1984 年 3 月，工人工会全会－全国工人大会
（Plenario Intersindical de Trabajadores-Convención Nacional de Trabajadores，
PIT-CNT，简称"乌拉圭总工会"）组织了一次全国性的大罢工。随后军
政府释放了 1976 年 1 月 11 日关押的广泛阵线领导人塞雷尼·莫斯克拉将
军。5 月军政府与各政治派别恢复了谈判，并决定于当年 11 月举行大选。
6 月，被推为白党总统候选人的费雷拉·阿尔杜纳特结束流亡生活返回国
内，准备参加选举。由于费雷拉·阿尔杜纳特对军政府持严厉批评态度，
军政府希望作为红党中间派的胡利奥·玛丽亚·桑吉内蒂在选举中获得胜
利。为了实现这种安排，军政府在费雷拉·阿尔杜纳特回国后立即将其逮
捕，白党被迫退出谈判。7 月，广泛阵线的合法地位被恢复。随后该党参
加了政府与红党和公民联盟的谈判。8 月，谈判各方达成《海军俱乐部协
定》（Pacto del Club Naval）。根据这个协定，政府承诺恢复民主化进程，
取消对政党活动的限制（乌拉圭共产党仍被禁止）；重新审理政治犯；军
方放弃对国家安全委员会的控制权和对文人政府决策的否决权，国家安全
委员会改由总统领导；1984 年 11 月举行大选。红党和广泛阵线在《海军
俱乐部协定》中接受了军方提出的一些条件，如实施一套过渡期的法律。
此外，该协定没有提及任何军方违反人权的问题。

　　1984 年 11 月最后一个星期天，乌拉圭举行了全国大选。由于军政府
禁止白党的费雷拉·阿尔杜纳特和广泛阵线的塞雷尼·莫斯克拉作为候选

人参选，红党在选举中占尽了优势，最后获得 41% 的选票。白党在选举中失败，仅获得 34% 的选票，比 1971 年降低了 5 个百分点。广泛阵线获得了 21% 的选票，公民联盟获得 2.5% 的选票。红党的胡利奥·玛丽亚·桑吉内蒂当选总统。1985 年 2 月军政府提前一个月交权。

四　民主化以后的传统政党政治

1985 年民主化以后，乌拉圭红、白两大传统政党轮流上台执政，保持了政治经济的稳定，并逐步融入全球化。

（一）桑吉内蒂政府（María Sanguinetti，1985～1990）

1985 年 3 月 1 日桑吉内蒂正式就任总统。作为民主化以后的第一任总统，桑吉内蒂面临的首要任务是恢复民主制度。他上任后马上恢复了包括共产党在内的所有政治组织的合法地位；颁布了《大赦法》，释放了包括 61 名前图帕马罗斯成员在内的所有政治犯。但在赦免那些在军政府时期侵犯人权的军警问题上，政府面临了一场严重的政治危机。1986 年 8 月，政府根据与军方达成的不进行人权审判的协定，提出了一项法案，大赦所有犯有这种罪行的军人和警务人员。该法案遭到了其他政党，特别是左翼政党的强烈反对。他们要求桑吉内蒂政府继续调查军政府时期军人违反人权的行为。然而，该法案在当年 12 月获得议会通过。尽管如此，人们反对《大赦法》的斗争一直没有停止。1987 年 2 月，左翼政党、工会和学生组织发起了一场请愿运动，征集了至少 55 万人（占选民总数 25%）的签名，取得了就这一问题举行全民公决的必要条件。1989 年 4 月，乌拉圭举行了全民公决，结果 52.57% 的人赞成保留《大赦法》。

经济问题也是桑吉内蒂政府面临的一个难题。虽然 1985 年以后乌拉圭经济恢复了增长，但与人们的期望值有很大差距。此外，政府对经济进行结构性调整实行的许多措施遭到了工会的抵制。1985 年 8 月，政府试图与工会领导人和工商部门的代表进行谈判，但由于一系列罢工，政府单方面中止了谈判，直到 9 月才恢复谈判。进入 1989 年后，随着总统和议会选举的临近，罢工运动进一步高涨。1989 年 10 月，乌拉圭总工会组织了两次 24 小时的总罢工，支持教师增加工资的要求，抗议世界银行给予乌拉圭贷款时附加的结构性调整等条件。在 1989 年 11 月的大选中，执政的红党落选，白党总统候选人、路易斯·阿尔韦托·德埃雷拉的孙子，路易斯·阿尔韦托·拉卡列获得了 37% 的选票当选总统，这是白党自 1962年以来首次赢得选举的胜利。红党候选人豪尔赫·巴特列只获得了 30%的选票。

（二）拉卡列政府（Luis Alberto Lacalle de Herrera，1990～1995）

1990 年 3 月 1 日，路易斯·阿尔韦托·拉卡列宣誓就任总统。由于白党在议会中不占多数，拉卡列总统与红党一些派别组成了"全国一致"政府，吸收了 4 名红党成员入阁。

为了提高经济的国际竞争力，实现宏观经济的稳定，拉卡列政府加快了以私有化、贸易自由化为主的新自由主义经济改革。这些改革措施遭到工会组织的强烈抵制。它们组织了一系列罢工，要求增加工资、反对政府的紧缩措施和私有化计划。1992 年 1 月，乌拉圭总工会组织了 24 小时的罢工，抗议警察对蒙得维的亚一工厂工人采取暴力行动。同年 5 月12～14日又发动了 36 小时的全国总罢工，反对政府的社会保障改革提案及削减工资的政策。11 月 16 日，警察举行了大规模的罢工，参加罢工的人数达1200 人，占全国警察总数的 1/5（另一份材料是参加罢工的警察人数共有3000 人，约占警察总人数的一半）。为避免公共秩序出现混乱，政府不得不委托武装部队暂时行使警察的职能，负责维持国内的社会治安。警察罢工 4 天后，政府被迫让步，将警察的工资提高了 50%，军人也增加了军饷。在这个让步的鼓舞之下，运输和公共卫生部门的工人立即发动了一场罢工，也要求增加工资。1993 年产业工人的罢工继续大规模地展开。3 月11 日，乌拉圭总工会组织了 24 小时的总罢工，支持教师和公共卫生部门增加工资的要求，要求政府立即停止对某些国有企业实行私有化，要求政府增加就业机会和尊重工会的自主权。5 月，工会组织号召举行 24 小时罢工，抗议政府的紧缩计划。6 月，总工会组织了进一步的罢工，要求增加工资及重新修订经济政策。当月，建筑工人工会也发动了 24 小时的全国总罢工。6 月，乌拉圭总工会再次组织罢工，这是该组织自拉卡列 1990年 3 月上台后组织的第 9 次罢工。8 月，乌拉圭总工会又组织了一次 36

小时的总罢工，支持建筑工人增加工资的要求和抗议高通胀导致的生活水平下降。农业工会也加入这些抗议活动，早前它们还支持会员停止向政府纳税，以抗议政府的农业政策。

在经济政策上，联合政府内各派的分歧日益扩大，政府危机不断。1991年5月，前总统桑吉内蒂领导的红党"巴特列主义论坛派"退出了联合政府。政府向议会提交的几个法律草案，包括税收改革法、社会保险改革法、港口改革法等迟迟未能通过。9月末，私有化法案在议会中以微弱多数获得通过后，国内政治危机进一步加剧。1992年1月末，巴特列激进派对经济和财政部部长恩里克·布拉加·席尔瓦（Enrique Braga Silva）提出质询，宣布退出联合政府。与此同时，拉卡列政府也受到来自本党一些派别的巨大压力。以副总统贡萨洛·阿吉雷·拉米雷斯（Gonzalo Aquirre Ramírez）为首的"改革与胜利派"带头公开批评政府的经济政策，以参议员佩雷拉为首的"罗查运动派"也对政府的经济政策表示不满。他们认为过分自由开放的经济政策会付出过高的社会代价。他们要求经济和财政部部长布拉加辞职。在此情况下，拉卡列不得不要求内阁集体辞职。2月初，拉卡列任命了新的部长委员会，经济和财政部部长布拉加、工业和能源部部长及住房、领土规划和环境部部长被撤换。

反对派广泛阵线在"新空间"和工会的支持下，提出就国有企业私有化问题举行全民公决。1992年12月13日，乌拉圭就国有企业法中有争议的5项私有化条款举行全民公决。有71.57%的选民投票赞成废除这些条款，从而否决了拉卡列政府的私有化计划。

1993年1月，拉卡列再次对内阁进行重组。3月，拉卡列拒绝撤换经济和财政部部长伊格纳西奥·德波萨达斯（Ignacio de Posadas）和改变经济政策，致使白党内部由卡洛斯·胡利奥·佩雷拉（Carlos Julio Pereyra）领导的"全国罗查运动和民族主义人民潮流派"（Movimiento Nacional de Rocha-Corriente Popular Nacionalist）和贡萨洛·阿吉雷·拉米雷斯（Gonzalo Aguirre Ramírez）领导的"革新与胜利派"（Renovación y Victoria）撤销了他们在议会中对政府的支持。10月，乌拉圭中央银行行长拉蒙·P.迪亚斯（Ramón P. Díaz）辞职。11 月，内政部部长胡安·安德列斯·拉米雷斯（Juan Andrés Ramírez）辞职。

1994 年 11 月 27 日，乌拉圭举行了总统和议会选举。红党在选举中获 32.5% 的选票胜选。桑吉内蒂再次当选总统。以广泛阵线为首的"进步联盟"获得了 30.8% 的选票，得票率比上届选举大幅增加，成为仅次于白党（获得 31.4% 的选票）和红党的政治力量，从而打破了红、白两大传统政党一统天下的格局。

（三）桑吉内蒂政府（1995～2000）

1995 年 3 月，再次当选总统的桑吉内蒂宣誓就职。由于红党在议会中不占多数，桑吉内蒂政府与白党经过谈判达成了"政府协定"，组成了联合政府。政府内阁最后由 6 名红党成员、4 名白党成员、1 名公民联盟成员和 1 名人民政府党（99 派）成员组成。进步联盟仍是反对派，但进步联盟中的主要派别——广泛阵线采取了同政府合作的政策。与此同时，政府同意在社会政策方面关照他们的利益要求。

桑吉内蒂政府继续推行新自由主义改革。1995 年政府向议会提交了社会保障制度改革法案。6 月中旬，乌拉圭总工会举行了 24 小时的总罢工，抗议政府的这项法案。尽管如此，该法案还是于 8 月末在议会获得通过。

桑吉内蒂政府还着手对选举制度进行改革。1995 年 7 月，政府与议会中的反对派就改革选举制度达成一项协定，并于 1996 年 3 月向议会提交了宪法改革法案。在改革选举制度问题上，广泛阵线内部出现分裂。乌拉圭共产党、左派解放阵线等认为实行二轮总统选举，将使红党和白党联合起来，阻止广泛阵线候选人当选总统。而广泛阵线领导人、退役将军塞雷尼则支持这个法案。由于该组织无法达成一致，塞雷尼于 2 月辞去了广泛阵线主席的职务。10 月，桑吉内蒂在议会获得了修改宪法所需的 2/3 多数支持。12 月 8 日，乌拉圭举行了全民公决，宪法修正案以 50.5% 微弱多数获得通过。1997 年 1 月 14 日，法案正式实施。

桑吉内蒂政府对拉卡列政府时期一些政府高官的腐败行为进行调查。1997 年 10 月，前经济和财政部部长布加拉及前总统拉卡列的顾问达尼埃尔·康邦（Daniel Cambón）因涉嫌在 1994 年负责糖业银行（Banco Pan de Azúcar）私有化时违规操作而被捕入狱。

1997 年桑吉内蒂政府进行了以提高教学质量、加强师资力量为中心的教育改革：将两年的学前教育列入义务教育的范畴；向更多的小学和初中 1~3 年级学生免费提供课本；将数十所小学和 50% 的初中由半日制改为全日制；增加课时，调整学科；向首都和内地贫困生免费发放书包，增加提供免费午餐的学校数量；开设数十所专业对路的技术高中；投资兴建一批校舍；增建数所师范院校。

1999 年 4 月 25 日，乌拉圭根据 1997 年生效的新宪法举行了有史以来的第一次总统初选，曾 4 次参加总统竞选的豪尔赫·巴特列战胜了"巴特列主义论坛派"的路易斯·耶罗（Luis Hierro）成为红党的总统候选人。前总统路易斯·阿尔韦托·拉卡列战胜其他几名对手，被白党提名为总统候选人。前蒙得维的亚市市长塔瓦雷·巴斯克斯在进步联盟的初选中，战胜"乌拉圭大会"（Asamblea Uruguay）的达尼洛·阿斯托里（Danilo Astori），轻松取胜。1989 年从广泛阵线分离出的中左翼政党"新空间"领导人拉斐尔·米切利尼（Rafael Michelini）获得该党的提名。10 月 31 日，乌拉圭举行了全国大选。广泛阵线候选人塔瓦雷·巴斯克斯得票最多，共获得 40.3% 的选票。红党候选人巴特列居第二位，获得 32.7% 的选票。白党的拉卡列获得 22.2% 的选票，"新空间"获得 4.6% 的选票，公民联盟获得 0.2% 的选票。由于在第一轮选举中无一位总统候选人获得半数以上选票，乌拉圭按照新宪法于 11 月 28 日举行了第二轮总统选举。红党总统候选人豪尔赫·巴特列与白党结成竞选联盟，以 53.9% 的选票战胜广泛阵线候选人巴斯克斯，当选乌拉圭新总统。

（四）豪尔赫·巴特列政府（2000~2005）

2000 年 3 月 1 日，豪尔赫·巴特列就任总统。5 月 14 日乌拉圭举行了全国地方选举，这是 1997 年实行新宪法后乌拉圭举行的第一次地方选举。红党在此次选举中受挫，丢掉了 3 个省，在全国 19 个省中，仅在 5 个省取得了地方选举的胜利。进步联盟－广泛阵线候选人马里亚诺·阿拉纳以 57.8% 的选票再次赢得蒙得维的亚市选举的胜利。白党获得了 13 个省地方选举的胜利。

在经济方面，受巴西货币贬值和阿根廷经济危机的影响，乌拉圭自1999 年起就陷入了经济衰退。所以，巴特列政府上台时面临了较大的经济压力。为了使经济摆脱危机，巴特列政府积极推行新自由主义改革，希望通过私有化及贸易自由化等措施，扩大私人部门在经济中的作用，减少政府的财政支出，降低财政赤字，实现经济平衡。2001 年巴特列政府颁布了国有石油公司私有化法案。该法案允许国有石油公司——国家燃料、酒精和水泥管理局与外国合伙人建立合资企业，以改造炼油技术、扩大生产、降低汽油价格。此外，政府还向议会提交了私人部门更多参与电信部门自由化的法案。政府的这一政策遭到广泛阵线及工会的强烈反对。2003 年 1 月，国家燃料、酒精和水泥管理局的工会组织向选举法庭提交了 6.5 万人的签名，要求取消该法案，举行全民公决。为避免在全民公决中遭到失败，巴特列政府在 2002 年 2 月不得不撤回已提交给议会的促进私人部门在经济中的作用及电信部门自由化的法案。2003 年 12月 7 日，乌拉圭就国有石油公司私有化法案举行了全国公民投票。结果以 62.21％ 对 35.42％ 票数否决了国有石油公司私有化法案。2002 年受阿根廷经济危机的影响，乌拉圭陷入严重的经济危机，银行体系几乎陷于破产。巴特列政府通过一系列外交努力，获得了美国、国际货币基金组织及世界银行的援助，随后经过银行体系的重组及债务转换计划，使经济暂时摆脱了危机。

巴特列上台之初组建了红、白两党的联合政府。在 13 名内阁部长中，8 名为红党成员，5 名为白党成员。白党成员担任了农牧渔业部、教育和文化部以及住房、领土规划和环境部、劳工和社会保障部、工业和能源部等的部长职务。然而，由于政策上的分歧和巴特列总统的执政风格，执政联盟内部的冲突不断。2001 年末，白党一些成员威胁要退出执政联盟。2002 年初，乌拉圭的经济形势严重恶化。为了共同应对危机，两党关系一度缓和。然而，在如何解决日益恶化的经济形势这个问题上，两党之间的分歧加剧。白党主席、前总统拉卡列指责经济和财政部部长阿尔韦托·本西翁（Alberto Bensión）抵御阿根廷金融危机对乌拉圭冲击的措施不力。

他不得不在 2002 年 7 月 22 日宣布辞职。2002 年 10 月，白党宣布退出执政联盟。白党的退出，使巴特列政府在议会中处于少数地位。为改善与其他政党的关系，巴特列任命技术官僚而非政客的参议员亚历杭德罗·阿特丘加里（Alejandro Atchugarry）为经济和财政部部长。2002 年 12 月，在阿特丘加里的协调下，巴特列政府提出重组银行体系的法案，并获得议会的通过。但 2003 年 8 月，由于"个人原因"，阿特丘加里辞去了经济和财政部部长的职务，伊萨克·阿尔菲（Isaac Alfie）接任了他的职务。

与经济政策不同，巴特列政府调查军政府时期（1973～1985）违反人权的做法得到了所有政党的支持。2000 年 10 月，负责此项调查任务的和平委员会举行了第一次会议。2002 年 10 月，和平委员会公布了最初的调查报告。报告指出，在向该委员会提交的 39 件失踪案件中，有 26 人被拷打致死。2003 年 4 月，巴特列政府宣布，将给予那些在 1973～1985 年军政府执政时期死亡、失踪人员和游击队活动的受害者及其家属适当的赔偿。

持续的经济衰退及政府与国际货币基金组织达成的极具争议的结构性改革计划使巴特列总统的支持率下降，使红党在 2004 年 10 月 31 日的大选中惨败。

五 2005 年以来的广泛阵线政府

2005 年左翼政党联盟"进步联盟－广泛阵线－新多数派"（简称"广泛阵线"）上台执政，打破了乌拉圭原有的两大传统政党白党和红党轮流执政的政治格局，开启了左翼执政的新纪元。三届左翼政府，在经济上实施务实、稳健的政策，保持了宏观经济的稳定；政治上，保持了稳定；此外，广泛阵线政府还利用它们在议会中的多数席位，推动了一系列社会改革。

（一）塔瓦雷·巴斯克斯政府（Tabaré Vázquez，2005～2010）

在 2004 年 10 月的大选中，乌拉圭左翼政党联盟"广泛阵线"主席塔瓦雷·巴斯克斯获得 50.45% 的选票，在第一轮选举中胜出。此外，广泛阵线也赢得议会选举的胜利，在参、众两院赢得过半数席位。其中，在参议院 30 个席位中获 16 席；在众议院 99 个席位中获 52 席。此次选举具有历史性意义，这是左翼政党第一次在乌拉圭上台执政，打破了乌拉圭自 1836 年政党制度建立以来红、白两大传统政党长期轮流执政的政治格局。

2005 年 3 月，巴斯克斯宣誓就职，成为乌拉圭东岸共和国第 51 任总统。在执政期间，巴斯克斯政府采取了稳健的宏观经济政策，实行通货膨胀目标制，推行税制改革，提高了个人收入所得税。作为医生，巴斯克斯注重公共健康，推动了医疗改革，建立了国家综合医疗体系（SNIC）。巴斯克斯政府采取了世界最严的控烟政策。在其任期内，同性伴侣收养孩子合法化，但他否决了议会在 2008 年通过的堕胎合法化法案。

巴斯克斯政府还推动了一系列减贫和促进公平的社会政策改革。其中，巴斯克斯就任总统后采取的首批行动之一是宣布一项 2 亿美元的国家紧急计划，帮助 20% 的赤贫人口减贫。此外，政府还实施了"木棉计划"，为所有小学生提供免费笔记本电脑。

因为广泛阵线内部许多人士在军政府时期受到迫害，巴斯克斯积极推动废除《大赦法》。2009 年 10 月，在广泛阵线推动下，乌拉圭最高法院以《大赦法》"超出立法者权力，侵犯了宪法赋予法官的职能范围"违宪为由，废除了《大赦法》的三条条款。与此同时，巴斯克斯政府对军政府时期犯下侵犯人权罪的军人进行审判。2007 年 12 月，1973 ~ 1985 年最后一届军政府执政者阿尔瓦雷斯（Gregorio "Goyo" Alvarez，1981 ~ 1985 年执政）将军①以杀害 37 名持不同政见者的罪名被捕入狱，2009 年 10 月 22 日被判处 25 年监禁。同案被告退休海军军官胡安·卡洛斯·拉斯博（Juan Carlos Larcebeau）因参与 29 起谋杀案被判 20 年徒刑。

在外交政策上，处理与阿根廷在纸浆厂上的矛盾冲突成为最大和最棘手的外交问题。阿根廷反对乌拉圭建纸浆厂，担心会污染乌拉圭河。两国最终将争端提交国际法院仲裁。与阿根廷的矛盾争端，迫使巴斯克斯寻求与区域外国家建立新的贸易和文化关系。巴斯克斯是首位访问新西兰和韩国的乌拉圭总统，并与东南亚国家建立了联系，与古巴和委内瑞拉等拉美

---

① 2016 年 12 月 28 日在监狱中去世，时年 91 岁。

左翼政府保持了较为密切的关系。2008 年 6 月，巴斯克斯总统访问古巴，与古巴国务委员会主席劳尔·卡斯特罗举行了峰会。与拉美其他左派国家的反美立场不同，巴斯克斯政府与美国保持了友好关系，接待了来访的美国总统布什，但他反对建立美洲自由贸易区。

卸任时，巴斯克斯总统的民意支持率超过 80%，甚至高于他上台时 77% 的支持率，被认为是"乌拉圭近 25 年来最为成功的政治家"，这也帮助广泛阵线赢得了 2009 年 10 月大选的胜利。

（二）何塞·穆希卡政府（2010~2015）

穆希卡总统在广泛阵线内属激进派，意识形态上与委内瑞拉总统查韦斯等拉美"激进"左翼政府有许多相似之处。但是在 2010 年 3 月上台执政后，穆希卡总统没有将他的意识形态思想转变为政策。他在 2012 年 11 月明确表示，政府的主要目标不是建立一个社会主义国家，将战略性产业国有化，或进行广泛的土地改革。[①] 在经济上，他实施了务实和稳健的宏观经济政策，其中最主要的目标是遏制通胀。在政治上，穆希卡曾承诺进行被称为"改革之母"的国家改革，精简臃肿的国有部门，推动国家改革和现代化。但此项改革进展并不顺利，国有企业及公共部门的就业人数不减反增。

穆希卡曾试图推动几项较为激进的再分配改革，但未获得成功。其中之一是对大土地所有者征税。2011 年末，议会通过了土地集中税（ICIR）改革法案，目的是对大土地所有者征收重税。具体做法是对拥有 2000 公顷至 5000 公顷土地的人征收每公顷 8 美元的特别税；面积在 5000 公顷至 10000 公顷之间的，每公顷征收 12 美元；超过 1 万公顷的，每公顷征收 16 美元。征税所得主要用于改造国家的交通基础设施。但此项改革引起较大争议，广泛阵线内部也存在分歧。经济和财政部部长阿斯托里等广泛阵线官员认为，土地集中税将吓阻投资者，通过改革只能产生区区 6000 万美元的收入，与由此带来的投资风险相比微不足道。2013 年 2 月 18 日，乌拉圭最高法院裁定，宪法明确规定土地税由地方政府征收，土地集

[①] "Uruguay: Slippery Eel Still Loose", *Brazil & Southern Cone*, December 2012.

中税违宪。

穆希卡政府继续推动废除《大赦法》，但未获成功。2013 年 2 月 22 日，最高法院裁定，2011 年 10 月，由广泛阵线在议会通过的废除《大赦法》的法案违宪。

穆希卡推动的社会改革取得了相当大的进展。2013 年乌拉圭甚至由于实施了"在不付出任何经济代价的情况下提高国民幸福水平"的"非常敏感的政策"，而被《经济学人》（Economist）评为"年度国家"。穆希卡政府的社会政策有三项。一是同性婚姻合法化。此法案曾遭到巴斯克斯总统的否决。穆希卡总统认为："同性婚姻比山还古老……这是客观存在。如果不将其合法化，那将是对人们毫无用处的折磨。"① 在他的大力推动下，2013 年 4 月，乌拉圭议会最终通过了该法案的修正案，允许"无论什么性别或性取向"的夫妇都可"在相同的条件下结婚"。2013 年 5 月，穆希卡签署该法案，使乌拉圭成为拉美第二个将同性婚姻合法化的国家。法律修正案于同年 8 月 5 日正式生效。二是堕胎合法化。2012 年 10 月 22 日乌拉圭通过了《性健康和生殖法》，成为拉丁美洲国家中除古巴和圭亚那之外第三个实施堕胎立法的国家。根据此项法律，乌拉圭允许医生在妇女怀孕 12 周之前堕胎，条件是想寻求终止妊娠的妇女必须接受适当的咨询。2013 年 6 月，反对此项法律的议员试图举行全民公投，推翻此法案，但提案最终只获得 8.88% 选民的支持，以失败告终。三是大麻合法化。2012 年 6 月，穆希卡政府提出了大麻合法化法案，目的是切断毒贩的收入来源，降低毒品犯罪率。在获参众两院通过后，2013 年 12 月穆希卡总统签署了该法案。

在外交政策上，穆希卡总统致力于推动地区一体化。2011 年 1 月，穆希卡总统与秘鲁总统加西亚呼吁加强南美国家联盟的职能，实现地区团结和一体化，主张拉美地区通过对话和协调克服存在的分歧。穆希卡政府还积极发展同中国、欧盟等国家和地区的关系，促进对外关系多元化，与

---

① "Uruguay: Mujica's Liberal Successes Mask One Big Failure", *Brazil & Southern Cone*, March 2014.

美国保持成熟稳定的关系。穆希卡政府还与巴西等拉美国家一道，承认了巴勒斯坦国。

（三）塔瓦雷·巴斯克斯政府（Tabaré Vázquez，2015～2020）

左翼执政联盟广泛阵线总统候选人巴斯克斯在 2014 年 11 月 30 日第二轮总统竞选中以 53.6% 对 41.1% 击败右翼的白党总统候选人路易斯·阿尔贝托·拉卡列·波乌（Luis Alberto Lacalle Pou，1983～　）当选总统。另外，广泛阵线在 2014 年 10 月的大选中赢得参众两院的多数席位，在 99 个席位的众议院中赢得了 50 个席位，在 30 个席位的参议院中赢得 15 个席位。2015 年 3 月，巴斯克斯就任总统。在第二个总统任期内，巴斯克斯政府希望推动多项改革，但受经济条件的限制和迫于利益集团的压力，许多改革措施不到位。与此同时，随着经济下行压力加大，社会治安形势恶化，社会抗议活动增加，巴斯克斯政府面临的执政压力加大。

教育改革与教师工会罢工　教育改革是巴斯克斯政府的优先目标。他在竞选时提出，将教育预算占 GDP 的比重从 4.5% 提高到 6%，让 17 岁以下的青少年实现 100% 的入学率，高中毕业的学生比例至少达到 75%。为此，将对拥有 740 英亩（300 公顷）土地的土地所有者征收小学税。然而，由于经济出现下滑，受制于稳健财政政策的限制，虽然政府提高了对教育的投资，但无法满足教师工会提出的增加教育投资和提高教师工资的要求。因而，遭到了教师工会持续的罢工抗议。

养老金改革凸显政府财政压力和与军人的紧张关系　养老金改革有两项。一是"五零人员"（Cincuentones）养老金改革，该项改革的目标是解决 20 世纪 90 年代养老金改革遗留的问题。早在 1996 年，乌拉圭就实施了养老金改革。当时 20 万人被迫将养老金管理体系从国有社会保障银行（BPS）迁移到一个新的由私人养老基金（Afap）管理的混合养老金制度内。现在这些 50～59 岁的人即将面临退休，但他们一直抱怨改革损害了他们的利益，因为一些私人养老基金提供给他们的养老金比国有社会保障银行提供的养老金低。为了解决他们的困境，巴斯克斯政府在 2017 年 7 月提出一项法案，允许他们自行选择是继续留在私人养老金体系，还是回到国有社会保障银行体系内。虽然该法案在 2017 年 12 月 20 日获参议院批准，对巴斯克斯政府来说是一个政治胜利，但这将给国家财政带来额外压力，估计可能增加 1.86 亿美元的成本。① 二是对军人养老金制度进行改革，目标是平衡政府财政。2017 年乌退休金支出占 GDP 总量的比例已达 8.2%，社会保障银行的赤字达 5.82 亿美元。而军人养老金每年支出约 5.5 亿美元，到 2020 年，这一数字将升至 7 亿美元。人口老龄化将对财政形成更大压力。因此，巴斯克斯总统在 2015 年上台伊始，就讨论了武装部队的养老金改革问题。巴斯克斯政府计划将服役期限较少的军人的雇主缴费比例逐步从 15% 提高到 19.5%，与此同时，其他公共部门和个人的缴费比例也将从 13% 提高到 15%。② 尽管巴斯克斯政府提出的军人养老金改革方案不会影响服务期超过 15 年的军人，但还是引起军方高层的不满。陆军司令吉多·马尼尼·里奥斯（Guido Manini Rios）将军公开表达了对养老金改革的不满，2019 年 3 月 12 日终因不当言论和行为被解职。4 月 1 日，塔瓦雷·巴斯克斯总统解除了刚刚接任陆军司令的何塞·冈萨雷斯（José González）以及其他五名将军和国防部长豪尔赫·梅嫩德斯（Jorge Menéndez）的职务。在乌拉圭历史上，还没有哪个政府在这么短的时间内让这么多将军退役，这引发了乌拉圭自 1985 年回归民主以来最严重的军人和文人政府的紧张关系。同时，巴斯克斯任命克劳迪奥·费奥拉（Claudio Feola）将军为陆军司令，何塞·巴亚尔迪（José Bayardi）为国防部长。

社会治安形势有所恶化 2005 年，乌拉圭每 10 万人中有 5.7 人被杀，2017 年上升到 8.1 人。③ 其中，2017 年和 2018 年相继发生的多起恶性治安事件引起全社会的震惊：2017 年 9 月 25 日蒙得维的亚北部的卡萨瓦莱（Casavalle）地区发生枪战；2018 年前 5 个月，3 名年龄在 19 岁到 26 岁的年轻人被小偷杀害。社会治安形势的恶化招致反对派的批评。

---

① "Uruguay's Vázquez Reaches out to 'Cincuentones'", *LatinNews Daily*, June 27, 2017.

② "Military Pension Approved against Tense Backdrop", *Latin American Weekly Report*, October 25, 2018, p. 11.

③ "Uruguay: Not so Peaceful after all?", *Latin American Security & Strategic Review*, June 2018.

2016 年 10 月 27 日，反对派提出动议，要求内政部部长爱德华多·博诺米（Eduardo Bonomi）对国家公共安全日益恶化负责，并对他提出谴责，但遭到参议院拒绝。

农业部门的抗议活动 2018 年一些独立农业生产者展开了名为"自发者"（autoconvocados）的抗议活动。其中，2018 年 1 月 23 日在中部杜拉斯诺省举行的农民抗议活动是 10 多年来规模最大的，有近 5 万人参加。巴斯克斯总统和农牧渔业部部长贝纳奇（Enzo Benech）亲自会见了两大农业组织，乌拉圭农村合作社（Asociación Rural del Uruguay，ARU）和农业合作社联合会（Cooperativas Agrarias Federadas，CAF）的代表，并与"自发者"建立了一系列对话渠道，听取他们的诉求。在此基础上，政府同意采取免征农业生产增值税（VAT）、降低柴油价格、建立农业紧急基金（FAE）为拥有 500 公顷以下土地的农民提供无息贷款并将提供 1500 万美元补贴改善灌溉设施等一系列鼓励农业发展的措施。尽管如此，抗议活动并没有停止。此后，来自其他部门的小企业主也加入抗议活动。这些抗议者在"只有一个乌拉圭"（Un Solo Uruguay）的旗帜下，举行了多次抗议活动。其中，汽车修理工人在全国 200 多个地方举行了一系列示威活动。广泛阵线的政治盟友，乌拉圭总工会对农民的抗议活动表示支持。虽然"只有一个乌拉圭"没有正式注册为一个社会运动，但它迅速成为一股强大的政治力量。这些抗议活动的特点是"极端意识形态化"以及表达对政府和左翼政府的"仇恨"。"散播对广泛阵线和国家的仇恨就像回到冷战时期。"① 该运动与反对党有联系，目标指向 2019 年的大选。

继续追查前军政府侵犯人权案 广泛阵线废除《大赦法》的努力失败后，巴斯克斯政府在 2018 年 2 月设立了特别检察官办公室，目的是审查军政府期间犯下的悬而未决的侵犯人权的案件。2018 年 11 月 5 日，乌拉圭反人类罪行特别检察官里卡多·珀西巴勒（Ricardo Perciballe）指控一名前军官对 1974 年谋杀一名政治犯负有共同责任，并要求将他监禁。

---

① "Uruguay: Autoconvocados Flex Their Muscles", *Weekly Report*, No. 03, January 25, 2018.

巴斯克斯政府面临的这些挑战对 2019 年 10 月的大选产生了重要的影响。广泛阵线候选人马丁内斯（Daniel Martínez）在 2019 年 10 月 27 日的总统选举中未能获得超半数选票，在同年 11 月 24 日举行的第二轮总统选举中，又以 47.3% 对 48.9% 的微弱差距惜败于白党总统候选人路易斯·拉卡列·波乌，这是广泛阵线在 15 年的总统选举中第一次失利。

2020 年 3 月 1 日，路易斯·拉卡列·波乌就任总统。白党政府与中右翼的传统政党红党、极右翼的公开市政党（Cabildo Abierto，CA）以及两个较小的政党——温和的中右翼政党人民党（Partido de la Gente）和中间偏左的独立党（Partido Independiente）组成彩色联盟，开启了乌拉圭右翼政党执政的新周期，这预示着乌拉圭的内政和外交政策将会发生较大的变化。

第四节　著名历史人物

何塞·赫瓦西奥·阿蒂加斯（José Gervasio Artigas，1764 ~ 1850）

乌拉圭政治家、军事领导人，被称为"独立之父"。阿蒂加斯 1764 年 6 月 19 日出生于蒙得维的亚。少年时，曾在方济各会修道院（convento franciscano）学习，12 岁时移居乡下。在自家农场工作时，与高乔人打成一片。成年后，由于参加走私贩牛活动，被蒙得维的亚市政府通缉。英国 - 西班牙战争爆发后，他在 1797 年被西班牙总督赦免，并被征招参加保卫蒙得维的亚的武装民兵组织，时年 33 岁，军衔为中尉。1807 年他又参加了抗击英军入侵蒙得维的亚的战争。1810 年布宜诺斯艾利斯革命后，他加入了革命委员会，又参加了反抗西班牙的独立战争。1814 年，乌拉圭和阿根廷东北部五省相继脱离拉普拉塔联合省，组成"联邦同盟"，他任同盟的"保护者"。1815 年 2 月，蒙得维的亚被攻占后，他组织成立了联邦政府。1816 年，葡萄牙军队入侵东岸地区。1817 年 1 月战败后，阿蒂加斯率部队退入内地，1820 年战败并流亡巴拉圭，1850 年 9 月 23 日去世，1855 年遗体被运回蒙得维的亚安葬，被后人称为"东岸民族的奠基人""乌拉圭独立之父"。阿蒂加斯被视为乌拉圭的民族英雄，全国许多地区、舰船等都以他的名字命名。

何塞·恩里克·罗多（José Enrique Rodó，1872～1917）　　乌拉圭哲学家、教育家、散文家。罗多一生大部分时间在蒙得维的亚度过，致力于写作、阅读、教学和政治活动。1895年他创建了《国家文学与社会科学杂志》（*Revista Nacional de Iiteratura y Ciencias Sociales*），1898年成为共和国大学的文学教授，他还曾担任乌拉圭国家图书馆馆长，1902年和1908年两次当选众议员。罗多的信条是"自我改革就是生活"（reformarse es vivir）。《爱丽儿》（*Ariel*，1900）是罗多最重要的代表作，他在这部作品中阐述了他的道德信条。他认为个人的自我审查为所有人的良好行为打下了基础。他借《爱丽儿》中最受人尊敬的老师普洛斯彼罗（Próspero）之口，告诫年轻人不要被物质的东西束缚，要用他们自己的精神、道德和智力资源去争取全面的生活。罗多对他眼中的美国唯物质主义提出警告，将美国描绘成粗暴又贪婪的"半人半兽的怪物"，并对美国在拉美的殖民扩张进行抨击。《爱丽儿》为罗多赢得了国际认可，被称为"讲西班牙语新世界的伦理福音"、伊比利亚美洲最具影响力的哲学著作之一、本地区反美主义思潮的源起。罗多的其他作品包括《普罗特奥的动机》（*Motivos de Proteo*，1908）、《繁荣的瞭望台》（*El mirador de Próspero*，1913）。1916年，罗多离开蒙得维的亚前往欧洲旅行，并在那里去世。

何塞·巴特列－奥多涅斯（José Batlle y Ordóñez，1856～1929）　乌拉圭政治家，被尊为现代乌拉圭之父。何塞·巴特列－奥多涅斯出生于政治世家，其父洛伦佐·巴特列（Lorenzo Batlle）曾在1868年至1872年任乌拉圭总统。1886年，巴特列－奥多涅斯创办《日报》（*El Día*），并以此为阵地，表达他的政治思想和执政计划，反对马克西莫·桑托斯（Máximo Santos）的独裁统治。他曾在1903～1907年和1911～1915年两次担任总统。在第一个总统任期内，他击败了白党考迪罗阿帕里西奥·萨拉维亚（Aparicio Saravia）的叛乱，结束了乌拉圭自独立以来持续不断的内战。在第二个总统任期内，他推动了一系列政治和社会改革，如推动社会平等，改善工人的处境，提升公共服务，实施政教分离，颁布支持离婚和妇女选举权的法律。他的这些改革被写入1917年宪法，并被冠以"巴特列主义"之名，成为红党和乌拉圭重要的政治遗产，对乌拉圭现代社会的发展起到了重要推动作用。这一制度使乌拉圭普通民众过上了中产阶级的生活，并获得了良好的教育和医疗基础设施。[1]

劳尔·"贝贝"·森迪克（Raúl "Bebe" Sendic Antonaccio，1925～1989） 乌拉圭革命者、游击队员和政治家，昵称"贝贝"。20 世纪 60 年代和 70 年代左翼城市游击组织图帕马罗斯创始人。森迪克出生于弗洛雷斯省的一个农民之家，1943 年高中毕业后，搬到首都蒙得维的亚，并进入共和国大学法学院学习。毕业后他成为一名检察官，搬到了派桑杜市，并被任命为北部地区糖业工人的法律顾问。1958 年，他代表乌拉圭出席了在罗马举行的社会党国际大会，受到社会主义理论家薇薇安·特里亚斯（Vivian Trías）理论的影响。1960 年他访问古巴，与卡斯特罗结识，并接受了格瓦拉的革命理论。他"尽管宣称独立于苏联和古巴"，但他信奉马克思主义阶级斗争的理论。1962 年他与社会党军事行动队和其他左翼激进分子一起，创建了"民族解放运动-图帕马罗斯"，开始进行武装斗争。1964 年他转入地下活动，1970 年 8 月被捕。1971 年 9 月，他与105 名图帕马罗斯成员和 6 名普通囚犯一起，开展了被称为"虐待行动"（Operación El Abuso）的大逃亡。1972 年 9 月，他在蒙得维的亚老城区的一场武装冲突中因受伤被抓获，随后被判处 12 年徒刑。1985 年 3 月，根据《大赦法》，他与其他政治犯被赦免释放。森迪克于 1989 年 4 月 28 日在巴黎去世。[2]

胡利奥·玛丽亚·桑吉内蒂（Julio María Sanguinetti，1936～ ） 乌拉圭政治家、律师和记者，两次出任总统（1985～1990；1995～2000）。桑吉内蒂，1936 年 1 月 6 日生于蒙得维的亚一个意大利移民的中产之家。20 世纪 50 年代开始记者生涯，1961 年毕业于共和国大学法律和社会学系，获律师资格。桑吉内蒂 18 岁投身红党，1962 年首次当选众议

---

[1] Martin Weinstein, *Uruguay: Democracy at the Crossroads*, Boulder and London: Westview Press, 1988, p. XV.

[2] Centro de Estudios Miguel Enriquez, "Biografía de Raúl Sendic", http://www.latinamericanstudies.org/uruguay/sendic.pdf.

员，1966 年和 1971 年连选连任。曾任巴切科（Jorge Pacheco Areco）政府工商部部长（1969～1972）和博达贝里政府的教育和文化部部长（1972～1973）。后不满军人干政，辞去部长职务。1973 年 6 月军人政变上台后，桑吉内蒂重拾律师和记者职业，担任过《日报》和《愿景》（*Visión*）周刊的政治编辑和专栏作家。1982 年恢复政党活动后，桑吉内蒂成为红党"团结与改革派"（多数派）领导人，1983 年当选该党总书记。在恢复宪政的斗争中，桑吉内蒂团结各派政治力量与军政府谈判，1984 年 7 月与军政府达成《海军俱乐部协定》，他被誉为该协定的"设计师"。其后，桑吉内蒂被提为总统候选人，并在当年 11 月 25 日恢复宪政后的第一次大选中当选总统。在 1985 年 3 月至 1990 年 2 月的第一个总统任期内，桑吉内蒂政绩显著。乌拉圭国内生产总值增加了 15%，工人实际工资增长 30%，工业增长 20%，就业增长 40%，消费增长 20%。1990 年 3 月总统任期届满后，担任了红党"巴特列主义论坛派"领袖。1994 年 11 月再次当选总统。在 1995～2000 年第二个总统任期内，桑吉内蒂进行了社会保障制度改革和宪法改革。桑吉内蒂发表过 7 部学术著作，如《恐惧与不安》（1991）、《一个没有马克思的世界》（1993）、《千年思考》（1994）等。桑吉内蒂还是一位艺术品收藏家和鉴赏家，在担任总统前，曾任乌拉圭国家视觉艺术博物馆的主席，在乌拉圭和阿根廷发表过不少关于艺术鉴赏的专业性评论文章。桑吉内蒂为中乌建交和中乌关系的发展做出了历史性贡献。他对中国一直保持友好立场，关注中国的发展。

路易斯·阿尔韦托·拉卡列（Luis Alberto Lacalle, 1941～ ） 乌拉圭政治家，前总统。其曾祖父路易斯·阿尔韦托·德埃雷拉任白党领袖长达 40 年之久。他曾在蒙得维的亚法学院攻读法学和社会学，获律师资格。1961 年开始从事新闻工作，1984 年在首都一家电台主持一档名为《祖国和政党》的节目。他撰写过《埃雷拉，东岸的民族主义者》等著作。拉卡列 17 岁加入白党，1971 年当选众议员，1981 年在白党内创建埃雷拉派，任该派领导人。1984 年当选参议员，1987 年任参议院副议长。在 1990～1995 年任总统期间，拉卡列积极推动税收、关税及国有企业私有化等经济自由化改革。通过布雷迪计划，重组并减免了债务。

与巴拉圭、巴西和阿根廷的总统共同创立了南共市。然而，他的经济自由化改革在 1992 年遭受沉重打击，国有企业私有化的计划遭到全民公决的否决。

恩里克·伊格莱西亚斯（Enrique Valentín Iglesias García，1930 ~ ）

世界著名经济学家和政治家。伊格莱西亚斯，1930 年出生于西班牙的阿斯图里亚斯，1934 年随父母移民乌拉圭，1953 年毕业于共和国大学经济及工商管理专业，随后在法国和美国完成经济学学业。1961 年任国家计划和预算部主任，参与制定了第一个国家发展计划。1972 ~ 1985 年任联合国拉美经委会（英文缩写"ECLAC"；西班牙文缩写"CEPAL"）执行秘书长。1981 年担任联合国主办的新能源及可替代能源会议的秘书长。1986 年，担任在乌拉圭埃斯特角城举行的关贸总协定乌拉圭回合谈判的主席。1985 ~ 1988 年任乌拉圭外长。他还曾在共和国大学教授经济学，并担任过经济研究所主任。1988 ~ 2005 年 4 次连任美洲开发银行行长。2005 年 9 月 30 日，受邀担任伊比利亚美洲首脑会议秘书处（SEGIB）秘书长，直至 2014 年。伊格莱西亚斯还曾任罗马俱乐部（The Club of Rome）和希拉克基金会（Fondation Chirac）荣誉委员会成员。伊格莱西亚斯是开放市场和多边主义的坚定支持者，对能源改革有浓厚的兴趣。他推动了乌拉圭回合多边贸易谈判。在担任美洲开发银行行长期间，致力于通过投资和政策制定，促进西半球的经济发展。作为经济学家，他还发表和出版了不少学术著作。出版的主要著作有《拉美经委会与拉丁美洲经济关系》（*ECLAC and the Economic Relations of Latin America*）、《拉丁美洲经济发展展望》（*Perspectives on Economic Development in Latin America*）、《乌拉圭，改革建议》（*Uruguay, a Proposal for Change*）、《20 世纪 80 年代初的拉丁美洲》（*Latin America on the Threshold of the 1980s*）、《能源挑战》（*The Energy Challenge*）、《发展与公平：20 世纪 80 年代的挑战》（*Development and Equity: The Challenge of the 1980s*）。

迪蒂尔·奥佩蒂（Didier Opertti, 1937 ~ ） 乌拉圭法学家和政治家。1937 年生于蒙得维的亚，1960 年毕业于共和国大学法律和社会学学院，获博士学位。毕业后留校任教，教授国际私法。1986 年被荷兰海牙的国际法研究院及乌拉圭大学法学和社会学学院聘为教授。1994 年被任命为乌拉圭天主教大学国际私法教授。1979～1981 年担任美洲国家组织秘书处国际法编纂和发展厅厅长。他参与创建了乌拉圭国际法学会，还是美洲葡－西语国际法学会、阿根廷国际法学会与巴西国际法和比较法研究院的成员。1982～1987 年担任美洲儿童研究所特别法律顾问，1985～1988 年任乌拉圭外交部法律咨询司司长。1988～1999 年任乌拉圭驻美洲国家组织大使。1995～1998 年任内政部部长，1998～2005 年任外长。其间，于 1998 年 9 月 9 日当选联合国大会第 53 届会议主席。2005 年 3 月 18 日，任拉丁美洲一体化协会秘书长，任期 3 年。

豪尔赫·巴特列（Jorge Batlle，1927～2016）　　乌拉圭政治家，2000～2005 年任总统。豪尔赫·巴特列出生于政治世家，其曾祖父、父亲曾任乌拉圭总统。1956 年巴特列毕业于共和国大学法律和社会学系，获博士学位。他通晓英语、葡萄牙语、法语和德语，1943～1976 年任爱丽尔（Ariel）电台台长。1945 年加入红党，历任该党省级执委会秘书和全国执委会主席。1948～1973 年任《行动报》记者、编辑秘书、社长等职。1958 年和 1962 年两次当选红党"激进巴特列派"众议员。1973～1984 年军政府时期因从事政治活动而数次被捕并遭流放。1984 年和 1994年两次当选参议员。1986 年和 1998 年两度出任乌拉圭驻联合国代表团团长。此前曾于 1966 年、1971 年、1989 年和 1994 年四度参加总统竞选，最终于 1999 年 11 月的总统竞选中获胜。

　　然而，他上台不久后，乌拉圭爆发经济危机。在艰难的任期结束后，巴特列仍活跃在乌拉圭政坛中，积极参与各种政治讨论，其中不乏对执政的广泛阵线政府的强烈批评。他称何塞·穆希卡为"1830 年以来最糟糕的总统"，预言广泛阵线将在 2019 年大选中失去权力。巴特列是自由贸易的坚定拥护者，反对任何形式的保护主义和补贴。他最初对南共市持支持立场，但由于对阿根廷和巴西等国的保护主义政策感到失望，转而主张乌拉圭应减少对南共市的依赖。巴特列曾表示，欧盟与南共市的贸易协议"因为法国的原因不可能达成"，并称"不能再浪费时间了；贸易不在欧洲，而是在亚洲"。他被认为是一个"坦率而古怪的人"，他曾不经意地说阿根廷人"从上到下都是一群小偷",差一点引起一场外交风波。但这并没有影响阿根廷马克里政府在他去世后对他的评价。阿根廷外交部在就巴特列去世发表的声明中,称他为乌拉圭"政治历史传统的继承人……地区民主和共和价值观的真正捍卫者"[1]。

塔瓦雷·巴斯克斯 (**Tabaré Vázquez, 1940 ~   **)   乌拉圭政治家、前总统。1940 年 1 月 17 日出生于蒙得维的亚郊区中下层民众居住的拉特哈区。父亲是国有石油公司国家燃料、酒精和水泥管理局的工会领导人。他的父亲死于癌症,这促使他在 1969 年 12 月 6 日进入共和国大学学习医学。1972 年巴斯克斯从共和国大学医学系肿瘤及放射治疗专业毕业,1976 年获得法国政府奖学金,到巴黎古斯塔夫·罗西学院 (Instituto Gustave Roussy de Paris) 进修学习。自 1985 年起,巴斯克斯任共和国大学医学系肿瘤专业放射科教授。作为学者,他曾多次到巴西、阿根廷、法国、日本、美国、奥地利、土耳其及丹麦出席学术会议,在国内及国外杂志上发表过 100 多篇科学论文。巴斯克斯在竞选中表示不会放弃行医,认为总统和医生的工作没有冲突,"政治是从医的延续。社会是由人组成的,政治是治疗可能患病社会的一种方式"[2]。他说:"行医不仅是我的职业,它还给予我继续与人民直接接触的机会,倾听他们的需求。"2005 年就任总统后,巴斯克斯坚持每周二上午到诊所工作。工作结束后,再回到总统府工作。同年在意大利进行国事访问时,他还抽空在一个肿瘤学家大会上发表演讲。任总统期间,他积极推动医疗改革,2006年 3 月颁布了公共场所禁烟令,乌拉圭成为美洲第一个在所有室内公共场所禁烟的国家。

巴斯克斯在医学院学习时就开始参加政治及社会活动。作为一个医学院的学生,他积极参加拉特哈区的社会救助活动,在那里开设了一个免费医疗中心。1960 年,巴斯克斯加入乌拉圭社会党。1987 年 12 月,他进入

---

① "Battling Batlle Dies: The Last of a Political Dynasty", *Brazil & Southern Cone*, November 2016.

② 钱宇:《乌拉圭总统:难舍"悬壶济世"》,《新华每日电讯》2006 年 9 月 5 日,第 7 版。

社会党中央委员会。1989 年 11 月，他作为广泛阵线候选人，当选几乎占全国一半人口的蒙得维的亚市市长，这是左翼力量第一次在首都获得地方选举的胜利。在担任蒙得维的亚市市长期间，他实施了很多非常受欢迎的社会措施，如减少公共运输成本、扩大卫生设施建设、加强社区文化建设、制定详细的城市发展计划等。

巴斯克斯作为广泛阵线候选人曾在 1994 年和 1999 年两次参加总统竞选，最后败给对手。2004 年巴斯克斯第三次竞选总统，并获得胜利。在 2005～2010 年的第一个总统任期内，巴斯克斯带领乌拉圭走出了经济危机，实现了稳定的经济增长和社会稳定。到 2010 年 3 月总统任期结束时，巴斯克斯总统的支持率接近 80%。2014 年 10 月，巴斯克斯再次当选总统，并在 2015 年开始了第二个总统任期。

巴斯克斯曾担任过多个体育方面的职务。1979～1989 年，他担任了蒙得维的亚拉特哈区进步俱乐部（Club Progreso）的主席。其间，该俱乐部在 1984 年获得乌拉圭职业足球联赛的冠军。他还曾经担任过大学体育联盟（Liga Universitaria de Deportes）和南美大学联合会（La Confederación sudamericana Universitaria）的主席。

巴斯克斯是一个"富有个人魅力、务实、坚定及高效的领导人"[1]。他镇定自若，讲话时语调温和，即使在最激烈的辩论中，他都不会提高声调，举止文雅。虽然他很少反击对手对他的攻击，但他是一个坚定的领导者。一旦与有关各方协商达成一致，他的立场就不再摇摆。尽管巴斯克斯有能力做出自己的决策，但他的工作方式是依靠集体力量。在专业领域，他愿意倾听专家的意见。巴斯克斯是一个既理想又非常务实的人。他从来不否认他的马克思主义立场，他公开赞扬具有传奇色彩的切·格瓦拉以及在乌拉圭 20 世纪六七十年代非常活跃的图帕马罗斯战士劳尔·森迪克。在担任蒙得维的亚市市长时，他与时任总统拉卡列保持了良好的关系。1994 年被广泛阵线推举为总统候选人时，他曾许诺要进行一场"使树根都摇动"的"革命"。但担任总统后，他降低了革命调门，表示要进行

---

① Jorge Lanzaro, "La Izqierda Uruguay", *Nueva Sociedad*, No. 159, p. 104.

"谨慎的革命"①。

何塞·穆希卡（José Alberto "Pepe" Mujica Cordano，1935 ~ ）
乌拉圭左派政治家、前总统。1935 年 5 月 20 日生于一个农村家庭。20
世纪 60 年代初，他加入图帕马罗斯，1970 年被捕，1971 年越狱逃走，
1972 年再次被捕。1985 年民主化被大赦，被监禁时间长达 15 年之久。
获释后，穆希卡投身于广泛阵线的政治活动中。1995 年当选议员。
2005 ~ 2008 年任农牧渔业部部长。2009 年任广泛阵线总统候选人。被
称为"穷人候选人"的穆希卡自嘲说："让我当总统，就像让猪吹哨一
样难。"但出乎意料的是，他以 52.4% 的高票一举胜出。②

穆希卡作为一个革命者，在意识形态上与查韦斯等拉美左派相近。
他自认为是"一位长期的自由主义者"，自嘲是一只"权力的害群之
马"。③ 但在 2010 ~ 2015 年执政期间，穆希卡实施务实稳健的政治经济
政策。经济上，他实行谨慎的宏观经济政策，将控制通货膨胀作为优先
目标。在社会政策方面，穆希卡总统推动了包括同性婚姻合法化、大麻
合法化、赋予妇女堕胎权等一系列社会立法。在他执政期间贫穷率降低
11.5 个百分点，失业率也下降 6.6 个百分点，不过他未能改革教育及
吸引足够资金改善基建。

穆希卡卸任后，继续活跃在乌拉圭和拉美的政治舞台上。他致力于推
动拉美左派的团结，他参加了 2017 年 11 月 16 ~ 18 日在蒙得维的亚举行
的"支持民主和反对新自由主义的大陆会议"（Encuentro Continental por
la Democracia y contra el Neoliberalismo）。2018 年 8 月 14 日，他以身体欠
佳为由，卸任参议员一职。

穆希卡性格幽默，作风亲民，人们亲切地称他"佩佩"。2015 年 1 月
16 日，一位名为阿科斯塔（Gerhald Acosta）的男子，在路边搭车时，就

---

① "URUGUAY: Vázquez Secures Support for Second Coming", *Brazil & Southern Cone*, August
2013.
② 赫英：《乌拉圭的最穷总统》，《领导文萃》2013 年第 1 期（下），第 59 页。
③ Jose Mujica, "The 'Black Sheep' of Politics", May 4, 2015, http://laht.com/article.asp?
CategoryId = 23620&ArticleId = 2386132.

惊奇地发现他搭上了穆希卡总统的车。穆希卡自嘲年轻时是一个非常注重物质主义的人，甚至会打领带，但他被称为全世界最穷的总统。他就任总统时，全部财产只有 1800 美元。任总统后，不住豪华的总统府，而是住在郊区的破房子里，没有佣人，没有豪车，只有 1 辆 1987 年产的甲壳虫。然而，他却将 90% 的薪水捐给政府经营的社会住宅计划。对于节俭，穆希卡总统在 2013 年接受采访时说，"我并不贫穷，那些欲望很多的人才是真正的贫穷"[1]。

穆希卡与中国颇有渊源。1962 年，时年 27 岁的他作为乌拉圭左翼游击队组织图帕马罗斯创始人和主要领导人，在赴苏联参加世界青年大会准备会议后，访问中国，并受到毛泽东主席的接见。那次中国之行，成为穆希卡挥之不去的回忆。48 年后，他在回忆这段经历时是这样表述的："48 年前，我能见到毛泽东主席，令我对中国拥有很强烈的亲切感。我对中国除了亲切，再没有别的感觉。从中国回到乌拉圭以后，我对中国和中国文化产生了很多兴趣，常常会抽出时间阅读孔子的文章，尝试品味理解中国文化的精髓。我的心中常会萌生疑问：为什么中国人会这样或那样办事？这些年来，我通过不断了解中国的历史和文化，慢慢知道了中国是怎样成为世界的中心。"[2] 穆希卡担任总统后，致力于发展中乌关系。

穆希卡的品格、人格魅力以及执政业绩，使他赢得了广泛赞誉。目前，已有多部他的传记出版，如《权力的害群之马：穆希卡，人民政治》（*Una Oveja Negra al Poder：Pepe Mujica，la Politica de la Gente*，2016）、《何塞·穆希卡：静悄悄的革命》（*Jose Mujica：La Revolución Tranquila*，2015）、《穆希卡：世界上最卑微总统的智慧》（*Mujica：La Sabiduria del Presidente Mas Humilde del Mundo*，2017）等。他的妻子露西娅·托波兰斯基（Lucía Topolansky）也是乌拉圭政治家，曾任参议员，2017 年 9 月任副总统和参议院议长。

---

① 《乌拉圭"全球最穷总统"卸任　数千民众欢送》，《参考消息》2015 年 3 月 3 日。
② 余熙：《最清廉的现任乌拉圭总统穆希卡》，《武汉文史资料》2011 年第 5 期，第 47 页。

相对于拉美其他国家，乌拉圭政治稳定，社会相对公平，没有大的社会运动。乌拉圭历史学家杰拉尔多·卡塔诺（Gerardo Caetano）曾这样描述乌拉圭的政治："我们没有那种史诗般的政治意识，我们只有一个无聊的民主。"他认为乌拉圭的不同之处在于它有一个强有力的"社会契约"，即通过投票而不是通过大规模街头示威和各对立派别的对抗解决分歧的默契。[1]

第一节　国体与政体

一　国体

乌拉圭的国体为三权分立的共和体制。1830 年颁布的第一部宪法明确规定了国家的正式名称为"乌拉圭东岸共和国"。此后乌拉圭虽然多次修改宪法，但民主共和体制从来没有改变过。

现行宪法规定：国家实行民主共和制。乌拉圭东岸共和国是其领土内所有居民的政治联盟；是自由的，不依靠任何外国势力的国家；不为任何人或任何家庭所世袭。国家的主权由选民通过选举、创制、复决直接行使，由宪法所确定的代议制权力机构间接行使。

---

[1] "The Performance Debate about Uruguay", *Latin America Special Report*：*How to Be Small and Successful in Latin America*, 2018.

二 政体

乌拉圭1830年第一部宪法规定政体为总统制。此后颁布的几部宪法主要围绕政体改革进行，改革的关键问题是实行总统制还是集体行政制。1918年宪法将总统制改为集体行政制，1934年宪法又改为总统制，1952年宪法恢复为集体行政制，1967年宪法又恢复为总统制。1997年宪法明确规定乌拉圭实行总统制。

第二节　宪法

一 宪法修订过程

自1828年独立后，乌拉圭于1830年、1918年、1934年、1952年和1967年颁布过5部宪法。

乌拉圭第一部宪法于1830年7月18日颁布。这部宪法深受法国和美国宪法的影响，明确实行三权分立的共和体制。政体为总统制，总统为行政权力首脑，由议会选举产生，任期4年，4年之后可重新当选。1834年通过的一项宪法修正案对1830年宪法做了一定修改，扩大了议会对行政权的干预，规定议会有权对那些有"不可接受行为"的部长们进行弹劾。1830年宪法共实施了87年，其间也曾多次被违反。1878～1890年，白党和红党签署"政党协定"，两党分享行政权，这种被称为"共同参与制"（coparticipación）的行政制度违反了宪法。但无论如何，它仍是拉美国家历史上实施时间最长的宪法之一，排名第三。

1918年乌拉圭实施了第二部宪法。这部宪法最大的变化是将总统制改为集体行政制。规定行政权不再由总统单独行使，而是由总统和全国执政委员会共同行使。总统负责外交、国家安全和农业；全国执政委员会负责行业关系、卫生、公共工程、工业和劳工、畜牧业和农业、教育及预算的制定。全国执政委员会由9名成员组成。其中，6名成员来自在选举中得票最多的政党，3人来自在选举中得票居第二位的政党。总统和全国执政委员会成员都由民众投票选举产生。总统任期 4 年，全国执政委员会成员任期 6 年，每两年选举两名成员。1918 年宪法反映了何塞·巴特列－奥多涅斯的执政理念。他认为总统个人拥有强大的权力有可能导致政治领导人的独裁，因而应实行瑞士那样的集体行政制度。此外，该宪法也是为了保障红、白两大传统政党对行政权的控制。1918 年宪法实施后，主张总统制与赞成集体行政制的人从来没有停止过斗争。20 世纪 20 年代，由于红党和白党的得票率非常接近，总统与全国执政委员会成员之间经常发生冲突，使得政府的决策难以实行。1929 年巴特列－奥多涅斯逝世，随后发生了世界经济大萧条，总统权力受到全国执政委员会牵制的问题暴露得越加明显。为了摆脱全国执政委员会的牵制，1933 年红党总统特拉在白党领导人阿尔韦托·德埃雷拉的支持下，发动政变，关闭了议会，解散了全国执政委员会，废除了 1918 年宪法。

1934 年 3 月，乌拉圭第三部宪法获得全民公决的通过。这部宪法废除了集体行政制，将行政权归还给总统，但对总统权力做了一定限制。规定行政权由总统和部长们共同行使，为此建立了部长委员会，但新宪法对其他政党的行政参与权做了一些保留，规定总统任命的 9 名内阁部长中应有 3 名由在选举中得票居第二位的政党成员担任。所有政府机构及国有企业董事会成员也都将有 3 名在选举中得票居第二位的政党成员。新宪法还规定议会可以对内阁部长提出不信任票，内阁部长应获得议会 2/3 多数通过。此外，1934 年宪法还授予最高法院裁决法律是否违宪的权力。

1942 年 2 月 21 日，阿尔弗雷多·巴尔多米尔总统关闭了议会，发动了"宪法政变"（又称"好政变"）。5 月 29 日，他向新成立的"国务委员会"提交了一份宪法改革计划。11 月 19 日，新宪法草案以 77% 的支持率获得全民公决的通过。新宪法取消了红党特拉派和白党埃雷拉派对参议院的控制。规定参议员须按严格的比例代表制经选举产生。内阁部长全部由议会任命。国有企业董事会应保障少数派参加。从根本上来说，1942 年宪法并没有太大的变化，只是废除了 1934 年宪法所确立的特拉与埃雷拉之间的联盟。

1951 年 7 月 31 日，白党埃雷拉与红党中主张实施集体行政制的人提出了一项宪法修正案。12 月 16 日，宪法修正案在全民公决中以微弱多数获得通过。1952 年 1 月 25 日，第四部宪法正式颁布实施。1952 年新宪法重新采用了巴特列－奥多涅斯提出的集体行政制，行政权由全国政府委员会行使。全国政府委员会仍由 9 名成员组成，6 名来自多数党，3 名来自少数党。委员会主席由多数党 6 名成员轮流担任。行政首脑只能在他所属的政党派别中任命 4 名内阁部长。另外 5 名内阁部长由议会的参众两院分别投票选举产生，至少要获得议会两院 2/3 绝对多数的支持。此外，所有国有企业的董事会由 5 名成员组成，两大政党的比例为 3∶2。这使长期实行的红党和白党合作参与制被完全宪法化了。1952 年宪法还赋予议会弹劾总统的权力。

1966 年 11 月 27 日，乌拉圭就宪法修正案举行了全民公决，最后以 59% 的支持率获得通过。1967 年 2 月 15 日，新宪法正式生效。为加强政府的决策效率，解决日益严重的经济和社会问题，1967 年宪法废除了集体行政制，重新实行总统制，并将总统及政府官员的任期延长至 5 年。新宪法还提出建立乌拉圭中央银行，帮助监管金融和财政政策；建立社会保障银行以便使社会保障基金管理更加合理。针对国内日益增长的不安定因素，新宪法还增加了土改和国内秩序等有关条款，如宪法第 168 条特别赋予总统可根据《紧急安全措施法》宣布国家处于紧急状态的权力。此外，新宪法还规定了修改宪法的 4 种方式。

事实上，胡安·玛丽亚·博达贝里（1972～1976 年执政）总统从 1972 年 4 月就已中止实施宪法。1973 年 6 月 27 日至 1985 年 2 月军人独裁时期，军政府更加无视宪法的存在。军政府曾试图通过一部新宪法，以便将 1976 年颁布的一系列强化军人作用的法令以宪法形式固定下来。但这部宪法草案在 1980 年 11 月 30 日举行的全民公决中以 57.8% 对 42.2% 的选票遭到否决。1985 年 3 月乌拉圭恢复文人统治后，桑吉内蒂政府恢复了 1967 年宪法。1996 年 12 月 8 日，乌拉圭全民公决以 50.5% 的选票通过了桑吉内蒂政府提出的宪法修正案。1997 年 1 月 14 日新宪法正式生效。

二　现行宪法

乌拉圭现行宪法于 1966 年 11 月经全民公决通过，1967 年 2 月 15 日正式生效。其后在 1989 年、1994 年、1997 年和 2004 年进行过修订。整个宪法共分 19 编 4 章 332 条，对国家的国体和政体，公民的权利、义务和保障，立法、司法和行政权力等都做了明确规定。

（一）国体和政体

现行宪法规定"乌拉圭东岸共和国"实行总统制民主共和制。

（二）公民的权利、义务和保障

乌拉圭宪法规定：共和国居民享有的生存、荣誉、自由、安全、劳动以及财产的权利受到保护。除了依照为维护公众利益制定的法律外，不得剥夺任何人享有的宪法权利，法律面前人人平等，除了天资与德行外，不存在其他差别。

（三）宪法修正程序

1967 年宪法第 331 条详细规定了对宪法进行全部或部分修改的 4 种方式。

一是向议会议长提交一个详尽的提案，并获得 10% 的公民签名，在下届选举时交付公民表决；二是由议会 2/5 议员通过的议案可提交给议会主席，然后在下次选举时举行全民公决；三是参议员、众议员和共和国总统可以提交宪法修正案，修正案必须获得全体议员的绝对多数通过；四是宪法修正案分别获得参、众两院 2/3 多数通过。

第三节　选举制度

选举制度的建立可以追溯到 1924 年 1 月 9 日通过的一项法律，该法律建立了国家公民登记制度（Registro Cívico Nacional）以及一个独立于其他政府权力机构的选举法院（Corte Electoral）。1925 年 1 月 16 日颁布了《选举法》，此后多次进行了修订。其中，1997 年宪法修订时对选举制度进行了重大改革，改革了总统候选人的提名办法、建立了总统候选人的初选制度、在总统选举中引入了第二轮投票机制、修改了地方选举办法和举行时间。

一 选举权和投票制度

乌拉圭对选举权没有财产、收入和教育水平方面的限制，但有年龄、国籍和居住年限等方面的限制。1997 年修订后的宪法规定，年满 18 岁的公民必须在公民登记处登记才能获得选举权。1932 年乌拉圭给予妇女选举权，成为继厄瓜多尔之后，拉美第二个妇女获得选举权的国家。与多数国家不同的是，乌拉圭宪法第 78 条规定，允许在该国有拥有家庭、一定财产，或从事一定职业、手工业或工业，并在该国连续居住达 15 年的外国人拥有选举权。

乌拉圭在法律上实施强制投票制度，总统和参众两院议员以及省长和省议员都由直接选举产生。

乌拉圭全国大选（总统和议会选举）和地方选举（市和省级权力机构选举）每 5 年举行一次。全国大选日期定在选举年 10 月的最后一个星期天，总统和议会选举同时举行。如需举行第二轮总统选举，时间定在一个月后的最后一个星期天。2019 年 10 月乌拉圭举行了新一轮大选。过去，地方选举与全国大选同时进行。1997 年新宪法规定地方选举在全国大选 6 个月后进行。最近一次地方选举于 2020 年举行。

二 选举的组织机构

选举的组织机构分为三级。第一，初级组织机构，选票接收委员会（las Comisiones Receptoras de Votos）为非常设机构，只在选举或公民投票时才行使职能，由选举委员会任命的文官和公务员组成。第二，中级组织机构，即设在每个省省会的省选举委员会（Juntas Electorales Departamentales），它是选举法院管辖的常设法律机构，由 5 名正式成员和 2 名候补委员组成，由省选举机构在大选时与总统、议员同时选举产生。第三，最高机构，选举法院。选举法院由 9 名成员及其 2 位代理人组成。

其中，5 名成员及其代理人由议会任命，其余 4 名成员及其代理人由议会采用双轮累积投票制选出。

三　总统、议会和地方选举

乌拉圭宪法规定，总统、议员必须是合法政党成员，总统、议员、省长和省议员都由选民直接选举产生。

在总统选举中，每个政党只能提出一位总统候选人。总统候选人在总统选举前 6 个月通过党内初选产生。总统和副总统由选民在同一张选票中选出，总统候选人必须在选举中获得半数以上的选票才能当选，如果每位总统候选人在第一轮选举中均未超过半数，则在下个月最后一个星期天由得票最多的两位候选人进行第二轮角逐。在第二轮选举中，候选人只要获得简单多数票，即可当选总统。总统任期 5 年，不能连选连任，但可隔届再次参选。总统和副总统必须是在本国出生的公民，年龄需在 35 周岁以上。

议会选举与总统选举同时进行，每 5 年举行一次。参众两院议员，通过非公开名单按比例代表制选出，改选比例为百分之百。议员没有当选次数限制。2009 年，为促进妇女权利，乌拉圭颁布法律，规定女性必须在议会候选人名单上占据 1/3 席位。军人、文职人员或政府官员不能作为候选人参加议员的竞选，除非他们在大选前 3 个月辞去公职。众议院 99 名议员，由 19 个省的选民按比例代表制直接选举产生。每省众议员的数量由选举法院确定，但每省必须有 2 名代表。众议员的资格：必须是在本国出生的公民或行使公民权利 5 年以上，年龄在 25 周岁以上的合法公民。30 名参议院议员（副总统除外）由选民在全国为一个选区的情况下直接选举产生。参议员的选举采取绝对比例代表制。参议员的资格在年龄和行使公民权利年限上要比众议员高：必须是年满 34 周岁，在本国出生的公民，或行使公民权利 7 年以上的法律承认的公民。

地方选举包括市政和省级行政权力机关及议会选举。过去，地方选举与全国大选同时进行。1997 年新宪法规定地方选举在全国大选 6 个月后进行。在地方选举中，省长候选人以简单多数即可当选，任期 5 年，最多可再任一次，而且必须在选举日的 3 个月前辞职方能成为候选人。省长必须具备参议员所必备的资格，且必须是在本省出生的或就职前在该省居住达 3 年以上。省长的 4 名代理人与省长同时选出。省议会由 31 名议员组成。省议会议员的资格：年满 23 周岁，在本省出生并在本省居住达 3 年以上或获法律承认公民资格 3 年以上。

第四节　政府

乌拉圭宪法规定，行政权由共和国总统和部长委员会共同行使。

一　总统

乌拉圭现行政治体制为总统制。总统既是国家元首，也是政府首脑。总统之下设副总统一名，副总统同时还担任议会主席和参议院议长。在总统职位出现暂时或永久空缺时，由副总统接替总统一职。如果是永久空缺，副总统应任职到该届政府任期届满为止。

总统的职责包括颁布和实施所有法律，向议会呈送国情咨文，对议会通过的议案提出反对或保留意见，向议会两院提交议案或法律修正案，任命文官和军官。总统任命的文官主要是内阁部长，任命之后需经议会两院以简单多数通过。

总统还是武装力量最高统帅，武装部队司令由总统任命。总统还负责维护国内秩序和外部安全。国家在遭到外部入侵或内部混乱等严重和不可预见的威胁时，总统可以采取紧急安全措施。但在这种情况下，总统须向议会两院联席会议做出解释，如果议会处在休会期，总统须在 24 小时内向议会常务委员会做出解释。

总统还有与其他国家建立和断绝外交关系、宣布战争的权力。大使和其他外交人员由总统任命。没有参议院的批准，总统离境的时间不能超过48 小时。总统享有豁免权，但如果总统违反宪法或犯下其他严重罪行，众议院可以以 2/3 多数弹劾总统。

乌拉圭历任总统见表 3-1。

表 3 - 1　乌拉圭历任总统

在任时间(年)	总统	政党
1826 ~ 1830	何塞·龙多(宪法颁布前的临时总统) General José Rondeau	—
1830	路易斯·爱德华多·佩雷斯(代理总统) Luis Eduardo Pérez	—
1830 ~ 1834	弗鲁克托索·里韦拉(第1届制宪政府总统) Fructuoso Rivera	红党
1834 ~ 1835	卡洛斯·阿娜亚(代总统) Carlos Anaya	红党
1835 ~ 1838	曼努埃尔·奥里韦 Manuel Oribe	白党
1838	加夫列尔·A.佩雷拉(代总统) Gabriel Antonio Pereira	—
1838 ~ 1839	弗鲁克托索·里韦拉 Fructuoso Rivera	红党
1839	加夫列尔·A.佩雷拉(代总统) Gabriel Antonio Pereira	—
1839 ~ 1843	弗鲁克托索·里韦拉 Fructuoso Rivera	红党
1843 ~ 1852	华金·苏亚雷斯·德龙代洛(代总统) Joaquín Suárez de Rondelo	红党
1852	贝尔纳多·贝罗(代总统) Bernardo Berro	白党
1852 ~ 1853	胡安·弗朗西斯科·希罗 Juan Francisco Giró	白党
1853 ~ 1854	三人执政 弗鲁克托索·里韦拉(Fructuoso Rivera) 胡安·安东尼奥·拉瓦列哈(Juan Antonio Lavalleja) 贝南西奥·弗洛雷斯(Venancio Flores)	红党 — 红党
1855 ~ 1856	曼努埃尔·巴西利奥·布斯塔曼特(代总统) Manuel Basilio Bustamante	红党
1856	何塞·玛丽亚·普拉(代总统) José María Plá	红党

在任时间(年)	总统	政党
1856～1860	加夫列尔·安东尼奥·佩雷拉 Gabriel Antonio Pereira	红党
1860～1864	贝尔纳多·贝罗 Bernardo Berro	红党
1864～1865	阿塔纳西奥·阿吉雷(代总统) Atanasio Aguirre	白党
1865	托马斯·比利亚尔瓦 Tomás Villalba	红党
1865～1868	贝南西奥·弗洛雷斯(临时总统) Venancio Flores	白党
1868	佩德罗·巴雷拉(临时总统) Pedro Varela	红党
1868～1872	洛伦索·巴特列－格劳 Lorenzo Batlle y Grau	红党
1872～1873	托马斯·戈曼索罗(代总统) Tomás Gomensoro	红党
1873～1875	何塞·欧亨尼奥·埃廖里 José Eugenio Ellauri	红党
1875	佩德罗·巴雷拉(临时总统)	红党
1875	佩德罗·卡韦 Pedro Carve	红党
1875～1876	佩德罗·巴雷拉	红党
1876～1879	洛伦索·拉托雷(临时总统) Lorenzo Latorre	红党
1879	弗朗西斯科·安东尼诺·比达尔(代总统) Francisco Antonino Vidal	红党
1879～1880	洛伦索·拉托雷	红党
1880～1882	弗朗西斯科·安东尼诺·比达尔	红党
1882	阿尔韦托·弗朗基尼(代总统) Alberto Flangini	红党
1882～1886	马克西莫·桑托斯 Máximo Santos	红党
1886	弗朗西斯科·安东尼诺·比达尔	红党

在任时间（年）	总统	政党
1886	马克西莫·桑托斯（代总统）	红党
1886～1890	马克西莫·塔海斯 Máximo Tajes	红党
1890～1894	胡利奥·埃雷拉－奥韦斯 Julio Herrera y Obes	红党
1894	邓肯·斯图尔特（代总统） Duncan Stéwart（acting）	红党
1894～1897	胡安·伊迪亚尔特·博尔达 Juan Idiarte Borda	红党
1897～1899	胡安·林多福·奎斯塔斯（代总统后任临时总统） Juan Lindolfo Cuestas	红党
1899	何塞·巴特列－奥多涅斯（代总统） José Batlle y Ordóñez	红党
1899～1903	胡安·林多福·奎斯塔斯 Juan Lindolfo Cuestas	红党
1903～1907	何塞·巴特列－奥多涅斯 José Batlle y Ordóñez	红党
1907～1911	克劳迪奥·威廉 Claudio Wílliman	红党
1911～1915	何塞·巴特列－奥多涅斯 José Batlle y Ordóñez	红党
1915～1919	费利西亚诺·比埃拉 Feliciano Viera	红党
1919～1923	巴尔塔萨·布鲁姆 Baltasar Brum	红党
1923～1927	何塞·塞拉托 José Serrato	红党
1927～1931	胡安·坎皮斯特吉 Juan Campisteguy	红党
1931～1938	加夫列尔·特拉 Gabriel Terra	红党
1938～1943	阿尔弗雷多·巴尔多米尔 Alfredo Baldomir	红党

在任时间(年)	总统	政党
1943～1947	胡安·何塞·德阿梅萨加 Juan José de Amézaga	红党
1947	托马斯·贝雷塔 Tomás Berreta	红党
1947～1951	路易斯·巴特列·贝雷斯 Luis Batlle Berres	红党
1951～1955	安德雷斯·马丁内斯·特鲁埃瓦 Andrés Martínez Trueba	红党
1955～1956	路易斯·巴特列·贝雷斯 Luis Batlle Berres	红党
1956～1957	阿尔韦托·费尔明·苏维里亚 Alberto Fermín Zubiría	红党
1957～1958	阿图罗·莱萨马 Arturo Lezama	红党
1958～1959	卡洛斯·菲希尔 Carlos Fischer	红党
1959～1960	马丁·埃切戈延 Martín Echegoyen	白党
1960～1961	贝尼托·纳尔多内 Benito Nardone	白党
1961～1962	爱德华多·维克托·阿埃多 Eduardo Víctor Haedo	白党
1962～1963	福斯蒂诺·哈里森 Faustino Harrison	白党
1963～1964	达尼埃尔·费尔南德斯·克雷斯波 Daniel Fernández Crespo	白党
1964～1965	路易斯·贾纳塔西奥 Luis Giannattasio	白党
1965～1966	华盛顿·贝尔特兰 Washington Beltrán	白党
1966～1967	阿尔韦托·赫伯·乌舍尔 Alberto Héber Usher	白党

在任时间（年）	总统	政党
1967	奥斯卡·迭哥·赫斯蒂多 Óscar Diego Gestido	红党
1967～1972	豪尔赫·帕切科·阿雷科 Jorge Pacheco Areco	红党
1972～1976	胡安·玛丽亚·博达贝里 Juan María Bordaberry	红党
1976	阿尔韦托·德米切利·利萨索（代总统） Alberto Demicheli Lizaso（acting）	红党
1976～1981	阿帕里西奥·门德斯·曼弗雷丁 Aparicio Méndez Manfredin	白党
1981～1985	格雷戈里·阿尔瓦雷斯·阿尔梅伊诺 Gregorio Álvarez Armellino	军人
1985	拉斐尔·阿迭戈·布鲁诺（代总统） Rafael Addiego Bruno	最高法院院长
1985～1990	胡利奥·玛丽亚·桑吉内蒂 Julio María Sanguinetti	红党
1990～1995	路易斯·阿尔韦托·拉卡列 Luis Alberto Lacalle	白党
1995～2000	胡利奥·玛丽亚·桑吉内蒂 Julio María Sanguinetti	红党
2000～2005	豪尔赫·巴特列·伊瓦涅斯 Jorge Luis Batlle Ibáñez	红党
2005～2010	塔瓦雷·拉蒙·巴斯克斯·罗萨斯 Tabaré Ramón Vázquez Rosas	广泛阵线
2010～2015	何塞·穆希卡 José Alberto "Pepe" Mujica Cordano	广泛阵线
2015～2020	塔瓦雷·拉蒙·巴斯克斯·罗萨斯 Tabaré Ramón Vázquez Rosas	广泛阵线

二 部长委员会

部长委员会由内阁部长和乌拉圭中央银行行长组成。内阁共设 13 个部和 1 个办公室：

国防部 （Ministerio de Defensa Nacional，MDN）

经济和财政部 （Ministerio de Economía y Finanzas，MEF）

教育和文化部（Ministerio de Educación y Cultura, MEC）

外交部（Ministerio de Relaciones Exteriores, MRREE）

住房、领土规划和环境部（Ministerio de Vivienda, Ordenamiento Territorial y Medio Ambiente, MVOTMA）

工业、能源和矿产部（Ministerio de Industria, Energía y Minería, MIEM）

内政部（Ministerio del Interior, MI）

劳动和社会保障部（Ministerio de Trabajo y Seguridad Social, MTSS）

农牧渔业部（Ministerio de Ganadería, Agricultura y Pesca, MGAP）

公共卫生部（Ministerio de Salud Pública, MSP）

社会发展部（Ministerio de Desarrollo Social, MIDES）

旅游部（Ministerio de Turismo, MINTUR）

运输和公共工程（Ministerio de Transporte y Obras Públicas, MTOP）

计划和预算办公室（Oficina de Planeamiento y Presupuesto, OPP）

部长委员会主席由共和国总统担任。当部长委员会举行会议时，总统拥有投票权，总统有权重新分配各部的权力与权限，可以决定各部停止行使其职权。部长委员会成员由总统任命，但须经议会批准。部长委员会对政府或行政机构的所有行为负责。部长委员会以到会成员的绝对多数可以撤销由共和国总统与某位部长或若干部长一致做出的决定。内阁部长应由在本国出生的公民担任，年龄至少 30 周岁。

三 公共管理

根据一项研究，乌拉圭的公共管理水平（官僚机构的功能、高效和独立性）位居巴西、智利和哥斯达黎加之后，在拉美排第四位。[①]

乌拉圭有比较健全的公共管理体系。1967 年 12 月 26 日乌拉圭颁布第 13640 号法律，决定成立国家文官办公室（Oficina Nacional del Servicio

---

① Eduardo Lora Edited, *The State of State Reform in Latin America*, A Copublication of Stanford Economics and Finance, An Imprint of Stanford University Press, the World Bank, and the Inter-American Development Bank, 2007, pp. 17 – 18.

Civil，ONSC）。1969 年 3 月该机构正式成立。1978 年 1 月 5 日被军政府被解散。1985 年实现民主化后，桑吉内蒂政府恢复了国家文官办公室。国家文官办公室的责任主要是对公共部门及其下属机构人员进行管理和培训。桑吉内蒂政府时期，国家文官办公室在法国国家公共管理学院（Escuela Nacional de Administración Pública）的帮助下，为公共管理人员开设一些必要的课程。2007 年该机构的权力扩大，包括与中央政府组织机构进行集体谈判，2010 年开始推行中央政府招聘和选拔制度（Sistema de Reclutamiento y Selección de la Administración Central）。

1997～2000 年，乌拉圭进行了共同管理改革，重点是改组公共部门的职能、鼓励众多官员自愿退休和重新设计薪酬制度。改革成功地将3500 名公务人员工转移到公共部门以外，降低了公共体系运行成本，促进了职能重组。

乌拉圭属拉美"最清廉"的国家之一。在透明国际发布的清廉指数排名中，乌拉圭多年来排在智利之后，在拉美国家中居第二位。为了打击腐败行为，乌拉圭于 1998 年末通过了《反对滥用公共职权法》（简称《反腐败法》）。《反腐败法》明确界定了腐败行为的范围，健全了审计监督机制和财产及收入申报制度，严格了行政管理制度。《反腐败法》还对在反腐败领域开展国际合作的机制、引渡办法和进行跨国反腐调查等做了详细的规定。

乌拉圭的清廉指数虽然在透明国际和拉美晴雨表的排名中靠前，但与民众特别是年轻人的感知有很大差距。根据民意监测（Public Opinion Monitor）机构在 2017 年末发布的一项调查，2/3 的受访者认为，乌拉圭政党和政府的腐败问题"相当严重"和"非常严重"。[①] 近几年，一些腐败案也相继曝光。其中，2017 年 9 月，副总统劳尔·森迪克因涉嫌腐败辞职。

---

① "Corruption in Uruguayan Government 'very much Extended', Says Opinion Poll", December 31, 2017, http：//en. mercopress. com/2017/12/31/corruption – in – uruguayan – government – very – much – extended – says – opinion – poll.

第五节 立法机构

1828 年 11 月 22 日，乌拉圭举行了制宪会议，这一天被认为是乌拉圭议会的创建日。

一 议会的构成

立法权由议会行使。议会由参议院和众议院组成。它们可根据宪法，联合或单独行使权力。副总统兼任议会主席和参议院议长。参议院有 30 名议员（副总统除外），众议院有 99 名议员。广泛阵线在 2005～2020 年执政期间，一直在参众两院中占据多数席位，保证了其政策的实施。在 2019 年大选中，广泛阵线尽管失去了参众两院的多数席位，但它仍然是议会中获得议席最多的政党（见表 3－2）。

表 3－2　1994～2019 年乌拉圭各党派在参、众两院选举中获得的席位

单位：个

	1994 年		1999 年		2004 年		2009 年		2014 年		2019 年	
	参	众	参	众	参	众	参	众	参	众	参	众
红党	10	32	10	33	3	10	5	17	4	13	4	13
白党	10	31	7	22	11	36	9	30	10	32	10	30
广泛阵线	9	31	12	40	16	52	16	50	15	50	13	42
新空间	1	5	1	4	0							
独立党						1		2	1	3		1
公开市政党											3	11
人民大会党										1		
人民党												1
激进不妥协生态党												1
总数	30	99	30	99	30	99	30	99	30	99	30	99

资料来源：笔者根据乌拉圭选举法院统计数据（https：//www. corteelectoral. gub. uy/estadisticas/estadisticas/estadisticas）整理。

二 议会的职责

一是立法权。议会有权制定和颁布法律。这些法律包括有关国家独立、安全、稳定和尊严的法律，保护个人权利及促进教育、文化、工业和国内外贸易方面的法律。

二是财政控制权。议会负责确定必要的税收，税款的分布、征收、拨用等；根据行政权力机构的提议，审议与确定国家公债，审议和通过政府的财政预算。

三是对外权力。在受到外国攻击时，议会在得到两院所有议员绝对多数支持的情况下可以宣战，决定是否通过和平条约，批准总统与外国政府签订的联盟、贸易条约或任何合约。

四是监督权。两院议员都能提出议案并通过议案。行政部门有 10 天的时间对议会提出的议案提出反对或保留意见。如果总统只是反对部分议案，议会可以颁布议案的其他部分。对于被总统否决的议案，1997 年宪法规定，参议院和众议院必须同时以 3/5 的多数才能推翻总统的否决。众议员有权对违反宪法或犯有其他严重罪行的两院议员、总统、副总统、政府部长、最高法院法官及其他法官提出弹劾案。参议院负责弹劾案的审理，并以 2/3 的多数票解除被弹劾人的职务。

议会的其他权力还包括确定每年必需的武装力量，军事力量的增加须以全体议员的绝对多数通过；以全体议员 2/3 多数同意，设立新省份及其边界，建立进口港，设立海关及进出口税；设立或取消公职，确立公职的报酬及退休金，批准、否决或者缩减行政权力机构提出的经费预算；在两院联席会议上选举最高法院、选举法院、行政诉讼法院以及审计法院的成员等。

三 议会组织结构和制度

议会主席及参议院议长由副总统兼任。副总统主持参议院和两院联席会议。在参议院，副总统有发言权和投票权。如副总统担任或暂时行使共和国总统职务及副总统职位空缺时，参议院议长的职位由多数党中得票最多的人担任。

众议院议长在每年会期开始时由众议员选举产生，任期一年。

行政委员会（Comisión Administrativa）由参、众两院共同组成。行政委员会主席由国家副总统及议会议长担任。其他成员包括 3 名参议员和 3 名众议员。

议会的许多重要决策是由议会两院下设的常务委员会决定的。常务委员会由 4 名参议员和 7 名众议员组成。这些议员采用比例代表制，通过选举产生，并由各自议院任命。在议会两院休会期间，代表议会行使部分职权。常务委员会主席必须是多数党成员。

参、众两院各设五类委员会：常设委员会（Comisiones Permanentes）、综合委员会（Comisiones Integradas）、专门委员会（Comisiones Especiales）、事前调查委员会（Comisiones Preinvestigadores）和调查委员会（Comisiones Investigadora）。但参、众两院拥有的各类委员会的数目不等。

议会会期：第一年为 2 月 15 日至 12 月 15 日，第二年、第三年、第四年为 3 月 1 日至 12 月 15 日，第五年（选举年）则为 3 月 1 日至 9 月 15 日。新选出的议会在第二年 2 月 15 日就职。议会闭会期间，由参、众两院组成的常设委员会主持日常工作。只有在极端紧急情况下才召开非常会议。

议会会议分例行会议和非常会议。例行会议时间一般固定，众议院召开例行会议须至少 25 名众议员出席才有效，参议院则须 11 名参议员出席。召开非常会议则须满足以下两个条件之一：第一，议会主席亲自召集；第二，5 名参议员或 10 名众议员以书面形式向所属议院议长或副议长提出申请，并经过批准。

议会辩论分为一般性辩论和专题辩论。在进行一般性辩论时，每名议员除了澄清自己发言的内容外，只能发言一次，每次不得超过 30 分钟。在进行专题辩论时，每名议员对某一条款只能发言一次，限时 15 分钟。议会议员出席议会全体大会和参、众两院联席会议都是强制性的。当与会人数不足应到议员人数的一半时，不能举行会议。

第六节 司法机构

一 司法体系

乌拉圭的宪法规定，司法权属于独立的国家权力，与立法权和行政权构成了相互制约的关系。1985 年桑吉内蒂政府取消了司法部，目前包括民事及军事在内的司法权由最高法院行使。最高法院下设上诉法院、初审法院和治安法院。

乌拉圭的法律体系以罗马法为基础。1907 年乌拉圭取消了死刑，取而代之的是 30～40 年的徒刑。

法律对律师的从业资格做了严格规定：须获得法律及社会科学学位、年龄满 21 周岁、在最高法院注册、没有犯罪记录等。1980 年乌拉圭建立了公共辩护制度，所有法院都安排一个律师，向那些付不起律师费的人提供法律服务。

由于司法活动增加，民事诉讼的平均时长也增加了。1998 年，一审民事诉讼的平均时长为 18.5 个月，二审民事诉讼的平均时长为 4.4 个月。而在 2007 年，一审民事诉讼的平均时长为 26.3 个月，二审民事诉讼的平均时长为 5.8 个月。2013 年，蒙得维的亚一审民事诉讼的平均时长为 21.1 个月，二审民事诉讼的平均时长为 5.4 个月。[①]

二 最高法院

最高法院建于 1907 年。其职权主要是审判所有的违宪者、违犯国家法律的罪行、海事案件以及有关国际条约、公约或协定的问题，依照国际法谨慎地审理涉外案件；对各级法院以及司法权力机构等下属部门进行指

[①] Pablo Sandonato de Leon, by Juan Troccoli, Mariana Barua and Juan Fischer (Update), "Update: A Guide to Uruguay's Legal System and Research", https://www.nyulawglobal.org/globalex/Uruguay1.html.

导及经济上的管理；编制司法权力机构的预算草案；任命上诉法院的成员、各等级与各类别的法官以及官方辩护人和治安法官等。

最高法院由 5 名法官组成。他们必须是在本国出生或行使公民权利 10 年以上，在本国居住 25 年以上、年满 40 周岁的合法公民。此外，他们还必须具有 10 年律师从业经历，或在司法部门及检察院工作 8 年以上。法官经总统提名，最后经参、众两院全体议员 2/3 多数同意。最高法院法官任期 10 年。但 5 年之内不得再任。年满 70 周岁的人不能再担任最高法院法官。最高法院院长有权参加议会两院会议，但只参与讨论，没有表决权。

最高法院院长由 5 名法官轮流担任，任期一年。

三　上诉法院

上诉法院有 7 个，全部设在蒙得维的亚。每个上诉法院由 3 名法官组成。上诉法院的法官由最高法院任命，由参议院一致通过。其资格必须是年满 35 周岁以上，享有全部公民权利、在本国出生的公民，或享有公民权利 7 年以上的合法公民，担任律师 8 年以上，或在司法部门或检察院中任职 6 年以上。上诉法院不做初始裁决，只是聆听下一级法院的上诉。最后裁决由 3 名法官一致做出。上诉法院按责任分为民事、家庭、刑事和劳工事务三部分。

四　初审法院

初审法院负责案件的一审，由一名法官独立负责案件的审理。初审法院有三种类型：律师法院（Juzgado Letrado）、治安法院（Juzgado de Paz）、农村治安法院（Juzgado de Paz Rural）。

律师法院有两类：属地管辖权在蒙得维的亚的律师法院（Juzgado Letrado）和除蒙得维的亚以外各省的内陆律师法院（Juzgado Letrado Interior）。在蒙得维的亚的律师法院按专业又分为刑事法院、民事法院、劳动法院、海关法院、青少年法院、家庭法院、专门家庭法院（主要负责对未成年人的审理）、行政争议法院、破产法院。属地管辖权在蒙得维的亚以外各省的内陆律师法院，没有细分的专门法院，而是一并审理包括刑事、劳工、海关、民事、商业、财产、家庭和未成年人等在内的各种专业案件。它们还对对其管辖范围内的治安法院的判决提出上诉的案件进行二审和终审宣判。

治安法院按属地和涉案金额分为四种：首都的省治安法院、内陆的省治安法院、城市治安法院和内陆的村镇治安法院。全国共有 224 个治安法院。治安法院法官由最高法院任命，任期 4 年。他们必须是在本国出生或行使 2 年公民权利，年龄在 25 周岁以上的合法公民。蒙得维的亚的治安法官还必须具有律师资格，在其他省的首府及主要城市任职的治安法院法官应是律师或是公证人。他们的职权只限于审理违反合约、收租及小额的经济案件。

农村治安法院主要负责审理在民事、商业及财产诉讼中不超过一定金额的小额案件（2007 年约为 1700 美元以下）。

五　其他法院

其他法院有行政诉讼法院、选举法院、审计法院等。

根据 1967 年宪法第 307 条，宪法授权建立了行政诉讼法院，负责审理政府在履行职责过程中违反法规或滥用职权的行为，对省政府、国有企业以及分权机关（Decentral：zed Services）特定的行政行为也具有审判权。但法院的权限仅限于鉴定该行政行为本身，确认或撤销它，不得对它进行更改。在行政法院中设有一个总统任命的国家检察官。当法院对其管辖权限内的任何案件进行终审时，国家检察官必须听审。最高行政法院由 5 名法官组成。他们的任命方式、法官的资格、报酬和任期等与最高法院法官相同。

第七节　政党

乌拉圭政党制度复杂，但相对成熟，确保了政治的稳定。乌拉圭实行多党制，红党、白党和广泛阵线为三大主要政党。

一 政党制度

乌拉圭没有政党法。拥有不少于 100 人的政治组织，只要在选举法院登记，并在国家公开发行的报纸上刊登建党消息，15 天之内没有人提出异议，就被视为合法政党。政党及选举活动受到国家选举委员会的指导和监督。竞选资金由议会拨款。国家选举委员会根据各政党在上次选举中获得选票的数量，按比例分配给准备参加竞选的各政党。

乌拉圭政党制度非常复杂，派系林立。1934 年选举法，又称《莱玛法》（Ley de Lemas，又译为《徽号法》），每个参加选举的政党均须有一个"莱玛"作为党的总徽号。一个政党，或称"莱玛"（lema），其内部有许多派系，即"次莱玛"（sub-lemas）。各派的独立性很强，它们有自己的领导人、候选人和组织结构，与独立的政党没有多大区别。此外，新成立的政党可能会将它们置于传统政党之下，作为它们的一个派别。由于各派领导人之间的争斗，党内各派常常通过选举重新组织力量或改变它们的名称。在传统政党内，家族力量起着重要作用。一个家族的几代人占据着政党领导人的位置，如红党的巴特列家族和白党的拉卡列家族。为加强政治联盟关系或寻求社区、乡镇的支持，传统政党通常在选举时组织或恢复政治俱乐部的活动。与传统政党不同的是，广泛阵线拥有常设政党办公室或基层委员会，在首都蒙得维的亚尤其如此。此外，每个党都有自己的报纸或电台。

二 政党发展简史

红党和白党是乌拉圭的两大传统政党。两党的差别是在历史发展过程中形成的，但意识形态方面的差异越来越小。自独立起，乌拉圭政府一直由红党和白党控制。红、白两党之间长期的内战和权力斗争使乌拉圭陷入长期的政治动荡。1830～1903 年的历届政府中，有 9 届政府是被推翻的，2 届政府的首脑是被暗杀的，1 届政府首脑严重受伤，10 届政府镇压过一次或几次的叛乱后才生存下来，只有 3 届政府首脑完整地结束了他们的合法任期。直到 20 世纪初，红党和白党才结束内战。

19 世纪，乌拉圭曾出现过其他政党，如自由联盟（Unión Liberal，1855）、激进党（Partido Radical，1873）、制宪党（Partido Constitucional，1880），但这些政党存在时间很短。20 世纪初，乌拉圭出现了一些以左翼政党为主的小党，这些左翼政党又被称作"意识形态政党"，如社会党、公民联盟、共产党等。这些左翼政党成立初期力量很小，随后又相继发生内部分裂，力量受到极大削弱。截至 20 世纪 60 年代中期，它们未在议会中取得过任何席位。红、白两党在历次选举中获得的选票都在 90% 以上。所以，乌拉圭在很长一段时间内被看作是一个两党制的国家。

1971 年左翼政党联合组建了广泛阵线，在当年的选举中广泛阵线所属的政党获得了 18.28% 的选票①，打破了红、白两党在国家政治中的垄断地位，形成了广泛阵线、红党和白党势均力敌的三大政治力量。1994年广泛阵线与其他左翼政党组成"进步联盟 – 广泛阵线"（以下简称"广泛阵线"），力量进一步壮大。自 1999 年 10 月起，广泛阵线成为全国第一大政治力量（见表 3 – 3）。

表 3 – 3　1989 ~ 2019 年各政党在乌拉圭大选中的得票情况

单位：%

政党 ＼ 年份	1989	1994	1999	2004	2009	2014	2019
广泛阵线	20.35	29.18	39.06	50.45	47.96	47.81	39.01
白党	37.25	29.75	21.72	34.3	29.07	30.88	28.62
红党	29.3	30.83	31.93	10.36	17.02	12.89	12.34
人民政府党	8.63						
新空间		4.92	4.4				
独立党				1.84	2.49	3.09	0.97
公开市政党							11.04
激进生态党						0.08	1.38
其余	4.47	5.32	2.89	3.05	3.46	5.25	6.64

资料来源：笔者根据乌拉圭选举法院（Corte Nacional）网站资料整理。

---

① Miguel Lorenzoni and Verónica Pérez，"Cambios y Continuidades de la Izquierda en Uruguay：un análisis a Partir de las Propuestas Programáticas del Frente Amplio 1971 – 2009"，*Revista Uruguaya de Ciencia Política*，Vol. 22，No. 1，2013，p. 9.

三　主要政党

（一）红党（Partido Colorado，PC）

红党，乌拉圭两大传统政党之一，属中右翼政党。1836 年 9 月 19 日，由第一任总统何塞·弗鲁克托索·里韦拉将军创建。红党的名字起源于 1836 年内战时该党士兵帽子上带子的颜色。红党主要代表工商资产阶级和自由职业者的利益，又被称作自由党。红党在乌拉圭历史上执政时间长达 100 多年，1973 年曾被军政府取缔。1982 年恢复合法地位。20 世纪，何塞·巴特列－奥多涅斯对红党的政策和组织结构产生了重要影响。党内的争执基本都是围绕是否推行巴特列－奥多涅斯的政治及社会改革展开的。

2001~2002 年乌拉圭发生严重经济危机时正值红党执政。这在一定程度上影响了红党的政治发展。2004 年 10 月大选后，红党在历次选举中表现不佳，在总统选举中的得票率和在议会中的席位，不仅远远落后于广泛阵线，而且落后于白党，沦落为第三大政治力量。

红党开办的报纸有《每日报》（*Diario*）、《晨报》（*La Mañana*）等。全国执行委员会为红党的领导机构。它由 15 名委员组成，按月轮流担任主席。红党内部派别林立，主要派别有加油乌拉圭（Vamos Uruguay）、巴特列主义方案（Propuesta Batllista）等。

（二）白党（Partido Blanco）

白党，正式名称为民族党（Partido Nacional，PN），1836 年 8 月 10 日由曼努埃尔·奥里韦将军创建。白党是由当时内战中奥里韦将军一方士兵帽子上的白带子而得名。1872 年，白党一些人成立了"民族俱乐部"，提出了一些旨在改变国内混战、实现和平的主张，白党从此又得名"民族党"。通常来讲，白党在内陆各省特别是农村影响较大。1973 年 6 月，白党曾被军政府取缔，1982 年恢复合法地位。1984 年参加同军人的"政治谈判"。白党在谈判中提出实行彻底的民主选举，反对向军方妥协，军政府追捕了白党领导人费雷拉·阿尔杜纳特，白党不得不退出谈判。在当年的大选中，白党败给桑吉内蒂领导的红党。1990~1995 年白党领导人路易斯·阿尔韦托·拉卡列任总统。2000 年 3 月，白党与红党组建了联合政府。2002 年 10 月，白党退出了执政联盟。在 2004 年、2009 年、2014 年和 2019 年选举中，白党成为仅次于广泛阵线的第二大政治力量。

白党最高领导机构为全国领导委员会。该党主办的日报《国家报》是全国发行量最大的报纸。自 20 世纪 30 年代以来，白党一直在路易斯·阿尔韦拉·德埃雷拉的控制之下。1959 年埃雷拉逝世后，白党分裂出许多新的派别。目前党内有一切向前（Todos Hacia Adelante）和全国联盟（Alianza Nacional）等派系。

（三）广泛阵线（Frente Amplio）

广泛阵线现为乌拉圭第一大政治力量，为左翼政党联盟。广泛阵线成立于 1971 年 2 月 5 日，由红党内持不同意见的参议员米切利尼（Zelmar Michelini，1954 ~ 1962）① 和乌戈·巴塔利亚（Hugo Batalla，1926 ~ 1998）领导的人民政府运动（Movimiento por el Gobierno del Pueblo，MGP）联合左翼政党和传统政党中的左翼政治运动组建而成。当时参加该联盟的政党和组织还有乌拉圭社会党、基督教民主党、左派解放阵线、共产党、统一行动集团、革命工人党（托派）、东岸革命运动。此外，还有从白党分裂出来的"白党人民及进步运动"和"埃雷拉运动派"。1973 年 6 月军政府上台后，广泛阵线被取缔，其领导人塞雷尼·莫斯克拉被捕入狱。1984 年军政府禁止塞雷尼·莫斯克拉参加竞选。胡安·何塞·克罗托希尼（Juan José Crottogini）作为广泛阵线候选人在当年举行的选举中获得了 21% 的选票。20 世纪 80 年代末，广泛阵线内部激进派和温和派的内部斗争加剧。1989 年 2 月和 1989 年 3 月，基督教民主党和人民政府党（Partido por el Gobierno del Pueblo，PGP）相继从广泛阵线中退出。与此同时，又有 5 个新的左翼政党加入广泛阵线，如图帕马罗斯、3 月 26 日运动、社会主义工人党等。至 1989 年 5 月，广泛阵线共有 14 个党派。在这一年的全国大选中，广泛阵线候选人塔瓦雷·巴斯克斯（Tabaré Vázquez）以 34.5% 的选票当选蒙得维的亚市市长。

1994 年广泛阵线与其他一些左翼政党组成了进步联盟 – 广泛阵线

① 曾任众议员，1962 ~ 1973 年当选参议员，1967 年任内阁部长，1976 年被暗杀。

（Progresista-Frente Amplio，EP-FA）。在随后举行的全国选举中，进步联盟－广泛阵线获得了30.6%的选票，成为仅次于红、白两大传统政党的第三大政治力量。与此同时，进步联盟－广泛阵线候选人马里亚诺·阿拉纳（Mariano Arana）在全国地方选举中以44%的选票当选首都蒙得维的亚市市长。此后，进步联盟－广泛阵线的力量日益壮大。在1999年以后的全国大选中，进步联盟－广泛阵线成为全国第一大政治力量。2005年至2015年，不仅连续三次取得执政地位，而且在议会中取得过半议员席位，为政策的顺利实施奠定了政治基础。自2000年5月以来，广泛阵线多次在地方选举中获胜，并连续赢得蒙得维的亚市市长职位。

2004年4月"新空间"内以拉斐尔·米切里尼（Rafael Michelini）为首的多数派加入进步联盟－广泛阵线。该联盟的名称因此称为"进步联盟－广泛阵线－新多数派"（Encuentro Progresista-Frente Amplio-Nueva Mayoría，EP-FA-UM）。2005年再次改名为广泛阵线。2006年4月，广泛阵线极左阵营出现分裂：3月26日运动和其他左翼团体组成了一个新的联盟——人民大会党。

广泛阵线的组织结构类似于共产党。党代表大会为决策机构，党代会下设108个支部，每个支部每个月至少召开一次会议。以总书记为首的政治局主持日常工作。塔瓦雷·巴斯克斯曾任广泛阵线的主席。2004年10月31日当选总统后，巴斯克斯辞去主席职务。前共和国大学校长豪尔赫·布罗贝托（Jorge Brovetto）担任主席职务。2016年9月17日哈维尔·米兰达（Javier Miranda，1964~ ）任该党主席。

广泛阵线是一个由形形色色左的、极"左"的或具有左翼倾向的政党组成的松散联盟。较大的政党如下。

进步联盟（Alianza Progresista，AP），约占1999年进步联盟—广泛阵线在议会选举中所得选票的9.02%。它于1999年创建，信奉社会民主主义。现任领导人为鲁道夫·尼恩·诺沃亚（Rodolfo Nin Novoa）。在2004年10月的大选中，他作为巴斯克斯的竞选伙伴，当选副总统。目前该联盟有三派。其中，基督教民主党占主要地位。基督教民主党的前身是1912年成立的公民联盟。1962年，胡安·吉列尔莫·杨（Juan Guillerno

Young）和卡洛斯·巴萨略（Carlos Vassallo）从公民联盟中分裂出来，成立了基督教民主党，1969 年参与创建人民联盟。1971 年该党加入广泛阵线，1973 年军事政变后，该党退出广泛阵线。1984 年再次加入广泛阵线。1989 年大选前，该党再次退出广泛阵线，与人民政府党和公民联盟组建了新空间。1999 年参与创建进步联盟。

社会党（Partido Socialista，PS），1910 年由埃米利奥·弗鲁戈尼创建。1921 年社会党发生分裂，一些激进派另外组建了共产党。20 世纪 60 年代该党再次发生分裂，1962 年一部分人加入了共产党领导的左派自由阵线（FIDEL），埃米利奥·弗鲁戈尼所属的一派与从白党中分裂出来的社会主义派组成了人民联盟。1967 年人民联盟解体。1968 年社会党被巴切科政府宣布为非法。1971 年社会党恢复合法地位，并成为广泛阵线的创始成员。1972 年该党宣布奉行马克思主义的意识形态，1973 年军人政变后被取缔，直到 1984 年才恢复合法地位。1985 年该党宣布放弃马克思主义意识形态。塔瓦雷·巴斯克斯作为广泛阵线候选人在 1989 年赢得蒙得维的亚市市长一职，2005～2010 年和 2015～2020 年两次任乌拉圭总统。现任主席是何塞·佩德罗·卡多佐（José Pedro Cardoso），总书记是贡萨洛·西维拉（Gonzalo Maltin Civila López，1984～　）。

乌拉圭全国大会（Asamblea Uruguay，AU），广泛阵线第二大派别，由广泛阵线内的独立派和共产党内一些持不同政见者为参加 1994 年大选共同组建的，属温和左派。领导人是达尼洛·阿斯托里。

人民参与运动（Movimiento de Participación Popular，MPP），属广泛阵线内的激进左派。它成立于 1989 年，其前身是图帕马罗斯。1962 年，一些从乌拉圭社会党中分裂出来的激进分子组建图帕马罗斯。随后他们开始进行城市游击战。1973 年被军政府镇压。1985 年 3 月获得大赦，随后进行了重组，宣布放弃武装斗争。1986 年 7 月重新出现在政治舞台上。1989 年 5 月取得合法地位后与一些极"左"力量组建了人民参与运动。在 2004 年 10 月的选举中，人民参与运动共获得 14.75% 的选票，占广泛阵线得票总数的 29.16%。在 2014 年选举中获 6 个参议院议席。前总统何塞·穆希卡曾任该党总书记。现任总书记为穆希卡的夫人，即前副总统露西娅·托波兰斯基。

新空间（Nuevo Espacio, NE），1989 年 7 月 24 日由人民政府党、公民联盟和基督教民主党组建的政党联盟。在当年的选举中，该联盟共获得 9.0% 的选票。1994 年新空间出现分裂。人民政府党与红党结盟，联合参加 1994 年的总统选举，并加入了红党。在那年的选举中，红党取得胜利，原新空间及人民政府党领导人乌戈·巴塔利亚任副总统。1994 年 7 月，时任众议员拉斐尔·米切利尼担任领导人后，对该组织进行了重组，并继续使用新空间的政党名称。8 月 6 日，拉斐尔·米切利尼举行了担任新空间领导人后的第一次公共活动，这一天又被认为是新空间的创建日。1996 年新空间加入社会党国际（Internacional Socialista）。1999 年基督教民主党又回到进步联盟 – 广泛阵线内。公民联盟成为一个独立的政党。在 1999 年全国选举中，新空间在第一轮投票中获得全国 5.2% 的选票。在第二轮选举中新空间支持进步联盟 – 广泛阵线总统候选人巴斯克斯。2001 年 10 月，在新空间第五次联邦大会上，由米切利尼领导的多数派决定加入进步联盟 – 广泛阵线，新空间因此出现分裂。米切利尼领导的多数派仍使用新空间的政党名称。少数派组建了独立党。2002 年 12 月 19 日，新空间与广泛阵线签署了框架协定。2004 年 4 月最终通过了政治协定（Acuerdo Político），加入了广泛阵线。

阿蒂加斯主义源泉（Vertiente Artiguista, VA）是广泛阵线内的第四大派别，1971 年创建，属社会民主主义政党。在 2004 年 10 月的选举中共获得 4.46% 的选票，占进步联盟 – 广泛阵线 – 新多数派所获选票的 8.85%。两次当选蒙得维的亚市市长的马里亚诺·阿拉纳就属该派。2019 年 4 月恩里克·卢比奥（Enrique Rubio）任该党主席。

促进民主党（Democracia Avanzada, DA）创建于 1984 年，由乌拉圭共产党和左派解放阵线（Frente Izquierda de Liberación, FIDEL）组成。乌拉圭共产党成立于 1921 年 4 月 18 日。1922 年加入共产国际。但共产党的力量发展缓慢，直到 1946 年才引起人们的注意。乌拉圭共产党受苏联共产党的影响较大，斯大林逝世后，一直任该党总书记的欧亨尼奥·戈麦斯（Eugenio Gómez）于 1955 年被赶下台。罗德内·阿里斯门迪（Rodney

Arismendi，1913～1989）随后任该党总书记，但他长期居住在莫斯科。1962 年共产党与一些左翼政党组成了左翼自由阵线，力量迅速壮大。军政府时期，共产党被取缔。1985 年民主化后，恢复了合法地位。1989 年罗德内·阿里斯门迪逝世后，该党内部出现危机。1992 年原总书记海梅·佩雷斯分裂出去，成立了人民民主党。罗德内·阿里斯门迪的女儿玛丽娜·阿里斯门迪（Marina Arismendi）坚持原来的党名和纲领。党员人数从 20 世纪 90 年代初的 7.5 万人减少到 21 世纪初的 4.2 万人。共产党对工会的影响很大，80% 的工会领导人由共产党人担任。在 2004 年 10 月的议会选举中，共产党获得 1 个参议院席位。现任党主席为维多利亚·卡萨泰利（Victorio Casartelli）。左派解放阵线成立于 1962 年，由以共产党为主的激进左派组建而成，信仰社会主义。

广泛阵线其他派别还有 3 月 26 日运动（Movimiento 26 de Marzo，M26），1971 年成立，属激进左派，图帕马罗斯创始人劳尔·森迪克的儿子小劳尔·森迪克（众议员）任该党领导人；左翼潮流（Corriente de Izpuierda，lista 5271），为激进左派，目前由 3 个政党组成；广泛阵线联盟（Unión Frenteamplist），1999 年成立，属激进左派，其内部的主要派别为争取人民胜利党（Partido por la Victoria del Pueblo，PVP），该党建于 1976 年 7 月，以前属无政府主义政党。

（四）其他政党

独立党（Partido Independiente），2003 年成立的中左翼政党，信奉社会民主主义和基督教人文主义，目标是建立第三条道路，远离"异端"的左翼政党广泛阵线与传统右翼政党红党和白党。该党由巴勃罗·米耶雷斯（Pablo Mieres，1959～　）领导，他曾参加 2004 年、2009 年和 2014 年的全国大选，为总统候选人。在 2014 年选举中该党获得 1 个参议院席位、3 个众议院席位。在 2019 年议会选举中获得 1 个众议院席位。

人民大会党（Popular Assembly），成立于 2006 年 4 月 21 日，属激进左翼政党。该党得到了乌拉圭革命共产党（Revolutionary Communist Party of Uruguay）、乌拉圭人道主义党（Humanist Party of Uruguay）和其他左翼团体的支持，2008 年得到广泛阵线内部 3 月 26 日运动的支持。该党推举劳尔·罗德里格斯（Raul Rodriguez）作为候选人参加 2009 年的总统选举，获得了 0.67% 的选票。在 2014 年选举中，贡萨洛·阿贝亚（Gonzalo Abella，1947~　）竞选总统，获得 1.17% 的选票，在议会选举中获得 1 个众议院席位。

激进不妥协生态党（Partido Ecologista Radical Intransigente），成立于 2013 年，为乌拉圭的绿党，主张保护自然资源，反对开采露天矿产。该党创建人和主席塞萨尔·维加（César Vega）参加了 2014 年总统竞选，仅获得 0.78% 的选票。在 2019 年议会选举中获得 1 个众议院席位。

工人党（Partido de los Trabajadores，PT），成立于 1984 年，信奉托洛茨基主义和社会主义，参加了第四国际社会重建协调委员会，办有《工人先驱报》。其领导人拉斐尔·费尔南德斯（Rafael Fernández）参加了 2014 年和 2019 年的总统选举。该党在议会中没有议席。

公开市政党（Cabildo Abierto，CA），2019 年 3 月 10 日成立，属极右翼政党。该党强调公共安全、家庭价值和社会保守主义，将阿蒂加斯主义作为主要的灵感来源。党主席圭多·马尼尼·里奥斯（Guido Manini Ríos，1958~　）为退役将军，2015~2019 年任陆军总司令。2019 年因公开批评巴斯克斯总统的政策被解职，其后被推举为该党总统候选人。在当年 10 月举行的总统选举中，他严厉批评总统巴斯克斯的政策，毫不掩饰地积极评价前军人独裁政权。该党参加当年 10 月大选的多位候选人是前乌拉圭青年党（Juventud Uruguaya de Pie）成员，这是一个与准军事组织有关联的极右翼组织，在 20 世纪 70 年代早期很活跃。该党初次参加大选就取得了不俗的成绩，在国会选举中获得 3 个参议院席位和 11 个众议院席位。总统候选人马尼尼在总统选举第一轮投票中获得了 11% 的选票。在总统选举第二轮投票中，公开市政党与红党、独立党等组成彩色联盟，支持白党总统候选人拉卡列·波乌赢得了总统选举的胜利。

人民党（Partido de la Gente），2016 年 11 月 7 日由德加多·诺维克（Edgardo Novick，1956~　）组建的中右翼政党。诺维克曾在 2015 年作为联盟党（Partido de la Concertación）候选人参加蒙得维的亚市市长选举。作为一个企业家，他主张摈弃左右意识形态，提升政府管理水平，赢得了选民的广泛支持，虽然他未能当选蒙得维的亚市市长，但他获得了41.6%的支持率。超越意识形态、实现有效的行政管理也成为人民党的主要政策主张。[①] 在 2019 年 10 月的大选中，诺维克作为总统候选人获得1%的选票，该党在议会选举中获得 1 个众议院席位。

第八节　社会团体

一　商会

乌拉圭商会或行业组织作为一个利益集团，通过与政党领导人的接触与合作，对政府和立法机构有重要影响。

在农牧业方面，较有影响的行业组织有两个。一是乌拉圭农村协会（Asociación Rural del Uruguay）。它成立 1871 年，现有会员 1800 人。其作用主要是推动技术发展而不是施加政治影响力。但它在捍卫农村传统、对决策者施加正式或非正式的影响方面声名远扬。二是农业联合会（Federación Rural del Uruguay），该组织成立于 1915 年，有会员 2000 人，其作用更多地集中在政治方面。通常来讲，作为代表大地主和大牧场主的农业组织，其组织结构比那些工商业组织要紧密得多。

工商业行业组织主要有以下几家：乌拉圭工业商会（Cámara de Industrias del Uruguay），它成立于 1898 年，主要代表零售商及批发商的利益；乌拉圭全国贸易及服务商会（Camara Nacional de Comercio y Servicios del Uruguay），它成立于 1867 年，有 1500 个会员；国家产品商会（Cámara Mercantil de Productos del País），成立于 1891 年，有 180 个会员。

二　工会

早在 1857～1858 年，蒙得维的亚印刷工人便开始尝试组建行业工会

---

① Juan A Bogliaccini and Rosario Queirolo，"Uruguay 2016：Mayorías Parlamentarias en Jaque y Desafíos de Revisión para Sostener el Modelo"，*Revista de Ciencia Política*，Vol. 37，No. 2，2017，p. 600.

组织，1870 年正式成立了东岸印刷协会（Sociedad Tipográfica Oriental）。此后，其他行业的劳动者，如泥瓦工、教师、织毯工、铁匠等都相继组织了自己的行业工会。到 1905 年，蒙得维的亚几乎所有的行业都有了工会。萨尔托、索里亚诺、圣何塞等内陆一些省份也出现了一些工会组织。1905年 8 月，乌拉圭地区工人联合会（Federación Obrera Regional Uruguaya，FORU）成立，这是该国建立的第一个全国统一的工会组织。该组织以无政府主义思想作为工会运动的指导思想，领导了多次罢工，对巴特列 - 奥多涅斯的社会改革起到了积极的推动作用，工人的劳动条件及待遇有了很大改善。

1921 ~ 1922 年，一些工会从乌拉圭地区工人联合会中退出，于 1923年成立了乌拉圭工会联盟（Unión Sindical Uruguaya，USU）。但受十月革命的影响，该联盟出现了两种思想倾向，一种是无政府工团主义，一种是共产主义倾向。

1929 年，被乌拉圭工会联盟开除的一些具有共产主义倾向的工会组织联合组建了第三个总工会——乌拉圭劳工联合总会（Confederación General del Trabajo del Uruguay，CGTU）。该组织主要以产业工人为主，其宗旨是"团结不同工会内的一切工人，通过阶级斗争，争取工人阶级的社会解放"。同年，在蒙得维的亚还举行了世界工会大会，拉美许多国家及美国、法国等国都派代表参加了会议，成立了拉美工会联合会（Confederación Sindical Latino Americana，CSLA）。

1931 年特拉总统发动自我政变后，工会组织遭到镇压。1937 年乌拉圭劳工联合总会解散。但随着特拉政府的下台，国内各种工会组织开始重新整合。1940 年 2 月，乌拉圭举行了全国工会大会，会议决定着手建立一个强大的中央工会。1942 年 3 月，在乌拉圭劳工联合总会的基础上成立了劳动者总联盟（Unión General de Trabajadores，UGT），全国几乎所有的工会组织（有 65 个）都参加了这个联盟，会员达到 4 万人。这个由共产党领导的中央工会组织对推动乌拉圭工会的壮大和发展起到了重要作用。此后，不仅公共部门出现了许多新工会组织，私人企业也相继成立了行业工会。如乌拉圭银行职员协会（AEBU，1942）、乌拉圭新闻工作者协会（APU，1944）、市政职工协会（ADEOM，1947）等。

1951 年乌拉圭工会联合会（Confederación Sindical del Uruguay，CSU）成立。该组织受乌拉圭社会党影响，既反对共产主义也反对庇隆主义。在对外关系上，它与美国劳联、产联控制的国际自由工会联合会（Confederación Internacional de Organizaciones Sindicales Libres，CIOSL）和美洲区域工人组织（la Organización Regional Interamericana de Trabajadores，ORIT）关系密切。1956 年它成为乌拉圭最大的工会组织。1958 年以后，力量急剧下降。

1961 年 6 月，共产党领导的乌拉圭劳工联合总会与一些独立工会建立了乌拉圭工人中心（Central de Trabajadores del Uruguay，CTU）。1964 年 5 月，乌拉圭工人中心召集所属工会及其他一些工会组织举行了全国工人大会（Convención Nacional de Trabajadores，CNT），讨论国家的经济形势及对策，于 1966 年 10 月正式成立了全国工人大会。会员从 20 万人发展到 50 万人，全国工人大会成为乌拉圭最大的工会组织。

1973 年 6 月 27 日，乌拉圭发生军事政变，全国工人大会发动了历时 15 天的全国总罢工，反对军事政变。但这次罢工遭到残酷镇压，大部分工会领导人被迫流亡国外，留在国内的工会领导人转入地下继续斗争。此后，工会活动停止了 10 年。20 世纪 70 年代，共有 1.2 万名公共部门工人和 5000 名私人部门工人，由于参加工会活动或政治活动而被解雇。

1981 年 10 月，军政府颁布的职业协会法（Ley de Asociaciones Profesionales）允许秘密投票选举工会领导人及在拥有 15 人以上的企业中建立工会组织。1983 年 5 月 1 日，多个工会组织宣布成立工人工会全会（Plenario Intersindical de Trabajadores，PIT）。该工会成立后，组织了一系列全国总罢工，迫使军政府不得不宣布交权的最后日期，极大地推动了乌拉圭民主化进程的发展。1985 年 3 月，民选总统桑吉内蒂上台后，恢复了工会的合法地位。1985 年 2 月，工人工会全会领导人和全国工人大会在国外的协调员共同召开会议，决定成立统一的总工会，工人工会全会 - 全国工人大会。

乌拉圭总工会由 83 个工会、17 个劳工联合会组成。1985 年实行民主化后，随着市场经济改革的不断加深，国有企业私有化步伐的加快，工会成员大幅减少，从 1987 年的 23.66 万人减少到 1993 年的 17.34 万人。根据维基百科的数据（2020 年），现有会员约 12 万人。虽然 3/4 的工人在私营部门就业，但 62% 的工会成员来自公共部门。乌拉圭总工会的最高权力机关为全国代表大会。书记处主持日常工作。

三　青年组织

政府负责青年工作的主要机构是教育和文化部下属的全国青年学院。此外，全国还有 3 个协调性的青年机构。

一是乌拉圭青年委员会（Consejo de la Juventud del Uruguay，CJU）。该组织为协调机构，由来自社会不同部门的几个组织组成。

二是青年论坛（Foro Juvenil，FJ）。它由全国 37 个青年和学生组织组成，目标是促进乌拉圭青年在国家发展和国际合作方面发挥作用。它还是拉美和加勒比青年委员会（CLCJ）和拉美合作教育中心协会（ALCEC）这两个地区性组织的会员。

三是乌拉圭大学生联合会（Federación de Estudiantes Universitarios del Uruguay，FEUU）。它由所有大学、学院、职业学院和职业中心的学生会组成，目标是促进学生运动的团结，推动教育民主化，捍卫学生权利和大学自治。

乌拉圭各类各样的青年组织还有乌拉圭青年旅馆协会、蒙得维的亚基督教青年协会、乌拉圭学生旅游协会、乌拉圭青年音乐协会、乌拉圭人民教育联合会、大学论坛、基督教民主青年会、拉美青年中心、拉美青年论坛、阿蒂加斯先锋队组织、共产主义青年联盟等。

第四章

经　济

第一节　概述

一　经济简史

1603 年西班牙殖民者将 100 头牛和 100 匹马放养在乌拉圭河东岸空旷的草场上。到 18 世纪初，东岸地区已有几百万头（匹）牛和马。当时人们主要以猎取皮革为目的，因此那个时期被称为"皮革时代"。"皮革时代"持续了一个半世纪。在此期间，生产方式和农牧业生产技术没有多大改变。该地区除出口皮革外，还向巴西和古巴出口腌肉，供种植园里的奴隶食用。1828 年独立后，乌拉圭陷入内战，经济发展迟缓。1852 年"大战争"结束后，乌拉圭经济恢复发展。1862 年，国家货币"比索"的发行促进了商业活动的发展。19 世纪 60 年代，肉类包装技术的传入极大地推动了乌拉圭对欧洲罐装牛肉的出口。此外，英国纺织工业对羊毛需求的增长，促进了养羊业的发展。1870 年以后，羊存栏数超过了牛。1884 年羊毛出口收入超过了皮革。

20 世纪初，冷冻技术的发展给乌拉圭牛肉生产和出口带来了一次革命。1900 年至第一次世界大战爆发，乌拉圭牛肉出口增长了一倍，产品大量销往欧洲和美国。在畜牧业增长带动下，巴特列－奥多涅斯政府通过实施一系列的社会改革，使乌拉圭发展成拉美第一个福利国家。

20 世纪 30 年代至 70 年代，乌拉圭与拉美大多数国家一样实施了进口替代工业化战略。一批国有企业在国家政策支持下相继建立和发展起来。在进口替代战略的最初阶段，乌拉圭经济确实出现了快速发展。但1955年以后，由于受经济规模的限制，制造业发展缓慢，竞争力下降。与此同时，随着农业出口的下降，公共部门的赤字不断扩大，乌拉圭经济陷入了长期停滞状态。经济危机加剧了国内政治和社会动荡，最终导致军人上台。1973~1985年，军政府曾试图改变乌拉圭经济的发展模式，实施了以开放市场和贸易自由化为特征的新自由主义改革，并一度取得了很大成效。但20世纪80年代，由于国际经济环境恶化，乌拉圭与拉美国家一道陷入了自1929年以来最严重的经济危机之中。

1985年实现民主化后，各届政府对经济进行结构性调整，目的是减少国家对经济的干预，扩大市场对经济的调节作用，削减财政赤字，加强企业的竞争力。20世纪90年代，政府对社会保障制度进行了改革，先后放开了水泥、移动电话、国际通信服务、抵押、保险、港口及收费公路等方面的经营限制。在对外贸易方面，各届政府积极推动贸易自由化和地区一体化。1991年3月，乌拉圭加入南共市。乌拉圭的平均关税从1986年的17%下降到2002年的4.5%。这些改革措施在一段时间内使乌拉圭经济摆脱了长期的衰退，出现了较快的增长。1984~1997年，乌拉圭国内生产总值增长了60%，实际工资增长了32%，人均国内生产总值年均增长率达3%。

然而，由于国内各党派在改革的步伐和深度方面存在分歧，经济的改革力度落后于拉美其他国家，国有经济仍占重要地位。国有企业在能源生产和销售，石油的进口、提炼和销售，固定电话服务等方面仍居垄断地位，公共部门占就业总数的25%。与此同时，这些改革带来一个问题：乌拉圭对外部市场，特别是对南共市的依赖加深。巴西、阿根廷等南共市国家的经济发展对它的影响日益扩大。1995年，当阿根廷经济受墨西哥金融危机影响出现紧缩时，乌拉圭经济因此受到很大冲击，出现2%的负增长。自1999年起，受巴西货币贬值和阿根廷经济衰退的影响，乌拉圭出现了过去50年来持续时间最长的经济衰退。1999~2001年分别出现了1.94%、1.93%和3.84%的负增长。2002年阿根廷经济危机加剧，受其影响，乌拉圭经济连续第 4 年出现衰退，且大幅下滑至 7.73%。其中，银行业受到的冲击最大。2001～2002 年阿根廷冻结了储蓄存款并对资本进行管制。由于担心乌拉圭也会实行金融管制，人们纷纷向银行挤兑存款，导致乌拉圭各银行存款大量流失。2002 年 1～7 月，乌拉圭银行系统存款减少近 50%，加之阿根廷经济危机加剧导致乌拉圭出口收入和旅游外汇收入大幅减少等原因，国家的外汇储备急剧下降。2002 年 1～7 月，外汇储备从 31 亿美元下降到 6.32 亿美元。为防止银行储户大量提取现金，乌拉圭政府在 2002 年 7 月 30 日停止了所有银行的业务。8 月 4 日，乌拉圭议会通过银行体系强化法，并获得了美国政府提供的 15 亿美元紧急贷款，一些银行才于 8 月 5 日恢复正常营业。蒙得维的亚银行、工人银行等 4 家银行因资金严重不足，被乌拉圭中央银行勒令暂时停业。其后，在美国、国际货币基金组织和世界银行的援助下，乌拉圭的金融危机才暂时得到缓解。

自 2003 年起，乌拉圭经济开始触底反弹。此后，国际大宗商品价格上涨，带动阿根廷、巴西经济出现持续高速增长，从而对乌拉圭经济增长起到拉动作用。至 2018 年底，乌拉圭经济出现持续 15 年的增长。其中，2004～2011 年出现近几十年来少有的高速增长，增长率都在 4% 以上。2014 年以后，经济增速出现回落。2015 年经济增长率只有 0.37%。2016 年和 2017 年经济增长率虽然分别上升至 1.69% 和 2.66%，但经济表现令人失望。世界政治经济的不确定性，阿根廷经济可能出现的衰退和震荡以及较高的公共债务负担，给乌拉圭未来经济增长蒙上阴影。

二 发展水平

乌拉圭经济规模较小，但发展水平相对较高。根据世界银行的统计，乌拉圭 2017 年 GDP 为 561.57 亿美元，在全球 184 个国家中排名中居第 74 位，而人均 GDP 达 1.6 万美元，在全球 186 个国家排名中居第 45 位，在南美洲国家中居第 1 位，在拉美国家排名第 2 位，仅次于巴巴多斯。按照世界银行 2012 年关于高中低收入国家的划分标准，乌拉圭属于高收入国家。

不过，乌拉圭经济规模小，劳动力市场缺乏灵活性，经济竞争力不足，产业结构单一，依赖出口和能源进口等因素影响了经济未来的增长潜力。

三 经济结构

自 20 世纪 90 年代以来，乌拉圭经济结构没有太大的变化。它是一个以农业为基础，服务业占主要地位，工业不发达的国家。2017 年各部门在 GDP 中所占比重分别为农业占 6.2%、工业占 24.0%、服务业占 69.7%（见表 4 – 1）。

表 4 – 1 1979 ~ 2017 年乌拉圭各经济部门占 GDP 的比重

单位：%

年份	1979	1989	1998	1999	2000 *	2017 **
农业	15. 1	10. 3	6. 9	5. 4	6. 0	6. 2
工业	35. 4	31. 9	27. 7	26. 6	27. 3	24. 0
制造业	28. 0	25. 4	18. 3	15. 8	16. 9	
服务业	49. 5	57. 7	65. 3	68. 0	66. 7	69. 7

注：* 一栏资料来源为 EIU："Uruguay"，May 2002，p. 5；** 一栏为估计数，The World Factbook，https://www.cia.gov/library/publications/the – world – factbook/geos/uy.html。

资料来源：世界银行。

（一）农业的基础地位

乌拉圭是一个传统的畜牧业生产国。直到 20 世纪中叶，农业在乌拉圭历史和国家身份认同上仍发挥着重要作用，除蒙得维的亚外，当时整个国家就像一个大牧场。另一种说法是，"乌拉圭是一个牛和港口的国家"（Uruguay es la vaca y el puerto）。但自 20 世纪 30 年代以来，畜牧业生产一直处于停滞状态。20 世纪 50 年代，牛肉和羊毛等主要出口商品的国际市场价格大幅下跌，乌拉圭繁荣的黄金时代结束了。这导致农业在经济中的地位不断下降。

尽管农业占 GDP 的比重不高，但农业仍是经济中最重要的部门，

也是最具有比较优势的部门。农业是出口收入的重要来源。根据 2016
年乌拉圭政府发布的统计数据,农业占出口总额的 78%。而且农业部
门在经济中的地位远比这些数字显示的水平要重要得多。因为农业与其
他经济部门的关系相当密切,一方面,农业是工业生产的主要原料来
源,另一方面,很大一部分工业为农产品加工业,占 2017 年 GDP 的
3.2%(见表 4 - 2)。

表 4 - 2 2010 ~ 2017 年乌拉圭农业产值占 GDP 的比重

单位:%

年份	2010	2011	2012	2013	2014	2015	2016*	2017*
农业 I	10.5	12.0	11.1	10.4	10.1	9.3	8.9	8.3
农业	7.1	8.7	8.0	7.5	6.7	6.1	6.0	5.1
与农业相关的工业 II	3.4	3.3	3.1	2.9	3.4	3.2	2.9	3.2

注:标 * 号一栏下的数据为初步资料;I 对应于农业 GDP 和选定行业的总和;II 包括肉类和
肉类产品的生产、加工和保存、乳制品加工、纺织和皮革制品的制造、木材和纸张产品的制造
(家具和印刷品除外)。

资料来源:乌拉圭中央银行;Ministerio de Ganadería, Agricultura y Pesca, "2018 Anuario de
Estadísticas Agropecuarias", https://descargas. mgap. gub. uy/DIEA/Anuarios/Anuario2018/Anuario _
2018. pdf。

尽管农业具有重要的经济意义,但长期以来,政府对农业部门的投资
不足。由于农业生产者运营成本高和缺乏政府补贴,乌拉圭农业部门的表
现低于其潜在的发展水平,农业部门面临较大挑战。"从 2011 年到 2016
年,农业部门失去了 1.7 万个工作岗位。"[1]

(二)工业经济的发展与衰落

1929 年世界经济大萧条后,乌拉圭开始实施进口替代工业化战略。
一批国有大型企业在政府的保护和扶持下相继建立起来。如国家燃料、酒
精和水泥管理局、乌拉圭羊毛厂(Industría Lanera del Uruguay, 1932)和
乌拉圭纺织厂(Textil Uruguaya, 1933)等。到 1960 年,工业部门在 GDP

---

[1] "A Tale of Two Uruguays", *Brazil & Southern Cone*, March 2018.

中所占的比重从 1930 年的 12.5% 上升到 23.1% （见表 4 - 3）。

从 20 世纪 50 年代中期开始，乌拉圭工业出现了长期停滞。到 1970 年，制造业产值只增长了 14%。工业发展停滞的原因是多方面的，其中最主要的原因是工业部门缺少竞争力，国内市场狭小，缺少现代工业所需的规模经济，工业生产垄断性强。据 1968 年的工业统计，雇用人数在 100 人以上的企业只有 208 家，占所有工业企业（雇用 1 人以上）的 0.71% 和工业产值的 50.2%。仅国家燃料、酒精和水泥管理局就占国内工业产量的 5%。[①] 这些工业企业由于缺乏竞争力，其产品只能面向国内市场，很少用于出口。据统计，1963 年乌拉圭只有 10% 的工业产量用于出口。所以，当国内市场饱和之后，主要面向国内市场、缺少竞争力的工业部门随之陷入停滞。此外，农业部门的长期停滞及出口的减少，不仅影响了制造业所需原料的进口，而且降低了国内的需求。国内需求的减少，反过来又影响了工业部门的发展。

表 4 - 3　1930 ~ 2017 年乌拉圭工业部门占 GDP 的比重

单位：%

年份	工业部门占 GDP 比重	年份*	工业部门占 GDP 比重*
1930	12.5	1983	33.14
1935	14.8	1985	35.95
1940	17.7	1990	34.64
1950	20.3	2000	21.84
1960	23.1	2010	24.53
1970	23.0	2017	24.28

注：* 资料来源为世界银行；CEIC 数据库。

资料来源：M. H. J. Finch, *A Political Economy of Uruguay since 1870*, The Macmillan Press Ltd., 1981, p. 186。

---

① M. H. J. Finch, *A Political Economy of Uruguay since 1870*, The Macmillan Press Ltd., 1981, p. 186.

1973 年军政府上台后强调出口在经济中的作用，解除了对工业的部分保护，降低了贸易关税，实行了一些鼓励非传统产品出口的措施。这些措施促进了工业的发展。制造商通过国际借贷，向新技术领域投入了大量资金，建立起一批面向出口的工业企业。如电器设备、运输设备、纺织、造纸、非金属矿产品等。阿根廷和巴西成为乌拉圭工业品的重要出口市场。1974～1980 年，乌拉圭工业年均增长率达 6%。但 1981 年以后，拉美国家，特别是巴西和阿根廷陷入严重的经济衰退，乌拉圭发生了经济危机。通过大量借债发展起来的工业部门因此背上了沉重的债务包袱。1983～1984 年，政府介入并接管了一些工业部门的债务，才避免了大量企业破产，但公共债务急剧增加，工业生产下降。

1985 年文人政府上台后，工业生产一度扭转了下降的局面。纺织、食品、运输设备和电子产品等行业发展很快。但 20 世纪 90 年代，随着贸易自由化的发展，特别是加入南共市后，外国进口工业品大量流入，对本国工业冲击很大。工业部门的地位急剧下降。据世界银行的报告，工业产值占 GDP 的比重从 1990 年的 34.64% 下降到 2000 年的 21.84%。最近十多年来，工业在 GDP 中所占的比重有所上升，2017 年为 24.18%，这主要得益于造纸业的发展。

(三) 服务业的支柱地位

服务业在乌拉圭国民经济中历来都占有比较重要的地位。随着市场化改革的深入，特别是 1991 年加入南共市后，服务业在经济中的作用被进一步强化。政府希望利用丰富的旅游资源，发达的银行业及乌拉圭在南共市中的门户地位，大力扩展服务业。所以，"把乌拉圭建成一个服务业国家" 是乌拉圭政府的重要目标之一。服务业在 GDP 中所占的比重从 1989 年的 57.7% 上升到 2017 年的 69.7%。

第二节 农业

农业在乌拉圭国民经济中占基础地位，产品大部分供出口。2017 年农业产值为 869.87 亿比索（30.36 亿美元）①，2014 年农业从业人口 1.3 万人，约占总就业人口的 1.6%。

一 土地资源及制度

土地是乌拉圭最重要的自然资源。据世界银行的数据，乌拉圭全国土地面积 17.5 万平方千米，其中农村土地面积 16.87 万平方千米，约 90% 的国土可用于各种形式的农业生产，远远高于拉美国家 24% 的平均水平，阿根廷为 52%。然而，乌拉圭的土壤不如阿根廷潘帕斯草原那么肥沃，只有 1/3 的土地可用于耕作。2000～2011 年农业土地面积略有减少，畜牧业、奶业、集约化农业用地面积大幅减少，而旱地农业、林业和水稻种植面积大幅增加。尽管畜牧业用地面积减少，但仍占农业土地面积的 39.5%，其次是旱地农业（见表 4-4）。

表 4-4 1990～2011 年乌拉圭农业土地资源实际使用情况

单位：千公顷，%

	1990 年		2000 年		2011 年		2011 年与 2000 年对比
	面积	占比	面积	占比	面积	占比	
总面积	15804	100.0	16420	100.0	16357	100.0	-0.4
畜牧业	11268	71.3	10148	61.8	6467	39.5	-36.3
旱地农业	2764	17.5	2345	14.3	4928	30.1	110.1
稻田	699	4.4	1731	10.5	1836	11.2	6.1
奶业	466	2.9	742	4.5	344	2.1	-53.6
集约化农业	514	3.3	504	3.1	336	2.1	-33.3
林业	93	0.6	949	5.8	2448	15.0	158.0

资料来源："Regiones Agropecuarias del Uruguay", MGAP-DIEA, Censo General Agropecuario。

与拉美大多数国家一样，乌拉圭从西班牙殖民统治时期遗留下来的大地产制从来没有得到根本解决。20 世纪末，全国 60% 的农场规模都在

---

① Ministerio de Ganadería, Agricultura y Pesca, "2018 Anuario de Estadísticas Agropecuarias", https：//descargas. mgap. gub. uy/DIEA/Anuarios/Anuario2018/Anuario_ 2018. pdf.

1000 公顷以上。由佃农或收益分成的佃农耕种的土地不到全国农场总数的 1/3。

二 畜牧业

畜牧业是乌拉圭最具比较优势的产业，是最重要的出口收入来源。畜牧业以养牛业和养羊业为主。牛和羊的饲养大多以天然牧场放养为主。这种养殖方式有利于生产高质量肉制品，同时又促进了物种多样性。所以，乌拉圭的牛肉、羊肉及乳制品的质量十分优良。自 2008 年起乌拉圭实施了食品安全追溯系统，法律规定每头牛都必须安装识别耳标。所有的牛都可追溯，确保了产品的质量，以及从牧场到工厂各个生产环节的安全。

乌拉圭肉牛品种以 1864 年从英国引进的赫里福德牛为主，用于生产乳制品的牛为荷兰乳牛。乌拉圭羊的 70% 为考力代羊。主要畜牧产品有肉类（牛肉和羊肉）、羊毛和乳制品。

20 世纪初，畜牧业已达到较高水平，此后基本陷于停滞不前的状态。到 20 世纪 70 年代，牛羊存栏数与 20 世纪初的存栏数基本相当。20 世纪 90 年代，牛肉出口带动了养牛业的发展，牛的存栏数从 1993 年的 1010 万头增加到 2017 年的 1170 万头。但是，同期养羊业出现衰落，存栏数从 2440 万只减少到 660 万只（见表 4 – 5）。目前，乌拉圭已成为全球第六大冷冻肉供应商。

表 4 – 5　1990 ~ 2017 年乌拉圭牛羊存栏数

单位：百万头，百万只

年份	1900	1924	1930	1951	1961	1970	1993	1998	2008	2017
牛	6.8	8.4	7.1	8.2	8.8	8.6	10.1	10.5	12.7	11.7
羊	18.6	14.4	20.5	23.4	21.7	19.9	24.4	17.8	9.6	6.6

资料来源：M. H. J. Finch, *A Political Economy of Uruguay since 1870*, The Macmillan Press Ltd., 1981, p. 82; *The Europe World Year Book*, 1997, 2000 and 2011; Ministerio de Ganadería, Agricultura y Pesca, "2018 Anuario de Estadísticas Agropecuarias", https://descargas.mgap.gub.uy/DIEA/Anuarios/Anuario2018/Anuario_ 2018. pdf。

乌拉圭的畜牧产品除满足国内需求外，主要用于出口。欧美曾是乌拉圭牛肉的主要出口市场。近年，亚洲成为乌拉圭牛肉的主要出口市场。乌拉圭是世界第二大羊毛出口国，中国是乌拉圭羊毛的最大买主，其次是英国、德国、意大利和巴西。2000～2001 年，受口蹄疫影响，养羊业受到较大损失，羊毛产量下降。

乳制品是乌拉圭的传统产业，乌拉圭是拉美国家中人均牛奶产量最多的国家，达 660 升。乳制品行业的发展主要得益于天然牧场的放养条件及高效安全的管理。乳制品享有极高的国际声望与生产效率。牛奶质量和价格在全球具有一定的竞争力。奶酪质量已取得国际声誉。其中"科洛尼亚"（Colonia）和"施林斯"（Shrinz）这两个品牌的奶酪曾在巴塞罗那贸易博览会获奖。乳制品也是重要的出口产品，70%的乳制品用于出口，产品出口至世界 70 多个国家。

三　渔业

乌拉圭渔业分为海洋捕捞业和水产养殖业两个类别。

20 世纪 70 年代，乌拉圭与许多其他拉美国家一道掀起了维护海洋权的斗争，将领海从 12 海里扩大到 200 海里。为促进本国近海渔业资源的开发，军政府于 1974 年提出了一项鼓励渔业资源开发和出口的"国家渔业发展计划"。与此同时，政府着手对港口设施进行改造，先后对蒙得维的亚、皮利亚波利斯、埃斯特角城的港口设施进行了现代化改造，在拉帕洛马（La Paloma）建立了一个新渔港。在这些措施的推动下，乌拉圭捕鱼船从 1974 年的 300 艘发展到 20 世纪 80 年代末的 700 艘。大型远洋捕鱼船从 5 艘发展到 70 艘。捕鱼量从 1974 年的 1.6 万吨增加到 1981 年的 14.69 万吨。此后，乌拉圭每年的捕鱼量基本保持在 11 万吨至 14 万吨。2007 年以后，捕鱼业呈明显衰退趋势，捕鱼量从 2006 年的 13.4 万吨下降到 2016 年的 5.15 万吨。这"10 年间，乌拥有政府捕捞许可的从业渔船数量从 140 艘降到 54 艘，从业人员人数也从 4000 人减少到了 1700 人"[①]。乌拉圭捕捞

---

① 《乌拉圭工业捕鱼受多重因素困扰出现明显衰退》，http：//uy. mofcom. gov. cn/article/jmxw/201902/20190202834894. shtml。

的鱼类主要是鳕鱼，约占捕捞量的 1/3。此外还有鱿鱼、金枪鱼、黄鱼等。渔业生产不仅满足国内需求，还用于出口，出口量占产量的一半左右。主要出口市场有中国（占 28.1%）、巴西（占 25.7%）、美国、意大利和日本等。

乌拉圭水产养殖业始于 20 世纪 80 年代中期。20 世纪 90 年代以后进入快速发展期。养殖量从 1987 年的 3 吨增加到 2000 年的 85 吨。此后几年产量下降。2009 年以后产量又开始恢复，从 54.41 吨增加到 2013 年创纪录的 217.86 吨，但 2016 年突降到 70 吨（见表 4 - 6）。良好的自然地理环境为乌拉圭开展鲟鱼养殖并制作鱼子酱创造了条件。20 世纪 90 年代，阿尔卡德家族（Alcalde）在乌拉圭中部杜拉斯诺地区建立了第一个鲟鱼养殖场。现在，"乌拉圭已成为拉丁美洲最大的鲟鱼鱼子酱出口国，也是世界鱼子酱产业的领导者之一"[①]。鲟鱼是在河水里自然喂养的，没有污染，加之良好的食品安全控制，使其鱼子酱成为世界顶级珍品。俄罗斯、阿塞拜疆、伊朗及中国是其主要出口市场。

表 4 - 6　1960 ~ 2016 年乌拉圭渔业产量

单位：吨

年份	1960	1970	1980	1987	1990	2000	2010	2016
总量	10900	13200	120399	137805	90832	113411	74238	51570
养殖量	0	0	0	3	3	85	84.97	70
捕捞量	10900	13200	120399	130802	90829	113326	74153	51500

资料来源：世界银行；CEIC 数据库。

四　种植业

20 世纪 70 年代以来，谷物种植业发展很快，不仅种植面积不断扩大，单位产量也不断提高（见表 4 - 7）。大米、柑橘类水果和大蒜等

[①] "Uruguay Carves Niche as Latin America's No. 1 Caviar Exporter", May 13, 2018, http: // laht. com/content. asp? CategoryId = 23620.

产品的产量和出口都有较快增长。这不仅促进了农业生产，还推动了出口产品的多样化。

表 4 - 7　1961 ~ 2016 年乌拉圭谷物单位产量和总产量

单位：千克/公顷，万吨

年份	1961	1969	1987	1989	1990	1995	2004	2009	2016
单产	860	1039	2100	2634	2182	3188	4299	4076	4941
总产量	75.09	83.86	102.08	149.29	112.26	181.07	252.37	424.79	359.94

注：谷物指小麦、大米、玉米、大麦、燕麦、黑麦、小米、高粱、荞麦和杂粮。
资料来源：世界银行；CEIC 数据库。

小麦曾是乌拉圭最重要的种植作物，主要供国内消费。但 20 世纪 80 年代以来，由于市场开放，本国生产的小麦无法与其他国家的小麦竞争，种植面积大幅减少，产量下降。到 20 世纪 80 年代中期，小麦生产已不能满足国内市场的需求，每年需从国外进口 8 万吨左右。1989 年以后，小麦种植面积和产量有所增加。2011 ~ 2012 年度产量高达 201.63 万吨。但 2016 年以后种植面积和产量出现大幅下降。2017 ~ 2018 年度，种植面积下降到 1.9 万公顷，产量只有 44 万吨（见表 4 -8）。

水稻种植面积、大米产量和出口自 1960 年不断增加。到 20 世纪 80 年代，水稻取代小麦成为重要的种植作物。2003 ~ 2004 年度水稻种植面积为 19.56 万公顷。自 2011 ~ 2012 年度起，种植面积持续下降，2017 ~ 2018 年度种植面积只有 16 万公顷，产量为 136 万吨。据联合国粮农组织的统计，乌拉圭稻谷平均单位产量居世界第三位，2017 ~ 2018 年度每公顷产量为 8500 千克。乌拉圭国内每年消费的大米只有 4 万吨左右，其余全部出口。2016 年，大米出口额为 4.32 亿美元，排世界第七位。巴西曾是乌拉圭大米的主要出口市场，占其大米出口的 80% 以上。近年秘鲁、墨西哥和哥伦比亚也成为该国大米的重要出口市场。

表 4 - 8 乌拉圭谷物种植面积和产量

单位：千公顷，万吨

		2010~2011年度	2011~2012年度	2012~2013年度	2013~2014年度	2014~2015年度	2015~2016年度	2016~2017年度	2017~2018年度
小麦	面积	40.4	59.34	45.0	46.0	39.88	33.0	21.5	19.0
	产量	130.07	201.63	98.24	153.28	107.56	119.1	75.7	44.0
大麦	面积	61.9	104.6	117.3	71.9	99.5	92.7	190.0	153
	产量	18.64	32.69	22.03	25.24	24.32	35.48	67.80	38.5
玉米	面积	80.9	123.9	123.0	131.1	83.2	83.0	66.0	71.2
	产量	28.62	52.83	69.30	56.45	47.95	48.70	47.10	30.9
高粱	面积	31.4	88.2	49.0	75.4	81.7	67.0	47.0	28.8
	产量	12.34	37.26	20.90	30.27	32.68	23.80	21.40	7.6
大豆	面积	862.1	883.7	1050.0	1321.4	1334.0	1140.0	1089	1099
	产量	154.10	211.20	276.50	316.28	310.93	220.80	321.20	133.40
水稻*	面积	196.0	181.4	172.5	167.2	160.7	161.2	164.5	160
	产量	164.3	142.39	135.95	134.83	139.61	130.40	140.96	136.0

注：标 * 的数据来源为稻米部门委员会（Comisión Sectorial del Arroz）（临时数据）。

资料来源：根据 MGAP-DIEA 制作。

近 20 年来，乌拉圭利用得天独厚的气候和土地条件种植橄榄树。乌拉圭生产的橄榄油获得了世界市场的认可，并在世界四大橄榄油评比赛事之一 Olivinus 特级初榨油国际比赛中多次获奖。橄榄油也成为其重要的出口产品。

玉米和大豆在乌拉圭国内消费很少，但进入 21 世纪以来，在中国、印度等亚洲国家需求的带动下，种植面积和产量增长很快。但 2014 年以后，出现回落。

乌拉圭不像许多其他拉美国家那样盛产水果。但 20 世纪 80 年代，在欧洲市场需求的带动下，柠檬等柑橘类水果产量不断扩大，出口也随之增加。柑橘类水果出口量从 1970~1979 年的年均 1.7 万吨增加到 1999~2000 年的年均 12.1 万吨。20 世纪 90 年代乌拉圭一度成为南半球新鲜柑橘类水果第四大出口国。2000 年柑橘类水果产值达 5470 万美元，占农业生产总值的 3%。[①] 2012～2015 年乌拉圭水果产量情况见表 4－9。

表 4－9　2012～2015 年乌拉圭水果产量情况

单位：吨

年份	2012	2013	2014	2015
橙子	156727	122000	150617	112042
柑橘	124700	87000	104846	102282
柠檬	46895	32816	31102	36222
柚子	2328	1014	776	1491
苹果	50271	46000	52759	55454
梨	18268	9000	11942	12593

资料来源：乌拉圭国家统计局；外交部：《乌拉圭国家概况》，https：//www.fmprc.gov.cn/web/gjhdq_ 676201/gj_ 676203/nmz_ 680924/1206_ 681192/1206x0_ 681194。

近 10 年，乌拉圭蓝莓种植快速发展，并成为有潜力的出口产品。目前乌拉圭蓝莓已出口到美国、德国、加拿大、荷兰、英国、意大利、西班牙、阿根廷和波兰等国。

五　林业

乌拉圭森林覆盖率很低，约占国土面积的 2.5%。为了提高森林覆盖率，减少水土流失，政府于 1987 年颁布了鼓励林业发展的优惠政策。第 15939 号法令规定：豁免林地税，政府向造林者提供相当于其造林成本 50% 的特别贷款，并免除造林所需物资的进口税。2002 年遭遇经济危机前，政府财政补贴占造林成本的 50%。之后，政府逐步减少了补贴金额，2004 年减少 25%，2005 年减少 50%，2006 年减少 75%，2007 年补贴全部取消。自 1988 年开始实施林业鼓励政策以来，政府给予林业的财政补

[①] MGAP-DIEA, "LA CITRICULTURA EN URUGUAY CONTRIBUCIÓN A SU CONOCIMIENTO", http：//www.mgap.gub.uy/sites/default/files/la_ citricultura_ en_ uruguay_ -_ junio_ 2003. pdf.

贴总计 6000 万美元。上述政策大大促进了林业生产。林地面积从 1990 年的 7978 平方千米增加到 2016 年的 18677 平方千米（见表 4 - 10）。

表 4 - 10 1990 ~ 2016 年乌拉圭林地面积

单位：平方千米

1990 年	1995 年	2000 年	2005 年	2010 年	2011 年	2012 年	2013 年	2014 年	2015 年	2016 年
7978	10838	13697	15218	17313	17540	17768	17995	18223	18450	18677

资料来源：世界银行；CEIC 数据库。

在新种植的林木中，桉树占 82%，松树占 15%。林业生产的扩大促进了造纸业和林产品加工业的发展。2002 年全国有 4 家纸浆和造纸厂，110 家木板厂和大量家具厂。2005 年 3 月芬兰芬欧汇川公司（UPM）宣布投资 11 亿美元在弗赖本托斯建设一座年产 100 万吨的漂白桉木纸浆厂。2014 年芬兰的 Stora Enso 公司与智利的阿劳科（Arauco）公司共同投资 19 亿美元建造的蒙德普拉塔（Montes del Plata）纸浆厂投产。

第三节 工业

乌拉圭工业不发达，且工业产值在 GDP 中所占的比重自 20 世纪 80 年代中期呈持续下降趋势。除个别年份外，工业增长低于 GDP 的增幅，甚至在经济出现较高增长时，工业部门却出现较大负增长（见表 4 - 11）。2015 ~ 2018 年工业连续 4 年出现低速增长和衰退。

表 4 - 11 2010 ~ 2017 年乌拉圭 GDP 及工业部门增长情况

单位：%

年份	2010	2011	2012	2013	2014	2015	2016	2017
GDP	7.8	5.2	3.5	4.6	3.2	0.4	1.7	2.7
工业	8.9	- 1.4	- 0.8	4.9	4.3	0.5	1.1	- 3.8
制造业	2.6	2.0	- 3.9	1.2	4.2	4.9	0.7	- 3.5

资料来源：世界银行；CEIC 数据库。

一 制造业

自 20 世纪 80 年代中期开始，受贸易自由化影响，国外进口产品对乌拉圭制造业构成了较大冲击。纺织、服装、鞋帽、皮革及皮革制品、玻璃、金属和机械工业出现了严重衰退。仅 20 世纪 90 年代前半期，就有 23 家企业倒闭。1999～2002 年，由于经济危机，工业产值下降了 27%，就业人口减少了 32%。制造业占 GDP 的比重持续下降，从 1985 年的 28.3% 下降到 1999 年的 15.8%，2017 年占 11.7%。

食品饮料和烟草是制造业最主要的部门，几乎占到制造业产值的近一半。2011 年制造业的构成：食品饮料和烟草（占 45.54%）、纺织品和服装（占 4.85%）、化学品（占 9.59%）、机械和运输设备（占 4.66%）和其他制造业（占 35.37%）（见表 4－12）。

表 4－12　1968～2011 年乌拉圭制造业构成情况

单位：%

	食品饮料和烟草	纺织品和服装	化学品	机械和运输设备	其他制造业
1968	33.36	25.31	8.05	3.70	29.57
1980	27.89	16.85	7.41	7.30	40.56
1990	31.27	18.20	9.64	6.34	34.55
2000	38.75	8.73	8.33	3.22	40.97
2005	41.99	9.12	8.79	2.22	37.88
2008	47.59	5.93	9.83	3.36	33.28
2009	46.06	5.22	9.42	2.85	36.46
2010	42.91	4.51	8.31	4.52	39.76
2011	45.54	4.85	9.59	4.66	35.37

资料来源：世界银行；CEIC 数据库。

自 2004 年以来，乌拉圭中高新技术发展较快，在 GDP 中所占的比重上升，从 2004 年的 10.8% 增加到 2015 年的 15.3%。在中高新技术发展中，软件业发展较快，并居拉美国家前列。2014 年乌拉圭软件的海外销售总额为 5 亿美元，是拉美人均第二大软件出口国，仅次于哥斯达黎加。2015 年 9 月，乌拉圭 16 家科技公司参加了由 *Tech Crunch* 杂志主办的

Disrupt SF 2015 新兴科技公司科技博览会。乌拉圭信息技术协会（CUTI）提出的"目标是在未来五年将软件和技术服务的出口增加一倍"。乌拉圭软件科技公司主要有 Impactus（2013 年创立，公司专注于软件外包化、战略建议、规划、执行和活动监控）、One Tree（软件设计和开发公司）、Datalab（建立了 InfocusNews 网站）、Abstracta（软件公司）。①

国家燃料、酒精和水泥管理局（ANCAP）是最大的国有企业，它曾垄断了乌拉圭全国的石油加工业、酒精饮料以及一半的水泥生产。该公司在蒙得维的亚拉特哈（La Teja）地区拥有全国唯一的炼油厂，日加工能力为 5 万桶。2008 年 12 月，ANCAP 启动了第一轮石油勘探招标，提供了 11 个石油和天然气勘探区块。此外，ANCAP 还在阿根廷运营南锥石油公司（Petrolera del Cono Sur）加油站。2017 年，ANCAP 和乌拉圭国家电力公司（Administración Nacional de Usinas y Transmisiones Eléctricas，UTE）开通了连接科洛尼亚、罗萨里奥、瓦尔迪兹角（Puntas de Valdez）、蒙得维的亚、圣路易斯（San Luis）和埃斯特角城的电动汽车充电网络，每 65 千米就有一个站点。位于卡拉斯科国际机场和科洛尼亚的电站发电功率为 43 千瓦，而其他电站功率则为 22 千瓦。1988 年 ANCAP 产值为 4.7 亿美元，利润为 1200 万美元，雇员达 6700 人。20 世纪 80 年代末该公司在拉美公司排名中列第 113 位。因为该企业长期实行垄断经营，竞争力较低。拉卡列政府曾将该公司列入私有化计划，但被 1992 年 12 月的全民公决否决。2001 年议会通过一项法案，允许国家燃料、酒精和水泥管理局与外国合伙人建立合资企业。然而，在 2003 年 12 月 7 日的全民公决中，该法案遭到否决。不过，随着市场化改革的深化，该公司的垄断地位被逐步打破。1996 年它对酒精生产的垄断地位被取消。政府先后对汽油销售和天然气运输业务实行了私有化。2001 年又对炼油业实行了私有化。但是，国家仍保留了对石油进口的垄断经营，一直到 2006 年。由于经营不善，该企业亏损严重。2013 年和 2014 年分别净亏损 1.7 亿美元和 3.24

---

① "16 Companies from Uruguay at Tech Fair in San Francisco"，September 23，2015，http：// laht. com/article. asp？CategoryId = 23620&ArticleId = 2397011.

亿美元。① 2016 年巴斯克斯政府对负债累累的 ANCAP 进行了规模高达 8.72 亿美元的资本重组,将酒精饮料、香水和铁器生产等业务剥离出去。

其他制造业企业还有国家乳制品合作社 (Cooperativa Nacional de Productoresde Leche),它是最大的乳制品生产商和批发商。1898 年建立的国家造纸厂是历史最久的制造业企业。

二 能源

(一) 能源结构

与 21 世纪初相比,乌拉圭能源结构发生了巨大变化。石油在能源消费中所占的比重从 2002 年的 70% 下降到 2017 年的 36.4%。石油全部依赖进口,1999 年化石燃料进口占商品进口总额的 10%。2015 年化石燃料进口 232 万吨石油当量,其中原油进口 210 万吨石油当量。

2017 年主要能源生产构成:生物质能 (占 43%)、石油及其衍生产品 (占 36.4%)、水电 (占 12.6%)、风电 (占 6.3%)。工业部门是能源消费的主要部门,2017 年占 43%,其次是交通运输部门 (见表 4 – 13)。

能源结构的变化主要得益于可再生能源的发展。根据乌拉圭工业、能源和矿业部 2018 年 8 月 20 日发布的《国家能源行业 2017 年年度报告》,可再生能源占能源生产的 62.4%,连续 4 年超 50%。

表 4 – 13　2017 年乌拉圭能源结构

单位:%

能源生产类型	占比	能源消耗部门	占比
生物质能	43	工业部门	43
石油及其衍生产品	36.4	交通运输	28
水电	12.6	居民住宅	17
风电	6.3	商业和公共部门	7

---

① "Uruguay Energy: Vázquez Calls on Predecessors to Discuss Oil Exploration", *Brazil & Southern Cone*, February 2016.

续表

能源生产类型	占比	能源消耗部门	占比
天然气	1.1	农、渔和矿业	5
太阳能	0.5		
煤炭和焦炭	0.1		

资料来源：乌拉圭工业、能源和矿业部。

风能发展尤其引人注目。2007 年乌拉圭几乎没有风力发电。当年，乌拉圭通过联合国开发计划署从全球环境基金获得了 100 万美元启动资金，同时从国家预算中筹集了 600 万美元的资金，用于风能计划（Uruguay Wind Energy Programme）。该计划一直持续到 2012 年，旨在改善政策环境和提升技术能力。通过该计划的实施，在不到 10 年的时间里，乌拉圭成为两项世界纪录保持者：2013 年清洁能源投资占 GDP 的比重全球最高；2014 年风电人均装机量居世界第一。根据美国能源部发布的《2017 年风能技术市场报告》，乌拉圭的风力发电能力在 9 年内从 14.6 兆瓦提高到 1510 兆瓦，全国有 600 多台风力涡轮机。[1] 2017 年风力发电占能源生产的 6.3%。

（二）电力

乌拉圭电力普及率为 99.7%，是拉美最高的。2016 年 9 月 9 日，巴斯克斯政府启动"农村电气化"计划，目标是在本届政府任期（2015～2020 年）结束时，使剩余 0.3% 仍没有电力供应的家庭接入电网，实现"乌拉圭 100% 电气化"的目标。

根据乌拉圭国家统计局的数据，自 2006 年以来，发电量持续增长，从 5.38 万吉瓦时增加到 2015 年的 11.5 万吉瓦时。据乌拉圭统计数据，到 2016 年 6 月，乌拉圭 98% 的电力来自可再生能源，其中水电占 50%，风电和太阳能发电分别占 40% 和 8%。

---

[1] "Uruguay's Wind Energy Revolution Highlighted in Leading Yearly Report", October 17, 2018, http://en. mercopress. com/2018/10/17/uruguay - s - wind - energy - revolution - highlighted - in - leading - yearly - report.

乌拉圭的电力以水电为主，但其地位已大幅下降，从 2001 年的 99.8% 下降到 2016 年的 50%。乌拉圭共有 4 座水电站。最大的水电站是 1982 年耗资 10 亿美元建成的萨尔托水电站。它坐落在阿根廷与乌拉圭交界的乌拉圭河上。装机容量为 1890 兆瓦，可向乌拉圭输送 945 兆瓦。其余 3 座水电站都建在中部的内格罗河上。博内特水电站于 1948 年开始运营，是乌拉圭修建最早的水电站，装机容量为 148 兆瓦。帕尔马水电站是乌拉圭与巴西合建的一座水电站，1983 年投入运营，装机容量为 333 兆瓦。德拜戈里亚水电站位于杜拉斯诺省，装机容量为 108 兆瓦。蒙得维的亚有一座发电量为 712 兆瓦的热力发电厂。乌拉圭能源法禁止使用核电。

乌拉圭的电力生产不仅能满足国内需要，而且略有出口。根据乌拉圭国家统计局的数据，2018 年乌拉圭的发电量为 12477 吉瓦时，国内消费 8686 吉瓦时，其余部分用于出口。当年电力出口收入为 1.08 亿美元，占世界电力出口收入的 0.3%，在世界上排第 40 位。1974 年乌拉圭和阿根廷的电网实现了联网，并向阿根廷出口电力。南共市成立后，该地区国家不仅加强了贸易往来，也加强了能源部门的合作。1997 年，乌拉圭与巴西签署协定，将两国电网并网。

乌拉圭国家电力公司是乌拉圭第二大国有企业。1997 年 6 月，乌拉圭议会通过法案，放开了电力生产和销售活动，允许独立的电力生产商从事发电，但电力的传输和配送仍由国家电力公司实行垄断。不过允许该公司与本国及外国资本合作。国家电力公司有意在私人资本开设的新电厂中持有 40% 的股份，私有化法案已于 1998 年经全民公决通过。

乌拉圭的电压为 50 赫兹 220 伏交流电。全国拥有一个 500 千伏的电网系统。该电网将中部的水电输送到占全国电力需求 60% 的南部地区。其他地区则分别由 150 千伏、110 千伏、60 千伏或 30 千伏的电网相连。

三 矿业

乌拉圭不是一个矿业资源丰富的国家，矿业经济也不占重要地位。乌拉圭非金属矿产品主要是石灰石，产于派桑杜省、塞罗拉尔戈省和三十三人省。玛瑙和紫晶石产于阿蒂加斯省，花岗岩和大理石产于圣何塞省和科洛尼亚省。此外，乌拉圭还开发世界市场需求旺盛的白云石。2013~2018年乌拉圭主要矿产品产量见表4-14。

表4-14　2013~2018年乌拉圭主要矿产品产量

单位：万吨

	2013 年	2014 年	2015 年	2016 年	2017 年	2018 年
石灰石	150.68	147.36	154.25	148.76	136.30	136.21
碎石	187.22	164.04	138.10	191.80	138.23	173.79
黏土	1.96	2.31	3.00	0.876	0.27	0.18
白云石	2.30	1.97	1.72	1.97	1.75	1.45
铁	1.00	1.51	1.15	0.26	0.25	0.63
玛瑙和紫水晶	2.09	1.56	1.47	0.98	1.30	1.26
砂	185.30	180.90	171.91	152.43	144.51	159.65
石渣	443.73	413.65	303.83	314.07	293.71	281.49
凝灰岩	166.47	247.02	186.97	217.52	185.07	215.55

资料来源：INE，"Anuario Estadístico-2016"，http：//www.ine.gub.uy/documents/10181/439637/Anuario+2016/e5895390-7f3d-449d-b395-574872ae6d0d；INE，"Anuario Estadístico-2019"，http：//www.ine.gub.uy/documents/10181/623270/Anuario+Estadistico+2019/f854fb27-ad7f-4ce3-8c37-005ade0a6140。

　　乌拉圭被认为是缺乏金属矿藏的国家，但进入21世纪后，陆续发现了金、铅、锌和镍矿，这改写了乌拉圭无金属矿产的历史。2005年9月，乌拉圭矿业勘探公司（UME）宣布在里韦拉大区的LESCANO地区发现镍矿脉露头。随后3个月通过不间断的飞机航测，证实发现的镍矿是迄今为止世界上发现的最大的镍矿。由于金矿储量持续增加，2005年乌拉圭黄金产量达到了10万盎司，出口额达4200万美元。①

---

① 《乌拉圭发现可能是迄今为止世界上最大的镍矿》，http：//uy.mofcom.gov.cn/article/jmxw/200603/20060301687575.shtml。

乌拉圭矿业开发的法律制度比较健全。采矿业主要受 1982 年通过的《采矿法》（Mining Code）和《环境保护法》（Law of Protection of the Environment）的管制。根据乌拉圭矿业法律，无论地下的还是露出地面的矿产资源，均为国家专属财产，并被认为独立于土地的所在地。根据《采矿法》，国家可将其权利授予个人或公司，不论其国籍如何，办法是颁发三种不同类型的矿业权：勘查权、探矿权和采矿租赁权。矿业开采必须获得工业、能源和矿产部下属的国家采矿和地质局（DINAMIGE）颁发的矿产许可证、普查许可证（Prospecting Permit）、勘探许可证（Exploration Permit）、采矿许可证（Mining License，开采特许权）、地表权利（surface rights）。2013 年 9 月 3 日，乌拉圭众议院通过新的矿业法，新的矿业法将每年向从事矿业开采的企业征收 25% 的营业税，对所有大型矿业项目征收最高可达 38% 的特别税。这项法案还规定了更严格的环境法规。

矿业虽然在经济中不占重要地位，但被认为是一个十分有潜力的部门。2013 年以来，采矿业占 GDP 的比重逐年增加，2016 年在 GDP 中所占的比重达到 2% ~ 5.4%。[①] 议会通过允许外国公司投资矿业的法案后，外国公司在矿业部门的投资大幅增加。外国公司在矿业部门的投资主要集中在黄金和钻石的勘探和开采方面。1998 年加拿大的金矿开采公司克里斯雷克克斯国际公司（Crystallex International Corporation）在乌拉圭建立了一家分公司——圣格雷戈里奥矿业有限公司（Minera San Gregorio S. A）。

乌拉圭传统采矿业主要是生产建筑业、玻璃和制陶业及其他工业所需的非金属矿产品。其中，用于生产水泥的石灰石有广阔的出口前景。2000 年石灰石产量为 150 万吨。根据 2000 年《国际水泥评论》（International Cement Review），乌拉圭有 3 个水泥生产公司，年产量为 102 万吨。其中，国家燃料、酒精和水泥管理局下属的水泥厂规模最大，年产量为 51 万吨，它有 2 个水泥厂，一个在米纳斯，一个在派桑杜。其次是乌拉圭波特兰水泥公司（Compañia Uruguaya de Cemento Portland），年产量为 45 万吨，它

---

① 王靓靓、叶锦华、陈秀法、于瑞：《乌拉圭主要金属矿床研究现状》，《中国矿业》2017 年第 12 期，第 155 页。

在凡尔登（Verdun）和萨亚戈（Sayago）有 2 个水泥厂。另一个公司是国家水泥公司（Compañia Nacional de Cementos），年产量为 5.5 万吨，在马尔多纳多有一个水泥厂。乌拉圭水泥产量不仅能满足本国的需要，还能向阿根廷出口。

乌拉圭一直计划开采中部三十三人省的磁铁矿，但项目进展不顺利。2006 年，英国和瑞士合资公司萨明集团（el Grupo Zamin）开始在乌勘探，2008 年建立了项目运营中心。到 2010 年 3 月，萨明集团已获得 18 项勘探许可，并成立了阿拉提利矿业公司（La Mineral Aratirí）。初步估计三十三人省铁矿石藏量不少于 5 亿吨。与三十三人省相邻的佛罗里达省和杜拉斯诺省也发现了铁矿，但藏量可能低于 5 亿吨。由于矿区基础设施条件差、面临环保组织的反对及拆迁补偿问题，2016 年 3 月，阿拉提利矿业项目因缺乏投资而被取消。2017 年 7 月，萨明集团宣布向国际仲裁法庭起诉乌拉圭，指控乌拉圭政府没有履行与英国签署的促进投资条约。2020 年 1 月，国际仲裁法庭举行了第一阶段听证会①，这将是一场持久的诉讼。

第四节 商业与服务业

一 商业

乌拉圭的商业活动主要集中在首都蒙得维的亚。一是这里集中了全国近一半的消费人口；二是这里的消费能力远比其他地区强。

20 世纪 80 年代中期以后，新城区的波西托斯和卡拉斯科之间修建了许多现代化的购物中心。其中最有名的是蒙得维的亚购物中心，它位于波西托斯东部。营业时间从上午 10：00 到晚上 9：00。购物中心内设有自助餐馆、电影院和咖啡厅。此外，在旧监狱附近的卡雷塔角新开设的购物中心也很受人们欢迎，它是乌拉圭最大也是西半球最重要的购物中心之

---

① "Declaró Isaac Alfie en el Juicio de Aratirí"，https：//ladiaria.com.uy/articulo/2020/1/declaro-isaac-alfie-en-el-juicio-de-aratiri/.

一，占地 7.5 万公顷。

很多自由市场或街道市场分布在蒙得维的亚的社区之中。它们与我国农村的集市有些相像，固定在一周的某一天举行。人们可以在那里购买新鲜的蔬菜和水果。

二　商业服务

银行营业时间通常为上午 11：00 至下午 5：00。自动取款机网络系统任何时间都可以用。机场的银行每天开放，开放时间也很长，从早 7：00 至晚 10：00。外币兑换所通常是每天（包括星期天）开放，并营业到晚上 10：00。七月十八日大道有许多兑换所，这里的汇率比旅行社和银行的高，而且服务也快捷。

一般来讲，商店在周一至周五上午 9：00 至下午 7：00 营业，周末的营业时间为上午 9：00 至下午 1：00。有许多购物中心全年都是早上 10：00 至晚上 10：00 营业。

乌拉圭的餐饮服务业比较发达。各种档次的餐馆都有，营业时间在 20：00 至凌晨 1：00 前后，一顿带酒的正餐从 12 美元至 25 美元不等。在餐厅就餐，除餐费外，还要付 23% 的增值税和 14% 的服务费。蒙得维的亚有许多咖啡厅，这些咖啡厅随时提供餐饮服务。咖啡厅还有许多其他叫法，如酒吧、糖果点心店等。

邮局每天上午 8：00 到下午 6：00 营业，在首都及一些其他城市，邮局一般营业到晚上 10：00。乌拉圭的国家代码是 598。

人们在餐馆就餐或乘坐出租车后，通常要付小费。一般来说，所付小费的数额为消费金额的 10%。

三　旅游业

旅游业是乌拉圭的支柱产业和主要外汇收入来源。为促进旅游业的发展，1985 年 4 月桑吉内蒂政府建立了旅游部，对旅馆和旅游景区的价格进行规范和管理。1989 年 7 月成立了旅游业协会。1995 年在大学设立了旅游系。乌拉圭各届政府都把发展旅游业作为振兴经济的主要目

标，扩大对旅游基础设施的投资。1992 年，拉卡列政府制定了兴建 137
项旅游设施的计划，投资 10 多亿美元，对旅馆、海滨和营地等设施进
行改造。为提高旅游接待能力，1997 年乌拉圭对埃斯特角机场进行了
现代化改造。夏季 1 月至 3 月是乌拉圭旅游业的旺季。复活节至 11 月
15 日为旅游淡季，来海滨度假的游客很少。为促进淡季旅游业的发展，
政府免除了旅馆业淡季的增值税。2012 年 12 月，为吸引外国游客，乌
拉圭与瑞典购物旅游公司环球蓝联（Global Blue）合作，对外国游客实
施退税政策。个人旅游者，只要使用电子货币、借记卡或信用卡进行支
付费用，便会获得 9 个点的增值税退税。享受退税的项目包括：第一，
饭店、酒吧、咖啡店、茶室等地方提供的美食服务；第二，为聚会和活
动提供的餐饮服务；第三，租赁不带司机的车辆；第四，旅游房地产租
赁的中介服务费；等等。

　　旅游业带动了旅馆业、餐饮业、商业等行业的发展。根据乌拉圭旅游
部的数据，2017 年旅游收入中，住宿占 31.7%、食品占 26.2%、购物占
14%、交通占 7.2%、游览占 0.2%、文化及娱乐占 9.9%，其余占
10.7%。乌拉圭是旅游业收入的顺差国，2017 年旅游收入 26.66 亿美元，
旅游支出 13.56 亿美元，旅游净收入 13.1 亿美元（见表 4 - 15）。

表 4 - 15　2017 年乌拉圭旅游业收支情况

入境游客人数（万人）	367.40	出境人数（万人）	178.90
旅游收入（亿美元）	26.66	旅游支出（亿美元）	13.56
旅游收入占出口的比重（%）	16.33	旅游支出占进口的比重（%）	11.00

　　资料来源：世界银行；CEIC 数据库。

　　外国人在乌拉圭旅游的主要目的是休闲和度假，此外还有健康旅游、
学习和研究、购物等。从入境游客来看，欧洲和美国的游客相对较少，外
国游客以南锥体国家游客为主。其中，阿根廷人对乌拉圭旅游业的贡献最
大，2017 年约占外国游客总数的 71.33%，其次是巴西人。但巴拉圭人是
平均花费最多的外国游客，平均每人花费 1162.1 美元（见表 4 - 16）。

表 4 – 16 2018 年乌拉圭游客构成及旅游消费情况

	游客人数 （人）	逗留时间 （天）	花费 （美元）	人均花费 （美元）	人均每天花费 （美元）
乌拉圭	459851	6.3	171520917	373.0	59.2
阿根廷	2319640	5.7	1397743043	602.6	106.1
巴西	466673	4.6	267897876	574.1	125.7
巴拉圭	38685	8.6	44957416	1162.1	135.3
智利	61369	5.5	47084043	767.2	140.3
北美	83712	6.2	50102893	598.5	96.4
美洲其他国家	103712	5.5	72781591	701.8	126.6
欧洲	150146	6.9	89470572	595.9	86.8
其他	28160	5.0	13212575	469.2	93.0
总数（平均数）	3711948	5.7	2154770925	580.5	101.9

资料来源：乌拉圭旅游部，"Información Trimestral de Turismo Emisivo 2018"，https：//mintur. gub. uy/index. php/turismo – receptivo。

第五节 交通运输与邮电通信

乌拉圭地势平坦，没有高山也没有沙漠。优越的地理条件为建立良好的交通运输网创造了有利条件。交通运输网由铁路、公路、通航水道和航空运输网组成。

一 铁路

截至 2005 年，乌拉圭标准轨距铁路总长 2835.5 千米。其中，仍在运营的铁路线长 1507.8 千米，1327.7 千米的铁路因年久失修已不再运营。根据世界银行的统计数据，2017 年乌拉圭运营的铁路线只有 1498 千米。

乌拉圭第一条铁路于 1869 年 1 月 1 日开通。到 1914 年，全国铁路线总长已达 2638 千米，1939 年达到 3009 千米。但这些铁路基本被英国资本所属的乌拉圭中央铁路有限公司（Central Uruguay Railway Company

Limited，CUR）垄断和控制。由于铁路网密度过大及管理不善等问题，乌拉圭中央铁路有限公司一直采取高收费政策。这引起乌拉圭政府和民众的极大不满。1948 年 12 月 31 日，乌拉圭议会通过了铁路国有化法案。1952 年 9 月 19 日成立了国家铁路管理局（Administración de los Ferrocarriles del Estado，AFE），负责全国铁路的运营和管理。

乌拉圭有六个标号的铁路线：大都市区线（Zona Metropolitana，ZM）、海岸线（Líneas del Litoral，LL）、米纳斯线（Línea Minas，LM）、里韦拉线（Línea Rivera，LR）、白河线（Línea Rio Branco，LRB）和萨尔托线（Línea Salto，LS）。所有铁路线的起点都为靠近蒙得维的亚港的中心火车站。多数铁路线为 1.435 米的单线标准轨，只有进入蒙得维的亚的 11 千米长的铁路为双轨。全国共有 3 条铁路线与巴西的窄轨铁路相连。1982 年乌拉圭开通了一条连接阿根廷的铁路线。

旅客运输服务长期处于亏损状态，运输收入只有运输成本的 1/4。客运量持续下降，从 2011 年的 59.44 万人次减少到 2017 年的 29.07 万人次。1993 年 1 月 11 日恢复了从塔夸伦博至里韦拉的旅客运输服务，同年 8 月 25 日又恢复了蒙得维的亚至八月二十五日城的旅客运输服务。但 1998 年 12 月 31 日至 2000 年 3 月 13 日，从塔夸伦博至里韦拉的旅客运输服务又再度中断。中断多年后，2018 年 12 月这条线路恢复旅客运输服务，为每周三次。同年 10 月，开通蒙得维的亚至苏德埃拉斯（Sudriers）的旅客运输。

铁路运输占国内货物运输的 10%。货物运输量从 2012 年后持续下降，2017 年只有 62.8 万吨，2018 年下降到 51.9 万吨（见表 4 - 17）。

表 4 - 17　2005 ~ 2018 年乌拉圭铁路货运量

单位：千吨

2005年	2006年	2007年	2008年	2009年	2010年	2011年	2012年	2013年	2014年	2015年	2016年	2017年	2018年
1318	1393	1377	1395	1319	1179	1060	1077	1010	881	822	676	628	519

资料来源：世界银行；CEIC 数据库。

2005 年巴斯克斯政府上台时，火车时速仅为 15 千米。为了满足纸浆厂对木材运输日益增加的需求，政府在 2006 年 11 月为修复 950 千米铁路线举行招标，投资 8000 万至 1 亿美元，将火车时速提高到 40～50千米。

2019 年 5 月 10 日，巴斯克斯政府与由乌拉圭、西班牙和法国等 4 家公司组成的中部铁路联营体中部线路集团（Grupo Vía Central S. A.）签署了中部铁路项目（Projecto Ferrocarril Central）建设合同，同年 5 月 23 日正式动工建设。该项目以公私合营方式建造，特许期为 22 年，预计投资金额为 10 亿美元，美洲开发银行和拉美开发银行提供融资，建设工期 3年。这条连接首都蒙得维的亚和帕索德洛斯托罗斯市（Paso de los Toros）的铁路，全长 273 千米，包括原有的铁路修复升级和铁路桥建设等。修建这条铁路的目的是改善内陆地区与首都蒙得维的亚之间的联系和加强一体化，特别是解决芬欧汇川公司（UPM）纸浆及原材料运输问题，此外还为乌中部地区谷物和乳制品的运输提供便利。

二　公路

在拉美国家中，乌拉圭公路网的密度相对较高。2010 年公路总长7.77 万千米，其中铺砌公路 7743 千米，未铺砌公路 7 万千米。另外根据《乌拉圭统计年鉴（2019）》的数据，2018 年乌拉圭公路总长 8730 千米。其中，混凝土公路 416 千米、沥青混凝土公路 3667 千米、路面经沥青处理过的公路 3971 千米，硬化过的公路 676 千米。2003 年乌拉圭每百人拥有汽车 19 辆，仅次于阿根廷，居拉美国家的前列。2017 年每百人拥有汽车 21.7 辆，与 2003 年相比变化不大。公路网从首都蒙得维的亚向外辐射，与内陆一些重要城市相连。从首都开车出发，通常可以一天之内可到达乌拉圭境内的任何地方。此外，还有公共汽车来往于各城市之间。

主要国道如下。R1：蒙得维的亚—科洛尼亚，有 110 英里（Ruta Interbalnearia，约 177 千米）为泛美高速公路，是乌拉圭最好的公路，也是最重要的国际干线；R2：罗萨里奥—梅塞德斯—弗赖本托斯（与阿根廷接壤）；R3：玛丽亚镇（Villa María）—特立尼达—派桑杜—萨尔托—

贝亚乌尼翁（Bella Unión）（与巴西接壤）；R5：蒙得维的亚—卡内洛内斯—杜拉斯诺—塔夸伦博—里韦拉（与巴西接壤）；R7：蒙得维的亚—弗赖本托斯—梅洛；R8：蒙得维的亚—米纳斯—三十三人城—梅洛—阿塞瓜（与巴西接壤）；R9：奥尔诺穆拉托（Horno Mulato）—罗恰—丘伊（Chuy）（与巴西接壤）；R11：大西洋城—卡内洛内斯—埃克利达保列尔（Eclida Paullier）；R26：派桑杜（与阿根廷接壤）—塔夸伦博—梅洛—白河（与巴西接壤）。最繁忙的线路是蒙得维的亚至埃斯特角城的高速公路。

蒙得维的亚市内的交通曾经很拥挤，现在大有改观。即使在市中心，交通都很畅通。乘车从蒙得维的亚的一端到另一端在任何时间段都只需30分钟。

传统的加油站有本国的 ANCAP 和外国的埃索（Esso）、壳牌（Shell）和德士古（Texaco）等品牌。2005～2006 年，巴西国家石油公司买下了90 家壳牌加油站。2006～2007 年，ANCAP 收购了 90 家德士古加油站。2011 年，阿根廷布利达斯能源控股有限公司（Bridas）[①] 收购了埃索，但保留了该品牌。

三 水 运

乌拉圭主要的商用海港和内河港口有蒙得维的亚、弗赖本托斯、新帕尔米拉（Nueva Palmira）、派桑杜、埃斯特角城、科洛尼亚、萨尔托和胡安拉卡塞（Juan Lacaze）。

蒙得维的亚港是全国最大的海港，也是拉普拉塔地区最大和最深的天然良港。蒙得维的亚港也是南美洲大西洋沿岸唯一的自由港，地理位置优越，为进入南共市国家的重要门户。港口占地 70 公顷，共有 12 个船台。2017 年，装卸集装箱 88.6 万个，货物吞吐量为 1278.2 万吨。2016 年运输旅客 54 万人次。2013 年蒙得维的亚港作为自由港，首次推出了一个面

---

① Bridas，一家独立的石油和天然气控股公司，总部位于阿根廷。自 2010 年 3 月以来，该公司 50% 的股份由中国海洋石油集团有限公司持有。

积达 5 万多平方米的国际贸易展销平台——港口贸易中心，为来自中国、美欧等国家的产品提供商品展销平台。

新帕尔米拉港主要装卸冷藏产品，也装卸一般货物和集装箱。随着大豆等农产品运输量的增加，该港口运输压力日益增大。弗赖本托斯港自 2001 年以来主要装运木材等林产品。

内河航运仍是内陆运输的重要方式，可航运的水路全长 1600 千米。其中，乌拉圭河的运输量较大，吃水量在 4.2 米的远洋运输船沿乌拉圭河向北行驶最远可到派桑杜，吃水量在 2.7 米的船最远能行驶到萨尔托。每年的内河航运量为 191.5 万吨。

乌拉圭政府一直计划开发位于罗恰省拉普拉塔河与佛罗里达之间的大西洋深海港口项目。穆希卡总统在任期间曾投入 200 万美元用于深水港建设的相关研究。由于各种原因，该项目搁置多年。2018 年 6 月巴斯克斯政府重启该项目。政府花费 1400 万美元在罗恰省的拉帕洛马地区完成 51 公顷项目用地的收购。但政府在这个项目上一直"举棋不定"。

乌拉圭各港口主要由国家港口管理局（ANP）管理和运营。它的前身是 1916 年 7 月 21 日成立的蒙得维的亚港国家管理局（La Administración Nacional del Puerto de Montevideo，ANPM）。20 世纪 30 年代初，ANPM 扩大了职能范围，将全国所有港口都纳入其管辖范围，并于 1933 年 4 月 25 日改为现名。1990 年，国家港口管理局进行了结构性改革，降低了港口收费。

四 航空运输

截至 2013 年，乌拉圭共有 133 个机场，其中 11 个铺设了跑道。距首都蒙得维的亚 21 千米的卡拉斯科国际机场是全国最大的机场，也是国内唯一提供常年国际航班服务的机场。1998 年桑吉内蒂政府耗资 1.6 亿美元对机场进行了扩建和改造，现有数十条国际航线在此起降。2003 年 8 月 27 日，政府将卡拉斯科国际机场 20 年的特许经营权拍卖，以 3400 万美元转让给一家由美国、意大利和阿根廷公司组成的国际财团南方谷物公司（Cereal sur）。卡拉斯科国际机场承担了主要的客货航空运输业务。根据乌拉圭国家统计局的数据，2017 年该机场货物运输量为 2.6 万吨，其中装货量为 1.56 吨，卸货量为 1.04 万吨。自 2003 年以来，客运量持续增长。旅客运输量从 103.44 万人次增加到 2017 年的 224.95 万人次。埃斯特角机场于 1997 年投入使用。在派桑杜、里韦拉、萨尔托、梅洛、阿蒂加斯和杜拉斯诺也有机场。

乌拉圭原来有两家主要的航空公司。普卢纳航空公司（Primeras Líneas Uruguayas de Navegación Aérea，PLUNA，简称"普卢纳"）主要负责国际航线业务。公司成立于 1936 年 9 月，由豪尔赫·马斯克斯（Jorge Márquez Vaesa）和阿尔贝托·马斯克斯（Alberto Márquez Vaesa）两兄弟在时任英国驻乌拉圭大使尤金·米林顿 – 德雷克（Eugen Millington-Drake）爵士的财政和技术支持下建立。次年 11 月 19 日公司开始运营。第二次世界大战爆发后，由于缺乏备件，普卢纳航空公司被迫在 1942 年至 1944 年暂停运营，1945 年 9 月 15 日进行了重组，政府出资 100 万比索（合 50 万美元），持有该公司 83.3% 的股份，此后政府通过增资扩股，到 1947 年已持有该公司 94.4% 的股份。1951 年 11 月 12 日通过国有化，政府全资控股该公司。20 世纪 90 年代，该公司陷入财务困境。1995 年，该公司转型为公私合营企业，政府将 51% 的股份出售给一个名为 Tevycom 的阿根廷财团和一个乌拉圭商人。该公司后来将其在普卢纳的一半股份出售给巴西航空公司（VARIG）。截至 2000 年 4 月，该航空公司共有 635 名员工。六架波音 737 – 200 Advanced 型飞机和一架麦道 DC – 10 – 30 型飞机，开通了到亚松森、布宜诺斯艾利斯、科尔多瓦、佛罗里达、马德里、蒙得维的亚、埃斯特角城、里约热内卢、罗萨里奥、萨尔瓦多、圣地亚哥和圣保罗等国内和国际航线。截至 2005 年 6 月底，乌拉圭政府和巴西航空公司分别占该公司股份的 49%，其余股份由私人投资者持有。2005 年 6 月 17 日，巴西航空公司申请破产保护，它为其 49% 的股份寻找了一个竞标者。但这笔交易在 2006 年 7 月正式告吹。2007 年普卢纳再次进行重组，重组后由来自德国、美国、乌拉圭和阿根廷的国际投资集团莱德盖特（Lead Gate）与乌拉圭政府共同投资，其中莱德盖特为大股东，占股 75%，乌拉圭政府占股 25%。由于重组后受国际金融危机等外部环境的影响以及未获阿根廷部分航线许可等的影响，普卢纳的运营一直面临亏损。2009 年至 2011 年分别亏损 2560 万美元、2250 万美元、1750 万美元，2012 年亏损 810 万美元。由于公司资金出现较大缺口，大股东拒绝继续入资，公司运营难以为继。特别是普卢纳在重组前曾和巴西航空公司结盟，巴西航空公司前员工因劳工纠纷起诉该公司并获胜，赔偿金额可能高达 35 亿美元，因担心该案可能牵连普卢纳，乌拉圭政府遂下决心对其实施破产清算。普卢纳债务总额约为 3 亿美元，总资产 2.9 亿美元，负债占资产总额的 103%。公司拥有 13 架 CRJ900 型飞机，其中 7 架为公司所购，6 架为租赁。2012 年 7 月 5 日，普卢纳航班已全部停飞，全体员工领取失业保险。2012 年 10 月，西班牙 – 阿根廷公司 Cosmo Lineas Aereas 通过拍卖，以 1.37 亿美元收购普卢纳七个飞行队。2018 年，总部位于巴拿马的投资财团 Caballero Verde S. R. L. 收购了 LARAH 持有普卢纳 75% 的股份。

塔穆航空公司（Transporte Aéreo Militar Uruguayano，TAMU）主要负责国内航线业务。1974 年政府将普卢纳航空公司负责的国内航线交给了乌拉圭空军下属的军事飞行运输队经营。

乌拉圭与南锥体地区以外的航空运输服务主要由美国和欧洲的航空公司承担。乌拉圭的航空旅客运输量大幅增长，从 1996 年的 50 万人次增加到 1998 年的 120 万人次。其中，43% 是来往于蒙得维的亚和布宜诺斯艾利斯的旅客。

五　邮电通信

乌拉圭电信业发展较早。1855 年，阿道夫·贝托内特（Adolfo Bertonnet）从蒙得维的亚市政厅发送电报到自己家中。1865 年，在蒙得维的亚和布宜诺斯艾利斯之间铺设了海底电缆。到 1900 年，全国有 5700 千米电报电缆。19 世纪末，乌拉圭安装了第一批电话。1954 年，电传服务上线。20 世纪 90 年代以后，乌拉圭电信业进入快速发展时期。固定电话装机用户增速很快，从 1990 年的 41.5 万户增加到 2000 年的 92.9 万户，2017 年达到 113.7 万户。乌拉圭是固定电话拥有率最高的拉美国家之一，每百人固定电话用户占比从 1960 年的 4.3% 增加到 1990年的 13.4%，2000 年的 28.0%，2017 年达 32.9%。1997 年以来，乌拉圭在拉美国家中率先实现了电话系统 100% 数字化程控系统。与此同时，移动电话用户也快速增加，从 1992 年的 1712 户增加到 1997 年的 9.92万户，2017 年达到 509.76 万户。每百人移动电话用户占比在 2008 年就达到了 104.69%，2017 年达到 147.5%。也就是说，每人拥有不止一部手机。1994 年乌拉圭就开始有互联网个人用户。最初使用拨号上网接入互联网。拨号上网时间在 2002 年时最高达到 8214 万分钟。随着固话宽带业务的发展，拨号上网时间减少，固话宽带互联网用户从 2004 年的2.7 万户增加到 2017 年的 95 万户。同期，每百人固话宽带用户的占比从 0.81% 增加到 27.48%（见表 4 - 18）。乌拉圭是拉美第一个将 LTE 技术进行商业运作的国家。2011 年 12 月开始推广 4G 服务，最初在埃斯特角城和马尔多纳多，后来扩展到蒙得维的亚和全国其他地区。乌拉圭公共场所一般都有 WiFi。酒店、餐馆和咖啡馆、机场、长途汽车站都提供免费 WiFi 服务。

表 4 - 18　1990～2017 年乌拉圭电信业发展情况

年份	固定电话装机用户（户）	固定电话占比（%）	移动电话用户（户）	移动电话用户占比（%）	固定宽带用户（户）	固定宽带用户占比（%）	互联网个人用户占比（%）	拨号上网时间*（分钟）
1990	415403	13.4	0	0.0				
1992	492108	15.6	1712	0.1			0	
1994	582149	18.2	6825	0.2			0.06	
1997	761088	23.3	99235	3.0			3.4	110169238
2004	996701	30.0	599768	18.0	27000	0.81	17.1	773241599
2014	1082903	31.7	5497094	160.8	840261	24.57	61.5	933566
2015	1106431	32.2	5165474	150.5	900933	26.25	64.6	156556
2016	1113566	32.3	5116736	148.6	921772	26.76	66.4	
2017	1136977	32.9	5097569	147.5	949974	27.48		

注：标 * 一栏的来源为 Instituto Nacional de Estadística。
资料来源：世界银行；CEIC 数据库。

乌拉圭电信体制经历了由国家垄断到逐步开放的过程。1931 年，乌拉圭实施了电信业务的国家垄断，电信业务由国家电力公司负责。1974 年，电信业务从国家电力公司中分离出来，成立了国家电信管理局（Administración Nacional de Telecomunicaciones，ANTEL）。20 世纪 90 年代，乌拉圭逐步开放了电信业务。虽然拉卡列政府的国家电信管理局私有化计划遭到 1992 年全民公决的否决，但政府开始逐步取消该公司在移动通信、互联网接入、国际长途电话和数据传输等方面的垄断地位，向私人和外国资本开放。目前，乌拉圭有三个移动电话网络服务商：国有的 ANTEL，西班牙的 Movistar 和墨西哥的 Claro。

虽然私人资本和外国公司在通信领域的作用不断扩大，但国家电信管理局仍是乌拉圭通信系统中最重要的企业。1999 年，全国 75% 的固定电话服务和有线电视系统仍由它提供。2000 年它在蒙得维的亚新建的 30 层发射塔也投入使用。2014 年国家电信管理局占固话宽带服务 98% 的份额。

第六节 财政与金融

一 财政

乌拉圭有比较完善的财政管理和监督制度，税收是政府收入的主要来源，各届政府都以减少财政赤字、实现财政收支平衡为主要目标。

（一）财政管理和监督体制

乌拉圭 1997 年宪法对中央政府和省政府的财政预算编制和监管做出了详细的规定。在中央政府一级，专门设立计划与预算局，负责中央政府的预算编制。该机构在总统的直接管辖之下，由若干与国家发展有关的部长代表组成的委员会负责编制国家预算案。预算案按照下列内容编制：第一，按项目分类的国家流动开支及投资；第二，按项目分类的职务薪金等级及薪金；第三，国家岁入及其预算；第四，预算案的执行和解释规则。

财政年度与公历年一致。在财政年度结束后的 6 个月之内，政府应将该年的核算实施情况和预算平衡书上交议会，并在开支、投资、工资以及国家岁入的总数额上提出其认为必须改变的建议，也可在各项目中，以合法的理由，设置新的类别或者做出删除和修改。

所有的预算草案包括现行预算案的比较案，都必须提交给有关机构讨论通过。议会只能就各项目、各条款的总数额及其目的，行政人员的数目和薪金级别，以及国家岁入进行讨论，不得做出增加原提案开支的变更。各议院收到预算案或有关核算实施的法案后，须在 45 天之内通过。

预算案执行的监督权和有关公共财富的所有事务的管理权，均归审计法庭。在草案通过之前，原预算案可以继续实施。

各省省长必须起草各自任期内的省预算案，并在任期的前六个月内提交省议会讨论。具体办法与中央政府预算的制定和通过办法相同。

（二）税收

税收是政府财政收入的主要来源。2017 年中央政府财政收入（不包括补助金）为 5537.89 亿比索。其中，税收收入 3369.89 亿比索，占政府财政收入的 60.85%。

乌拉圭税收主要由 1996 年的《国家税收法》及其相关法规来规范。2007 年 7 月 1 日生效的第 18083 号法令对税收制度进行了修订。乌拉圭税收包括直接税和间接税。主要税种和税率见表 4-19。

乌拉圭对公司主要征收的直接税包括 25% 的企业所得税（IRAE）和 1.5% 的财产税（IP）。只对来源于乌拉圭境内的收入征税，对在国外征收的税不予税收抵免，除非乌拉圭与其签署了避免双重征税的协定。

对自然人征收的主要直接税是个人收入所得税（IRPF）：对居住在乌拉圭的自然人的收入按比例递增征收。居住在乌拉圭的自然人是指在一个自然年度中在乌拉圭居住 183 天以上的自然人，在乌拉圭开展核心经济活动或具有经济或重大利益。2012 年政府颁布第 18910 号法令，从 2013 年起将个税起征点调高 7.48%，从月收入 16919 比索（约 890 美元）调高至 18185 比索（约 957 美元），不同税级的起征点也相应调整。个税共分 6 个税级，缴纳比例从 10% 至 30% 不等。

在乌拉圭境内没有常设机构的非居民自然人或法人从乌拉圭取得收入

的应缴纳非居民所得税（El Impuesto a la Renta de No Residentes，IRNR），适用税率从3%到12%不等，取决于收入的类型。

主要间接税包括增值税（VAT）和消费税（IMESI）。增值税的基本税率为22%，最低税率为10%。最低税率仅适用于特定的产品和服务。大多数农产品的出口和流通都实行零税率制度，即出口退税。消费税适用于生产商或进口商对某些产品（不包括出口）进行的任何产权的首次处置。属于这一类目的主要产品是燃料、烟草、饮料、化妆品和汽车，税率因项目而异。

乌拉圭被称为离岸税收天堂，乌拉圭有严格的税收保密法，外国居民几乎没有税收负担。乌拉圭不对来自境外的收入和财产征税，事实上，甚至不披露收入和纳税情况。

在乌拉圭投资，会享受各种各样的税收减免激励措施。自由贸易区内的企业享受广泛的税收减免，不按国内税和外贸税进行征收。在自由贸易区，货物和原材料可以免税进口，但社会保险税除外，税收减免前提是至少75%的雇员是乌拉圭人。此外，在自由贸易区经营的企业，仍需要缴纳非居民所得税和个人所得税。

表4-19　乌拉圭主要税种及税率

一般情况	直接税				间接税	
	公司		个人			
	税种	税率	税种	税率	税种	税率
	企业所得税	25%	个人所得税	资本:3%~12% 工作:0~30%	增值税	10%（最低税率） 22%（基础税率）
	财产税	1.5%	财产税	0.7%~1.5%		
	公司管制税（ICOSA）	公司成立时合同资本的1.5%；在每个周期结束时为0.75%				

续表

	直接税				间接税	
	公司		个人			
	税种	税率	税种	税率	税种	税率
特殊情况*	农业资产处置税(IMEB)	0.1%~2.5%	非居民所得税	3%~12%	消费税	10%~133%
	非居民所得税	3%~12%				
	社会保险税(SEG)	一般税率:5%;例外:2%~15%				

*注:虽然所有情况都需要一个触发事件,但具体税收只适用于特定产品、行业或特定类型的个人公司。

资料来源:笔者根据相关资料整理。

(三)财政收支及平衡

自 2005 年广泛阵线执政以来,各届政府并没有像拉美一些左派政府那样实施大规模的财政扩张政策,而是实施了稳健和适度的扩张性财政政策,重点扩大了教育、医疗卫生和社会保障等关键领域的经常性支出。自 2003 年以来,随着经济增长,财政收入和支出保持较快增长,但 2017 年有所下降。2017 年政府财政总收入(不包括补助金)和总支出分别为 5538 亿比索和 5825 亿比索,分别占 GDP 的 32.64%和 34.32%(见表 4 - 20)。

表 4 - 20 2009 ~ 2017 年乌拉圭财政收支情况

单位:亿比索,%

年份	2009	2010	2011	2012	2013	2014	2015	2016	2017
总收入	2088	2417	2781	3121	3664	3845	4433	5741	5538
总收入占GDP的比重	29.23	29.91	30.02	29.97	31.1	28.9	30.45	36.12	32.64
总支出	2082	2377	2698	3180	3677	3964	4657	6107	5825
总支出占GDP的比重	29.13	29.42	29.12	30.54	31.21	29.80	31.98	38.43	34.32

资料来源:世界银行;CEIC 数据库。

政府的财政支出主要包括公共服务、国防、教育、医疗卫生、社会保障和工资、社区和社会服务、经济服务等项目。

公共部门的巨额财政赤字是乌拉圭政府自 20 世纪 50 年代末以来面临的严重问题之一。1985 年文人政府上台时，财政赤字占 GDP 的 10%。巨额赤字导致通货膨胀问题加剧，通货膨胀反过来又影响了经济的稳定及经济的增长。因此，进行必要的财政和税收改革，增加政府财政收入、减少政府财政支出是各届文人政府重要的经济目标之一。经过多年的改革，乌拉圭政府财政收支状况大为改善。20 世纪 80 年代中期以后，财政赤字占 GDP 的比重逐步下降，从 1985 年的 10% 下降到 1998 年的 0.8%。1999 年以后，由于经济持续衰退等因素，政府财政收入减少，政府财政支出扩大，财政赤字大幅增加。1999～2002 年财政赤字占 GDP 的比重上升到 4.1%。为了缓解财政收支矛盾，实现政府与国际货币基金组织达成的财政目标，巴特列政府着手进行财政及税收改革。2002 年 2 月，政府向议会提交了"财政责任法"的一揽子改革法案。改革的目标是严格控制公共开支的增长，调整税收结构，加强税收征管，增加税收收入，减少财政赤字，实现财政收支平衡。

2005 年广泛阵线政府上台后，继续奉行稳健的财政政策。政府财政赤字基本控制在 4% 以下。2016 年政府财政赤字占 GDP 的 3.9%，2017 年随着财政收入的增加，赤字占 GDP 的比例降至 3.5%。[1]

二　金融

乌拉圭是一个小型经济开放体，金融和保险业特别是银行业是经济中具有战略性意义的部门。20 世纪 90 年代初，政府开放金融和保险业，希望以南共市为依托，使乌拉圭成为地区金融中心。金融和保险业占服务业出口的比重在 1998 年最高时达到 9.54%。2003 年金融危机之后逐步下降，2017 年已下降到 2.76%（见表 4－21）。

---

[1]　WTO's Trade Policy Review Body，" Trade Policy Review Report—Uruguay 2018"，https：// www. wto. org/english/tratop_ e/tpr_ e/s374_ e. pdf，May 23，2018.

表 4 - 21 1998 ~ 2017 年乌拉圭金融和保险业出口占服务业出口的比重

单位：%

1998 年	2005 年	2012 年	2013 年	2014 年	2015 年	2016 年	2017 年
9.54	5.33	3.24	4.36	4.30	3.16	3.26	2.76

资料来源：世界银行；CEIC 数据库。

（一）银行

乌拉圭有发达的银行业，特别是离岸银行业。乌拉圭严格的银行保密法、外国人或公司开立银行账户的简易程序、资金转移及利润汇款不受限制、没有外汇管制等政策和便利化措施，使乌拉圭成为南美特别是南锥体地区的金融中心。

乌拉圭中央银行（Banco Central del Uruguay，BCU）是国家金融体系的最高监管机构。它成立于 1967 年 3 月 1 日，主要职责是制定银行和金融体系的规章制度、控制货币供应、制定信贷政策、发行货币、调控外汇及对全国商业银行的经营活动进行监管。

主要国有银行有两家。共和国银行（Banco de la República，BROU）成立于 1896 年，1967 年乌拉圭中央银行成立之前曾行使过中央银行的部分职能。其职能主要是向制造业和农业部门提供中长期金融服务。乌拉圭抵押银行（Banco Hipotecario del Uruguay，BHU）成立于 1892 年，在抵押贷款市场上发挥着重要作用。2016 年，总收入 78.7 亿比索，净收入 6.15 亿比索，总资产 474 亿比索。

乌拉圭还有 23 家私人银行、9 家投资银行和 6 家储蓄和贷款合作社。多数私人银行是 1982 年实行离岸银行免税政策后在乌拉圭设立的外资银行的分支机构。乌拉圭法律规定，任何外国银行都可以在乌拉圭开设分支机构，并与当地银行享有同等的待遇。乌拉圭银行法还规定，在当地设立的银行被认为是本国银行。所以，即使外国资本拥有该银行，它仍被视为本国银行。主要外资私人银行有乌拉圭桑坦德银行（Banco Santander Uruguay S. A.）、汇丰（乌拉圭）银行（HSBC Bank Uruguay S. A.）、花旗银行乌拉圭分行（Citibank N. A. Sucursal Uruguay）、遗产银行（Banque Heritage，原名 Banco Surinvest S. A., 2011 年改为现名)、阿根廷乌拉圭毕尔巴鄂银行(Banco Bilbao Vizcaya Argentaria Uruguay S. A.)、乌拉圭加拿大丰业银行(Scotiabank Uruguay S. A.)、拉美贴现银行(Discount Bank Latin America S. A.)、乌拉圭伊塔乌银行(Banco Itaú Uruguay S. A.)。

　　由于服务设施完善、市场较邻国巴西和阿根廷稳定,乌拉圭在南锥体地区的金融贸易中一直发挥着重要的作用,是该地区重要的金融中心。20世纪 90 年代末,因为乌拉圭的利率较高,币值稳定,银行业吸纳了大量来自阿根廷的非居民储蓄。然而,2001 年末阿根廷爆发的金融危机给乌拉圭银行业造成巨大冲击。大批阿根廷人向乌拉圭银行挤兑美元,到 2002 年 9 月,流出的资金约占银行储蓄的 45%,这导致乌拉圭外汇储备枯竭,银行资金严重不足。乌拉圭政府不得不于 2002 年 7 月 30 日关闭了 4 家银行:蒙得维的亚银行、工人银行、商业银行(Nuevo Banco Comercial)和信贷银行(Banco de Crédito)。8 月 4 日,乌拉圭议会通过稳定银行体系法并获得美国政府提供的 15 亿美元紧急贷款后,一些银行才于 8 月 9 日恢复营业。

　　为了恢复人们对银行业的信心,2002 年 8 月,乌拉圭通过了一项法案。根据这项法案设立了银行体系稳定基金(Fondo de Estabilización del Sistema Bancario)。该基金由乌拉圭政府和国际货币基金组织等国际金融机构共同出资,筹集了 25 亿美元,主要用于资助公共和私人银行。法案还授权重新调整银行的所有美元定期存款,将偿还期限延长 3 年。2002 年 12 月,议会以大比例票数通过了金融干预法案(Ley de Intermediación Financiera)。该法案决定对蒙得维的亚银行、工人银行和商业银行进行清算,合并组成一个新的金融机构——新商业银行。法案决定加强中央银行对金融体系的监督权力。与此同时,乌拉圭中央银行与总部设在美国的一家金融机构就另一家被关闭的银行——信贷银行的重组问题进行谈判。2003 年 1 月,新商业银行正式成立,乌拉圭抵押银行变成了非银行机构,所有美元存款,包括重新调整的存款被转入了共和国银行。在世界银行的帮助下,政府开始实施一项提高共和国银行效率的计划,使它的操作和管理更符合现代规范。2011 年乌拉圭加拿大丰业银行收购了新商业银行。

2001~2002 年金融危机之后，乌拉圭中央银行采取了一系列旨在确保金融稳定的措施，如加强了风险管理和内部控制系统；为符合国际标准，修改了关于最低资本金要求的规则；2010 年成立了信用风险公共信息中心。

此后，银行业逐步恢复并呈现稳步增长势头，而且经受住了 2008 年国际金融危机的冲击。但自 2015 年以来增速有所放缓。2016 年存贷款总额 438 亿美元，增长 1.5%。2016 年 12 月，非金融领域执行贷款 136 亿美元，存款总额为 302 亿美元，银行业的总资产约为 356 亿美元，在该国经营的商业银行的总股本已增至 27 亿美元。其中私营机构 14 亿美元，国有共和国银行 13 亿美元。[①] 银行资本与资产比率高于 5%~9% 的国际标准，不良贷款率保持在低位（见表 4-22）。

表 4-22　2008~2017 年乌拉圭银行资本与资产比率及不良贷款率

单位：%

年份	2008	2009	2010	2011	2012	2013	2014	2015	2016	2017
资本与资产比率	8.7	11.5	10.8	10.1	10.1	9.3	9.2	8.5	9.2	10.2
不良贷款率	0.51	3.82	2.42	1.49	1.33	1.28	1.28	1.60	2.32	2.37

资料来源：世界银行；CEIC 数据库。

（二）证券交易所

蒙得维的亚证券市场（Bolsa de Valores de Montevideo，BVM）原为 1867 年成立的蒙得维的亚股票协会（Sociedad Bolsa Montevideana），2004 年才使用现在的名称。早在 19 世纪末 20 世纪初，乌拉圭就有了资本市场，当时有近 50 家本国上市企业，市场并不活跃，而且波动较大。1994

---

① "Uruguay: Tax and Investment Profile-The Way to New Opportunities", November 2017, https://www2. deloitte. com/content/dam/Deloitte/uy/Documents/tax/Tax% 20and% 20Investment% 20ProfileFY17. pdf.

年以后证券市场有了很大发展。1994 年 9 月，在蒙得维的亚证券市场之外增加了专门供银行和其他金融机构使用的电子证券交易所（La Bolsa de Valores Electrónica S. A.，BVESA），主要进行货币和外汇交易，特别是隔夜存款的交易。1995 年引入了金融机构作为特别合作伙伴，投资基金和养老基金（AFAPs）等机构投资者的增加对证券市场的发展起到了推动作用。自 1996 年起，6 家养老基金在随后 5 年里运作的资金超过了 30 亿美元。1996 年 9 月议会通过了《证券市场和债券法》（Ley del Mercado de Valores y Obligaciones Negociables，Ley No. 16749）和《投资基金法》（Ley de Fondos de Inversion，Ley No. 16774）。1997 年，蒙得维的亚证券市场开发了证券清算、结算和托管系统。2008 年使用了西班牙股票市场电子综合系统（Sistema Integrado Bursátil Español，SIBE），开始了电子交易业务。

乌拉圭没有证券委员会，蒙得维的亚证券市场由乌拉圭中央银行监管，1996 年在乌拉圭中央银行下设立了证券市场监管局（Superintendencia de Mercado de Valores，SMV），它被认为是一种自我监管实体。2009 年 12 月议会通过新法律，批准成立了市场促进委员会，蒙得维的亚证券市场是委员会成员之一。

与拉美其他国家相比，乌拉圭的资本市场不发达。20 世纪末，其市值不到 GDP 的 1%，而新兴市场的平均水平接近 10%。1998 年和 1999 年，蒙得维的亚证券市场和电子证券交易所两家证券交易所的业务占 GDP 的比重分别约为 12.4% 和 10.8%。截至 1999 年 12 月，股市市值约为 1.565 亿美元（占 GDP 的 1%）。现在蒙得维的亚证券市场每年的交易金额接近 30 亿美元。资本市场不发达的主要原因是潜在的发行公司要么是不愿放弃有效控制权（甚至部分权力）的家族企业，要么是政府企业。此外，包括养老基金、共同基金和保险公司在内的契约性储蓄部门刚刚起步，积累的资金不多。[1]

---

① World Bank, "Uruguay, Financial Sector Review", Report No. 20199 – UR, November 15, 2000, https://openknowledge. worldbank. org/bitstream/handle/10986/14458/multi_page. pdf; sequence = 1.

（三）保险

乌拉圭保险业始于 19 世纪中后期。"大战争"后，随着经济的恢复，1854 年一些外国保险公司建立起来。为了加强国家在经济中的调控作用，1911 年建立了国家保险银行（Banco de Seguros del Estado，BSE）。此后，该银行逐渐垄断了全国的保险业，是唯一获准在乌拉圭经营的保险公司。1993 年颁布的第 16426 号法令打破了国家保险银行的垄断地位，允许保险公司自由选择承保任何类型的风险合同。唯一例外的是那些涉及公共实体、政府采购以及工伤事故和职业疾病保险的合同。后者的保险合同只能通过国家保险银行来完成。继 1994 年国家取消对汽车保险的垄断后，国家保险银行对其他险种的垄断经营也逐步终结。尽管保险业实施了开放进程，但国家保险银行，由于仍享有税收和政策优惠，在保险业的主导地位并没有动摇。截至 1998 年底，它仍拥有保险行业 78% 的总资产和 56% 的股权。

根据 Global Data 在 2019 年 7 月发布的《乌拉圭保险业——到 2023 年的主要趋势和机会》（Insurance Industry in Uruguay-Key Trends and Opportunities to 2023），截至 2018 年，乌拉圭保险业的总收益分别为：一般保险为 275990 万比索（约合 9.087 亿美元）、人寿保险为 181.96 亿比索（约合 5.993 亿美元）、再保险为 831928 比索（约合 27398.3 美元）。一般保险以车险为主，2018 年占行业总收益的 39.1%，其次是责任险，占行业总收益的 36.0%。寿险板块以抵押救助险为主，占 2017 年寿险板块总收益的 66.4%，其次是全寿险，占 2017 年寿险板块总收益的 30.0%。2018 年，一般保险共有 17 家保险公司，前五名占 92.3% 的市场份额。寿险业务以国内保险公司为主。代理人和经纪人是最主要的销售渠道。随着许多保险公司开始通过其网站提供销售服务，网上销售具有一定的吸引力。乌拉圭的金融体系由大量商业银行构成，因此，银行保险在保险政策的分配中发挥了重要作用。

（四）外债

乌拉圭于 1864 年首次到国际资本市场融资，当时它在伦敦发行了一笔 100 万英镑的债券，用于转换国内债务。1973 年国际石油危机后，大量石油美元的出现，使借款变得更容易，乌拉圭开始大规模向海外借款，外债因此快速增长，从 1976 年的 5 亿美元增加到 1987 年底的 59 亿美元。20 世纪 80 年代，由于受美国高利率政策及收紧货币供应等因素影响，乌拉圭与拉美其他国家一道陷入了债务危机。虽然，乌拉圭的债务不像巴西、墨西哥等国那样对国际金融市场的稳定影响那么大，但其人均负债率居拉美国家之首。1989 年共有外债 67 亿美元，其中 62 亿美元是欠美国的，还本付息额占出口收入的 44%，负担非常沉重。1989 年 3 月，美国提出了解决债务问题的布雷迪计划。同年 9 月，乌拉圭与国际债权人开始债务谈判，1990 年达成减债协定。通过布雷迪计划，乌拉圭公共部门的外债减少了 2.76 亿美元，每年需支付的利息减少了 4000 万美元。债务负担有所缓解。

2003 年至 2011 年，乌拉圭外债总额持续增长，但外债负担持续下降，外债总额占 GDP 的比重从 79.96% 下降到 29.3%。2014 年以后，外债总额出现较快增长，债务负担持续走高。2017 年外债总额达到 411.28 亿美元，占 GDP 的比重上升至 73.24%，其中短期债务总额占 GDP 的比重高达 11.55%（见表 4 - 23）。因为政府将债务融资作为解决财政赤字的主要手段，政府债务所占比重较高。2016 年政府债务占 GDP 的 50.68%。

表 4 - 23　2003 ~ 2018 年乌拉圭外债情况

单位：亿美元，%

年份	2003	2004	2011	2014	2015	2016	2017	2018
外债总额	96.32	102.84	140.55	283.96	284.50	400.49	411.28	419.37
短期	1.19	1.04	1.16	62.37	63.35	67.88	64.89	62.92
长期	95.13	101.80	139.39	221.59	221.15	332.61	346.40	356.45
外债总额/GDP	79.96	75.14	29.30	49.61	53.40	76.01	73.24	
短期外债/GDP	0.99	0.76	0.24	10.90	11.89	12.88	11.55	

资料来源：世界银行；CEIC 数据库。

三　货币、汇率和外汇储备

（一）货币

乌拉圭自独立至今共发行过三套货币。1862 年发行了第一套货币"比索"。1975 年 7 月发行了第二套货币"新比索"。现在流通的是 1993 年 3 月 1 日发行的第三套货币——"乌拉圭比索"（简称"比索"，$ Ur）。它用"比索"取代了"新比索"。每个"比索"等于 1000 个"新比索"。这套货币的纸币面额共有 7 种，10 比索、20 比索、50 比索、100 比索、200 比索、500 比索和 1000 比索。硬币面额有 10 比分、20 比分、50 比分、1 比索和 2 比索。1 比索等于 100 比分。2011 年，发行的货币采用了新的图案和材料。它们分为两个系列，在硬币的背面添加了不同的代表动物和国家人物形象。

乌拉圭经济已经部分实现了美元化。截至 2008 年 8 月，几乎 60% 的银行贷款使用美元，但大多数交易使用乌拉圭比索。

（二）汇率和外汇储备

自 1974 年以来，乌拉圭取消了外汇管制，外汇市场高度开放：投资收益可以随时以任何货币汇出；外资企业在当地可以自由开立外汇账户；资本汇出和使用不受任何限制；外国人携带 1 万美元及以上现金出入境需向海关申报。人民币与乌拉圭比索尚未开通直接结算业务。乌拉圭最常用的外币是美元、阿根廷比索和巴西雷亚尔。

1982 年乌拉圭实行了浮动汇率制。由于汇率波动较大，1990 年 9 月，乌拉圭开始实行有管理的浮动汇率制。对比索与美元及其他货币的汇率波动范围及月贬值幅度做了规定。1992 年确定的汇率波动范围是 7%，月贬值幅度最高为 2%。此后，政府根据经济形势变化，多次调整了比索浮动及贬值幅度。2001 年底，阿根廷发生金融危机后，由于外汇储备急剧下降，乌拉圭政府不得不于 2002 年 7 月放弃了对外汇市场的干预，让比索自由浮动。此举加剧了比索贬值。美元与比索的兑换率从 1 月 6 日的 1∶14.25 上升到 2002 年 8 月 5 日的 1∶26。随后，在美国及国际金融机构的援助下，乌拉圭金融形势逐步稳定，比索与美元及其他主要货币的比价稳定下来。到 2003 年 7 月，美元与比索的比价基本维持在 1：27 左右。此后，美元逐步贬值。2015 年以后，随着美联储提高利率，乌拉圭比索与美元的比价开始进入贬值通道，2018 年末的汇率为 1：32.39（见表 4 - 24）。

表 4 - 24　1990~2019 年美元与比索的期末官方汇率比价

单位：美元/比索

1990 年	1991 年	1992 年	1993 年	1994 年	1995 年	1996 年	1997 年	1998 年	1999 年
1.59	2.49	3.48	4.42	5.60	7.11	8.71	10.04	10.82	11.62
2000 年	2001 年	2002 年	2003 年	2004 年	2005 年	2006 年	2007 年	2008 年	2009 年
12.52	14.77	27.20	29.30	26.35	24.10	24.40	21.50	24.35	19.63
2011 年	2012 年	2013 年	2014 年	2015 年	2016 年	2017 年	2018 年	2019 年 *	
19.90	19.40	21.39	24.33	29.87	29.26	28.76	32.39	33.06	

注：标 * 的为 2019 年 3 月乌拉圭中央银行预测汇率。
资料来源：国际货币基金组织；CEIC 数据库。

2002 年在阿根廷金融危机影响下，由于资本外逃和政府对汇率的干预，外汇储备急剧下降。2002 年 1~7 月，外汇储备从 31 亿美元下降到 6.32 亿美元，下降幅度达到 79.61%。其中，各商业银行从乌拉圭中央银行提取的存款达 12.88 亿美元。另外，政府还使用 11.8 亿美元干预外汇市场。2003 年以后，外汇储备持续大幅增长。2014 年外汇储备达到阶段性高点，包括黄金在内的外汇储备额达 175.56 亿美元（见图 4 - 1）。黄金在外汇中的占比从 2000 年后大幅降低。2017 年包括黄金在内的外汇储备额为 159.59 亿美元，黄金储备只有 0.04 亿美元。

乌拉圭允许居民拥有美元账户。但与阿根廷等邻国不同的是，在乌拉圭，用自动取款机不仅可取到乌拉圭比索，还可以取到美元。居民可自由兑换外币，无须出示身份证明，货币汇兑不收取佣金。一般来说，外币兑换的价格都差不多。但在机场和轮渡码头，汇率较低，通常低 20%。如果兑换货币超过 100 美元，可进行议价，看是否可获得一定的汇兑优惠。蒙得维的亚的兑换交易所的正常营业时间为周一至周五上午 9：00 至下午

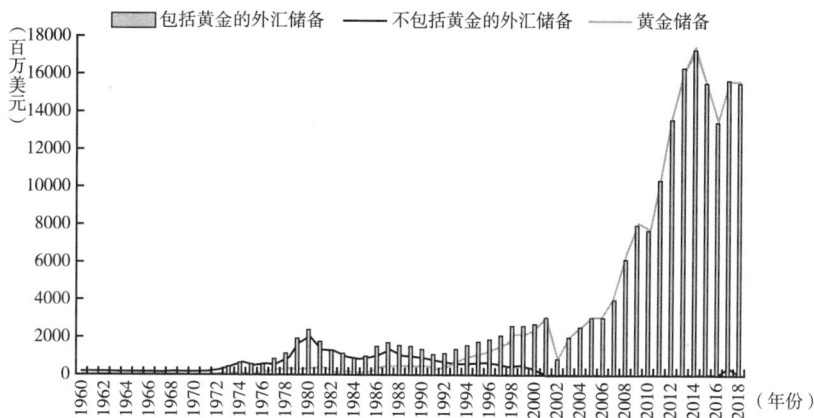

图 4 - 1 1960～2018 年乌拉圭外汇储备情况

资料来源：世界银行；CEIC 数据库。

7：00。购物中心的兑换所除工作日外，在周末以及晚上 10：00 前仍可兑换货币。银行只在工作日下午 1：00 到 5：00 营业。

第七节 对外经济关系

一 对外贸易

1953 年 12 月 6 日，乌拉圭加入关贸总协定。对外贸易的主管机关为经济和财政部的外贸总局，但政府间的贸易谈判由乌拉圭外交部主持进行。

（一）外贸政策

自 1985 年文人政府上台以来，乌拉圭各届政府将贸易自由化作为经济结构性改革的重要内容之一。关税水平大幅降低，平均关税从 1986 年的 17% 降低到 2002 年的 4.5%。与此同时，贸易壁垒也逐步降低。目前，乌拉圭对出口和进口只有少量限制性规定。在出口方面，乌拉圭规定所有出口必须登记。为鼓励非传统产品出口，政府对这类产品出口实行了一定的税收减免及出口退税政策。在进口方面，乌拉圭规定所有进口必须在共和国银行登记。石油进口由国家燃料、酒精和水泥管理局垄断经营，严禁购买武器、弹药、爆炸品、毒品和色情产品。为保护民族工业，乌拉圭政府对棉毛纺织品、皮革制品等进口产品一律按参考价征税，等于或高于参考价的按到岸价征收进口税。对机动车（包括摩托车、汽车等）的进口，乌拉圭政府要求出口企业必须在乌拉圭委托有进口经营权的本国进口企业作为代理，并由出口企业或经营代理企业在乌拉圭进行商标注册。对谷物的进口，乌拉圭政府规定，必须确属国内生产不足且获得农牧渔业部签发的"需求进口"证明后方能进口。政府还规定军队、警察、政府机构和国营企事业单位的进口都必须进行国际招标（由政府间就具体商品达成协议并经议会批准的贸易除外）。

20世纪90年代以来，乌拉圭贸易自由化进程在很大程度上是在地区一体化的框架内实现的。1991年乌拉圭与巴西、阿根廷、巴拉圭组成了南共市。成员国之间逐步取消了关税，实现了自由贸易。1995年1月1日，南共市建立了关税联盟，实施了0~20%的共同对外关税。贸易开放和南共市一体化的发展使对外贸易有了较大发展，但贸易逆差成为一个突出的问题。自1992年起，贸易平衡从顺差转为逆差，且逆差逐步扩大。为了抑制进口的快速增长，1996年4月17日，乌拉圭政府通过了反倾销法。该法对倾销案件的处理程序、期限以及受理案件的部门都做出了明确规定。

受南共市共同对外贸易谈判的限制，目前乌拉圭只与少数国家签署了自由贸易协定。2018年乌拉圭出口额中仅有33.8%输往与其有贸易协定的国家和地区，这在一定程度上影响了出口。[①]

（二）对外贸易发展

20世纪70年代以前，乌拉圭对外贸易长期处于停滞状态。20世纪

---

① 《乌拉圭媒体称对外商签贸易协定过少影响乌出口竞争力》，http://uy.mofcom.gov.cn/article/jmxw/201902/20190202834903.shtml。

80 年代中期以后，随着贸易开放、地区一体化及全球化的发展，对外
贸易出现快速发展。2004 年以后，国际大宗商品价格上涨及全球化进
程的深化使其对外贸易呈加速发展态势。外贸总额从 1960 年的 3.47 亿
美元增加到 1990 年的 30.36 亿美元，2013 年达到阶段性高点的 207.09
亿美元，2015 年以后出现较大回落。但是自 1991 年以后，除 2003 年
外，对外商品贸易呈逆差状态。对外服务贸易则在大多数年份保持顺差
（见表 4 – 25）。

表 4 – 25　1960 ~ 2017 年乌拉圭商品和服务贸易情况

年份		1960	1978	1990	2000	2003	2013	2017
商品贸易额 （百万美元）	贸易额	347	1443	3036	5761	4396	20709	16347
	出口	129	686	1693	2295	2206	9067	7889
	进口	218	757	1343	3466	2190	11642	8458
	平衡	– 88	– 71	350	– 1171	16	– 2576	– 568
服务贸易 （百万美元）	出口		210	460	1249	746	4732	4702
	进口		238	363	842	602	5026	3547
	平衡		– 28	97	406	144	– 293	1155
商品和服务 贸易占 GDP 的比重（%）	出口	13.79	18.85	23.53	16.70	27.43	23.35	21.56
	进口	18.62	21.15	18.10	20.02	24.33	26.36	18.43
	差额	– 4.83	– 2.31	5.44	– 3.32	3.11	– 3.01	3.13

资料来源：世界银行；CEIC 数据库。

（三）贸易结构

1. 出口结构

乌拉圭传统出口产品为牛肉、羊毛、乳制品等畜牧产品。20 世纪
80 年代末，大米、水果、大豆、葡萄酒、纤维素等非传统产品出口快
速增长。传统产品在出口中所占的比重从 1988 ~ 1990 年的 37% 下降
到 2017 年的 23.5%。2015 ~ 2017 年乌拉圭产品出口情况见表 4 –
26。

表 4 – 26 2015～2017 年乌拉圭产品出口情况

单位：亿美元，%

	2015 年		2016 年		2017 年	
	出口额	占比	出口额	占比	出口额	占比
出口总额	76.77	100	69.97	100	78.84	100
传统出口产品	17.98	23.4	17.46	25	18.53	23.5
牛肉	14.74	19.2	14.81	21.2	15.63	19.8
羊毛	2.44	3.2	1.99	2.8	2.11	2.7
其他	0.8	1	0.66	0.9	0.8	1
非传统出口产品	58.8	76.6	52.51	75	60	76.5

资料来源：Banco Central de Uruguay（BCU），Instituto Nacional de Estadística del Uruguay，"El Anuario Estadístico Nacional 2018"，http：//www.ine.gub.uy/documents/10181/559909/Anuario + estadistico + nacional + 2018/46660ce3 – eb26 – 484e – b295 – f4327499de8b，p. 322。

牛肉是乌拉圭最重要的传统出口产品，70% 的牛肉用于出口。乌拉圭是全球第六大冷冻肉出口国。出口目的地达 60 多个国家和地区。2015～2017 年乌拉圭牛肉主要出口市场见表 4 – 27。2018 年经过 14 年的谈判，乌拉圭牛肉获准进入日本市场。未来对日本牛肉出口将是一个经济增长点。乌拉圭牛肉品质优良，牲畜都是露天养殖，在天然牧场里用新鲜牧草喂养。此外，乌拉圭畜牧业禁止使用激素和化学品，这使牛肉及其他肉类产品的安全性及可持续性得到保障。

乳制品是乌拉圭的传统出口产品，乌拉圭是拉美国家人均牛奶产量最大的国家，达 660 升，70% 的乳制品出口至 70 多个国家。乳制品也享有极高的国际声望。2018 年出口量最大的乳制品为奶粉（占销售总额的 68%）。[1]

葡萄酒成为近年重要的非传统出口产品。1988 年乌拉圭葡萄栽培国家研究所与种植者合作，实现了葡萄行业的现代化。尽管面积很小，但由于葡萄酒的品质高，乌拉圭被公认为南美葡萄酒生产强国。经过几年的增

---

[1] "Informe Annual de Comercio Exterior – 2018"，https：//www.uruguayxxi.gub.uy/uploads/informacion/690cc2f9aaa8763b54d802d8e991665b4e007585.pdf.

表 4 - 27　2015 ~ 2017 年乌拉圭牛肉主要出口市场

单位：千美元，%

	2015 年		2016 年		2017 年	
	出口额	占比	出口额	占比	出口额	占比
中国	480816	32.8	497903	33.8	609590	39.5
欧盟	306146	20.9	337175	22.9	324225	21.0
美加墨	331167	22.6	307607	20.9	268108	17.4
以色列	120384	8.2	115655	7.8	117830	7.6
南共市	91036	6.2	85360	5.8	98766	6.4
加那利群岛	33355	2.3	35074	2.4	39836	2.6
俄罗斯	19920	1.4	15730	1.1	16238	1.1
其他	81465	5.6	80473	5.5	68950	4.5
总计	1464289	100.0	1474977	100.0	1543543	100.0

资料来源：Instituto Nacional de Carnes；Instituto Nacional de Estadística del Uruguay，"El Anuario Estadístico Nacional 2018"，http：//www. ine. gub. uy/documents/10181/559909/Anuario + estadistico + nacional + 2018/46660ce3 - eb26 - 484e - b295 - f4327499de8b，p. 323。

长，葡萄酒出口量和出口收入逐步回落，2016 年以后出现恢复性增长。巴西和俄罗斯是乌拉圭最重要的葡萄酒出口市场，分别占 2017 年葡萄酒出口总量的 53.28% 和 25.08%，其他葡萄酒出口市场还有美国、墨西哥、法国、中国等。2010 ~ 2017 年乌拉圭葡萄酒出口情况见表 4 - 28。

表 4 - 28　2010 ~ 2017 年乌拉圭葡萄酒出口情况

单位：万升，万美元

年份	2010	2011	2012	2013	2014	2015	2016	2017
出口量	288.2	264.8	2017.2	1480.7	467.9	237.4	336.5	576.7
出口额	743.7	909.4	1611.6	1323.9	1018.1	848.3	953.2	1909.5

资料来源：Instituto Nacional de Vitivinicultura（INAVI）和中央银行（BCU），Ministerio de Ganadería，Agricultura y Pesca，"2018 Anuario de Estadísticas Agropecuarias"，https：//descargas. mgap. gub. uy/DIEA/Anuarios/Anuario2018/Anuario_ 2018. pdf。

纤维素是增长快且最重要的非传统出口产品。2018 年纤维素第一次超过肉类和大豆，成为最主要的出口产品，出口额达到 16.6 亿美元。

2018 年纤维素出口额比 2017 年增加 25%。这一增长主要受益于出口价格的上涨，这一年价格上涨 30%，而出口量下降了 5%。纤维素主要出口市场是欧盟国家（50%）、中国（35%）和美国（9%）。[①]

2. 进口结构

2017 年乌拉圭进口产品主要有三类：一是石油及运输设备零件等中间产品，占进口总额的 53.08%；二是食品、饮料、汽车等消费品，占进口总额的 33.63%；三是电子机械、运输设备、化工品等资本货物，占进口总额的 13.28%（见表 4-29）。

表 4-29　2015~2017 年乌拉圭进口产品及其进口额

单位：千美元，%

	2015 年		2016 年		2017 年	
	进口总额	占比	进口总额	占比	进口总额	占比
总额	9489400	100.00	8136629	100.00	8457877	100.00
消费品	2682832	28.27	2500047	30.73	2844097	33.63
资本货物	1815488	19.13	1557220	19.14	1122993	13.28
中间产品	4991080	52.6	4079362	50.14	4489088	53.08

资料来源：Banco Central del Uruguay, Instituto Nacional de Estadística del Uruguay, "El Anuario Estadístico Nacional 2018", http：//www ine gub uy/documents/10181/559909/Anuario + estadistico + nacional + 2018/46660ce3 - eb26 - 484e - b295 - f4327499de8b, p. 323。

乌拉圭进口结构的最大变化是石油占进口总额的比例下降。1982 年石油进口额达 4.33 亿美元，占进口总额的 40%。2017 年石油进口 24.79 亿美元，占进口总额的比重下降到 0.03%。2018 年乌拉圭主要进口产品（石油及其制品除外）见表 4-30。

---

① "Informe Annual de Comercio Exterior - 2018", https：//www. uruguayxxi. gub. uy/uploads/informacion/690cc2f9aaa8763b54d802d8e991665b4e007585. pdf, p. 3。

表 4 - 30　2018 年乌拉圭主要进口产品（石油及其制品除外）

单位：千美元，%

排名	进口产品	占比	进口额	增长率
1	车辆	7	571	- 19
2	服装和鞋类	6	463	0
3	塑料	5	388	3
4	电话	4	305	- 3
5	化学品	4	279	6
6	药品	4	271	- 1
7	汽车配件	3	241	15
8	纸张和纸板	2	186	4
9	油画清漆和其他	2	180	31
10	玉米	2	121	131

资料来源：Uruguay XXI en base a DNA, "Informe Annual de Comercio Exterior - 2018", https://www. uruguayxxi. gub. uy/uploads/informacion/690cc2f9aaa8763b54d802d8e991665b4e007585. pdf。

（四）主要贸易伙伴

巴西、阿根廷等南共市国家是乌拉圭最重要的贸易伙伴。1991 年加入南共市后，乌拉圭对该组织的依赖不断加深。2000 年，南共市①占其对外出口比重的 44.5%，从南共市的进口占其进口总额的 50% 以上。自 1997 年阿根廷和 1999 年巴西货币贬值后，巴西和阿根廷在乌拉圭出口和进口中所占的比重下降。尽管如此，巴西、阿根廷等南共市国家仍是乌拉圭最重要的贸易伙伴。

欧盟是乌拉圭的传统出口市场。20 世纪 90 年代前半期，乌拉圭与欧盟的贸易增长缓慢。虽然欧盟仍是乌拉圭重要的贸易伙伴，但欧盟在乌拉圭对外贸易中的地位下降。

美国在贸易上对乌拉圭的重要性自 20 世纪 90 年代持续下降。美国占乌拉圭出口和进口中的比重分别从 1989 年的 11.1% 和 9.4% 下降到 2018 年的 6.0% 和 7.9%（见表 4 - 31）。

---

① 南共市 1991 年由阿根廷、巴西、乌拉圭和巴拉圭建立。

表 4 - 31　1989～2018 年乌拉圭主要贸易伙伴占进出口总额的比重

单位：%

贸易伙伴	出口			进口		
	1989 年	2000 年	2018 年	1989 年	2000 年	2018 年
巴西	27.7	23.1	15.1	26.6	19.2	18.4
阿根廷	4.9	17.9	5.5	15.6	24.1	12.4
欧盟	22.7	16.2	10.7	18.8	18.3	12.6
亚洲	n/a	9.5	23.2	n/a	9.1	23.7
美国	11.1	7.8	6.0	9.4	9.7	7.9

资料来源：EIU, *Uruguay & Paraguay*, *1995～1996*, p. 21; 4th quarter, 1996, p. 6; INE, "Anuario Estadístico - 2019"。

进入 21 世纪以来，亚洲成为乌拉圭对外贸易增长最快的地区，其中中乌贸易的增长起了重要作用。2002 年乌拉圭向亚洲出口 2.02 亿美元，从亚洲进口 1.85 亿美元，分别占出口和进口总额的 10.87% 和 9.4%。2018 年，亚洲分别占乌拉圭出口和进口总额的 23.2% 和 23.7%。2018 年乌拉圭仅同中国的贸易就分别占其出口和进口总额的 20.0% 和 18.9%。

二　外国投资

（一）促进外国投资的政策

二十一世纪委员会（Uruguay XXI）是乌拉圭外国投资和出口促进机构。其主要职责是进行对外宣传、介绍乌拉圭的投资环境和政策法规、为企业提供投资指导、跟踪投资项目进展、帮助企业寻找合作伙伴等。其决策机构由外交部部长、经济和财政部部长及民间主要商会负责人组成。

乌拉圭鼓励外国投资。1998 年 1 月 7 日颁布的《促进和保护投资法》规定：保护国内及国外投资是保护国家的利益；外国投资者享受与本国投资者同等的待遇；税率及估算标准保持长期不变；投资者的资本及利润可以自由汇出。该法扩大了投资优惠的范围，从工业部门扩大到了其他一些经济部门。

乌拉圭对外国投资的行业、人员雇用等做了一些鼓励或限制规定。在投资行业方面，乌拉圭禁止私人及外国资本进入国有企业占垄断地位的行业，如炼油和燃料进口、通信、电力及部分保险行业等。在电视传媒方面，外国资本不能投资普通电视台，投资有线电视台则要经过审批。随着市场化改革的深入，乌拉圭国有企业对一些行业的垄断地位已被逐步打破，外国资本在这些领域的投资正在扩大。乌拉圭对外资在渔业、林业和旅游业的投资给予了一定的税收优惠。在人员雇用方面，为保护本国居民就业，乌拉圭政府对外企中外国雇员的比例做了限制。有些行业限制得很严，如外资捕鱼船的船长和轮机长必须配备乌拉圭本国人员，乌拉圭本国船员的比例须在 40% 以上。

截至 2017 年 10 月，乌拉圭与美国、中国、西班牙、法国、英国、智利、比利时、卢森堡、匈牙利、意大利、巴拿马、墨西哥、荷兰、波兰、罗马尼亚和瑞士等 32 个国家签署了双边投资协定，其中有 30 项协定已生效；与德国和匈牙利等 17 个国家签署了避免双重征税协定。乌拉圭还是世界银行多边投资担保机构（Multilateral Investment Guarantee Agency，MIGA）的成员。

乌拉圭政治经济稳定，有成熟的劳动力，政府也采取了很多吸引外资的措施，但市场相对狭小。根据世界银行的数据，乌拉圭在 2018 年《全球营商环境报告》的 190 个国家中排名第 90 位。此外，乌拉圭对投资者保护指数不仅低于欧美国家，也低于拉美国家平均水平（见表 4 - 32）。

表 4 - 32 对投资者保护指数

指数	乌拉圭	拉美	美国	欧盟
交易透明度指数（1）	3.0	4.0	7.0	5.0
经理人责任（2）	4.0	5.0	9.0	5.0
股东权力指数（3）	5.0	6.0	4.0	8.0
投资者保护指数（4）	4.5	4.8	6.5	6.0

注：指数越大，（1）表示交易条件越透明；（2）表示管理者个人责任越大；（3）股东采取法律行动越容易；（4）对投资者保护水平越高。

资料来源："Uruguay: Foreign Investment"，https: // en. portal. santandertrade. com/establish - overseas/uruguay/investing。

（二）外国直接投资

20 世纪 90 年代，外国资本对乌拉圭的直接投资增长缓慢，2002 年外资流入只有 1.94 亿美元。2004 年以后出现持续快速增长。2013 年外国直接投资（FDI）流入达到阶段性高点。此后，由于经济减速，流入的外资减少，2016 年和 2017 年连续两年呈现资本净流出状态（见表 4 - 33）。外国直接投资的流入与经济增长基本保持同步。

20 世纪 90 年代乌拉圭吸收的外国直接投资落后于拉美国家的平均水平，在拉美国家接受的外国直接投资中所占比重不高。此外，从外国直接投资占 GDP 的比重来看，乌拉圭也大大低于拉美及南共市国家的平均水平。根据世界银行的统计，1997～2001 年，乌拉圭接受的外国直接投资流量占 GDP 的 1.1%，而拉美和加勒比国家为 3.8%、智利为 7.5%、巴西为 4.4%、阿根廷为 3.9%、巴拉圭为 2.1%。2004 年以后外国直接投资增长，乌拉圭在拉美国家接受外国直接投资的比重和外国直接投资占 GDP 的比重有所提高，但变化不十分明显。外国投资水平不高，部分原因是该国国内市场狭小、私有化计划规模不大、劳动力成本较高、缺乏矿业等大型项目。此外，南共市一体化进展缓慢，乌拉圭将其打造成外资进入南共市平台的战略难以奏效，从而影响了外国投资。

表 4 - 33　1990～2017 年乌拉圭外国直接投资流入情况

单位：百万美元，%

年份	1990	1995	2000	2003	2005	2010	2013	2016	2017
FDI 流入流量	41.5	156.6	273.5	416.4	847.4	2289	3460	- 743	- 125
占拉美的比重	0.49	0.29	0.49	0.29	0.29	0.49	0.29	0.49	0.29
FDI 流入存量	671.5	1128	2088	1800	2844	12479	29775	30195	30437
占拉美的比重	0.63	0.59	0.63	0.59	0.59	0.63	0.59	0.63	0.59

资料来源：UNCTAD, FDI/MNE database（http：//www.unctad.org/fdistatistics）。

乌拉圭的外国直接投资主要来自阿根廷、德国、巴西、意大利，投资主要流向制造业、建筑业、农业和第三产业。[1] 2016 年绿地投资项目 16

---

[1] "Uruguay：Foreign Investment", https：//en.portal.santandertrade.com/establish - overseas/uruguay/investing.

个，外国直接投资流量占固定资本形成总额（GFCF）的 9.1%，外国直接投资存量占 GDP 的 41.7%（见表 4 – 34）。

表 4 – 34 2015～2018 年乌拉圭外国直接投资项目数量及占比情况

单位：个，%

	2015 年	2016 年	2017 年	2018 年
绿地投资项目数量	16	16	13	18
FDI 流量占 GFCF 的比重	12.1	9.1	n/a	n/a
FDI 存量占 GDP 的比重	41.0	41.7	n/a	n/a

资料来源："Uruguay: Foreign Investment"，https: //en. portal. santandertrade. com/establish – overseas/uruguay/investing。

三 自由贸易区

自由贸易区（以下简称"自贸区"）是乌拉圭促进外国在乌投资的主要政策工具。1987 年 12 月 17 日乌拉圭通过《新自由贸易区法》。该法内容包括允许商业、工业和服务业活动；保护已有公司不受任何可能改变的影响，为业务制定清晰和稳定的规则；免除现有的和未来实施的国家税收；豁免外籍人士的社会保险缴费；资本自由流动和利润汇回不受法律限制；不限制外币、贵重物品、债券或其他类型的商业或金融文件的流通。乌拉圭对自贸区用工限制严格，要求本国员工至少占 75%，外籍员工占比不能超过 25%。

乌拉圭共有 13 个自贸区，大部分业务为仓储和物流，也有单纯的服务类免税区。其中，迅美亚（Zonamerica）是根据 1987 年《新自由贸易区法》建立的第一个私人自贸区，为乌拉圭—比利时合资企业，乌方占股 60%，比利时占 40%。自贸区距首都蒙得维的亚市市中心 30 多千米，占地 92 公顷，拥有 30 多栋建筑及 30 多万平方米的公园和休闲区。由于良好的制度设计和服务，以及乌拉圭特有的区位优势，园区吸引了超过 350 家公司入驻，就业人数达 1 万多人。2011 年，迅美亚被美洲自由贸易区协会（Americas Free Trade Zones Association，AZFA）评选为美洲最好的自由贸易区。2014 年被英国《金融时报》集团出版的《外国直接投资》杂志评为美洲最佳自由贸易区。根据乌拉圭国家统计局数据，迅美亚的产值占 GDP 的 1.82%。2016 年迅美亚开始在乌拉圭以外建立自贸区，在哥伦比亚卡利市建立了一个专门致力于促进全球服务出口的自贸区。2017 年迅美亚在中国广东省佛山市也设立了分支机构。2018 年 3 月 19 日，迅美亚与京东达成战略合作协议，在京东全球购平台开设了品味拉美海外旗舰店。

第五章

军　事

第一节　建军简史

一　陆军的建立

乌拉圭军队（陆军）是在争取民族独立的斗争中建立起来的。1811年5月18日，阿蒂加斯领导的东岸部队在拉斯皮德拉斯战役中大败西班牙军队，取得了东岸人民争取独立斗争的第一次重大胜利。5月18日这一天就成为乌拉圭的陆军节。

1829年，乌拉圭在独立后的第二年正式组建了军队。但这支军队规模很小，而且十分不正规。部队士兵主要由松散的民兵组成。这些民兵大部分是应召入伍的奴隶或是服劳役的罪犯。由于人员素质低下，军队不仅缺乏战斗力，而且公众形象也不好，这使它在抵御外部侵略和维护国内安全方面无法起到应有的作用。相反，独立初期由考迪罗控制的地方武装力量却很强大，国家因此陷入了长期的内战之中。到1852年"大战争"结束时，乌拉圭总共只有包括步兵、骑兵和炮兵在内的军事人员1800人。

在1864~1870年巴拉圭战争中，约3000名乌拉圭军人参加了战斗，军队的战斗力和职业化水平得到提升。1885年军事学院建立后，军队的职业化开始发展。1904年巴特列-奥多涅斯镇压白党叛乱后，国家武装才取代了考迪罗领导的私人武装，取得了支配性地位。巴特列-奥多涅斯及其后来的政府大幅增加了军队开支，改善了武器装备，扩大了军队编制。1904～1914 年，军队规模扩大了一倍，从 6000 人增加到 1.2 万人。

二 海军的建立

乌拉圭海军建于 1860 年。在巴拉圭战争中，海军的实力特别是运输能力有了很大发展。1884 年海军组建了第一支由 3 艘炮舰组成的舰队。1885 年成立的军事学院不仅培训陆军，还对海军进行培训，因此它对海军的职业化发展起到了推动作用。1910 年，海军发展到 1300 人。海军装备也有很大发展，拥有了炮舰（有些炮舰配备了鱼雷）、汽船和其他各种小型船只。1916 年第一所海军学院建立。1925 年海军航空兵成立，但直到 1930 年海军航空兵才装备了第一架飞机。

20 世纪 40～50 年代，乌拉圭海军特别是海军航空兵在美国援助下有了很大发展。1945 年，美国帮助它在萨乌塞湖建立了一个海军航空兵基地。该基地于 1947 年投入使用，至今仍是乌拉圭海军航空兵的重要基地之一。

1959 年，乌拉圭参加了美国组织的，阿根廷、巴西和委内瑞拉等拉美国家海军参加的第一次多边军事演习。20 世纪 60 年代末，海军有了一定发展，增加了一个海军陆战营。20 世纪 70 年代，政府采购了几艘小型船。1981 年从法国购买了 3 艘大型巡洋舰。20 世纪 80 年代末，从法国海军那里购买了一艘旧的护卫舰。该舰于 1988 年投入使用。20 世纪 90 年代初，乌拉圭海军获得了两艘美国海岸警备队的退役快艇，用于海岸巡逻，特别是用于与美国开展的扫毒合作。

三 空军的建立

空军的前身是 1913 年建立的陆军航空部。1916 年，在蒙得维的亚附近的门多萨建立了一所飞行训练学校。这是乌拉圭建立最早的飞行训练学校。到 20 世纪 30 年代，空军已有一架轰炸机和 3 架侦察机。它们在门多萨和杜拉斯诺的基地及卡内洛内斯省的潘多军事飞行学校外执行飞行任务。1935 年陆军航空兵正式成立。第二次世界大战期间，乌拉圭根据租界法案，从美国那里获得了大量军事设备，特别是军事飞行设备。乌拉圭用于军事飞行的飞机数量和质量都有了很大提高。1950 年空军学院在潘多建立。1952 年 12 月 4 日，空军正式建立，脱离陆军成为独立军种，取得了与陆军和海军平等的地位。20 世纪 50 年代后，由于经济停滞，空军的发展受到制约。到 1990 年，只有 100 架飞机，而且大部分设备都很陈旧。

第二节 国防和军队

一 军队的地位和作用

乌拉圭军队的作用主要是防御，而不是进攻。无论是陆军、空军还是海军，它们的使命是捍卫国家的荣誉、独立与和平，捍卫领土、宪法和法律的完整。

与拉美大多数国家一样，军人在乌拉圭的政治生活中曾发挥了重要作用。20 世纪 60～70 年代，军队在参与镇压图帕马罗斯的过程中，力量逐步壮大。1973 年 6 月，军人发动政变，中止了民主程序，成立了由陆、海、空三军总司令、一名高级军官、国防部部长、内政部部长和外交部部长组成的国家安全委员会，对国家实行军事统治。随后，军政府颁布了一系列扩大军人职能的法令。其中，一项法令是 1974 年 2 月实施的武装力量组织法。这部法律不仅赋予军队保护国家政权、对付共产主义威胁的新职能，还削弱了总统对军队的控制权。规定三军司令由来自三个军种的将军委员会任命。

1985 年 3 月，乌拉圭恢复了民主体制。军人退出了国家政治生活，军队的权力受到削弱。1986 年议会将任命三军司令的权力交还给总统。1987 年议会通过了新的武装力量组织法。规定军队的基本责任是捍卫国家的荣誉、独立与和平，捍卫领土、宪法和法律的完整。明确要求军队依照现行宪法的规定，服从总统和国防部的最高指挥。三军司令的任期也由 8 年缩短为 5 年，而且规定三军司令的任期届满后必须退役。

军队除参与军事活动外还参与民事活动。陆军帮助修建建筑物、桥梁和机场，参与抗洪救灾，向医院献血和修建校舍等。空军参与江河及陆上的搜寻和救助活动以及在紧急情况下运送医务人员和设备等。海军则参与海上救援工作。

二 组织结构

根据宪法，乌拉圭总统为武装力量的最高统帅。总统通过国防部对陆、海、空三军司令进行领导和指挥（见图 5-1）。三军司令由总统任命，上校或上校以上军衔的授予必须经过参议院批准，参议院休会期间，须经议会常务委员会同意。

国防部为政府内阁的一个部，是最高军事行政机关。部长由总统任命，由文职人员担任。陆、海、空三军从属于国防部，但这种从属关系主要是行政上的，而不是军事指挥上的。国防部主要负责军事训练、审判、医疗卫生、通信、建设等方面的事务，管理军人退役及养老金的发放，当国家出现紧急情况时，负责与政府其他部门的协调与合作。国防部下设联合参谋部、军人管理局、国家通信局、后勤局等部门。联合参谋长由陆军、海军、空军中的将军轮流担任，任期 2 年，没有实权。

乌拉圭的陆、海、空三军是相互独立的，没有统一的军事指挥机构。各军种司令部为本军种最高军事指挥机构。各军种司令为本军种最高领导，他们通过国防部部长对总统负责。三军司令的任期为 5 年。当任期届满时，三军司令必须退役。军队重大事项，如调动部队、执行较大规模的军事行动，包括军事演习等，由三军司令组成的总司令委员会确定，并报知国防部部长和总统。国家安全委员会由总统、副总统、内政部部长和陆、海、空军司令组成，没有常设机构。只有在研究国家重大安全事务时才举行会议。根据规定，5 月 18 日为陆军节，11 月 15 日为海军节，3 月 17 日为空军节。

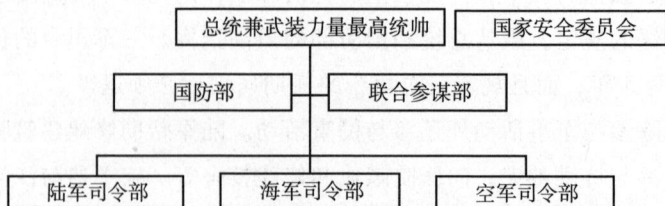

图 5-1 乌拉圭的国防体制

三　国防预算

1985 年实行民主化以后，军费开支占 GDP 的比重下降，1987 年下降到 4% 以下，1991 年下降到 3% 以下，2007 年下降到 2% 以下。与此同时，军费开支占政府财政支出的比重从 1985 年的 13.4% 下降到 1993 年的 9.8%，2003 年下降到 8% 以下，2011 年以后降到 6% 以下。2018 年军费开支 11.68 亿美元，较 2016 年的 9.88 亿美元有较大幅度上涨，占 GDP 和政府支出的比重分别为 2.0% 和 5.8%（见表 5-1），仅次于哥伦比亚和厄瓜多尔，居南美洲国家第三位。人均军费开支 336.7 美元，居南美洲国家第一位。

军费开支下降有两方面的原因。一是军队编制减少。政府通过提前退休奖励措施，削减军人数量。据世界银行的数据，1985 年军队人数为 3.19 万人，1990 年减少到 2.50 万人。此后，军队人数基本维持在 2.5 万人左右，约占劳动力总人口的 1.5%。二是用于武器装备的支出减少。20 世纪 80 年代，由于受经济危机影响，用于军事设备的支出大幅减少。1977~1983 年，军事设备的进口占整个进口的 0.5%~3.7%，1984~1987 年，乌拉圭没有进口任何军事设备。

表 5-1　1972~2017 年乌拉圭军费开支情况

	1972 年	1973 年	1985 年	1988 年	1999 年	2010 年	2016 年	2017 年	2018 年
军费开支（百万美元）	51.4	112.5	203.6	260.0	574.3	755.7	988.2	1165.7	1168.1
占 GDP 的比重（%）	2.2	3.8	4.3	3.2	2.4	1.9	1.9	2.0	2.0
占政府支出的比重（%）	—	—	—	—	8.1	6.2	5.7	5.9	5.8
人均军费开支（美元）	—	—	—	84.7	173.5	223.9	286.9	337.2	336.7

资料来源：SIPRI Military Expenditure Database；https：//sipri.org/databases/milex。

四　军事训练

乌拉圭拥有一套完善的军事教育及培训体系，保障了军队职业化的发展。接受教育及培训的人员包括所有军事人员，上至军官下至士兵。陆、海、空三军部队及警察系统分别有自己的军事教育及培训机构。

陆军专门设立了教育司令部（Comando de Enseñanza del Ejército），有5所军事院校。军事学院（La Escuela Militar），学制为4年，招收对象为高中毕业生，入校年龄平均为18岁。学生毕业时被授予准尉军衔。陆军兵种及特种兵学院（El Instituto Militar de las Armas y las Especialidades），主要为新兵和军官提供特种训练，训练时间通常为1年。高级军事研究院（El Instituto Militar de Estudios Superiores），主要从事有关国家政治、经济、军事、外交战略等问题的研究和教学，培养对象为军队中的上校级军官以及政府高级官员。指挥及参谋学院（Los Centros de Instrucción），主要培养中级军官。此外还有阿蒂加斯将军军事中学（El Liceo Militar "General Artigas"）。

海军下属的军事学院主要有3所。海军学院（Escuela Naval，ESNAL）是一所培养初级军官的学院，学制为5年。该学院也为海军警卫队和商船队培养人才。海军战争学院（Escuela de Guerra Naval）是一所培养海军高级军官的学院。海军特种学校（La Escuela de Especialidades de la Armada，EEA）成立于1916年，主要任务是培训海军新兵。

空军主要有3所军事院校。空军指挥及参谋学院（La Escuela de Comando y de Estado Mayor Aéreo）建于1957年，主要培养空军高级人才，总部设在卡拉斯科。军事航空学院（La Escuela Militar de Aeronáutica）建于1916年，主要招募和培养空军高级人才。航空技术学院（La Escuela Técnica de Aeronáutica）建于1924年，是一所技术教育学院，主要招募和培养中下级技术人员，也招募和培养地面安全、管理和一般服务人员。

军事航空学院和陆军学院分别自1997年和1998年起招收女学员，培养女军官。

五　兵役制度

与拉美大多数国家兵役制度不同，乌拉圭实行的是志愿兵役制，而不是义务兵役制。1916年、1928年和1939年义务兵役制法案曾提交给议会，但均遭到否决。

兵役服务期限根据兵种和任务，为 1 ~ 2 年。18 ~ 30 岁青年可随时申请入伍。培训合格后与军队签订合同。军人的福利待遇和职业培训机会是吸引青年人进入军队服役的主要因素。入伍新兵至少具备初等教育水平。军官团成员从军事院校中征召，为职业军人。

1940 年议会通过的一项法案（第 9943 号）要求所有 18 ~ 65 岁的男性公民必须参加一定时间的军事训练，10 ~ 18 岁的人必须接受军事教育。

现役和退役的军事人员及其家属可享受军队医疗服务系统提供的医疗卫生服务。服役 20 年以上的军官（指少尉以上）退役后可领取部分薪金，服役 30 年以上的军官，退役后可领取全额薪金。那些没有被提升为军官的人服役满 15 年和 20 年后，也可享受同等的待遇。如果他们承担危险的工作，还可得到额外津贴。

六 军衔制度

乌拉圭的军衔分 5 等 15 级：总司令，将官 2 级（中将、少将），校官3 级（上校、中校、少校），尉官 4 级（上尉、中尉、少尉、准尉），军士 3 级（军士长、一等军士、军士），兵 2 级（一等兵、二等兵）。

第三节 武装力量

1985 年民主化以后，武装力量人数总体呈下降趋势。1999 ~ 2002 年以及 2007 ~ 2008 年的两次经济危机，曾造成武装力量人数大幅减少。2017 年武装部队人数再次大幅减少，从 2016 年的 25450 人减少到 22000人，减少了 13.56%。武装力量人数占劳动力总人口的比重也逐步下降，从 1990 年的 1.81% 下降到 2017 年的 1.26%（见表 5 - 2）。①

---

① "Armed Forces Personnel -Uruguay"，http：//mecometer. com/whats/uruguay/armed - forces - personnel.

表 5 - 2　1985～2017 年乌拉圭武装力量人数及其占劳动力的比重

单位：人，%

年份	1985	1990	1995	2000	2001	2008	2009	2017
武装力量人数	31900	25000	26500	24600	24800	25900	25439	22000
占劳动力总人口的比重		1.81	1.76	1.57	1.55	1.53	1.49	1.26

资料来源：World Development Indicators。

乌拉圭的国防工业不发达，只生产一些最基本的军事产品，如小型武器的弹药、服装和军需品。但它拥有一家海军船厂，该厂生产一些小型巡逻艇，并能提供干船坞、大修等服务。

一　陆军

陆军总司令是陆军的最高指挥。陆军下设陆军司令部、军区司令部、后备司令部、军事教育部和后勤部（见图 5 - 2）。陆军司令部下设总司令办公室、陆军参谋部、人事处、武器检查部。此外，还有特别法庭和司令部部队。军区司令部受陆军总司令的直接指挥。

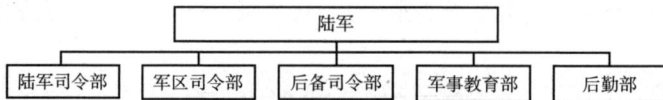

```
                    ┌──────────────┐
                    │     陆军     │
                    └──────────────┘
   ┌─────────┬─────────┼─────────┬─────────┐
┌────────┐┌────────┐┌────────┐┌────────┐┌────────┐
│陆军司令部││军区司令部││后备司令部││军事教育部││ 后勤部 │
└────────┘└────────┘└────────┘└────────┘└────────┘
```

图 5 - 2　乌拉圭陆军建制

2010 年 11 月，陆军有 16234 人，4 个作战师。陆军的 4 个师分布在 4 个军区里。第一师的总部设在蒙得维的亚，主要负责首都蒙得维的亚和卡内洛内斯省。第二师的总部设在圣何塞，负责的地区包括科洛尼亚、杜拉斯诺、弗洛雷斯、佛罗里达、圣何塞、索里亚诺省。第三师的总部设在洛斯托罗斯，防务范围包括阿蒂加斯、派桑杜、内格罗河、里韦拉、萨尔托、塔夸伦博省。第四师的总部设在米纳斯，范围包括塞罗拉尔戈、拉瓦耶哈、马尔多纳多、罗恰和三十三人省。陆军总司令下属的后备司令部，由第 5 步兵旅、阿蒂加斯第 1 骑兵团、炮兵、第 1 工程兵旅和第 1 通信兵旅组成。军事教育部主要负责军事教育和训练，管辖各军事院校及兵种监察部等机构。后勤部下设后勤服务处、物资及装备服务处、兽医及马匹服务处、军事地理服务处、医疗卫生服务处、运输服务处和仓库服务处。

陆军兵种包括步兵、骑兵、炮兵、工程兵和通信兵五个军种。陆军的主要作战单位为师。全国共有 4 个师，4 个师的兵力合起来共有 1 个独立的步兵旅、15 个步兵营、6 个工程营、6 个炮兵营和 10 个骑兵营（4 个马兵营、3 个机械营、2 个摩托营和 1 个装甲营）。每个师至少有 3 个步兵营，1 个工程营和 1 个野战炮兵营，但每个师的骑兵数量和种类各不相同。这种组织结构自 20 世纪 80 年代以来一直没有变化。

20 世纪 70 年代以后，美国对乌拉圭的影响逐渐减弱。1974 年美国一度停止了对乌拉圭的武器供应。1976 年两国中止了军事交流。此后，乌拉圭陆军不得不从比利时、法国等国家获得武器装备。20 世纪 90 年代，从德国和捷克购买了一些苏联生产的武器和设备。近年来，乌拉圭从以色列、巴西、阿根廷、俄罗斯、德国、美国、捷克等国家购买了一些武器及机器设备，武器进口来源日益多元。

目前，陆军配备了 15 辆以色列 Ti－67（T－55）主战坦克，17 辆美国 M24 和 46 辆 M41A1 沃克斗牛犬（Walker Bulldog）轻型坦克，24 辆美国 M113A1 装甲运兵车，15 辆捷克 BMP－1 步兵战车和 130 辆 OT－64 斯可特（SKOT）装甲运兵车，64 辆德国秃鹰（German Condor）装甲运兵车，15 辆巴西产的 EE－9 Cascavel 装甲车和 18 辆 EE－3 Jararaca 装甲汽车，以及 48 辆俄罗斯生产的轻型装甲 GAZ－3937 两栖车辆。

军队使用的突击步枪——阿根廷生产的比利时赫斯塔尔公司（FN）的 FAL 自动步枪，逐步被奥地利的 Steyr AGU 步枪、俄罗斯生产的 AK－101s 突击步枪所取代。而乌拉圭精英部队、负责突击和反恐的 14 营（Batallon de Infanteria Paracaidista Nro 14）使用的专用步枪是德国黑克勒－科赫公司生产的 G36s 步枪。

乌拉圭也生产一些武器，如 Glock－17 手枪，它取代了美国生产的勃朗宁大威力（Browning Hi－Power）手枪和 M1911 手枪。特种部队目前正在装备一种名为 FS50 Peregrino 的国产 50 BMG 狙击步枪。这是一种单发栓动步枪，乌拉圭研制了大约两年。

二 海军

海军司令是海军的最高指挥。海军有四个指挥部：舰队司令部（Comando de la Flota，COMFLO）、海岸警卫队（Prefectura Nacional Naval，PRENA）、海军装备总局（Dirección General de Material Naval，DIMAT）和作为海军司令顾问机构的海军总参谋部（Estado Mayor General de la Armada，ESMAY）。

民主化后乌拉圭的军事力量虽然不断减弱，但海军力量略有增强。从 1996 年的 5000 人增加到 2001 年的 5700 人，2010 年 11 月有 5403 人。唯一仍在使用的海军基地位于蒙得维的亚，设施包括一个干坞和一个船台。海军在内河和近海地区的巡逻、运输和海空援救方面发挥着积极的作用，海军还参与了打击毒品走私的行动。

舰队司令部是海军的主要作战单位。它下设一个参谋部和一个搜寻及救援协调中心，统领三个战斗部队：海军、海军警卫队和海军航空兵（见图 5 - 3）。

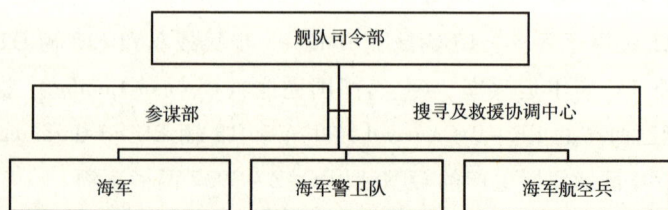

图 5 - 3 乌拉圭舰队编制

舰队由 2 艘葡萄牙若昂贝洛（João Belo）级护卫舰、1 艘法国里维埃尔司令级（Commandant Rivière class）护卫舰（后备）、1 艘德国吕纳堡（Luneburg）级辅助加油舰、3 艘治安巡逻艇、2 艘基德斯级（Castrates）巡逻艇、3 艘东德秃鹰Ⅱ（Kondor II）级扫雷艇和其他小型舰艇组成。

海军航空兵约有 400 人。分为 4 个战斗单位：反潜艇和侦察中队、直

升机中队、高级训练中队和军校集团。基地设在马尔多纳多的萨乌塞湖
(Sauce) 和库尔贝洛（Curbelo）。

　　海军还负责指挥约有 1500 人的海军警卫队（Cuerpo de Fusileros
Navales）。海军警卫队的职责主要是执行保卫国家海岸安全的任务，监管
国家的港口和商船，履行港口警察的责任。海军警卫队有 3 艘小型巡逻艇
和一艘救生艇。其人员由海军负责培训。

　　三　空军

　　空军司令部下设总指挥部（Comando General）、总参谋部（Estado
Mayor General）、人事指挥部（Comando Aéreo de personal）、作战指挥部
（Comando Aéreo de Operaciones）、后勤指挥部（Comando Aéreo Logístico）、
民航局及航空基础设施局（Dirección Nacional de Aviación Civil e
Infraestructura Aeronáutica）（见图 5 - 4）。

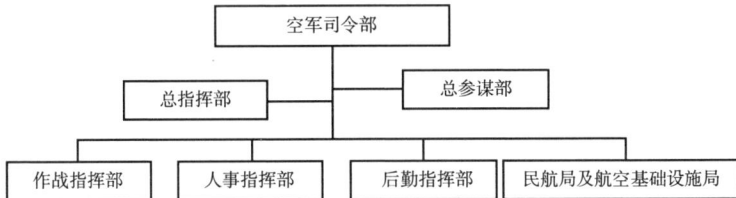

图 5 - 4　乌拉圭空军建制

　　在三个军种中，空军人数最少，2010 年有 2984 人。空军有 3 个航空
旅和 7 个中队（见表 5 - 3）。

表 5 - 3　乌拉圭空军的作战序列

单位	飞机	基地
第一航空旅	第三飞行中队（运输） 第五飞行中队（直升机）	卡拉斯科
第二航空旅	第一飞行中队（攻击机） 第二飞行中队（战斗机） 高级飞行中队 空中联络中队	杜拉斯诺

续表

单位	飞机	基地
第三航空旅	第七飞行中队(飞行训练)	蒙得维的亚 杜拉斯诺 门多萨

根据《世界空军（2020 年）》（*World Air Forces 2020*），空军正在服役的战斗机、运输机、直升机、训练机共 44 架，乌拉圭还从中国订购了两架运输机（见表 5 - 4）。

表 5 - 4　乌拉圭空军军事装备

飞机	飞机型号	来源	类型	服役的数量(架)
战斗机	Cessna A - 37	美国	攻击机	7
海上巡逻机	CASA C - 212	西班牙	海上巡航	4
运输机	C - 130 Hercules/C - 130B	美国	运输	2
	CASA C - 212	西班牙	运输	1
	Beechcraft Baron	美国	多用途	2
	Embraer EMB 120	巴西	多用途/贵宾	1
	Embraer EMB 110	巴西	多用途/运输	2
	Harbin Y - 12	中国	运输	2(订购)
直升机	Bell UH - 1/UH - 1H	美国	多用途	3
	Bell 212	美国	多用途	4
	Eurocopter AS355	法国	多用途	1
	Eurocopter AS365	法国	多用途	2
训练机	Pilatus PC - 7	瑞士	训练	5
	SIAI - Marchetti SF. 260	意大利	训练	10

资料来源："Uruguayan Air Force", https：//en. wikipedia. org/wiki/Uruguayan_ Air_ Force。

四　警察

1829 年 12 月 18 日，乌拉圭在独立第二年正式组建了国家警察署（Policía National）。据联合国毒品和犯罪问题办公室（United Nations Office on Drugs and Crime，UNODC）的数据，2015 年乌拉圭约有 2.3 万名警察，每 10 万公民中有 670 多名警察。与拉美其他国家相比，乌拉圭警察训练有素，也比较清廉。腐败现象只是偶尔发生，如 2012 年 11 月，20 名涉嫌向巴西黑帮出售武器的警察受到调查。由于警察力量不足，2018 年 5 月乌拉圭议会通过了一项新法案，允许军队在本国与巴西和阿根廷的边界上与警察一起进行巡逻，以帮助控制车辆和人员的流动。此法案引起反对派甚至执政党广泛阵线内部一些人的反对，他们担心公共安全军事化可能会导致军人对平民的虐待。

国家警察署作为国家维护公共安全的机构，从属于内政部。宪法规定，总统通过内政部履行维护公共安全的责任。内政部负责维护全国（海岸地区和可航行的河流、湖泊的沿岸除外，其由海军的海岸警卫队负责）的公共安全。国家警察署从职能上共划分为 4 个部门：参谋部、服务咨询委员会、全国警署和地方警察厅（见图 5 - 5）。

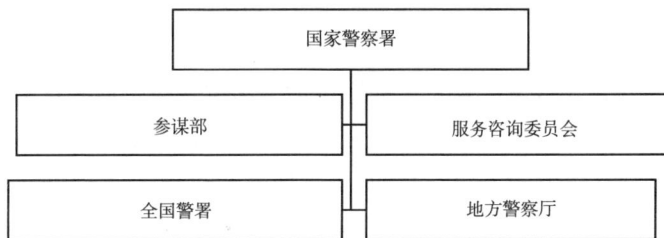

图 5 - 5 乌拉圭警察部队的组织机构

全国警署下设 12 个部门：国家警察学院、社会救助厅、消防厅、监狱厅、移民厅、预防犯罪厅、卫生厅、情报厅、公路警察厅、技术警察厅、打击非法毒品走私厅和民事认证厅。地方警察厅的设置以省为单位，全国有 19 个省，共设 19 个地方警察厅。

蒙得维的亚警察厅是全国最重要的警察厅。它具有 5 种职能作用：调查、安全、服务、情报和法律事务。按行政部门，蒙得维的亚警察厅分为：巡逻队、警犬队、安全和交通局、犯罪调查局和缉私队。犯罪调查局在这几个部门中的作用是很特殊的，它不只负责首都地区的犯罪调查，还负责全国范围的犯罪调查。蒙得维的亚警察厅设有 29 个警察所，其中一个警察所专门负责城市交通。首都地区还部署了 2 个警察准军事组织。一个是共和国卫队，另一个是大都市卫队。共和国卫队约有 500 人。它是一支机动性部队，只在执行护卫、游行和各种仪式时才使用。必要时，共和国卫队还会在正规警察部队的支持下参与平息暴乱的任务。大都市卫队约有 920 人，主要负责保护市政财产、银行、使馆。大都市卫队虽被视作一支准军事部队，但它配备了冲锋枪和制止暴乱的装备，也负责帮助警察制止骚乱。

1972 年图帕马罗斯被镇压后，乌拉圭的治安形势一直比较平稳。与拉美其他国家相比，乌拉圭的犯罪率不高。蒙得维的亚是拉美最安全的城市之一。

20 世纪 80 年代末，乌拉圭出现了非法毒品滥用和走私问题。1988 年乌拉圭为此成立了预防和镇压非法贩运和滥用毒品国家委员会，负责协调全国的扫毒活动。为打击毒品犯罪问题，乌拉圭于 2013 年 7 月颁布了毒品合法化法案。

由于毒品滥用和青少年犯罪问题增加，乌拉圭治安形势有所恶化。谋杀率从 2005 年 5.7/100000 增加到 2017 年 8.1/100000。2018 年前 4 个月，乌拉圭发生了 147 起谋杀案，与 2017 年同期相比增加了 66 起。[1] 这一数字表明每 20 小时就有一起凶杀案。社会治安形势恶化成为公众关注的一个政治问题。2016 年 10 月 27 日，反对派提出动议，要求罢免内政部部长爱德华多·博诺米（Eduardo Bonomi）。

第四节 对外军事关系

在对外军事合作方面，乌拉圭积极推动合作维护和平。2012 年 10 月，何塞·穆希卡总统在埃斯特角城举行的第十届美洲国防部长（CDMA）会议

---

① "Uruguay: In the Grip of Insecurity", *Latin American Weekly Report*, June 8, 2018, p. 9.

上强调，"我们必须关注和平……最大的战争是针对不平等和贫困的战争"①。

一　外国军事援助

第一次世界大战后，乌拉圭军队主要受法国军团的影响。军官在法国的军事学院和法国军队中的各种专业学校接受训练。武器及军事设备大多从欧洲各国进口。

第二次世界大战后，美国取代法国成为对乌拉圭军队影响最大的外部力量。其武器及军事援助主要来自美国。1955～1977 年，乌拉圭共得到美国 6000 万美元的无偿援助和信贷。1977～1978 年，军政府由于不满卡特政府对它滥用人权的批评，拒绝接受美国的军事援助。1987 年以后，美国恢复了对乌拉圭的军事援助。1987～1990 年的援助额为 100 万美元。这些援助主要用于维修从美国购买的设备，一些军事人员还得到美国的资助在美国接受培训。

随着冷战的结束，美国对乌拉圭的军事援助减少，但美国向其提供了一些军事设备和培训等方面的援助，以改善两国军队以及国际维和部队的协作能力。据美国国会研究服务处（Congressional Research Service）的数据，在 2008 财年和 2009 财年，美国用于向乌拉圭提供国际军事教育和训练（International Military Education and Training，IMET）的经费分别为23.8 万美元和 25 万美元。奥巴马政府在 2010 财年向乌拉圭提供了 170 万美元的援助，其中包括 100 万美元的外国军事援助（Foreign Military Financing）和 48 万美元的国际军事教育和训练援助。

二　国际军事合作

乌拉圭是 1947 年美洲国家互助条约的签字国，是总部设在华盛顿的泛美防务委员会的成员，以及美洲国家组织军事顾问团成员。乌拉圭与巴西、阿根廷保持了良好的关系，并积极推动拉美地区的和平与发展。它是

---

① "Uruguay: Military Should Strive for Peace", *Brazil & Southern Cone*, November 2012.

1967 年《拉丁美洲禁止核武器条约》的签字国。

乌拉圭的国际军事合作主要是与邻国展开的，主要目标是维护南大西洋地区的和平与安全。1995 年，乌拉圭与巴西开始参加由阿根廷和南非在 1993 年发起和组织的阿特拉苏尔（Atlasur）军事演习。演习主要以维护南大西洋地区和平和减灾为目标。

三　参加联合国维和行动

乌拉圭在对外关系中坚持和平解决冲突和不干涉他国内政的原则，积极参加联合国维和行动。就其人口数量而言，乌拉圭是世界上人均参与维和行动最多的国家，每 280 名公民中就有一名维和人员。乌拉圭在 1935 年第一次派兵参加维和行动。联合国成立后，乌拉圭在 20 世纪 50 年代和 20 世纪 60 年代曾向西奈和印度—巴基斯坦的特派团派遣了少量军事观察员。乌拉圭大规模参加联合国维和行动是在 1992 年以后。其向联合国派遣维和人员的数量从 1982 年的不足 100 人增加到 1992 年的 1068 人，2000 年维和人员数量一度减少到 100 人左右，但 2002 年以后，参与维和行动的人员数量大幅增加，2003 ~ 2013 年维和人员数量在 2000 人以上，2007 年最高时曾达到 2665 人。从绝对数量来说，2000 ~ 2010 年，乌拉圭是联合国第八大维和人员派遣国。乌拉圭还是拉美蓝盔部队的主要供应国。2011 年以后，乌拉圭向联合国维和部队派兵人数略有减少，2014 年为 1815 人。[①]

乌拉圭参与联合国维和行动的人员有近 90% 集中在两个联合国稳定特派团：联合国驻刚果民主共和国稳定特派团（MONUSCO）和联合国海地稳定特派团（MINUSTAH）。

乌拉圭对联合国维和行动的贡献，如联合国秘书长潘基文 2011 年 6 月在蒙得维的亚联合国维和行动国家学院（National School for UN Peace

---

① Julián González Guyer, "La Contribución de Uruguay Para Operaciones de Paz de Naciones Unidas: Acerca de las Motivaciones y la Interpretación de su Record", *Revista Uruguaya de Ciencia Política*, Vol. 23, No. 1, 2014, pp. 41 – 72.

Keeping Operation）发表讲话时所说的，乌拉圭是联合国在世界范围内维和行动最大的贡献者之一。"乌拉圭对全球维和行动的承诺是无可匹敌的"，"按人口比例计算，没有哪个国家比乌拉圭贡献的军队更多"。[①]

　　乌拉圭大规模参加联合国维和行动主要出于外交政策上的考量，是由军方推动的。目的是解决民主化以后军队面临的身份危机以及缓解军事预算紧张问题。随着经济增长、国内工资水平的提高，维和特派团征聘工作人员变得越来越困难。此外，2003 年在刚果民主共和国、2011 年在海地爆出一系列乌拉圭维和人员的丑闻也影响了乌拉圭维和部队的声誉。

---

　① "UN Secretary General Praises Uruguay's Contribution to Peace Keeping Worldwide", June 16，
　　2011，http：//en. mercopress. com/2011/06/16/un – secretary – general – praises – uruguay –
　　s – contribution – to – peace – keeping – worldwide.

第六章

社　会

第一节　国民生活

一　就业

2018 年，乌拉圭劳动参与率为 62.8%，就业率为 57%。根据国际劳工组织（International Labour Organization，ILO）的统计，吸纳就业人数最多的是服务业（旅游、贸易、金融、运输等），约占就业人数的 72.4%，工业占 19.2%，农业占 8.4%。[1]

乌拉圭就业市场情况与经济发展基本保持正向相关性，也就是说经济表现直接影响就业水平。2002 年经济危机，失业率曾一度攀升至 17%，此后逐年降低。2011～2014 年降至 7% 以下。2015 年以后，失业率涨幅有所加大，并回升到 7% 上，2018 年升至 8.33%。在就业市场的结构方面，女性在劳动力市场中处于不利地位。2018 年女性劳动参与率和人口就业率分别为 56.4% 和 50.3%，低于男性的 72.1% 和 67.2%，而失业率为 10.1%，远高于男性的 6.9%（见图 6-1）。[2] 此外，女性在中高级管理层中占比低于男性，只占 37.3%。青年就业及失业问题是乌拉圭长期

---

① "ILOSTAT Country Profiles-Uruguay"，https：//www.ilo.org/ilostatcp/CPDesktop/? list = true&lang = en&country = URY.

② "ILOSTAT Country Profiles-Uruguay"，https：//www.ilo.org/ilostatcp/CPDesktop/? list = true&lang = en&country = URY.

存在的一个社会问题。2018 年青年人的劳动参与率只有 47.7%，青年人的失业率高达 25%。中小城市与首都蒙得维的亚的失业率相差不大。

在乌拉圭，企业为减少开支，未经注册的非法雇工或不依法给员工缴纳退休、医疗、工伤等社会保险的非正规就业现象存在已久。非正规就业人员主要集中在私人企业。但是，随着经济持续增长，自 2005 年以来政府采取了政策引导及处罚措施，非正规就业率从 2001 年的 36% 下降到 2012 年的 25.6%。[①]

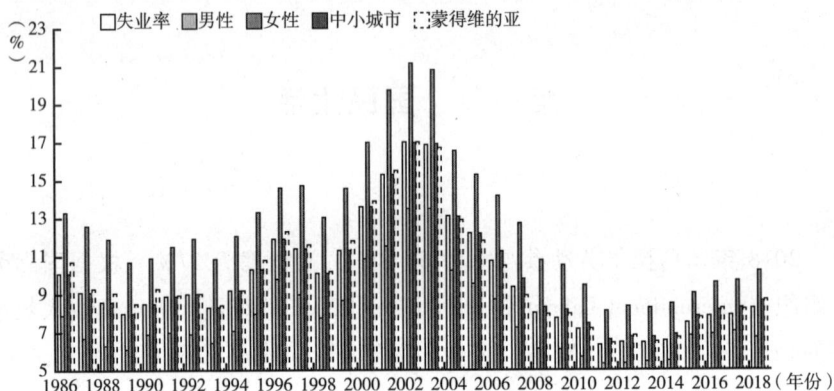

图 6 - 1　1986~2018 年乌拉圭失业率

2005 年广泛阵线政府上台后，积极推动经济发展，促进就业，同时加强对劳工权利、就业平等和弱势就业群体的保护。

第一，重新启动了工资集体谈判。2009 年通过修订的《集体议价》，建立了一个由行政机构、工人和雇主组织代表组成的三方高级委员会（Higher Tripartite Council），在确定、执行和调整最低工资之前发表意见；并按活动或生产链对三方谈判团体进行分类，视情况在每一领域指定谈判组织。

---

① "Reduction of Informal Employment in Uruguay: Policies and Outcomes", https://www.ilo.org/wcmsp5/groups/public/ - americas/ - ro - lima/documents/publication/wcms_245894.pdf.

第二，相继批准了一些保护劳工权利的国际公约。2005 年 5 月 25 日批准了《农业安全与健康公约》（Safety and Health in Agriculture Convention）、2010 年 10 月 14 日批准《社会保障（最低标准）公约》［Social Security (Minimum Standards) Convention］、2012 年 6 月 14 日批准了《家政工人公约》（Domestic Workers Convention）、2013 年 7 月 8 日批准了《工人代表性公约》（Workers' Representatives Convention）、2014 年 6 月 5 日批准了《矿山安全与健康公约》（Safety and Health in Mines Convention）。

第三，出台了针对特殊群体的就业鼓励政策。2015 年 4 月，政府制定了一项新法规，鼓励企业招聘 45 岁以上失业者。根据这项法规，政府对招聘 45 岁以上失业者的企业给予补贴，补贴额相当于两个月最低工资的 60%，即 9504 比索，如果是 45 岁以上的妇女，补贴则可增加到 12672 比索。补贴通过扣减企业应缴社保金的方式实施，条件是受雇者失业超过一年，高中以下学历。

二 收 入

根据世界银行的标准，乌拉圭属于高收入国家，2017 年人均 GDP 为 16246 美元。2002 年，受经济危机影响，乌拉圭实际工资收入下降。此后，随着经济的增长，人均实际收入出现持续增长。2008 年 7 月实际工资指数重回 100 以上，2019 年 2 月升至 141.69。2018 年乌拉圭全国月平均工资为 32092 比索（约合 1044 美元）。其中，制造业月平均工资为 34125 比索，高于全国平均水平。男性工资比女性高 8.6%。2019 年乌拉圭各类职业的工资水平见表 6 - 1。

表 6 - 1　2019 年乌拉圭各类职业的平均月工资水平

单位：比索

会计	14442	土木工程师	20016	总经理	37936
行政助理	10835	土木工程师	20016	平面设计师	32101
建筑师	19802	电脑技术员	15999	酒店经理	32101
律师	29666	创意总监	21247	人力资源经理	30701

生物医学工程师	18261	牙医	51122	内审员	23217
CAD 绘图员	16891	开发人员/程序员	19383	记者	21515
收银员	12047	电气工程师	20671	法律助理	15183
注册会计师	18566	小学教师	15215	机械工程师	21241
厨师	18300	工程师	20289	护士	16457
首席行政官	50138	行政主管	18985	药剂师	25166
首席财务官	44039	空乘	18211	秘书	11406
摄影师	14413	接待员	12495	教师	15900
飞行员	26489	销售经理	35327	出纳员	13974
警官	16610	销售代表	13723	旅行社	18406
项目经理	23291	中学教师	17297	服务生	12694

资料来源："Average Salary in Uruguay 2019", http://www.salaryexplorer.com/salary-survey.php? loc = 231&loctype = 1。

乌拉圭早在 1969 年就出台了强制性最低工资标准，雇主如果不支付最低工资，将会受到惩罚。最低工资每年都会调整。工会、雇主和中央政府代表组成的三方高级委员会在劳工部协调下通过谈判确定最低工资标准，由总统于每年 1 月 1 日颁布。自 2011 年以来最低工资持续增长。自2019 年 1 月 1 日起，乌拉圭最低工资从 1.343 万比索提高到 1.565 万比索（见表 6 - 2），这使乌拉圭成为继阿根廷之后，最低工资第二高的南美国家。

表 6 - 2　2011～2019 年乌拉圭最低工资标准

年份	2011	2012	2013	2014	2015	2016	2017	2018	2019
比索	6000	7200	7920	8960	10000	11150	12265	13430	15650
美元	189.57	227.49	250.24	283.1	315.96	352.29	387.52	424.33	498

资料来源：笔者根据相关资料整理。

三　消费和物价

乌拉圭物价和生活成本较高。美世人力咨询公司在 2018 年 6 月发布的全球城市生活成本年度排名显示，在参评的 209 个城市中，乌拉圭首都

蒙得维的亚排名第 75 位，在南美洲排名第 3 位，仅次于巴西的圣保罗
（排名第 59 位）和智利的圣地亚哥（排名第 69 位）。其中，乌拉圭是世
界汽油价格较高的国家之一。根据 2006 年 5 月委内瑞拉美洲商会公布的
一项调研报告，乌拉圭汽油价格为每升 1.39 美元，仅次于荷兰、挪威、
意大利、丹麦和比利时，位列世界上汽油价格最昂贵国家的第 6 位。乌拉
圭在生活指数、商品指数、餐厅价格指数等方面的排名远远高于南美洲其
他国家（见表 6 - 3）。乌拉圭物价过高的根源是经济结构问题，而不仅仅
是受汇率和通胀的影响。缺乏专业化和竞争力、市场规模小是其物价水平
整体较高的主要原因。

表 6 - 3　2018 年南美洲国家生活指数排名

排名	国家	生活指数	租金指数	生活费加租金指数	商品指数	餐厅价格指数	本地购买力指数
1	委内瑞拉	32.21	7.62	20.35	33.83	26.70	4.00
2	哥伦比亚	35.29	10.13	23.16	29.52	26.68	38.59
3	玻利维亚	36.53	9.87	23.67	28.84	28.52	44.68
4	秘鲁	39.64	14.40	27.47	35.87	26.29	37.07
5	厄瓜多尔	44.28	11.18	28.32	42.85	30.82	39.39
6	巴西	51.33	13.89	33.27	39.69	41.21	41.56
7	阿根廷	53.74	13.84	34.50	44.64	53.69	60.15
8	智利	55.24	16.61	36.61	47.80	51.40	54.53
9	乌拉圭	66.88	20.03	44.29	54.51	69.18	34.31

资料来源："South America：Cost of Living Index by Country 2018"，https：//www.numbeo.com/
cost - of - living/rankings_ by_ country.jsp？title = 2018&region = 005。

　　乌拉圭的物价水平比较高。相比较而言，内陆地区的物价水平较低，
而海滨度假胜地的物价水平相当高，甚至可以说非常高。其中，"埃斯特
角城的物价水平，即便不比任何一个美国度假城市或国际度假胜地贵，至
少也与之相当"。

　　在诸如 Sin Pretensiones 这样较好的提供午餐的小型餐厅或像

Montevideo Wine Experience 的酒吧，花费大致如下：主菜 280～450 比索；甜点 150 比索；一杯咖啡 60～120 比索；一杯葡萄酒 120～150 比索；一品脱手工啤酒 120～200 比索。但像哈辛托（Jacinto）和埃斯特雷乔（Estrecho）这样的高端餐厅，价格非常高，大约是纽约同等档次餐厅价格的 5 倍。

交通费用方面，从中央巴士站至旧城的出租车费用为 160～180 比索；蒙得维的亚市公交车票价为 36 比索；蒙得维的亚至科洛尼亚的公共汽车票价为 367 比索；蒙得维的亚至迪亚夫洛角（Punta del Diablo）的公共汽车票价为 598 比索。

蒙得维的亚的文化产品及服务价格并不高，所有公共博物馆都是免费的，而像安第斯 1972 年博物馆这样的私人博物馆门票为 100～200 比索，探戈、米隆加的入场券为 100～200 比索，探戈初级学习班课程每课时 150～200 比索，乌拉圭国家芭蕾舞团的门票为 60～850 比索，索利斯剧院的古典音乐会门票为 150 比索起，多数小剧场的现场音乐会门票为 100～250 比索，狂欢节游行门票为 200～300 比索，狂欢节小剧场门票为 50～200 比索。

四　住房

在城市中，人们大多居住在现代化的公寓或小别墅里。20 世纪 40 年代，乌拉圭政府为了满足低收入人群的住房需求，开始采取一些解决住房问题的措施。1948 年成立了国家经济住房委员会（Instituto Nacional de Vivienda Económica，INVE），帮助建造低成本住房。一些省政府也在住房方面采取了行动。共和国银行和乌拉圭抵押银行为住房建设和搬迁提供贷款。20 世纪 50 年代，乌拉圭的住房主要有三种形式：一是在多数情况下人们租房住；二是在城市土地上自建房子；三是国家机关提供住房。20 世纪 50～60 年代，在美洲开发银行（IDB）的贷款和美国的援助下，在蒙得维的亚海滨大道边建造了很多高层建筑。1966 年，第一个住房互助合作组织在乌拉圭成立。当时，在非营利私人组织乌拉圭合作中心（Centro Cooperativista del Uruguay，CCU）的赞助和支持下，组建了三个由内陆劳工活动分子组成的住房互助合作社。它们为 95 个家庭解决了住房问题。这也为解决低收入人群住房问题提供了另外一种模式。1968 年乌拉圭通过了《住房法》（The Housing Law），开始推行社会住房政策，即住房建设的合作制度。它有两种方法：一是自建房，二是住房储蓄金制。根据《住房法》，在公共工程部内设立了国家住房基金会（Fondo Nacional de Vivienda）。国家住房基金主要来自三个方面：一是个人的缴费，占个人工资、酬金和其他收入的 2%；二是对雇主征收 1% 的建设费；三是对国家住房银行及其他银行和相关实体征收 1% 的税。1970 年 5 月 24 日，建立了住房互助合作社统一联合会（Federación Unificadora de Cooperativas de Vivienda por Ayuda Mutua，FUCVAM）。该组织成为乌拉圭最大、最古老、最活跃的住房和城市发展社会运动，它在巩固住房权利和塑造蒙得维的亚及其他城市景观方面产生了重大影响。目前，住房互助合作社统一联合会有 500 个合作社加入，2.5 万个家庭参与了住房合作计划。[①] 2001 年该组织与联合国人居署合作，通过南南合作计划，向拉美及世界推广其创立的"遵循集体所有权、相互援助、自我管理、直接民主和政治独立"的解决住房问题的模式。这使它在 2012 年获得了建筑和社会住房基金会（Building and Social Housing Foundation，BSHF）颁发的全球人居奖。

在农村，人们通常居住在只有一层的房子里。这些房子通常由红砖砌成，房顶为红色瓷砖，有一个露天阳台。过去，大牧场主通常住在庄园里，但现在，许多牧场主在城市里有别墅，将庄园的事务交给经理人去管理。

非常贫困的人居住在郊外被称为"坎特格里莱斯"（cantegriles）的贫民窟中。20 世纪 50～60 年代，由于大量农村人口涌向城市，特别是首都蒙得维的亚，贫民窟开始出现。20 世纪 80～90 年代，出现了另一种人口的转移，日益贫困的工人开始从城市中心区向郊外转移，贫民窟以越来越快的速度发展。

---

①　Cooperación Sur-Sur FUCVAM，"Uruguay"，https：//www.world-habitat.org/wp-content/uploads/2016/03/Informe－Cooperacion－Sur－Sur－FUCVAM－WEB－9MB.pdf.

五　社会保障与福利

乌拉圭被视为福利国家，社会福利水平较高。政府对失业、退休、残疾、妇孺、工伤、疾病等人员均提供福利补贴，并实行满30年工龄退休制。

社会保障和社会救助支出由社会保障银行进行统筹和管理。社会支出约占 GDP 的 11.5%。在社会支出中，70%～75% 是用于养老及遗属和残疾人（OASD）补贴，5%～7% 为家庭津贴，其余 15%～18% 用于其他转移支付（失业、疾病和产假）。劳动力的社会保障覆盖率很高（75%），而 64 岁以上人群的养老金覆盖率约为 90%。社会保障银行从一般财政获得巨额补贴，几乎占所有福利补贴的 1/3。

残疾人的福利分为三个层次：非缴费型补贴、缴费给付养老金和私人管理的资本账户。失业保险覆盖那些正规就业的人，失业可享受 6 个月失业保险。但替代率不断下降（相当于原工资的 40%～66%）。最近的改革使替代率下降，但提高了特殊群体（50 岁及以上人口）的福利。家庭津贴的补贴对象是工资较低的正式工人。目前已支付了 50 万份家庭津贴，津贴额占收入最少的三类家庭收入的 80%。

六　移民

乌拉圭是一个由移民组成的国家，在殖民地时期和建国初期，印第安人被消灭殆尽。20 世纪 50 年代以后，由于经济停滞，乌拉圭对外国移民的吸引力下降，外国移民存量下降（见表 6-4）。

表 6-4　1960～2015 年乌拉圭外国移民存量

单位：人

年份	1960	1970	1980	1990	2000	2010	2015
外国移民存量	192155	159962	116786	98116	88871	76263	71799

资料来源：世界银行；CEIC 数据库。

进入 21 世纪以来，乌拉圭外国移民的来源发生了一些变化。乌拉圭的免费教育和医疗吸引了秘鲁、玻利维亚、巴拉圭、委内瑞拉等拉美国家的移民。邻国阿根廷和巴西的许多人将乌拉圭作为永久居住地。此外，作为拉美经济相对发达、政治安全稳定、环境友好的国家，乌拉圭也备受他国环球旅游者、商人及退休人士的青睐。根据 2011 年的人口普查，乌拉圭约有 7.7 万名外国移民，有来自 81 个国家的 1.2 万多名外国工人在乌社会保障局注册。2018 年来自委内瑞拉、多米尼加和古巴的移民增加，其中一部分人利用南共市宽松的移民制度，从巴西等邻国非法进入乌拉圭。

穆希卡政府执政时期，实施了一项非常有争议的政策：接收外国战俘和战争难民。2014 年 3 月，穆希卡同意接收被美国关押在关塔那摩湾的 5 名囚犯。同年 10 月，他允许 5 个躲避战乱的叙利亚难民家庭（总计 42 人）进入该国，成为第一个接收叙利亚难民的拉美国家。政府为此承担了大约 290 万美元的全部安置费，并为抵达该国的成年人提供了工作机会，为儿童提供了儿童教育。随后，穆希卡政府又接收了 72 位叙利亚难民。穆希卡的做法在乌拉圭引起争论。民调机构西弗拉（Cifra）在 2014 年 10 月的一项调查显示，58% 的乌拉圭人反对接收关塔那摩监狱的囚犯，24% 的人表示赞同。与此同时，69% 的乌拉圭人赞成接纳叙利亚难民，只有 17% 的人反对。

自 20 世纪 50 年代以来，乌拉圭成为移民净流出国，出现公民和非公民的移民流入数量少于移出数量的现象，至今仅有个别年份例外。20 世纪 70 年代军政府上台前后和 2001~2002 年经济危机期间，乌拉圭出现向外移民高潮，1972 年移民净流出 13.6 万人，2002 年净流出 10.4 万人（见表 6 - 5）。

表 6 - 5　1962~2017 年乌拉圭净移民人数

单位：万人

1962	1967	1972	1977	1982	1997	2002	2007	2012	2017
- 0.6	- 3.4	- 13.6	- 6	- 3	- 2.6	- 10.4	- 5	- 3	- 1.5

资料来源：世界银行；CEIC 数据库。

乌拉圭是移民政策较为宽松的国家。乌拉圭移民政策规定，外籍人士申请移民乌拉圭，需在当地银行存款至少 6000 美元，申请人还需提供不少于 6000 美元的年收入证明。在居留权申请提交 5 年后（全家人作为申请人的时间为 3 年），即可申请公民身份。

乌拉圭还与许多国家签署了双边社保协定，为生活在乌拉圭的外国人提供便利。乌拉圭与南美洲其他国家、加拿大、欧洲许多国家签署了双边社会保障协定，"是世界上与其他国家签署社会保障协定最多的国家之一"。2017 年 1 月 10 日，乌拉圭和美国签署社会保障协定，根据这项协定，在美国工作的乌拉圭人和在乌拉圭工作的美国人，他们在对方国家工作的时间在退休时将被计入工龄。一旦该协定获得两国议会批准，该协议将立即生效并具有追溯效力。该协议将惠及近 5 万名生活在美国的乌拉圭人和大约 5000 名生活在乌拉圭的美国人。

第二节　重要社会现象

一　大麻合法化问题

2013 年 7 月 4 日和 31 日，国会众参两院先后通过使大麻合法化的议案。同年 12 月 24 日，穆希卡政府正式颁布《大麻及其衍生物的进口、生产、采购、储存、销售和分销的国家管制和规定》（Marihuana y sus Derivados Control y Regulación del Estado de la Importación，producción，Adquisicion，Almacenamiento，Comercializacion y Distribución，第 19172 号法律）。乌拉圭由此成为世界上第一个实行大麻生产、分销和销售合法化的国家。截至 2017 年 7 月 19 日，乌拉圭 19 个省中有 11 个省的 16 家药店签署了出售大麻的协议。乌拉圭公民在邮局注册并将信息输入中央数据库，即可在合法药店购买大麻。每个注册买家每周可以购买大麻 10 克，每月最多购买 40 克。当购买大麻时，消费者不必透露任何个人信息，通过指纹识别系统即可获取大麻。除在合法药店购买大麻外，穆希卡总统在 2013 年签署的这项法案还允许个人或"大麻俱乐部"（Club de Cannabis）

成员申请许可证，种植一定数量的大麻。在邮局注册后，每个家庭最多可以种植 6 株大麻。15～45 人可以组成一个"大麻俱乐部"，最多可种植 99 株大麻。

乌拉圭实施激进的大麻合法化政策有几个方面的原因。一是乌拉圭重视个人自由。二是与该国的政治传统密不可分。早在 1931 年乌拉圭为了确保公民不会因饮用不受监管的私酒而中毒，成立了国有的工业公司 ANCAP（该公司现在主要负责炼油和水泥生产）生产威士忌。大麻作为一种软性毒品，在禁而不止的情况下，政府希望对其进行管控。三是为减少与毒品有关的犯罪行为。

2016 年乌拉圭还建立了南半球第一家大麻博物馆——蒙得维的亚大麻博物馆（Museo del Cannabis de Montevideo）。然而，大麻合法化政策只适用于乌拉圭人，只有本地居民才能购买大麻。

二 妇女地位

乌拉圭是拉美第一个给予妇女选举权的国家。妇女受教育的程度相当高，在拉美居第 1 位，在世界排第 14 位。女子受教育的程度超过男子，文盲率为 2.6%，低于男子的 3.6%。在中等和高等教育水平上，女子受教育的程度也比男子高。1996 年乌拉圭军校首次招收女学员，有 110 名妇女经过严格考核进入何塞·阿蒂加斯军事学校学习。

乌拉圭在保障妇女享有平等权利方面有比较完善的法律。第 16045 号法律规定男女在劳动方面享有同等的机会和待遇，但在生活中，乌拉圭妇女在就业、薪酬等方面仍受到歧视。在妇女参政问题上，乌拉圭妇女不仅远远落后于欧洲国家，也落后于拉美许多国家。据 1998 年的资料，在全国 19 个省政府领导人中，没有女性领导人。1985 年实现民主化后，只有一位女法官进入过最高法院。在议会中，女性议员所占比重很低，在 1995～2000 年议会中，参议院第一次有了女议员。在 1999 年 11 月选举产生的新一届议会中，妇女在议会中的比重虽然从上届国会的 7.7% 增加到 12.3%，但所占比重仍然很低（见表 6－6）。在总统内阁部长中没有女部长。

表 6-6 乌拉圭议会中女性议员数量及比重

单位：人，%

时间	众议院	参议院	总议席	占议员总数的比重
1985~1990	1	—	1	0.80
1990~1995	7	—	7	5.40
1995~2000	8	2	10	7.70
2000~2005	13	3	16	12.30
2005~2010	11	3	14	10.77
2010~2015	15	4	19	14.62
2015~2020	14	9	23	17.69

资料来源：乌拉圭议会，INE，"Anuario Estadístico - 2019"，http://www.ine.gub.uy/documents/10181/623270/Anuario + Estadistico + 2019/f854fb27 - ad7f - 4ce3 - 8c37 - 005ade0a6140，p. 186。

在乌拉圭，妇女们一直为提高女性的地位、争取女性的平等权利进行不懈的努力。1996 年 5 月 4 日，乌拉圭举行了第一次全国妇女代表大会，成立了乌拉圭全国妇女委员会，负责协调全国 19 个省的妇女工作，参与制订和监督政府关于妇女问题的计划并提出具体建议，以推动世界妇女大会各项文件和建议的落实。56 个妇女组织还成立了北京宣言国家监督委员会（The National Commission for Monitoring the Beijing Agreements，NCM），监督政府对世界妇女大会北京宣言的执行情况。监督的范围主要包括就业、教育、健康、对妇女的暴力及妇女参政等问题。根据该委员会 2000 年的报告，乌拉圭政府在制定和推动消除性别不平等及性别歧视政策方面缺少足够的政治意愿。

进入 21 世纪后，特别是广泛阵线执政后，妇女地位特别是女性在政治参与方面有了很大提高。2014 年 10 月大选之后，在 2015~2020 年的议会中，女性议员人数达到历史最高水平，其中包括 9 名参议员和 14 名众议员，分别占参众两院 29.03% 和 14.14% 的席位。妇女政治参与率的提升主要归功于一项临时配额法案，该法案要求各政党候选人名单中至少每三人中要有一名女性。

2012 年 10 月，经过议会的长期斗争，乌拉圭成为拉丁美洲第二个将堕胎合法化的国家。目前法律允许所有女性在怀孕的前 12 周堕胎，但须履行必要的程序，由三个方面的专家（即精神科医生、社会工作者、妇科医生）告知病人与堕胎有关的风险并提出替代方案。之后，孕妇有 5 天的"反思期"，然后再决定是否堕胎。这是它与秘鲁和阿根廷堕胎法的不同之处。

三　同性恋及跨性别问题

乌拉圭是对同性恋最宽容的国家之一。[1] 在蒙得维的亚海滨大道见到手牵手的同性恋人是很平常的事。乌拉圭对同性恋的宽容态度与该国实施的其他被称作进步的社会政策是一致的。乌拉圭在 1917 年实施了政教分离。1934 年，同性恋被合法化。2003 年，乌拉圭实施了反歧视法，2009 年允许同性恋者在军队服役以及同性伴侣共同领养孩子。自 2008 年以来，同性伴侣可以进行民事登记，2013 年 8 月通过了同性婚姻合法化法案，乌拉圭的新法律允许同性伴侣在全国范围内登记结婚。因此，乌拉圭成为继阿根廷之后第二个将同性婚姻合法化的拉美国家。自 2009 年以来，乌拉圭允许跨性别者在官方文件上改变性别。2014 年，时任总统穆希卡在接受巴西《环球报》（O Globo）采访时提到，同性婚姻不是一个现代问题，而是"比世界更古老"的问题。[2]

自 2006 年以来，"多样性大游行"（March for Diversity）每年都在蒙得维的亚最重要的街道上进行，参与大游行的人有数千人。他们载歌载舞，高呼支持 LGBT[3] 群体的政策口号。在 2018 年 9 月 28 日举行的游行中，许多人拿着黄色和红色的手帕游行，代表他们支持议会正在讨论的所

[1] SPARTACUS, "Gay Travel Index 2018", https：//spartacus. gayguide. travel/gaytravelindex_ 2018. pdf.

[2] Carolina Jordan, "President José Mujica, a Latin American Political Pioneer", http：// www. coha. org/president－jose－mujica－a－latin－american－political－pioneer, October 15, 2014.

[3] LGBT 是女同性恋者（Lesbians）、男同性恋者（Gays）、双性恋者（Bisexuals）与跨性别者（Transgender）的英文首字母缩略字。

谓跨性别法。英国驻乌拉圭大使伊恩·杜迪（Ian Duddy）及其外交团队和合作者在风笛的伴奏下，举着印有英国国旗颜色的"爱是伟大的"的标语，参加了这次游行。支持颁布跨性别法的人提出：建立针对这一群体学生的奖学金制度，给予20世纪70年代至20世纪80年代在军事独裁统治期间受歧视的1.15万名变性人每人11500比索（约合345美元）经济赔偿，给予未成年人不经父母同意即可做变性手术的权利。

乌拉圭与荷兰于2016年7月在蒙得维的亚共同主办了主张非暴力、不歧视和社会包容的"全球LGBTI高级别人权会议"（High-Level Global LGBTI Human Rights Conference）。这是该会议第一次在拉美国家举行。

2018年10月27日，乌拉圭议会通过了《跨性别者综合法》（Comprehensive Law for Transgenders），采取措施反对歧视跨性别人士，并保障他们在获得工作、住房和手术等方面的权利。此外，国家在就业和职业培训方面必须确保变性人的配额"不低于1%"。但是，该法案因与基督教会"Mission Vida"有关的反对派向议会提交了4万个反对签名而未能生效。

第三节　医疗卫生

一　医疗卫生水平

2014年，乌拉圭医疗支出占GDP的8.8%，2015年人均医疗支出为1747.8美元，远高于拉美和加勒比国家的平均水平。

乌拉圭医疗卫生专业人员比例居世界前列。2017年，每万名居民中有50名医生，超过欧洲发达国家的水平；牙医50名，远远超过世界其他国家和地区的水平；护士19.3名，低于拉美国家的平均水平（见表6-7）。1岁以下婴儿麻疹预防接种率、出生婴儿死亡率、产妇死亡率等一系列医疗卫生指标居拉美国家前列，与发达国家相当。[1]

---

[1] Pan American Health Organization（PAHO/WHO），"Core Indicators 2016：Health Situation in the Americas"，http：//iris. paho. org/xmlui/handle/123456789/31289.

　　乌拉圭实施普遍、免费、强制性的预防接种计划，覆盖率接近 96%。可预防疾病的 15 种疫苗在乌拉圭可接种 13 种，因此乌拉圭基本上没有传染性疾病的流行。乌拉圭是拉美唯一没有霍乱疫情的国家，至今没有寨卡病毒和基孔肯雅热（chikungunya）本土病例报告，麻风病在 2002 年成功地得到根除，已多年没有出现麻疹和风疹病例，白喉自 1975 年以来就没有出现过。2014 年仅有一例破伤风病例。1999 年，乙型肝炎被纳入经认证的疫苗接种计划，从而降低了乙肝的发病率。但 2012 年百日咳病例频发，发现 588 例，2014 年报告 213 例。2014 年，全国共报告结核病 852例，2015 年治疗成功率为 74.3%，低于世界卫生组织（WHO）提出的85% 的目标。

表 6 - 7　乌拉圭医疗卫生基本情况

	拉美和加勒比国家	乌拉圭
人均国民总收入（美元）（2017）	8038.8	15250
人均医疗支出（PPP）（美元）（2015）	1079.1	1747.8
公共医疗支出占 GDP 的比重（%）（2015）	3.6	6.4（拉美最高）
私人医疗支出占 GDP 的比重（%）（2015）	3.4	2.8
个人医疗支出占卫生总支出的比重（%）	28.6	16.2
人口预期寿命（岁）	76	77.8
65 岁以上老人占总人口的比重（%）	8.7	14.8
医院床位（张/千人）（2017）	3.2	2.4
医生数量（人/万人）（2017）	49.6	50
护士数量（人/万人）（2017）	41.5	19.3
牙医数量（人/万人）（2017）	24	50
1 岁以下婴儿麻疹预防接种率（%）（2016）	92.8	95.1
接受产前保健服务的孕妇比例（%）（2016）	74.1	73.3
出生婴儿死亡率（‰）（2016）	14.9	7
传染性疾病死亡率（人/十万人）（2013）	79.2	76.2
人口患疟疾风险占总人口的比重（%）（2013）	18	0
霍乱报告数量（例）（2017）	13809	0

续表

	拉美和加勒比国家	乌拉圭
登革热报告数量（例）（2017）	578776	0
HIV 死亡率（%）（2013）	6.9	5.7
肺结核死亡率（人/十万人）	2.2	1.6

资料来源：根据泛美卫生组织（PAHO）数据库整理，http：//www. paho. org/data/index. php/en/indicators/visualization. html。

2014 年人口死亡率为 9.5‰（32120 人死亡），这个数字近几十年来几乎没有变化。其中，循环系统疾病（27.5%）、肿瘤（24.1%）及呼吸系统疾病（10.2%）占全部死亡原因的 61.8%。[①]

据乌拉圭公共卫生部在 2016 年 7 月全国艾滋病日提供的数据，该国约 1.2 万名艾滋病毒阳性患者中，约有一半正在接受抗反转录病毒治疗，艾滋病新增感染病例持续下降。新发现病例从 2014 年的 982 例下降到 2015 年的 933 例，每 10 万人中有 27 人感染艾滋病。性传播占艾滋病毒感染的 94%，2015 年感染艾滋病毒的人中 66% 是男性。2014 年，乌拉圭有 175 人死于艾滋病。55% 的艾滋病毒阳性患者年龄为 25 岁至 44 岁，28% 的患者年龄为 45 岁至 64 岁。靠近巴西边境的阿蒂加斯省、里韦拉省和萨尔托省的艾滋病新感染率最高。[②] 艾滋病人可免费接受治疗。

2006 年，乌拉圭是拉丁美洲第一个禁止在所有封闭的公共场所吸烟的国家。这是继爱尔兰、瑞典和挪威之后世界上第四个采取此类禁烟措施的国家。

二　医疗卫生制度

乌拉圭宪法第 44 条规定，国家应在所有与公共健康和卫生有关的事

---

① "Perfil del Sistema de Salud-Monitoreo y Análisis de los Procesos de Cambio"，Montevideo：PAHO，2016.

② "Uruguay Reports 12,000 People Infected with HIV"，http：//laht. com/article. asp? CategoryId = 23620&ArticleId = 2417679，July 29，2016.

项上立法，确保该国所有居民的身体、道德和社会福利。① 乌拉圭很早就建立了完善的医疗体系。早在 1931 年，就建立了医疗联盟援助中心（Centro de Asistencia del Sindicato Médico del Uruguay，CASMU），通过互惠互利模式向其合作伙伴提供医疗服务。1934 年颁布了《公共卫生组织法》（Ley Orgánica de Salud Pública），建立了公共卫生部（Ministerio de Salud Pública，MSP）。1979 年设立了国家资源基金（Fondo Nacional de Recursos，FNR），用于灾难性事件的支出。2004 年颁布实施了疾病和卫生事件强制报告的国家规则（Código Nacional sobre enfermedades y Eventos Sanitarios de Notificación Obligatoria）。2005 年 3 月巴斯克斯政府上台后，大力推动医疗卫生改革，出台了很多医改法案。

巴斯克斯政府医疗改革的目标有三个。一是医疗卫生从治疗性社会福利模式转变为基于初级卫生保健（PHC）原则的预防性模式。二是创新组织和运营形式，并通过税收等配套改革建立一个旨在重新分配收入的新社会保障结构，即包含所有公共和非营利性私营服务的国家综合卫生系统（Sistema Nacional Integrado de Salud，SNIS）。三是建立国家社会保障体系战略，使医疗服务实现有保障、无限制的全民覆盖，为全部人口提供综合医疗保健计划（Plan Integral de Atención a la Salud，PIAS）。改革内容主要有三项：资金模式改革、管理模式改革和诊疗模式改革。这些改革由 2007 年通过的第 18211 号法律确定下来。国家卫生基金（FONASA）是资金模式的核心部分。作为强制性的公共基金，它涉及三方机制。在这个机制下，保险费源于个人缴费、雇主按支付工资缴纳一定比例的费用和国家对基金的补充。雇主缴费占支付工资的 5%。雇员医疗保障缴费占其工资的比例如下：每月工资超过最低工资，并有 18 岁以下或以上的残疾儿童的雇员为 6%；每月工资超过最低工资，没有孩子的雇员为 4.5%；个体低收入工人为 3%。军队和警察医疗经费分别列入国防部和内政部的预算。大学医院的费用也实行单列，包含在共和国大学的预算中。通过改

---

① "Sistema de Salud del Uruguay"，http：//isags-unasur.org/es/sistema - desalud - en - uruguay.

革，乌拉圭个人医疗费用负担比例降低，从 2007 年的 23% 下降到 2014 年的 16%。①

三 医疗卫生体系

乌拉圭全国共有 105 所医院，由公立医院和私立医院组成。乌拉圭也有声誉良好的实验室，生产值得信赖的仿制药。

（一）公共医疗体系

公共医疗机构的目标是提升全社会的健康水平。在预防医疗和向中下层民众提供医疗服务方面，公共医疗机构发挥着主导作用。公共卫生部作为推动全国健康发展的政府机构，主要负责制定健康标准、对卫生部门进行管理以及实施疾病预防计划。

公共医疗服务的主要提供者是国家医疗服务管理局（Administración de Servicios de Salud del Estado，ASSE）。它拥有覆盖全国的医疗设施网络，其管理的医院有 56 家，共有 8553 张病床，为 37% 的人提供医疗服务，服务对象主要是低收入人员。共和国大学下属的临床医院（Hospital de Clínicas）约有 700 张病床，主要为政府部门公务人员提供免费医疗服务；武装部队拥有一家医疗机构，共 447 张病床，可为 22 万人提供医疗服务；警察部队拥有一家医院，共 70 张病床，可为 12 万人提供医疗服务；地方政府为普通民众提供门诊医疗服务。国有企业等自治实体拥有一些国有的或半公共性质的医疗机构，这些医疗机构提供的服务有很大差别，根据私人保险费支付费用的多少而提供不同水平的医疗服务，包括住院治疗。

（二）私营医疗体系

乌拉圭私营医疗系统效率高、设备齐全、费用也不是很高。私营医疗行业由许多独立经营的单位组成。这些单位的规模各不相同，有医院，还有许多私人诊所和医生办公室。人们通常会选择离家近的医疗机构，成为它的会

---

① Ministerio de Salud：" A Diez años de Iniciada la Reforma Sanitaria：Evaluación y Desafíos del Sistema Nacional Integrado de Salud"，http：//www. msp. gub. uy/sites/default/files/archivos_adjuntos/Publicacion%2010%20anos%20SNIS – MSP%20 – %20Final%20Web – 10MB. pdf，p. 36.

员。然后根据选择的保险计划，使用它们的设施、救护车服务、药房和专家。

私营医疗卫生部门由集体医疗机构（Instituciones de Asistencia Médica Colectiva，IAMC）、68 个部分保险健康计划（partial-insurance health plans）、几个高度专业化的医疗机构、收取服务费的私人医生办公室、私营养老院和一些外国保险公司组成。其中，集体医疗机构是私营医疗机构的主体，在全国有 53 家医院。其中，首都蒙得维的亚有 19 家，其余 34 家分布在内陆地区，为 56% 的人提供全面的医疗服务。

蒙得维的亚的英国医院（Hospital Británico）是最著名的私人医院，是许多讲英语的外国人和富有的乌拉圭人最喜欢的医院。首都蒙得维的亚其他最有名的私立医院还有西班牙医院（Asociación Española Primera de Socorros Mutuos）和意大利医院（Hospital Italiano）。

（三）医药体系

2000～2005 年，乌拉圭用于购买药品的支出占总医疗支出的 14%。国家综合卫生系统（SNIS）每年对国家基本药物清单至少审查一次。集体医疗机构有自己的药品清单。在乌拉圭药品市场，约有 7500 种注册药品，其中 80% 是仿制药，20% 为品牌药。[1] 乌拉圭药店超过 1000 家。

四　医学研究

（一）医学教育机构

共和国大学医学院成立于 1875 年，每年招收 1200 名学生，只有一半的人在毕业后能够成为医生。[2] 共和国大学护理学院提供护理本科教学，为期四年加一个学期。唯一的私立医学院是 CLAEH 大学医学院（Instituto Universitario CLAEH），学生人数远远少于共和国大学医学院。

（二）医学研究成果

乌拉圭在医学研究方面有多项对世界医学贡献巨大的技术和研究水平

---

[1]　Daniel Aran, Licen & Hernán Laca, "Sistema de salud de Uruguay", *Salud Pública de México*, Vol. 53, Suplemento 2 de 2011, p. 271.

[2]　Daniel Aran, Licen & Hernán Laca, "Sistema de salud de Uruguay", *Salud Pública de México*, Vol. 53, Suplemento 2 de 2011, p. 271.

较领先的领域。一是乳房 X 光检查。此项技术是 20 世纪对促进女性健康最重要的技术进步之一，而这项技术是由蒙得维的亚一家诊所创始人、放射科医生劳尔·勒伯恩（Raul Leborgne）在 1949 年发明的。1951 年该研究成果发表后，拯救了数以万计妇女的生命。

二是器官移植。乌拉圭在 1971 年通过了第一部器官移植法案。捐赠者必须以明确方式表达捐赠意愿。如果逝者没有捐赠遗嘱，医院可与其家属协商，最终决定是否捐赠器官。由于这种情况操作起来比较复杂，自 2012 年起，乌拉圭颁布生效的第 18968 号法律规定，该国所有居民都是捐赠者，除非明确拒绝。按人口比例计算，乌拉圭是拉美国家中器官和组织移植最多的国家。除心脏和其他器官移植外，每年平均有 140 例肾脏移植、25 例肝脏移植和 140 例角膜移植。

三是围产学。罗伯托·卡尔迪耶罗－巴尔西亚（Roberto Caldeyro-Barcia，1921~1996）开创了围产学领域研究的先河。1958 年，他和埃莫赫尔内斯·阿尔瓦雷斯（Hermogenes Alvarez）博士共同研发了蒙得维的亚装置（Montevideo units），用于监测胎儿在分娩过程中对宫缩的反应，并防止缺氧造成神经损伤。这就是后来的胎儿监测仪的基础。1969 年，罗伯托教授开发了剖宫产术。1970 年，泛美卫生组织在蒙得维的亚建立了第一个拉美围产期学研究中心（Centro Latino Americano de Perinatología，CLAP）。基于罗伯托·卡尔迪耶罗的成就，他被任命为中心主任。该中心为拉美及欧美国家培养了一大批此领域的专业人员。他还与其他人创办了《围产期医学杂志》（*Journal of Perinatal Medicine*），他一直任该杂志的主编直到去世。罗伯托·卡尔迪耶罗教授一生获得了 300 多个奖项，其中包括泛美亚伯拉罕·霍维茨奖（Abraham Horwitz Award），三次被提名诺贝尔奖，是到 2010 年为止唯一获得诺贝尔奖提名的乌拉圭人。2003 年乌拉圭设立"防止青少年意外妊娠日"，后来这一做法发展成为一项全球行动。2007 年，世界卫生组织以罗伯托教授的出生日 9 月 26 日作为"世界避孕日"。

四是生物医学。乌拉圭是生物医学的"世界强国"。被科学家称作"生物技术超级明星"的扎法罗尼（Alejandro Zaffaroni，1923~2014）出生于首都蒙得维的亚。他在美国硅谷创办了多家生物技术公司。他参与开发的产品包括避孕药、尼古丁贴片、皮质类固醇和 DNA 芯片等。共和国大学医学院以拉斐尔·拉迪（Rafael Radi，1963 ~ ）教授为首的研究小组关于自由基、氧化剂和一氧化氮参与细胞"从健康到生病"的分子、生化和细胞机制的研究居世界领先地位。[①] 他是首位当选美国国家科学院外国院士的乌拉圭人，先后获得霍华德医学院奖（Howard Medical Institute）、亚历山大·冯·洪堡（Alexander Von Humboldt）最高奖、氧化还原生物学和医学协会（Society for Redox Biology and Medicine）发现奖、Morosoli 科技奖（Morosoli Prize of Science and Technology）等世界性奖项。2018 年 12 月 12 日，他还因在人体神经系统、心血管系统和其他系统使用氧气方面的贡献，获得墨西哥年度科学技术奖。[②] 他是自由基生物学和医学协会（Society for Free Radical Biology and Medicine）的前任主席，国际自由基研究学会（Society for Free Radical Research International）现任主席。

五是大麻研究。2013 年乌拉圭成为世界上第一个实施大麻合法化的国家，与此同时，乌拉圭也在推动与大麻有关的研究，成立了大麻管制与控制研究所（El Instituto de Regulación y Control del Cannabis），负责大麻作物的种植、收获、生产、加工、储存、配送和调配，目的是减少与大麻使用有关的风险和损害，并监测法律和条例的执行情况。2016 年 12 月 8 日，乌拉圭在首都蒙得维亚市中心巴勒莫区建立了南美首个大麻博物馆（Museo del Cannabis de Montevideo，MCM），旨在向游客展示大麻的历史及介绍大麻的"多种用途"。为开展大麻的相关研究，2018 年 11 月 28 日乌拉圭设立了拉丁美洲第一个大麻衍生药物实验室，该实验室位于卡内洛内斯市，总统巴斯克斯亲自为实验室剪彩。该项目由加拿大奥罗拉大麻公司（Aurora Cannabis Inc.）新收购的子公司 ICC 实验室投资 1200 万美元建造。该实验室拥有满足南美洲及墨西哥和中美洲大麻需要的生产能力。

---

① "Uruguay is 'World Power' in Biomedicine, Scientist Says", December 25, 2016, http: //laht. com/article. asp? CategoryId = 23620&ArticleId = 2427853.

② "Mexico Awards Science and Technology Prize to Uruguayan Doctor", December 12, 2018, http: //laht. com/article. asp? CategoryId = 23620&ArticleId = 2471396.

第四节 环境保护

一 环境问题

乌拉圭不存在严重的环境问题，绿色政治在乌拉圭扎根的时间不长，影响也不大。在1989年选举中，绿党（Green Eto-Ecologist Party）只获得了0.5%的选票。2013年由塞萨尔·维加创建和领导的"激进不妥协生态党"在2014年总统竞选中仅获得0.78%的选票。然而，乌拉圭也存在一些环境问题。

第一，水污染问题。自来水含铅导致30%的儿童体内铅含量过高。另外，圣卢西亚河水质自2014年以来显著下降，而该河是全国60%人口饮用水的主要来源。水污染与农牧业公司有一定关系。自1960年以来，乌拉圭自然牧场和耕地产量翻了一番①，由于过量使用化肥，水的生态系统出现富营养化。过量的肥料被冲进溪流或池塘，导致藻类爆炸性生长，水中的磷含量过高，产生大量蓝藻。

第二，毁林及植树造林产生的环境和生态问题。与林业有关的环境和生态问题有两个：一是毁林问题，乌拉圭超过10%的森林遭到砍伐。二是植树造林产生的生态和环境问题。林业是该国最具成长性的产业之一。植树造林虽然抵销了毁林问题，但它产生了新的环境及生态问题。在植树造林过程中，乌拉圭引入了一些新的非本地物种，对本地物种构成了一定威胁。此外，大片草原被改造成森林，大量杀虫剂和除草剂被用来防止树木受到害虫和杂草的影响，对环境造成了污染。

第三，重金属污染问题。乌拉圭的重金属污染可以从蒙得维的亚港的污染中看出来。上游城市未经处理的废物、石油化工行业以及热电厂的工业排放，导致重金属（镉、锌、铜、铅、银、汞等）和碳氢化合物在水

---

① Y. Ran, L. Deutsch, M. Lannerstad, J. Heinke, "Rapidly Intensified Beef Production in Uruguay: Impacts on Water-related Ecosystem Services", *Aquatic Procedia*, No. 1, 2013, pp. 77 – 87.

中积累。1998 年夏季和冬季对蒙得维的亚港做的首次环境评估显示，有机质含量高的泥质沉积物占据了整个研究区域。主要的重金属污染包括锌、铅、铜、铬、汞、镍和银，内海区域受污染物影响最严重。① 这些高强度的重金属排放会影响环境，也会对人类造成伤害。

二　环境立法及环保制度

乌拉圭环境问题由住房、领土规划和环境部下属的国家环境局（Dirección Nacional de Medio Ambiente，DINAMA）负责。国家环境局负责国家环保计划的制定、实施、监测和评估，提出和实施这一领域的国家政策，通过国家和公共实体的综合环境管理，协调环境保护与可持续发展。

乌拉圭具有完善的环境立法，环境法规健全。涉及环境问题的法律法规主要有《宪法》（第 47 条）、《环境保护法》（Ley de Proteccion del Medio Ambiente，LPMA，2000 年 11 月 28 日）、《环境影响评估法》（Ley de Evaluacion del Impacto Ambiental，1994 年 1 月 19 日）等。这些法律法规提出的一般性环保原则有：保护空气、水、土壤和景观的环境质量；保护生物多样性和海岸的结构；减少和适当处理有毒或危险物质与任何类型的废物；预防、消除、减轻和补偿负面环境影响；保护及共享在国家管辖范围之外的环境资源；参与区域和国际环境合作及全球环境问题的解决；制定、实施和执行国家环境与可持续发展政策。此外，这些法律法规还对环境保护问题做出了一些具体的规定。

第一，环境许可及审计。根据《环境影响评估法》和第 349/005 号法令，在开始某些生产活动之前，必须向环境部提交环保信息，并取得环境许可证（Autorizacion Ambiental Previa，AAP）。法律虽然没有规定特定的污染工业有接受环境审计的义务，但明确要求某些建筑和工程进行环境

---

① Pablo Muniz, et al., "Assessment of Contamination by Heavy Metals and Petroleum Hydrocarbons in Sediments of Montevideo Harbour (Uruguay)", *Environment International*, Vol. 29, No. 8, 2004, p. 1019.

影响评估。

第二，环境污染报告制度。如果在现场发现污染或发现污染正在扩散，乌拉圭现有法律法规没有明确规定必须向环境监管机构或可能受到影响的第三方报告。但是，按照一般规则，这种情况必须向环境监管机构披露。此外，根据2017年的法案，妨碍环境监管或向相关部门提供虚假信息是一种犯罪行为，这可能导致最高两年的监禁。

第三，环境违法的责任和处罚。在违反环境法和/或环境许可的情况下，乌拉圭法律规定了三种不同的责任：民事责任、行政责任和刑事责任。2017年法案加大了对环境违法的刑事处罚，乌拉圭刑法把"危害环境罪"列为一节。一般来说，执法机构会为了执行环境法而征收罚款。罚款金额取决于侵权行为，但一般来说，罚款金额从10个可调整单位（r.u，"Unidades Reajustables"）到10万个可调整单位（1个r.u＝1015.33比索）不等。此外，执法机构有权实施警告、没收和停业等处罚。

三 气候变化问题

气候变化对乌拉圭影响较大，乌拉圭致力于减少碳排放，发展清洁能源，并积极开展国际合作。

（一）气候变化对乌拉圭的影响

乌拉圭领土规模不大，工业规模小，对全球变暖的影响不大。但由于经济主要基于对自然资源的利用，易受气候变化的影响。气候变化的脆弱性主要受地理因素的影响。国家大部分领土位于拉普拉塔河下游，地势低洼，极易受到大西洋西南复杂洋流和大气系统的影响，从而发生极端天气事件。气候变暖加剧了这一地区极端天气事件发生的频率。在乌拉圭，不利的气候事件主要与干旱、洪水、霜冻、热浪、冰雹、龙卷风和突如其来的水文气象有关。气候变化对极端天气事件的影响表现在降雨量增加和暴风雨频率增加。与此同时，乌拉圭对干旱高度敏感，在过去的一百年中，连续几天不下雨的情况越来越多。降水的多变性和极端天气事件的频率是气候变化影响经济的两个方面。其中，农业生产和能源部门受到的影响最大。当许多天没有降雨，而后降雨量超过70毫米时，干燥的土壤不能吸收水分，水就会流失，就不能汇入河流，将影响水电生产。

　　根据乌拉圭在 2010 年 11 月向《联合国气候变化框架公约》（UNFCCC）秘书处提交的第三份"国家报告"，在过去的 10 年里，乌拉圭出现极端洪水和干旱情况比以往任何时候都要严重得多。2007 年，洪水造成超过 1.4 万人受灾，经济损失超过 2100 万美元。2009～2010 年，因洪水疏散的人口上升到 14886 人。1999～2000 年干旱造成的经济损失估计超过 2 亿美元；2008～2009 年，干旱持续的时间比以往更长，对生产活动的影响更大，造成了更大的经济损失。[①]

　　（二）排放结构与减排目标

　　乌拉圭温室气体排放主要来自能源生产与农牧业生产。其中，2010 年能源生产占二氧化碳排放量的 94%，牛肉生产占甲烷排放量的 78% 和一氧化二氮排放量的 61%（见表 6-8）。

　　在减排目标上，乌拉圭在 2015 年 9 月 25 日向联合国提交的国家自主贡献（INDC）报告中提出了以 1990 年为基准、两种情境下的 2030 年减排目标：一是通过国内资源实现的减排目标；二是获得外部资金支持的减排目标。

表 6-8　乌拉圭温室气体排放的部门构成及减排目标

温室气体	各部门占排放总量的比重	2030 年减排目标（以 1990 年为基准）	
		国内资源	外部资金支持
二氧化碳（CO_2）	土地利用、土地利用变化及森林（LULUCF）	每年减少 13200 千克	每年移除 19200 千克
	能源生产（2010 年占二氧化碳排放量的 94%）	将单位 GDP 的排放强度降低 25%	将单位 GDP 的排放强度降低 40%
		将发电排放控制在 40g/kWh 以下	将发电排放控制在 20g/kWh 以下
	工业过程（2010 年占二氧化碳排放量的 6%）	将单位 GDP 的排放强度保持在一定范围	将单位 GDP 的排放强度降低 40%

[①]　"Tercera Comunicación Nacional a la Conferencia de las Partes en la Convención Marco de las Naciones Unidas sobre Cambio Climático"，https：//www. cambioclimatico. gub. uy/images/Tercera％20Comunicacin％20Nacional. pdf.

续表

温室气体	各部门占排放总量的比重	2030 年减排目标(以 1990 年为基准)	
		国内资源	外部资金支持
甲烷(CH_4)	牛肉生产(2010 年占甲烷排放量的 78%)	每千克牛肉的排放强度降低 33%。	每千克牛肉的排放强度降低 46%
	废料(2010 年占甲烷排放量的 7%)	将单位 GDP 的排放强度降低 44%	将单位 GDP 的排放强度降低 68%
	其他部门和活动(2010 年占甲烷排放量的 15%)	将单位 GDP 的排放强度降低 45%	将单位 GDP 的排放强度降低 60%
一氧化二氮(N_2O)	牛肉生产(2010 年占 N_2O 排放的 61%)	每千克牛肉的排放强度降低 31%	每千克牛肉的排放强度降低 41%
	其他部门和活动(2010 年占 N_2O 排放的 39%)	将单位 GDP 的排放强度降低 40%	将单位 GDP 排放强度降低 55%

资料来源:"Uruguay: Contribución Prevista Nacionalmente Determinada", https://www4.unfccc.int/sites/submissions/INDC/Published%20Documents/Uruguay/1/INDC%20Uruguay%20español.pdf.

(三) 应对气候变化的政策和措施

2010 年 2 月 24 日,乌拉圭政府批准和提交了《应对气候变化的国家计划》(PNRCC)。作为一个战略框架,该计划列出了乌拉圭减少温室气体排放以及受气候变化影响较大的行业和部门实现适应发展的行动方针和措施。

一是加强多部门联动及协调。2009 年 5 月乌拉圭建立了应对气候变化及变数的国家体系(SNRCC),多个部委参与国家应对气候变化的行动。住房、领土规划和环境部下属的国家环境局专门设立了气候变化处(Unidad de Cambio Climático),负责与气候变化有关的具体事务。此外,乌拉圭还成立了一个特设咨询委员会。该委员会由住房、领土规划和环境部负责协调,成员主要由各部委、学术机构、研究机构、环境非政府组织和生产部门的技术专家组成。他们参与制定应对气候变化的国家计划。

二是加强对温室气体排放的监控。根据第 19147 号法令,国家环境观测站(Observatorio Ambiental Nacional)负责记录和更新有关环境问题的信息,对污染排放、有害物质、环境废物和温室气体排放进行量化。

　　三是减排政策。在减排政策上，乌拉圭不以牺牲粮食生产为代价，而是致力于提高各部门的效率，降低排放强度。能源是实施减排目标的重点。乌拉圭在《2005～2030年国家能源政策》中提出，发展可再生能源，实现更清洁的能源结构。在发电部门，通过实现40%的非传统可再生能源（主要是风能，也包括光电和生物废料）以及55%的水力发电来实现。与此同时，运输部门是降低GDP单位能源排放量的一个重点。农业是乌拉圭经济的基础和支柱，同时也是温室气体的主要来源。2010年乌拉圭实施了气候智慧农业政策，提出了降低农业部门排放强度的措施和办法。乌拉圭提出将通过引进新技术和吸收具有类似特点的其他国家取得的成功经验，建立一个更有效率、有复原力和低碳的养牛场。基于这些政策，乌拉圭的目标是到2030年将每千克牛肉（活重）的甲烷排放强度在1990年基础上降低33%。

　　四是实施气候变化适应政策。乌拉圭在2010年《应对气候变化国家计划》中提出，将实施适应政策作为应对气候变化的重点。在这方面，乌拉圭提出通过实施公共政策，利用国内外资源，在国家和次国家层面，加大对气候变化和多样性的适应以及不同部门的气候风险管理。

（四）乌拉圭与联合国气候变化谈判

　　乌拉圭积极参与联合国气候变化谈判。1994年7月22日乌拉圭通过了《联合国气候变化框架公约》，2000年11月23日通过了《京都议定书》。乌拉圭先后在1997年、2004年和2010年向《联合国气候变化框架公约》秘书处提交了三份《国家信息通报》，回顾了乌拉圭政府在应对气候变化方面已经采取的行动和政策以及就国际标准采取进一步行动的承诺。① 2015年9月29日乌拉圭向《联合国气候变化框架公约》秘书处提交了国家自主贡献（INDC）报告。

　　在气候变化谈判中，乌拉圭坚持自己的发展中国家地位，不希望应对

---

①　"Tercera Comunicación Nacional a la Conferencia de las Partes en la Convención Marco de las Naciones Unidas sobre Cambio Climático"，https：//www. cambioclimatico. gub. uy/images/ Tercera% 20Comunicacin% 20Nacional. pdf.

气候变化的减排计划影响本国的发展，指出"乌拉圭是一个发展中国家，其经济应继续增长，以确保其社会实现更高水平的公平"，"不能以牺牲粮食生产为代价来减缓气候变化"。与此同时，乌拉圭支持发展中国家主张的"共同但有区别的责任"，希望获得外部资源提供的额外执行手段，以采取额外的气候变化减缓行动。

四　环境治理成效与不足

通过环境政策和法律法规的实施，乌拉圭的环境治理取得了一定成效。在《2018 年全球环境绩效指数》① （Environmental Performance Index，EPI）排名中，乌拉圭在 178 个国家中排第 47 位。② 其中环境健康、空气质量、水和卫生设施、二氧化碳排放强度等指数排名靠前（见表 6 - 9）。

表 6 - 9　乌拉圭在《2018 年全球环境绩效指数》中的排名

	目前排名	当前得分	基础排名	基础得分
环境绩效指数	47	64.65	72	56.28
环境健康	30	84.72	33	78.31
空气质量	37	87.49	38	83.07
家庭固体燃料	53	69.63	45	58.19
PM2.5 暴露浓度	1	100.0	1	100.00
PM2.5 超标数量	65	98.79	73	99.30
水和卫生设施	30	83.37	33	72.99
饮用水	31	77.47	32	70.22
卫生状况	28	89.27	33	75.76
重金属	74	56.76	75	48.39
生态系统活力	101	51.27	142	41.59

① 2002 年首次发布，由耶鲁大学和哥伦比亚大学的研究人员与世界经济论坛（World Economic Forum）合作编写，两年发布一次，旨在补充《联合国千年发展目标》中设定的环境目标。2018 年报告于 2018 年 1 月 23 日发布。

② "2018 Environmental Performance Index"，https：//epi. envirocenter. yale. edu/epi-topline? country = &order = field_ epi_ rank_ new&sort = asc.

续表

	目前排名	当前得分	基础排名	基础得分
生物多样性和栖息地	136	49.70	130	47.34
生物群落保护（全球）	128	48.98	115	42.27
生物群落保护（国家）	127	48.98	115	42.26
物种保护指数	146	26.52	142	23.33
代表性指数	159	9.38	163	4.27
物种栖息地指数	132	71.81	129	90.00
森林（树木覆盖损失）	136	0.00	134	10.21
渔业	48	61.37	95	52.44
气候与能源	6	79.01	116	38.70
二氧化碳排放强度 – 总数	22	70.93	123	37.04
二氧化碳排放强度 – 功率	11	94.25	11	94.25
甲烷排放强度	1	100.00	178	0.00
N_2O 排放强度	28	83.62	177	0.00
炭黑排放强度	166	10.31	139	26.52
空气污染	180	0.01	149	28.79
SO_2 排放强度	180	0.00	158	20.65
NOX 排放强度	179	0.01	108	36.93
水资源（污水处理）	105	58.85	105	58.85
农业（可持续氮管理）	8	62.38	8	62.38

资料来源："2018 Environmental Performance Index-Uruguay"，https：//epi. envirocenter. yale. edu/epi – country – report/URY。

第七章

文　化

　　乌拉圭文化（包括教育、科技、体育、文学艺术和新闻出版）发展水平居拉美国家前列。这与国家的大力支持和推动密不可分。2005年乌拉圭设立了"国家文化奖励基金"，目的是整合社会资源、促进文化发展，鼓励全民参与、培育共识、增强国家凝聚力。该政策规定：任何公民个人和社会组织都可以向国家提出文化项目，评审立项后可得到奖励资金；任何企业法人均可自愿资助国家批准立项的文化项目，出资企业可享受税务减免或抵扣。[①]

第一节　教育

一　教育发展史

　　18世纪中期，方济各会在蒙得维的亚建立了第一所学校。随后，多明我会、耶稣会和方济各会相继开办了一些学校。这些教会学校只教阅读、写字、算术和一些宗教常识。18世纪末，克拉拉·萨瓦拉（Clara Zabala）开设了一所专收女孩子的公共学校。当时的蒙得维的亚还没有中等和高等教育，人们只能到阿根廷去学习。

　　独立初期，由于政局不稳定，政府无暇顾及教育。1833年达马索·安东尼奥（Dámaso Antonio）神父提出一项建立7个大学学科的法案。

---

① 《乌拉圭："国家文化奖励基金"成国策》，《中国文化报》2013年1月31日，第10版。

1849 年共和国大学建立，这是拉美国家建立的第 19 所大学。该大学当时只有一个法律系，另外设有拉丁文、哲学和数学等预科课程。到 1850 年，全国有 30 所学校，约 3000 名学生。

19 世纪 70 年代，佩德罗·巴雷拉（José Pedro Varela，1845～1879）在推动建立现代公共教育制度方面发挥了重要作用，他因此被誉为"现代乌拉圭的创建者"，其影响仅次于何塞·巴特列－奥多涅斯。巴雷拉出生于 1845 年，1867 年他访问了欧洲。在随后访问美国时，他结识了美国教育家霍勒斯·曼（Horace Mann），并接受了他"教育应是免费的""每个人都应有受教育的机会"等思想。在 1868 年乘船从美国返回乌拉圭的途中，巴雷拉遇到了阿根廷伟大的政治家和教育家萨米恩托（Domingo Faustino Sarmiento）。萨米恩托关于"统治就是教育"的理念深深影响了他。回到蒙得维的亚后，巴雷拉不仅开办示范学校，还著书立说，向政府和民众阐述与推广他的教育思想。1874 年，巴雷拉出版了《人民教育》（*La Educación del Pueblo*）。2 年后他又出版了《学校立法》（*Legislación Escolar*）。这两部著作是乌拉圭教育的里程碑。巴雷拉在书中阐述的教育思想逐渐被政府接受。1877 年，拉托雷政府委任巴雷拉为初等教育总监，并参与起草教育法。同年，由巴雷拉参与制定的《共同教育法》获得通过。虽然这部法案对原来的草案做了一定的修订，但巴雷拉主张的义务教育制、世俗（非宗教主义的）教育和免费教育等原则都被写入其中。它们成为乌拉圭现代教育的基石。1879 年巴雷拉年仅 30 多岁便离开了人世。根据他的教育理念，乌拉圭逐步建立了一套完整的公共教育体系。

经过持续不断的努力，乌拉圭已构建起从学前教育到大学教育的全民免费教育体系。在乌拉圭，教育被视为一种权利。通过公平地接受教育，实现教育平等的指导思想。

二 教育成就及问题

乌拉圭教育制度和教育水平曾是最令该国人民自豪的。但近年，出现的问题越来越多。

乌拉圭教育制度奉行三个基本原则：普及教育、免费教育和世俗教育。2018 年成人非文盲率达 98.62%，是拉美最高的国家之一。2016 年小学和中学入学人数占学龄儿童总数的 98.35%。男女生在入学率方面没有差别，甚至女生入学率比男生入学率还要高。2008 年免费义务教育从 9 年提高到 14 年。公立大学和专科学校免收学费。2005 年 3 月上台执政的左翼的广泛阵线政府重视教育公平。2006 年 12 月，巴斯克斯政府提出"一人一本"（One Laptop Per Child，OLPC）的"木棉计划"（Plan Ceibal），即为每名学生提供一台耐用、低功耗并可联网的便携式计算机，作为一个强调社会正义与公平的包容性项目。

教育历来受政府的重视，政府将教育看作提高整体国民素质、加强国家竞争力，促进经济、社会、文化等各方面发展的最大动力。1985 年以来的各届文人政府对教育的投入不断扩大，进入 21 世纪后教育支出继续保持增长势头。根据世界银行统计，政府教育支出占政府财政支出的比重从 2000 年的 8.32% 提高到 2011 年的 14.93%。教育支出占 GDP 的比重从 2000 年的 2.42%，增加到 2011 年的 4.36%（见表 7 - 1）。

表 7 - 1　2000～2015 年乌拉圭政府教育支出占比情况

单位：%

年份	占事业单位支出的比重	占政府财政支出的比重	占 GDP 的比重
2000	95.25	8.32	2.42
2002	92.42	7.69	2.32
2003	92.72	6.80	2.07
2004	87.79	8.39	2.50
2005	95.28	9.44	2.71
2006	94.26	9.88	2.88
2011	95.37	14.93	4.36
2015	95.97	—	—

资料来源：世界银行；CEIC 数据库。

虽然政府教育支出持续增长，但增长速度平缓，导致乌拉圭教育投入水平落后于拉美其他很多国家。根据美洲开发银行 2017 年的一项研究，拉美和加勒比地区平均教育支出占 GDP 的 5.1%，乌拉圭为 4.5%，在该地区 22 个国家中排第 17 位。

近年来，教育体系中存在的问题困扰着各届政府。一是教育质量下降。在经济合作与发展组织（OECD，简称"经合组织"）开展的国际学生评估项目（PISA）测试中，乌拉圭成绩下降，远未达到经合组织的平均水平。二是教师待遇问题。中学教师的起薪低于 720 美元，全国中学教师联合会（La Federación Nacional de Profesores de Educación Secundaria，FENAPES）要求提高到 1000 美元。三是教育基础设施不足，教室过于拥挤。四是师资短缺，合格教师不足。根据《国家报》（*El País*）在 2018 年 1 月发布的一份报告，在全国 301 所中学中，只有一所拥有的合格教师超过 80%。[①]

对于教育系统存在的问题，教师工会掀起了持续不断的罢工活动。其中，2013 年 6 月 20 日中学教师举行了当年最大的一次持续 48 小时的全国罢工行动。这次罢工由中学教育工会（La Asociación de Docentes de Enseñanza Secundaria，ADES）和全国中学教师联合会联合发起。全国 19 个省的学校全部关闭，80% 的中学教师参加了罢工。罢工组织者提出了三个要求：加大对教育基础设施的投资；聘用更多教育工作者（包括教师和其他教育服务提供者）；对教师全面加薪。面对教育系统存在的问题，巴斯克斯在 2014 年 10 月总统竞选时曾承诺对国家教育体系进行结构性改革。他在 2015 年 3 月就职演说中承诺：为 3~14 岁的儿童建立一个完整的教育体系；创建师范大学，加强教学专业建设；到 2020 年，17 岁的学生将 100% 继续接受教育；到 2020 年将 GDP 的 6% 用于教育。由于许多改革措施落实不到位，教师罢工持续不断。为此巴斯克斯政府于 2015 年 8 月颁布了一项为期 30 天的法令，宣布教育是一项重要的公共服务，将罢工行动定为非法。此令一出导致了更大规模和更大范围的全国罢工活动。[②]

面对这些问题，进行教育改革的呼声不断。由于对巴斯克斯政府教育政策的不满，2015 年 11 月，教育和文化部副部长费尔南多·费尔盖拉

---

① "Uruguayan Education in Critical Condition"，*Brazil & Southern Cone*，June 2018.

② "URUGUAY: Pain on the Left for Vázquez"，*Weekly Report*，August 27, 2015.

（Fernando Filgueira）和国家教育主任胡安·佩德罗·米尔（Juan Pedro Mir）双双辞职。他们与数十位政治家、学者以及当地教育界人士于2016年创建了"教育21"（Edu21）组织，致力于推动教育行业的深度转型。

三 教育体制

乌拉圭各级教育体系包括学前教育、初等教育、中等教育、高等教育、成人教育和职业教育。根据世界银行的统计，2011年各级教育支出在政府教育支出中的占比分别为：学前教育12.1%、小学27.9%、中学33.2%、大学26.8%。2015年乌拉圭各级教育机构的学校数量、在校生及教师数量见表7-2。

表7-2 2015年乌拉圭各级教育机构情况

单位：所，人

	学校数量	在校生数量	教师数量
学前教育	1072	112917	8937
小学	2389	304060	17848
中学	549	263958	21912
技校	139	93022	7546
公立大学	1	25971	11002
私立大学	5	26998	2851

资料来源：外交部网站，《乌拉圭国家概况》，https：//www.fmprc.gov.cn/web/gjhdq_676201/gj_676203/nmz_680924/1206_681192/1206x0_681194/。

（一）学前教育

学前教育从3岁至5岁，学习时间为3年。2008年以后学前教育被纳入义务教育，覆盖面不断扩大。2015年全国有学前教育机构1072所，学生112917人，教师8937人。

（二）初等教育

初等教育从6岁开始，学制6年，实行义务制教育。周一至周五上课，一年的上课时间为180天左右，每天4小时。每个班由一个教师管理，除必要的文化课外，学生们还接受音乐、体育、舞蹈、手工等方面的教育。城市里的学校比较注重基础教育，教育方法也较灵活。一般学校设有实验室、工场。农村地区的学校开设的课程则基本与当地的生产需要密切相关，还为那些不识字或没有完成小学学业的成人（15 岁以上）开设学习课程。学校向贫困学生提供免费午餐。由于学校食堂得到政府的补贴，午餐价格非常便宜。为了使学生在校感到更加平等，学校鼓励学生穿校服。近 20 年，初等教育发展平稳。初等教育入学率持续上升，2016 年为 98. 35%。

（三）中等教育

中等教育的入学年龄约为 12 岁，学制 6 年。中等教育分两个阶段，每个阶段为 3 年。第一阶段为"基础阶段"，相当于我们的初中，为 9 年义务教育的一部分。在此阶段，学生们可在学校或中等教育委员会下属的学校或职业技能教育委员会下属的技工学校接受教育。每周有32 ~ 36个课时。第二阶段相当于我们的高中。在此期间，学生们有两个选择：一是进入普通中学；二是接受职业技能教育。普通中学课程有生物、人文和科学三个方面。职业技能教育有不同的方式，时间跨度为 1 ~ 7 年，根据所学内容，分为高级技能、中级技能和劳动者资格技能。这些技能主要包括 4 个方面：农业、工业、手工艺和服务业。

近年来，中等教育出现了比较大的问题，中学生的逃学率很高，完成率很低。根据乌拉圭国家教育评估研究所（Ineed）2018 年发布的一项研究结果，在最富裕的 1/5 的人口中，71% 的年轻人完成了中等教育；而在最贫穷的 1/5 的人口中，完成中等教育的甚至没有达到 15%。20 ~ 24 岁的人群中，只有 40% 的人完成了中等教育。在 15 个拉美国家中，乌拉圭排第 14 位。[①]

（四）高等教育

乌拉圭高等教育普及率居拉美前列。2016 年全国 25 岁以上人口中获得大学学士学位或同等学力的人口占比为 10. 64%（见表 7 - 3），这一比率在拉美是最高的。其中男性占比为 7. 49%，女性占比为 13. 1%。在高等教育阶段，学生在校学习时间为 4 ~ 7 年。由于享有乘车优惠、食品补贴等诸多优惠，学生通常会延长在校学习的时间。

---

① "Uruguayan Education in Critical Condition", *Brazil & Southern Cone*, June 2018.

表 7 - 3　2013～2016 年乌拉圭 25 岁以上人口中接受高等教育的人口占比

单位：%

年份	学士学位	硕士学位	博士学位
2013	7.20	1.41	0.06
2014	7.41	1.63	
2015	10.50	1.70	
2016	10.64	1.72	

资料来源：世界银行；CEIC 数据库。

1985 年以前，共和国大学是全国唯一的大学。1984 年，军政府开放高等教育后，私立高等教育才逐步发展起来。天主教大学是第一所得到官方承认的私立高校。到 2013 年，私立高校学位颁发量已占全国每年学位颁发量的 10%。截至 2017 年，全国共有 5 所私立大学。新兴的私立大学主要集中在某些应用性强、就业前景好的学科领域，如计算机科学、工商管理等。乌拉圭私立高等教育不发达的原因主要有三个：天主教对社会的影响较小、公立教育的质量较高以及国家对私立高校的约束。①

1. 共和国大学（Unversidad de la República，UdelaR）

共和国大学 1833 年由神父达马索·安东尼奥·拉腊尼亚加（Damaso Antonio Larrañaga，1771～1848）资助建立，1849 年 7 月 18 日正式建立。作为公立大学，学生免费就学，2012 年在校人数为 10.89 万人。

共和国大学共有 15 个院系和几所研究机构：法律系（1849）、医学系（1875）、工程系（1915）、建筑系（1915）、农学系（1925）、化学和药物系（1929）、牙科系（1929）、经济科学与管理系（1932）、兽医系（1933）和人文科学学院（1945）等。其中，医学系是最有影响力的一个系，拥有一流的医学实验室，其标准可与美国及欧洲的实验室相比。每年都吸引很多南美洲其他国家的学生就读。此外，法律系和经济科学与管理系的地位也很重要，1998 年在这两个系就读的学生分别达 2.23 万人和

① 沃伦·罗安：《乌拉圭私立高等教育的障碍》，胡六月译，《浙江树人大学学报》（人文社会科学版）2013 年第 2 期，第 9 页。

7100 人。许多系或研究所都开设了研究生课程。2017 年 11 月 29 日乌拉圭建立的第一所孔子学院就设在这所大学。

根据 1885 年的《组织法》（La ley Orgánica），共和国大学享有自治地位。学校主要的管理权由校长负责。1908 年 12 月 29 日颁布的《大学组织法》，建立了由三方代表组成的指导委员会，学生被允许参加大学的管理。1958 年颁布的《大学组织法》赋予共和国大学新的自治地位，允许大学生、研究生和老师参加大学的管理。共和国大学的校长由总统任命，并提交参议院通过。军政府时期共和国大学的自治地位被取消。1985 年 3 月文人政府上台后，恢复了共和国大学的自治地位。2014 年数学家罗伯托·马克里安（Roberto Markarian）就任共和国大学校长。

共和国大学没有统一的校园，各个院系分散在首都蒙得维的亚的不同地区。大学总部的主体建筑位于蒙得维的亚繁华的七月十八日大道上，紧邻国家图书馆。经济科学与管理系、法律系和社会科学系也设在那里。

2. 天主教大学（Unversidad Católica Dámaso Antonio Larrañaga，UCUDAL）

天主教大学是乌拉圭历史最悠久的私立大学。该校 1982 年由蒙得维的亚大主教玛丽诺·索勒（Mariano Soler）创建，后一度关闭。1985 年重新建立，并交给耶稣会（Compañía de Jesús）管理。该大学致力于促进卓越学术、意识形态多元化、普世主义和宗教间对话的结合。1998 年共有学生 2147 人，2012 年增加达到 9478 人，在校学生人数仅次于共和国大学。全校设有 7 个院系（Departmento）：商业科学、护理和卫生技术、人文科学、法律、工程与技术、牙科和心理学。

3. 乌拉圭大学（Universidad del Uruguay，ORT）

1996 年 9 月成立，为私立大学。2012 年在校人数为 7511 人。现有 5 个院系和研究所，主要专业为信息技术，此外还有建筑、工程、通信及设计、管理与社会科学等专业，可授予研究生、本科、短期课程和技术课程等 63 个学位或职业证书，与中国的哈尔滨师范大学、贵州财经大学、吉林北华大学有交换生项目合作。

4. 蒙得维的亚大学（Universidad de Montevideo，UM）

蒙得维的亚大学是 1986 年成立的一所私立大学，但直到 1997 年才被政府正式批准建立，被认为是该国最好的大学之一。设立了管理、经济、法律、人文、工程和生物医学等学科。

5. 企业大学（Universidad de la Empresa，UDE）

该大学官网自称是乌拉圭最早的私立大学。其前身是 1992 年在乌拉圭市场营销经理协会（ADM）支持下成立的商学院。1998 年被正式批准设立。该校主要致力于发展职业教育、促进社会平等和可持续发展。共有企业、法律、教育、农业、设计、工程和医学 7 个院系。在 2018 年 4 月 2 日开始的新学年，共有 5500 名学生。

6. 乌拉圭劳动大学（Universidad del Trabajo del Uruguay，UTU）

其前身是 1878 年在蒙得维的亚成立的科技教育公共机构，除了共和国大学之外，是在校学生人数较多的大学之一，2015 年拥有 9.3 万名学生。它在全国共拥有 291 个学校和中心，其中包括技术学校、农业学校和社区教育中心。

（五）成人教育

公共职业学校和普通中学在晚上开设一些成人教育课程。外语是成人教育的一项重要内容。乌拉圭—美国文化联盟（Alianza Cultural Uruguay-Estados Unidos）是一个得到美国政府和乌拉圭私人支持的双边文化交流中心。它成立于 1939 年 9 月，吸引了大批英语学习者。该中心在内陆省份还设有 20 多个分部。

英国—乌拉圭文化学院（Anglo-Uruguayan Cultural Institute），得到了英国政府和乌拉圭私人的资助，在蒙得维的亚、萨尔托和派桑杜等城市向人们教授英语和文学课程。

此外，法国、意大利和巴西政府与乌拉圭一些机构或协会也联合创办了类似的成人教育项目。

（六）职业教育

最早的职业技能学校是 1829 年建立的商业学校（Escuela Mercantil，1829～1936）。1879 年技能和手艺学校（Artesy Oficios）建立，但它不是现代意义上的职业技能学校。当时，它专门接收那些行为规范不好的孩子，让他们学习服从，劳动是一种惩罚手段。

20 世纪初，著名画家佩德罗·菲卡里（Pedro Figari）提出学校教育的目的不仅是学习科学，还要学习行业技能。他利用担任技能和手艺学校校长的机会，将学校发展成一所具有中等教育水平的职业技能学校。1942年为了改变技能教育的社会形象，该校改名为劳动大学（Universidad de Trabajo）。20 世纪 60 年代以后，特别是军政府时期，职业技能教育发展很快。目前，职业教育已成为该国中等教育的重要组成部分。

第二节　科学技术

一　科技政策

长期以来，乌拉圭科技投入水平不高。1994～1999 年，研发资金占GDP 的比重只有 0.23%，落后于巴拿马（0.88%）和秘鲁（0.75%）等拉美其他国家，其后有所改观。据联合国教科文组织的数据，2008～2016年研发资金占 GDP 的比重保持在 0.3%～0.4%。研发资金主要来源于高等教育机构和政府，企业研发资金投入较少。研发资金主要投入在农业、工程和技术、自然科学、医学和社会科学领域（见表7-4）。

表7-4　乌拉圭研发资金及其来源和投入领域

2016 年研发资金		2016 年资金来源(%)		2016 年资金投入领域(%)	
金额（百万美元）	6491	企业	4.59	自然科学	17.02
PPP（百万美元）	305	政府	28.24	工程和技术	21.10
人均 PPP（美元）	88.51	高等教育机构	59.48	医学	18.48
占 GDP 的比重(%)	0.4	私人非营利机构	0.27	农业	21.95
		国外资金	7.42	社会科学	12.48
				人文	8.95

资料来源：UNESCO Institute for Statistics, "Uruguay-Science and Technology and Innovations", http：//uis. unesco. org/en/country/uy? theme = science - technology - and - innovation。

国家科学和技术研究委员会（Consejo Nacional de Investigaciones Científicas y Tecnológicas，CONICYT）是负责制定全国科技政策的主要机构。该机构成立于1961年。在行政管理上隶属于教育和文化部，但拥有一定的独立地位。委员会由11名委员组成，其中6名由政府任命，4名由共和国大学任命，1名工业部门代表。共和国大学计划局下属的科学和技术部在计划和协调共和国大学各研究机构的科研活动方面也发挥着重要的作用。

2005年成立了由教育和文化部、经济和财政部、工业能源和矿业部、农牧渔业部以及计划和预算局组成的创新部长内阁（GMI）。在创新部长内阁的推动下，2009年4月乌拉圭制定了《国家科学、技术和创新战略规划》（PENCTI），重新规划了国家在科学、技术和创新领域的战略路线和重点。[1]

二　科技发展

乌拉圭的科技发展重心主要集中在生理学、农学、医学和兽医学等方面。1955年乌拉圭成立了国家原子能委员会（CNEN），1965年成立了国家工程学院（ANI），2009年建立了乌拉圭科学院（ACU）。其他科研机构主要分布在大学（主要是共和国大学）以及工业能源和矿产部、农牧渔业部、公共卫生部等部委之下。

（一）工业研究和技术

乌拉圭技术标准研究所（UNIT）成立于1939年，是乌拉圭成立的第一家、拉美成立的第二家进行质量控制的机构。至今已发布了1400个国家技术标准，并在其文献中心的基础上，汇编了其他市场质量要求的信息。它还与国际质量标准组织建立了协作关系。乌拉圭1950年成为国际标准组织（ISO）的成员，1961年加入在蒙得维的亚成立的泛美技术标准委员会（COPANT），是6个创始成员国之一。目前该组织已有28个成员。1992年成为南共市标准化协会（AMN）的

---

① Guillermo A. Lemarchand，"National Science，Technology and Innovation Systems in Latin America and the Caribbean"，UNESCO 2010，p. 119.

创始成员国。

技术和化学研究所（Instituto de Tecnología y Química）附属于共和国大学，为研究和咨询机构。

乌拉圭技术分析实验室（LATU）成立于 1975 年，主要负责对出口产品进行质量控制。它拥有一个占地 11 公顷的实验室（1989）、一个展览公司和一个科学园。

国家肉类研究所（Instituto Nacional de Carnes），对肉类产品的质量控制、保存和产品加工过程监督等进行研究和分析。

乌拉圭羊毛局（SUL），1966 年由乌拉圭农业协会（Asociación Rural del Uruguay）、乌拉圭农业联合会（Federación Rural del Uruguay）及一些饲养者协会等生产组织联合创建。目的是建立一个由生产者资助和领导的机构，促进羊毛的生产、贸易和工业化发展。

技术研究中心（Centro de Investigaciones Tecnológicas），为国家燃料、酒精和水泥管理局下属的研究所。主要进行水泥、矿物、化学产品和酒精方面的研究。该研究中心也进行农学方面的研究。

（二）农业和海洋科学研究

国家渔业研究所（INPA）成立于 1961 年，主要任务是制定和实施全国渔业政策，开展对全国渔业资源的调查等。研究范围包括海洋和大陆水域、渔业加工、渔业生物学和病理学等。

国家农业研究中心（INIA），1990 年在原有几个农业研究中心的基础上组建而成。它拥有 5 个实验站，研究项目包括土壤、植物保护、经济作物、农业气象、园艺等。

（三）医学和技术

乌拉圭在公共卫生和预防医学方面取得了杰出的成就。公共卫生部下属的研究所和共和国大学医学系对此做出了巨大贡献。主要医学研究机构有：

内分泌研究所（Instituto de Endocrinología）

国家卫生委员会（Consejo Nacional de Higiene）

泛美儿童研究所（Instituto Interamericano del Niño）

乌拉圭外科学会（Sociedad de Cirugía del Uruguay）

肠胃病学研究中心（Center for the Study of Gastroenterology）

乌拉圭儿科学会（Sociedad Uruguaya de Pediatría）

乌拉圭放射医学学会（Sociedad de Radiología del Uruguay）

乌拉圭抗结核病联盟（Liga Uruguaya contra la Tuberculosis）

（四）气象和天文研究

气象总局（Dirección General de Meteorología）成立于1895年。1970年与美洲国家组织合作，开展了大气污染监测和控制等项目的研究。天文观测站（El Observatorio Astronómico），从属于教育和文化部。

（五）南极科学考察活动

1985年乌拉圭在智利和英国支持下成为南极条约的缔约国。同年，乌拉圭在南极的南乔治亚岛上设立乌拉圭阿蒂加斯南共站（Base Artigas o el Uruguay Antártic）。该科考站主要从事科学研究，特别是气象方面的研究。

三 人文社会科学

人文社会科学研究主要集中在共和国大学的文科院系内。一些民办的研究所也从事人文社会科学方面的研究，其中较有影响的研究机构如下。

拉美人文经济中心（Centro Latinoamericano de Economía Humana，CLAEH），1957年成立，为私人研究机构，与基督教民主党关系密切。目前从事的研究工作包括地区发展项目、为中小企业进行培训和提供技术支持、社会政策研究、国家和政治制度研究、一体化及南共市研究等。出版社会科学研究杂志《拉美人文经济中心文集》（*Cuadernos del CLAEH*）。1997年拉美人文经济中心的大学研究所（El Instituto Universitario，CLEAH）被教育和文化部承认，并开始从事研究生教育工作。

经济研究中心（Centro de Investigaciones Económicas，CINVE）是1975年成立的独立于政府的学术研究机构，与公司、宗教组织和政党没有任何联系。资金主要来源于国外多家机构，如泛美基金会（Inter-American Foundation，美国）、加拿大国际开发署（Canadian International Development

Agency）、福特基金会、西班牙国际合作署等。

乌拉圭情报及研究中心（Centro de Informaciones y Estudios del Uruguay）和跨学科发展研究中心（Centro Interdisciplinario de Estudios del Desarrollo, Uruguay, CIEDUR）是两家主要侧重社会学研究的机构。

乌拉圭从事社会科学研究较有影响的学者有很多。早期的历史学家有安德烈斯·拉马斯（Andrés Lamas, 1817～1891）、爱德华多·路易斯·阿塞维多（Eduardo Luis Acevedo, 1815～1863）。近现代历史学家爱德华多·巴斯克斯·阿塞维多（Eduardo Acevedo Vasquez, 1857～1948）撰写了《东岸人民的领袖、自由人民的保护者阿蒂加斯》（*Artigas, jefe de los Orientalesy Protectorde los Pueblos Libres*）及《乌拉圭历史》（*Historia del Uruguay*）。社会学家及历史学家卡洛斯·拉马（Carlos Rama），在共和国大学教授历史理论、当代历史和社会学，主要代表作有《乌拉圭的社会阶级》（*Las Clases Sociales en el Uruguay*, 1960）和《乌拉圭社会学》（*Sociología del Uruguay*, 1965）。阿尔多·索拉里（Aldo Solari）是著名的社会学教授，他与西摩·马丁·利普塞特（Seymour Martin Lipset）合写了《拉美精英》（*Elites in LatinAmerica*）。

第三节　文学艺术

19 世纪初的独立斗争推动了爱国主义诗歌和戏剧的发展。独立后，古典主义逐渐被浪漫主义取代。19 世纪末，在经济繁荣的推动下，乌拉圭现代主义文学和艺术出现了繁荣发展的局面。涌现出一大批在拉美及世界有较大影响力的文学艺术家，如何塞·恩里克·罗多等。

一　文学

（一）诗歌

乌拉圭流传下来的第一篇文学作品是独立后达马索·安东尼奥·拉腊尼亚加神父所作的《公共图书馆开幕演说》。佛朗西斯科·阿库尼亚·德菲格罗亚（Francisco Acuña de Figueroa, 1790～1862）是乌拉圭诗歌及文学的开创者。他参加过独立战争，是乌拉圭国歌的词作者。他的作品再现了他生活的那个时代的历史和价值观，主要作品有《诗歌集》(*Mosaico Poética*) 等。巴托洛梅·伊达尔戈 (Bartolomé Hidalgo，1788~1822) 也是乌拉圭早期的诗歌代表人物。他被称为拉普拉塔地区第一个民俗诗人，为高乔民歌的开创者。他的作品主要有《英雄的天堂》(*Cielitos Heroicos*) 和《爱国者对话》(*Diálogos Patrióticos*)。尽管胡安·卡洛斯·戈麦斯 (Juan Carlos Gómez) 因主张将乌拉圭并入阿根廷而不受欢迎，但他仍被认为是最重要的抒情诗诗人。安东尼奥·迪奥尼西奥·卢西奇 (Antonio Lussich，1848~1926) 的诗歌，表现了高乔人的生活。他的《三个东岸高乔人》(*Los Tres Gauchos Orientales*，1872) 和《强盗卢西亚诺·桑托斯》(1873) 是高乔诗歌的重要代表作。

　　胡安·索里亚·德圣马丁 (Juan Zorrilla de San Martín，1855~1931) 无疑是浪漫主义文学最重要的代表人物。1888 年他发表的叙事诗《塔瓦雷》(*Tabaré*，1888)，描写了一位西班牙妇女同印第安酋长所生儿子的传奇故事，表现了查鲁亚人反抗殖民者的英勇斗争，哀悼了印第安人消亡的命运。这首叙事长诗是美洲浪漫主义诗歌的最高代表，他因此被誉为"乌拉圭民族诗人"。怀着对宗教的信仰和对祖国的热爱，他还创作了《祖国的传说》(*La Leyenda Patria*)、《阿蒂加斯史诗》(*La Epopeya de Artigas*) 等。他还是一位散文家和演说家及著名的外交家。1900~1920 年，索里亚先后出任乌拉圭驻梵蒂冈、法国、西班牙大使及国际联盟和各种国际会议的发言人。1896 年他出版了游记《道路的回响》(*Resonancia del Camino*)。他的散文作品有《封闭的果园》(*Huerto Cerrado*，1900)、《拉普拉塔地区历史详情》(*Detalles de la Historia rio Platense*，1917)、《会议及演说》(*Conferenciasy Discursos*，1905)。哲学论文有《鲁特之书》(*El Libro de Ruth*，1928)、《和平的训诫》(*El Sermón de la Paz*，1924) 等。

　　胡利奥·埃雷拉-赖西格 (Julio Herrera y Reissig，1875~1910) 是拉美现代主义诗歌的代表人物之一，是 20 世纪 20~30 年代先锋派诗歌的开创者。他曾统领了当时蒙得维的亚的文学界。他的作品大部分是十四行诗，但诗的韵律和节奏呈现多样化的特点。他的作品主要有《时间的复活》（*Las Pascuas del Tiempo*，1902）、《晚祷》（*Los Maitines de la Noche*，1902）、《山的狂喜》（*Los Éxtasis de la Montaña*，1904～1907）、《被废弃的公园》（*Los Parques Abandonados*，1908）和《皮德拉的朝圣者》（*Los Peregrinos de Piedra*）等。

乌拉圭还相继涌现出几位杰出的女诗人。德尔米拉·阿古斯蒂尼（Del Mira Agustini，1866～1914）创作了《空空的高脚杯》（*Los Cálices Vacíos*）和《诗歌全集》（*Poesías Completas*）等作品。她与另一位女诗人玛丽亚·欧享尼娅·帕斯·费雷拉（María Eugenia Vaz Ferreira，1875～1924）以脍炙人口的抒情诗，为乌拉圭赢得了"拉丁美洲妇女诗歌的故乡"的美誉。胡安娜·德伊瓦武鲁（Juana de Ibarbourou，1895～1979）是乌拉圭及拉美著名的女诗人，是拉美后现代主义诗歌的重要代表人物。1918 年她出版了第一部格调热情奔放、清新明快的诗集《钻石的语言》（*Las Lenguas de Diamante*）。此后，她的诗集格调变得晦涩、神秘、凄凉和低沉，主要表达对痛苦的感受和对死亡及神秘事物的反思。其作品主要有《清新的瓦罐》（*Cántaro fresco*，1920）、《野性的根》（*Raíz Salvaje*，1922）、《罗盘》、《迷失》（*Perdida*，1950）和《风中的玫瑰》（*La Rosa de los Vientos*，1930）等。短篇小说有《小卡洛斯》（1944）、《胡安·索尔达多》（*Juan Soldado*，1971）。1929 年她被评论家称为"美洲的胡安娜"，1953 年被美洲妇女联盟任命为"美洲妇女"，1959 年获国家文学奖。伊达·比塔莱（Ida Vidale，1923～　）是"45 一代"（Generación del 45）[①] 最后一个如今仍健在的人。她于 2018 年 11 月 15 日在 95 岁时获西班牙塞万提斯文学奖。她是第五位获得这一奖项的女性作家、第二位获此殊荣的乌拉圭人。此前，她还获得了国际诗歌奖费德里科·加西亚·洛尔卡（2016）、索菲亚·德伊比利亚美洲诗歌奖（2015）、阿方索·雷耶

---

① 主要由来自乌拉圭的作家组成，他们在乌拉圭和拉美地区文学和文化生活中具有较大的影响力。他们的职业生涯主要开始于 1945 年到 1950 年。属于这一代的作家包括胡安·卡洛斯·奥内蒂（Juan Carlos Onetti）、马里奥·贝内德蒂（Mario Benedetti）、卡洛斯·马丁内斯·莫雷诺（Carlos Martínez Moreno）、玛丽亚·伊内兹·席尔瓦（María Inés Silva）等。

斯奖（2014）、奥克塔维奥（Octavio Paz）奖（2009）。1973 年乌拉圭军政府掌权后，比塔莱逃往墨西哥城寻求政治庇护，现居美国得克萨斯州的奥斯汀。

（二）小说

乌拉圭出版的第一部小说是 1865 年马加里尼奥斯·塞万提斯（Alejandro Magariños Cervantes，1825～1897）的《卡拉穆鲁》（*Caramuru*，1850）。

阿塞维多·迪亚斯（Eduardo Acevedo Díaz，1851～1921）是乌拉圭第一位创作历史小说和重现英雄事件的文学家。他创作的长篇历史小说"血脉"三部曲，《伊斯梅尔》（*Ismael*，1888）、《土著》（*Nativa*，1890）和《光荣的呐喊》（*Grito de Gloria*，1893），再现了乌拉圭人民反对西班牙、阿根廷和巴西这三个大国的独立斗争。他最成功的作品是 1894 年创作的小说《孤独》（*Soledad*）。该作品主要描写了 19 世纪末高乔人的生活及性格特点。他的作品还有《长矛与马刀》（*Lanza y Sable*，1914）、《废墟的战斗》、《本世纪初（19 世纪）的查鲁亚族》、《何塞·阿蒂加斯》（1910）、《拉普拉塔地区的神话》（1917）等。作为一个政治活动家，他的大部分生活是在流亡中度过的。

哈维尔·德比亚纳（Javier de Viana，1868～1926）是一位与阿塞维多·迪亚斯同时代的小说家。他以社会为主题、以农民生活为描述对象，具有风俗主义倾向。评论界认为他的《高乔姑娘》（*Gaucha*）可与法国著名小说家左拉（Emile Zola，1840～1902）的作品相比。他的短篇小说也为他赢得了声誉，代表作有小说集《田野》（*Campo*，1896）。

现代主义小说的重要代表人物是卡洛斯·雷伊莱斯（Carlos Reyles，1868～1938）。他出生在一个富有家庭。父亲死后，他于 1886 年前往欧洲，并在那里居住多年。1896 年他的小说《原始人》（*Primitivo*）出版后引起强烈反响。当他的小说《塞维利亚的魅力》（*El Embrujo de Sevilla*，1922）以《响板》这个名字翻译成英文的时候，他不仅在拉美和西班牙赢得了巨大声誉，而且在美国、加拿大和英国也有一定的影响力。他的小说《干杯》（*Beba*，1894）分析和描写了近亲结婚带来的问题，并使他获得了心理分析作家的声誉。他的长篇小说还有《该隐家族》（*La Raza de Caín*）、《为了生活》（*Por la vida*，1888）、《故乡》（*El terruño*，1916）和《高乔人佛罗里多》（*El gaucho Florido*，1932）。短篇小说集有《多梅尼科》（1892）和《戈雅的任性》（1902）。散文集有《天鹅之死》（1910）、《高傲自大的对话》（1918）、《激励》（1936）等。

奥拉西奥·基罗加（Horacio Quiroga，1878～1937）被认为是20世纪以来伊比利亚美洲最伟大的短篇小说家，被誉为"短篇小说之王"。他的早期作品有短篇小说集《别人的罪行》（*El Crimen de Otro*，1904）、《受迫害的人们》（1905）和第一部长篇小说《混浊的爱情史》（*Historia de un Amor Turbio*，1908）。1917年以后，他发表了短篇小说集《爱情、疯狂和死亡的故事》（*Cuentos de Amor，de Locura y de Muerte*，1917）、《林莽故事》（*Cuentos de la Selva*，1919）、《野蛮人》（*Salvaje*，1920）、《阿纳孔达》（*Anaconda*，1921）、《荒野》（*El Desierto*，1924）、《流放者》（*Los Desterrados*，1926）、《更远一些》（*El Más Allá*，1935）和长篇小说《逝去的爱情》（*Pasado Amor*，1929）等。其中，以《林莽故事》和《爱情、疯狂和死亡的故事》最为有名。他在阿根廷生活多年，曾任乌拉圭驻阿根廷领事馆秘书，1937年在布宜诺斯艾利斯自杀。他的一些作品，如《爱情、疯狂和死亡的故事》被译成了中文。

恩里克·阿莫林（Enrique Amorim，1900～1960）是一位进步作家。他以描写农牧民的生活而著称。其作品主要有《老乡阿基利亚尔》（*El Paisano Aguilar*，1934）、《马和他的影子》（*El Caballo y su Sombra*，1941）、《欺骗者的市场》（*Feria de Farsantes*，1952）等。

阿尔弗雷多·格拉维那（*Alfredo Gravina*，1913～1995）也是一位进步小说家。他在小说《风暴中的庄园》中成功地描写了穷苦牧民的生活。该小说在1962年从俄语翻译成中文。

胡安·卡洛斯·奥内蒂（Juan Carlos Onetti，1909～1994）被认为是拉丁美洲现代文学的创始人和拉美"文学爆炸"的先驱者之一，是将魔幻与现实融会贯通的大师。他出生在蒙得维的亚，未读完中学。20多岁时移居阿根廷，从事记者工作。20世纪30年代初开始写短篇小说。1939

年他发表的第一部小说《井》（*El Pozo*，1939）被认为是西班牙语美洲第一本真正的现代小说。经常被称为"圣玛丽亚·萨加斯"（Santa María Sagas）的三卷本章回小说——《短暂的生命》（*La Vida Breve*，1950）、《别了》（*Los Adioses*，1954）和《一座无名的坟丘》（*Una Tumba Sin Nombre*，1959）描写了一个在性方面痴迷于妓女的男人。1963年奥内蒂获国家文学奖。1972年，他因《造船厂》（*El Astillero*，1961）获得意大利拉丁美洲研究院文学奖。1974年被军政府逮捕入狱。1975年移居马德里，并加入西班牙国籍。1979年，他的《听清风倾诉》（*Dejemos Hablas al Viento*）获得西班牙文学评论奖。1980年因其对拉丁美洲现代小说的杰出贡献而获得西班牙语文学最高奖塞万提斯文学奖。1985年获得乌拉圭国家文学奖。他的其他作品还有《无主的土地》（*Tierra de Nadie*，1941）、《为了今天晚上》（*Para Esta Noche*，1943）、《那么可怕的地狱和其他故事》（*El Infierno Tan Temido y Otros Cuentos*，1962）、《收尸人》（*Juntacadaveres*，1964）和《当不再重要的时候》（*Cuando ya no Importe*，1993）等。他的这些作品主要描写了被幽闭在蒙得维的亚和布宜诺斯艾利斯这些大城市中的居室、夜总会和办公室之中的失意者。他的许多作品已被翻译成中文。

马里奥·贝内德蒂（Mario Benedetti，1920~2009），是与奥内蒂同时代的乌拉圭著名小说家、诗人、散文家和文学批评家。贝内德蒂"不是最重要却令人激动的作家"，他"笔下既有碌碌无为的蒙得维的亚中产阶级的缩影，也有沉浮于理想与现实的知识分子的形象；既把乌拉圭的官僚主义作为批判对象，也曾将矛头直指整个拉美的独裁政府。对人性主义的呼唤始终是贝内德蒂作品关注的主题"①。他从事过多种职业，如速记员、收银员、售货员、会计、公务员、记者和翻译，曾流亡国外12年。1945~1975年在《前进》周刊任编辑。1949年他出版了第一本故事书《今天早上》（*Esta Mañana*）。1953年出版第一本小说《我们中的哪一

---

① 张力：《一位给几代读者写作的作家——记乌拉圭作家马里奥·贝内德蒂》，《当代外国文学》2004年第1期，第86页。

个?》（*Quién de Nosotros？*）。1960 年出版的《情断》（*La Tregua*）使他获得了国际性声誉，奠定了他在乌拉圭及拉美文坛的地位，使其成为乌拉圭文坛"45 一代"的中坚力量。该书被译成 19 种文字，再版 75 次，被改编成广播剧、电视剧和电影。《感谢火》（*Gracias por el Fuego*，1965）被认为是"自第二次世界大战结束以来乌拉圭最好的短篇小说"[1]，共再版46 次。1973 年军事政变后，他先后流亡阿根廷、秘鲁、古巴和西班牙。他的其他作品还有《蒙得维的亚人》（*Montevideanos*，1959，短篇小说集）、《有无乡愁》（*Con y Sin Nostalgias*，1977，短篇小说集）、《破了一角的春天》（*Primavera con una Esquina Rota*，1982）和《脚手架》（*Andamios*，1996）。同时，他还是一位著名诗人。1950 年他出版了第一本诗集《恰在此时》（*Sólo Mientras Tanto*），此后又出版了《流亡的风》（*Viento del Exilio*，1981）、《昨天和今天》（*Yesterday y Mañana*，1988）。他的"诗歌题材广泛，诗句美丽隽永，想象丰富，许多诗朴实无华，朗朗上口，被谱成歌曲广为传唱"。贝内德蒂还是一位散文家和文学批评家，曾撰写过《20 世纪的乌拉圭文学》（1963）和《混血大陆的文学》（1967）。贝内德蒂的许多作品被翻译成中文。2009 年 5 月 17 日，贝内德蒂去世后，乌拉圭政府宣布第二天为全国哀悼日。巴斯克斯总统致哀时表示："马里奥这样的人永远不会死！"

　　克里斯蒂娜·佩里·罗西（Cristina Peri Rossi，1941 ~　　），小说家、诗人、翻译家，1973 年开始流亡，后移居西班牙。她曾在共和国大学学习文学，1963 年发表第一部短篇小说《活着》（*Viviendo*）。此后相继出版了短篇小说集《废弃的博物馆》（*Los Museos Abandonados*，1969）、《德斯托伊沃斯基最后的今晚》（*La Última Noche de Dostoievski*，1992）等 30 多部作品。她还出版过多部诗集，如《离散》（*Diaspora*，1976）、《雨后的欧洲》（1987）等。1976 ~ 1980 年，她先后三次在西班牙获得文学奖。

　　马里奥·德尔加多·阿帕拉图（Mario Delgado Aparain，1949 ~　　），

---

[1]　Martin Weinstein, *Uruguay: Democracy at the Crossroads*, Westview Press, Boulder and London, 1988, p. 15.

乌拉圭当代较有影响的小说家之一。他最早因短篇小说出名，后来开始从事长篇小说创作。他已出版《法国的钥匙》（*Las Llaves de Francia*，1981）和《安乐死的原因》（*Causa de Buena Muerte*，1982）两部短篇小说集。他还出版了 5 部长篇小说：《优雅之态》（*Estado de Gracia*，1983）、《彗星日》（*El Día del Cometa*，1985）、《约翰尼·索萨的叙事曲》（*La Balada de Johnny Sosa*，1987）、《受母亲之命》（*Por Mandato de Madre*，1996）和《着简单丧服》（*Alivio de Luto*，1998）。其中，《约翰尼·索萨的叙事曲》在 1988 年获得市政文学奖并在西班牙、巴西、荷兰、法国、意大利、德国、葡萄牙和希腊出版。1999 年《着简单丧服》获得罗慕洛·加列戈斯奖（Premio Rómulo Gallegos），并在拉美及欧洲多个国家出版。除小说创作外，他还从事过记者和大学教授的工作。

马里奥·莱维罗（Jorge Mario Varlotta Levrero，1940 ~ 2004）是乌拉圭具有国际影响力的小说家之一。他一生共写了 12 部小说和几部短篇小说集。他一直保持低调，直到近年才在西语读者中获得广泛关注，因此被称为 "21 世纪拉美文学的伟大发现"。2000 年他获得古根海姆（Guggenheim）基金会资助，2004 年出版的中篇小说《发光的小说》（*La Novela Luminosa*），在 2007 年被哥伦比亚杂志《周刊》（*La Semana*）评为1982 ~ 2007年百部西班牙语小说之一。美国作家达纳·斯皮奥塔（Dana Spiotta，1966 ~   ）这样评论这部小说，"这是一部古怪、有趣、原创的小说：哲学但有趣，短小但有强迫性（obsessive），讽刺但绝望，有理论性但又亲切"。这部小说被认为是 21 世纪自我虚构（autoficción）体小说的经典，"如果不是绝对的自我虚构，至少与这个难以捉摸的类别有关"①。在成为受人崇拜的作家之前，莱维罗曾做过摄影师、书商、漫画脚本作家、填字游戏作家和益智游戏的创造者。

（三）散文和随笔

19 世纪 70 年代乌拉圭占统治地位的文学作品是一种哲理散文。何

---

① Mariano García，"Las Dos Caras de la Autoficcion en la Novela Luminosa de Mario Levrero"，*Pasavento*，Vol. 3，Núm. 1，2015，p. 137.

塞·佩德罗·巴雷拉（1845～1879）以《人民的教育》一书成为第一个
重要的散文作家。弗朗西斯科·包萨（Francisco Bauza，1849～1899）撰
写了《文学研究》（*Estudios Literarios*）和《西班牙对乌拉圭的统治史》
（*Historia de la Dominación Española en el Uruguay*）。

　　1895 年乌拉圭兴起的现代主义文学运动对拉美文学产生了重要影响。
其中最重要的代表人物是何塞·恩里克·罗多（José Enrique Rodó,
1871～1917）。他与卡洛斯·马丁内斯（Daniel y Carlos Martines）和佩雷
斯·珀蒂（Víctor Perez Petit）主办的杂志《国家文学及社会科学杂志》
广泛宣传现代文学的思想。何塞·恩里克·罗多是第一个倡导"拉美主
义"（Latin Americanism）或"新世界主义"（New Worldism）的伟大文学
家。他曾写道，"（我们的美洲）无法抽离出许多祖国，而仅有唯一的大
祖国……未来的人，一旦被问到祖国的名称时，他们不是回答巴西、智利
和墨西哥，而是回答美洲"。罗多以《新生活》为总题创作了 3 部作品，
即《未来者》（*El que Vendrá*，1897）、《鲁文·达里奥》（*Rubén Darío*，
1898）和《爱丽儿》（*Ariel*，1900），被誉为拉美最出色的现代散文家和
拉美青年的导师。20 世纪以前，阿根廷的萨米恩托和乌拉圭的巴雷拉等
许多拉美思想家和教育家倡导拉美国家应以美国为榜样建设自己的国家。
1898 年的"美西战争"唤醒了拉美国家的民族意识。生活在变革时代的
罗多意识到了这种变化。他在 1900 年发表的《爱丽尔》一书中，强调像
美国那样仅靠技术进步取得财富和权力是不够的，应在社会中确立人文主
义价值观，指出拉美应建立自己的"精神统治"。他提出坚持拉美精神，
反对美国物欲主义的思想，对 20 世纪拉美青年产生了极大的影响。《爱
丽尔》一书因此被誉为"拉美知识分子的圣经"。1913 年他的《繁荣的
瞭望台》（*El Mirador de Próspero*），颂扬了五位美洲知识公民：阿根廷的
萨米恩托（Domingo Faustino Sarmiento，1811～1888）、智利的弗朗西斯
科·毕尔巴鄂（Francisco Bilbao，1823～1865）、古巴的何塞·马蒂（José
Martí，1853～1895）、委内瑞拉的安德烈斯·贝略（Andrés Bello，1781～
1865）和厄瓜多尔的胡安·蒙塔尔沃（Juan Montalvo，1832～1889）。他
的作品还有《普罗特奥的宗旨》（*Motivos de Proteo*，1909）、《普罗特奥的

新宗旨》（1927）、《普罗特奥的最后宗旨》（1932）、《普罗特奥的游廊》
（1914）和《美洲人》（1920）等。除了从事写作外，罗多还将大部分时
间用于教学和政治活动。1898 年他担任了共和国大学文学教授，1900 年
任国家图书馆馆长。1902~1905 年和 1908~1910 年还担任了众议员。

卡洛斯·帕斯·费雷拉（Carlos Vaz Ferreira，1873~1958）是 19 世
纪初拉美独立以来最伟大的哲学家之一。他最初是约翰·斯图亚特·穆勒
（John Stuart Mill，1806~1873）的门徒。接受实证主义哲学后，他有了较
灵活的立场，而不是局限在一个教条的决定论里。1909 年，他的《活生
生的逻辑》（*Lógica Viva*）被译成法文和英文，使他在美国和欧洲有了大
批追随者。1920 年《活生生的逻辑》再版时在牛津大学引起争论，并吸
引了智利、墨西哥和阿根廷学者的关注。帕斯·费雷拉填补了 19 世纪 90
年代实证主义与 20 世纪 20 年代现代哲学之间的鸿沟。1940 年他又出版
了《骚动》（*Fermentario*）。他将人分成两类——"思考的人"和"行动
的人"，他们之间完全是对立的；"思考的人"也是"行动的人"，但行为
方式是不同的。帕斯·费雷拉的代表作还有《知识与行动》（*Conocimiento
y Acción*，1908）和《知识分子的良知》（*Moral para Intelecturales*，1908）。
此外，他还是一位著名的散文作家。

卡洛斯·雷亚尔·阿苏亚（Carlos Real de Azúa，1916~1977）比较
成熟的作品主要发表在报纸、杂志上，特别是著名的左派杂志《前进》
周刊上。他的作品有浓重的政治历史色彩。1943 年撰写的《又近又远的
西班牙》（*España de Cerca y de Lejos*）主要描述了佛朗哥统治下的西班牙
并探讨了世界上有关集权主义的概念。他通过对美国社会学的批评，撰写
了《不发达的社会学》（*La Sociología Subdesarrollante*）。在《冲动与制约》
（*El Impulso y Freno*）一书中，他对巴特列主义及其国家的政治经济危机
进行了研究。通过对这一问题的进一步研究，他又撰写了《当今乌拉圭
的政治、权力和政党》（*Política，Poder y Partidos Políticos en el Uruguay de
hoy*）。他的较有影响力的著作还有《当代乌拉圭文选》（*Antología del
Ensayo Uruguayo con Temporaneo*，1964）。

爱德华多·休斯·加莱亚诺（Eduardo Hughes Galeano，1940~2015）

是拉美当代最著名的小说家、记者和政论作家。加莱亚诺于 1940 年出生于蒙得维的亚。年轻时当过工人、票据征收员、广告绘画员、信使、打字员和银行出纳员。14 岁，他开始向左派报纸和杂志投寄卡通画和文章。1973 年军人政变后，被迫流亡阿根廷和西班牙。他的早期作品有《随后的岁月》（1963）和《狮子的白日幽灵和其他故事》（1967）。流亡西班牙期间，他撰写了《我们的歌》（1975）和《爱情与战争的日日夜夜》（*Días y Noches de Amor y de Guerra*，1978）等小说，叙述了自己的经历。1984 年回国后担任《缺口》（*Brecha*）杂志的编辑。他流传最广的作品是 1971 年在墨西哥出版的《拉丁美洲被切开的血管》（*Las Venas Abiertas de América Latina*）。这部著作以 20 世纪 60 年代在拉美流行的"依附论"为基础，再现了从哥伦布发现新大陆至今拉美大陆被剥削的历史。此书一出版便成为左派的教科书，并被译成包括中文在内的多种文字，现已再版 30 多次。2009 年 4 月 18 日，在第五届美洲国家首脑会议上，委内瑞拉总统查韦斯将这本书赠送给美国总统奥巴马，使这本书一跃成为全球最畅销的图书。《四脚朝天：教你颠倒看世界》（*Patas Arriba：la Escuela del Mundo al Revés*）是他最新出版的著作，也是其作品中最激愤、最具说教性的一部作品。20 世纪 90 年代，当许多拉美作家放弃了"依附论"的观点后，他在这部作品中仍坚持他在《拉丁美洲被切开的血管》中的观点，对西方消费社会的空虚、理想主义的苍白及南方和北方日益扩大的差距表示极大的悲哀。加莱亚诺曾于 1963 年访问中国，还在北京采访了末代皇帝溥仪。这段经历被他写入了《镜子》（*Espejos：una Historia casi Universal*）一书。[①] 加莱亚诺是拉美作家中作品被翻译成中文最多的作家之一。被翻译成中文的著作除《拉丁美洲被切开的血管》外，还有《足球往事：那些阳光与阴影下的美丽和忧伤》（2010）、《镜子》（2012）、《拥抱之书》（2013）、《爱情与战争的日日夜夜》、《时间之口》（*Bocas del Tiempo*）、《火的记忆》（*Memoria del Fuego*）等。《华盛顿邮报》的米歇尔·迪尔达（Michael Dirda）将加莱亚诺与卡夫卡和阿根廷作家博尔赫斯

---

① 《〈拉丁美洲被切开的血管〉作者逝世　曾采访溥仪〉》，《北京日报》2015 年 4 月 14 日。

相提并论。他的写作风格是"善于将诗歌、散文乃至新闻报道的风格熔于一炉，以微型短篇故事的方式重塑历史记忆，挖掘出长期被遗忘或被掩盖的细节，为重新审视和想象历史留出空间"，"创建了另一种可能的历史，站在现在讲述过去"。① "在加莱亚诺那些一反常规的辞藻表达、浑然天成的警句比喻、天马行空的浮想念头里，隐藏着一个'反体制'的精灵。"②

二 电 影

（一）电影业发展历史

乌拉圭电影业已有一百多年的历史。1896 年 7 月 18 日，乌拉圭在首都蒙得维的亚放映了第一场电影。1898 年居住在乌拉圭的西班牙人费利克斯·奥利弗（Felix Oliver）制作了第一部纪录片《在阿罗约塞科赛车场的自行车比赛》（*Bicycle Race in the Arroyo Seco Velodrome*）。它是拉美国家拍摄的第二部电影。阿根廷最早的电影摄影师之一、出生于法国的亨利·柯比西耶（Henri Corbicier），在 1904 年制作了一部关于乌拉圭政治冲突及其解决的纪录片《1904 年的和平》（*The Peace of 1904*），将乌拉圭电影带向了一个新的方向。1909 年阿德罗埃尔创建了第一家电影制片公司，主要拍摄新闻纪录片。随后成立的格卢克斯曼发行公司也开始拍摄新闻纪录片。到第一次世界大战初，乌拉圭已拍摄了几十部新闻纪录片。在阿根廷商业电影的冲击下，乌拉圭电影人试图推动本国电影业的发展。1919 年当地非营利组织邦恩·加德（Bonne Garde）资助里昂·伊班内斯（León Ibáñez）执导了《佩尔班切》（*Pervanche*）。1923 年胡安·安东尼奥·博尔赫斯（Juan Antonio Borges）执导的电影《岸边的幽灵》（*Almas de la Costa*）上映，它被认为是乌拉圭的第一部故事片。他的工作室查鲁亚电影公司（Charrua Films）在 1927 年关闭之前，制作了《一个巴黎小

① 张伟劼：《论〈镜子〉中的历史记忆重塑》，《当代外国文学》2013 年第 1 期，第 87、88 页。
② 索飒：《重构世界史：〈镜子〉及加莱亚诺》，《读书》2012 年第 8 期，第 81 页。

姑娘在蒙得维的亚的奇遇》（*Aventuras de una niña Parisien en Montervideo*）。此后，又有几部电影上映：《从破衣烂衫到燕尾服》（*Del Pingo al Volante*）和《小英雄阿罗约·德奥罗》（*Pequeño Héroe del Arroyo del Oro*）等。其中，卡洛斯·阿隆索（Carlos Alonso）在 1929 年创作的《小英雄阿罗约·德奥罗》是一部以乡村为背景的现实主义悲剧，生动地描写了家庭暴力，它被认为是第一部在商业上获得成功的乌拉圭电影。尽管有其他困难，1930年乌拉圭国家足球队获得当年世界杯比赛冠军给乌拉圭电影制作人提供了一个意想不到的机会。贾斯蒂诺·扎瓦拉·穆尼兹（Justino Zavala Muniz）为这一事件拍摄了令人振奋的纪录片，同时又恰逢乌拉圭宪法诞生 100 周年。他的成功使他建立了乌拉圭的电影俱乐部（Uruguyan Cine-Club）。该俱乐部首映了著名的电影《天空、水和海狮》（*Sky, Water and Sea Lions*）以及其他纪录片和剧情片。然而，大萧条也抑制了当地电影人的创作计划，几年内没有国产电影制作。

1936 年迎来了乌拉圭电影发展史的一个黄金时期。Ciclolux 工作室购买了制作有声电影的第一套设备，并发行了胡安·埃切贝托（Juan Etchebehere）导演的乌拉圭第一部有声故事片《两种命运》（*Two Destinies*）。这部影片所反映的社会意识让人联想到英国作家查尔斯·狄更斯的《远大前程》。至 1952 年，乌拉圭共拍摄了《我快乐的单身生活》、《我希望你这样》、《乌拉圭的冠军们》、《小偷的梦想》（*The Thief of Dreams*）等 13 部影片。其中，1938 年由里纳·马萨尔迪（Rina Massardi）拍摄的《职业？》（*Vocación?*）是南美洲第一部抒情电影，并获得第 7 届威尼斯电影节墨索里尼杯最佳国际电影提名。

20 世纪 50 年代至 20 世纪末，乌拉圭电影业陷于停滞，只拍摄了少量电影。市场上放映的影片基本上都是进口的。1973 年军人政变后，许多电影工作者流亡国外，只制作了少量影片。其中较有影响的是 1979 年由埃娃·兰黛克（Eva Landeck）拍摄的《烟雾笼罩的地方》（*El lugar del Humo*）。20 世纪 90 年代拍摄了多部低成本商业故事片，如比阿特丽斯·弗洛雷斯·席尔瓦（Beatriz Flores Silva）的《带手枪的佩帕》（*Pepa la Pistolera*，1993）、阿尔瓦罗·布埃拉（Álvaro Buela）的《一种舞蹈形式》（*Una forma de Bailar*，1997）。值得一提的是 1994 年由巴勃罗·托塔（Pablo Dotta）制作的《飞船》（*El Dirigible*）在戛纳电影节上放映，这是乌拉圭电影史上的第一次。

　　进入 21 世纪后，乌拉圭电影已经开始复苏，一些电影频繁在世界各地的电影节上获奖。《25 瓦特》（*25 Watts*，2001）获得了包括鹿特丹国际电影节最佳影片和哈瓦那电影节最佳剧本在内的 10 个国际奖项，对乌拉圭电影业起到了巨大的推动作用。2004 年由胡安·巴勃罗·里贝拉（Juan Pablo Rebell）导演的电影《威士忌》（*Wisky*，2004）先后在第 57 届戛纳电影节（费比西奖）、第 17 届东京国际电影节（最佳影片和最佳女演员奖）等多个国际电影节中获奖。恩里克·费尔南德斯（Enrique Fernández）和塞萨尔·查尔洛内（César Charlone）导演的《教宗的洗手间》（*El Baño del Papa*，2007）获第 60 届戛纳电影节关注大奖提名。

　　（二）　近年乌拉圭最有影响的 10 部电影

　　（1）《25 瓦特》：被年轻人膜拜的电影。它讲述了在 24 小时的时间里三个年轻人在蒙得维的亚的日常生活，展示了年轻人对生活的看法以及他们所面临的问题。

　　（2）《驶向大海》（*El Viaje Hacia el Mar*，2003）：基于胡安·何塞·莫罗索里（Juan José Morosoli）的故事，讲述了一些非典型人物的冒险经历，他们乘坐一辆卡车去看大海，这一旅程揭示了主人公和其他 5 位人物独特的生活方式及其对世界的看法。

　　（3）《威士忌》：与阿根廷、德国和西班牙联合制作，被评论家认为是拉丁美洲最好的电影之一。这部电影讲述了两个犹太兄弟的重聚及他们的雇员玛塔的生活。

　　（4）《摩托车日记》（*Diarios de Motocicleta*，2004）：根据切·格瓦拉日记拍摄的电影，讲述了年轻时期的格瓦拉在南美洲旅行的故事。豪尔赫·德雷克斯勒（Jorge Drexler）创作的电影歌曲《河对岸》（*Al Otro Lado del Río*）获得了奥斯卡最佳原创歌曲奖。

　　（5）《教宗的洗手间》：这是一部根据真实故事改编的电影。它讲述了一个名为梅洛的小村子听说教皇约翰·保罗二世访问途经该村时将有大批民众涌入，村民们开始做各种准备，希望趁机大赚一笔，改善生活，但结果最终落空。影片揭示了乌拉圭底层民众生活的艰难以及对美好生活的期待。

（6）《糟糕的钓鱼日》（*Mal Día Para Pescar*，2009）：灵感来自胡安·卡洛斯·奥内蒂的小说《雅各布和另一个人》（*Jacob y el Otro*）。它讲述了恶棍商人奥尔西尼（Orsini）和前世界摔跤冠军雅各布·范·奥潘（Jacob Van Oppen）在拉美旅行的故事。

（7）《寂静的房子》（*Casa Muda*）：这是乌拉圭第一部恐怖电影，它的成功在于被美国电影公司翻拍。电影展示了一个父亲和他的女儿在一个夜晚里隐藏在一个黑暗秘密的老房子里的各种情境。

（8）《阿尼娜》（*Anina*，2013）：这是一部动画喜剧，讲述的是一个10岁的女孩在学校里因为与一个同学打架而被惩罚的故事。这一事件揭示了一种冒险精神，她想知道隐藏在信封里的神秘惩罚。

（9）《卡普兰先生》（*Mr. Kaplan*，2014）：讲述了第二次世界大战之后逃离南美洲的移民詹姆斯·卡普兰的故事。在即将80岁时，他厌倦了所拥有的生活，想寻求一种英雄主义行为，希望抓住一名被认为是前纳粹军官的德国老人的故事。

（10）《克莱沃》（*Clever*，2015）：这部喜剧展示了一个离异、做武术教练的父亲与粉丝的故事。克莱沃是一名35岁的武术教练，离婚后在世界上找不到自己的位置，而他的不成熟常常妨碍他成为一个好父亲。他绝望地试图填补生命的空虚，为此开始了一段荒谬的旅程。电影展示了他在旅途中遇到的各种古怪而神秘的人物。

（三）电影机构

乌拉圭商业电影院设施完善，每年放映大约200部影片，其中包括10部左右本土影片。2018年观影人次为220.6万，其中商业电影的观影人次为219.6万，占99.5%。

乌拉圭电影资料馆（Cinemateca Uruguaya）建立于1952年4月21日，主要任务是收集、整修国内外各个时期的重要影片和电视、录像资料，为影视研究人员、业余爱好者及普通观众提供服务，举办国内外电影周和电影回顾展。它是设在布鲁塞尔的国际电影档案联合会（FIAF）的成员，它还是拉丁美洲运动图像档案协调委员会（CLAIM）的创始成员、乌拉圭视听和电影研究所（ICAU）的咨询成员。1995年，乌拉圭电影资料馆获得了乌拉圭文化奖莫罗索利奖（Premio Morosoli）。1998年蒙得维的亚市政府宣布该资料馆为市文化遗产。1999年它的电影档案被国家遗产委员会（Heritage Commission）和乌拉圭视听和电影研究所定为国家历史遗产。近几年它帮助拉美其他国家电影资料馆修缮了3座片库。目前正在距蒙得维的亚市16千米处修建一所现代化恒温电影资料馆。截至20世纪末，该资料馆收藏了11500部电影，其中包括2000多部乌拉圭电影作品。此外，乌拉圭电影资料馆还组织乌拉圭国际电影节（International Cinema Festival of Uruguay），截至2018年已举办了36届。

三 戏剧

1807年胡安·弗朗西斯科·马丁内斯（Juan Francisco Martines）牧师为庆祝从西班牙人手中夺回布宜诺斯艾利斯创作了《最高的忠诚》（又译为《布宜诺斯艾利斯的复仇》）。1856年索利斯剧院的建成促进了戏剧艺术的发展。但19世纪的戏剧大多模仿西班牙，而且极具说教性。那个时期著名的剧作家有埃拉克利奥·法哈多（Heraclio Fajardo），他最出名的戏剧是《卡米拉·奥戈尔曼》。欧罗斯曼·莫拉托里奥（Orosman Moratorio，1852~1929）以胡利安·佩鲁霍（Julian Perujo）为笔名创作了《军人胡安》《罪与罚》等作品。埃利亚斯·雷古莱斯（Elias Regules）最有名的戏剧有《继子》。戏剧评论家萨穆埃尔·布利克森（Samuel Blixen）也写戏剧，其最著名的作品是以四季为题的系列短剧。

19世纪末20世纪初，受欧洲戏剧影响，乌拉圭戏剧逐渐转向了现实题材。其中，弗洛伦西奥·桑切斯（Florencio Sánchez，1875~1910）是这一时期现实主义剧作最重要的代表人物。他将社会现实主义带入20世纪20年代的剧作中，被誉为"拉丁美洲的易卜生"。至今他仍被看作南美洲最伟大的剧作家。桑切斯出生在蒙得维的亚，成长于内陆地区。由于家境贫寒，他高中毕业后就参加了工作。他做过职员，写过戏剧评论，为一些小报撰稿，还在戏剧表演中扮演一些小角色。1897 年革命后他成为无政府主义者，并因参加无政府主义政治活动而失去工作。此后，由于健康不佳，他接受朋友邀请，在阿根廷的乡下住了一段时间。这段经历使他创作了著名的农村剧《外国姑娘》（*La Gringa*，1904）、《我的博士儿子》（*Mi Hijo el Doctor*，1903）和《每况愈下》（*Barranca Abajo*，1905）。这些农村题材的剧目表现了新旧两种冲突和时代交替产生的矛盾，刻画出拉普拉塔河两岸当时的社会发展状况。《我的博士儿子》主要表现了保守派与新兴资产阶级之间的宗法观念和思想冲突。《外国姑娘》描写了老式地主丧失地产后，不得不让儿子与意大利姑娘结婚，以保全晚年生活的故事。《每况愈下》反映了宗法旧式家庭在社会变化中发生的分裂。桑切斯还创作了大批以城市为题材的作品，如《家庭内部》（*En Familia*，1905）、《死者》（*Los Muertos*，1905）、《我的孩子们》（*Nuestros Hijos*，1907）和《健康的权利》（*Los Derechos de la Salud*，1907）等。此外，他还写了许多描写城市下层社会悲惨生活的短剧，如《报童》（*Canillita*，1904）、《撵房客》（*El Desalojo*，1906）、《酒鬼》（*Las Curdas*，1907）、《假币》（*Moneda Falsa*，1907）、《好生意》（*Un Buen Negocio*，1908）、《玛塔·格鲁尼》（1908）等。这些以城市为题材的作品揭露了资本主义社会两极分化引发的各种社会问题。其中，《我的孩子们》引起社会轰动，并推动议会通过了一系列有关社会问题的进步立法。1910 年桑切斯在米兰逝世，年仅 35 岁。然而，他的戏剧至今仍在乌拉圭上演。

埃内斯托·埃雷拉（Ernesto Herrera，1886～1917）也是乌拉圭现实主义戏剧的代表人物之一。与桑切斯一样，埃雷拉患有肺结核病，且一生中大部分时间是在贫困中度过的。他创作的剧作《盲狮》（*León Ciego*，1911）和《米西亚·帕卡的道德》（1911），显示出极其高超的艺术才能。

与桑切斯同时代的戏剧家还有奥托·米格尔·乔内（Otto Miguel Cione，1875～1945），他的代表作有《骗局!》（*Maula*!，1921）。诗人埃德蒙多·比安基（Edmundo Bianchi，1880～1965）和散文家卡洛斯·普林西瓦列（Carlos Princivalle，1887～1959）也写了一些社会现实主义风格的戏剧。

20 世纪中期以后，欧洲和北美各种流派的戏剧在乌拉圭盛行。评论家和历史学家阿尔韦托·苏姆·费尔德（Alberto Zum Felde，1889～1976）进行了哲理剧实验。弗朗西斯科·埃斯皮诺拉（Francisco Espínola，1901～1973）以超现实主义作品而著称。小说家马里奥·贝内德蒂也写了一些戏剧，并以熟练运用讽刺手法而见长。其中，较有影响的是《往返旅行》（1958）。卡洛斯·马基（Carlos Maggi）的《图书馆》（1959）等作品因讽刺意味令人关注。

阿尔韦托·帕雷德斯（Alberto Paredes，1939～1998）是当代较有影响的剧作家。1965～1985 年是其创作的高峰期，他的作品受到公众的好评。他最受欢迎并在其死后仍不断重新上演的剧作有《道别》（*Decir Adiós*）、《三个令人伤心的探戈舞》（*Tres Tristes Tangos*）等。

毛里西奥·罗森科夫（Mauricio Rosencof，1933～　）无疑是当代最有影响的剧作家。罗森科夫于 1933 年出生于佛罗里达。自 1960 年起，在乌拉圭、阿根廷、瑞士、芬兰、西班牙等国家共发表了 25 部作品，如《大图莱凯》（*El Gran Tuleque*）、《青蛙》（*Las Ranas*）、《马》（*Los Caballos*）、《安东尼奥的外套》（*El Saco de Antonio*）、《等待的儿子》（*El Hijo que Espera*）、《马厩里的格斗》（*El Combate del Establo*）等。他曾是图帕马罗斯的领导人之一，1972～1985 年被捕。根据这段经历，他与埃莱乌特里奥·费尔南德斯·维多夫罗（Eleuterio Fernández Huidobro）合作撰写了三卷本的《牢房回忆录》（*Memorias del Calabozo*，1988～1989）。他的作品包括各种类型，有戏剧、诗歌、短文、证词及儿童故事等。他的作品被译成德语、荷兰语、法语等多种文字。自 1988 年以来，他先后 7 次获得巴托洛梅·伊达尔戈奖（Premios Bartolomé Hidalgo）。他最近出版的一部戏剧作品是《未收到的信》（*Las Cartas que no Llegaron*，2003）。该作品由他的书改编而成，该书在乌拉圭已再版 10 次，在西班牙再版 2 次，2004 年还在美国和德国出版。他的作品《时间的针脚》（*Las Agujas del Tiempo*）2003 年 7 月出版后仅一个月就销售一空。

四 音乐和舞蹈

(一) 古典音乐

乌拉圭早期古典音乐受西班牙和意大利音乐影响较大，18 世纪末一些西班牙歌剧和意大利歌剧先后在乌拉圭演出。直到 19 世纪 70 年代，本国的音乐团体才相继建立起来，音乐创作开始活跃。其中当时较有影响的作曲家有三位：一是托马斯·希里瓦尔迪 (Tomas Giribaldi, 1847 ~ 1930)，他是乌拉圭第一部歌剧《巴黎妇女》(1878) 的作者；二是莱昂·里韦罗 (León Ribeiro, 1854 ~ 1931)，他创作了乌拉圭第一首弦乐四重奏，并创作了各种形式的音乐作品；三是路易斯·桑伍切蒂 (Luis Sambucetti, 1862 ~ 1926)，他曾在巴黎音乐学院学习，创作了交响乐组曲 (1899)，这是当时乌拉圭最受欢迎的交响乐。

进入 20 世纪后，民族乐派在乌拉圭兴起，并涌现出一批较有影响的作曲家。阿丰索·布罗夸 (Alfonso Brocqua, 1876 ~ 1946) 久居法国，师从 V. 丹第。1910 年创作了《塔瓦雷》。他的作品还有钢琴前奏曲《潘帕斯草原》《G 小调钢琴五重奏》等。布罗夸作为民族主义音乐创作的先行者，对乌拉圭民族乐派产生了重要影响。爱德华多·法维尼 (Eduardo Fabini, 1883 ~ 1951) 被认为是乌拉圭民族乐派最杰出的代表人物。1899 年他 17 岁时获得奖学金，前往布鲁塞尔学习音乐。1903 年回国后从事教学、演出和创作。他曾尝试创作各种音乐，包括芭蕾舞音乐。1907 年他参与创建了乌拉圭音乐学院 (Conservatorio Musical Uruguayo)，不久他又创建了国家交响乐团 (Orquesta Sin fónica Nacional)。最受欢迎的作品有《田园》(Campo, 1922)、《古老的祖国》、《木棉树之岛》(La isla de los Ceibos) 等著名的民族音乐作品。卡洛斯·朱克西 (Carlos Giucci) 1928 年创作了《坎东韦》(Camdombe)，这是第一个以文雅的方式表现蒙得维的亚非洲音乐的作品。路易斯·克卢索·莫泰特 (Luis Cluzeau Mortet, 1889 ~ 1957)，乌拉圭民族乐派代表人物之一，他是一位钢琴家和国家音乐学院的教授，他的室内乐和交响乐给人们留下了深刻的记忆。其代表作是 1953 年创作并演出的钢琴曲《长鼓》(Tamboriles)。这部作品的主要特点是多节拍的非洲音乐旋律。维森特·阿斯科纳（Vicente Ascone, 1897~1979）也是民族乐派重要的作曲家。他以查鲁亚人为主旋律创作了一部歌剧。1931 年他为交响乐团创作了《乌拉圭组曲》。卡洛斯·彼德莱（Carlos Pedrell, 1878~1941）因袭西班牙的旋律，写过一些印象派的作品。塞萨尔·科蒂纳斯（César Cortinas, 1890~1918）在短暂的生命中创作了一系列钢琴奏鸣曲和其他声乐作品。

阿耶斯塔兰（Lauro Ayestaran, 1913~1966）是著名的音乐教育家，他进行了大量的音乐民族学研究。从 1943 年开始，他周游全国各地，广泛收集民间音乐作品，在此基础上撰写了《乌拉圭音乐史》（1952）。他还将一生中的大部分时间投入推动公立学校，特别是共和国大学的音乐教育事业发展中。另一位音乐教育家是弗朗西斯科·库尔特·朗格（Francisco Curt Lange, 1903~1997）。他出生于德国，1923 年定居蒙得维的亚，1930 年加入乌拉圭国籍，并长期在蒙得维的亚大学教授音乐。1940 年，他在乌拉圭政府的支持下，创办了拉美音乐学院（Instituto Americano de Musicología）。1934~1941 年，他编辑出版了《拉美音乐通讯》和 5 卷本的《拉美音乐学》档案文件。由于他的努力，蒙得维的亚成为当时拉美的音乐教学中心，他为乌拉圭音乐的发展做出了巨大贡献。

现代作曲家和演奏家有埃克托尔·托萨尔·埃雷卡特（Héctor Tosar Errecart, 1923~2002）。他属于新古典主义音乐家，作品题材非常广泛，个性鲜明。20 世纪 50 年代，在《克里奥尔舞曲》中加入了高乔民间音乐主题曲，并引起国内外的广泛关注。此外，他还是著名的钢琴家。豪雷斯·拉马克·庞斯（Jaures Lamarque Pons, 1917~1982）是著名的作曲家和古典钢琴演奏家。作为民族乐派的重要代表人物，他用"坎东韦"、"米隆加"、探戈等民间音乐旋律，创作了很多具有民族特色的古典音乐作品，如 1952 年根据画家菲卡里的绘画创作了《芭蕾舞组曲》、《委托人》（*El Encargado*）、《拉普拉塔河组曲》（*Suite Rio platense*）和歌剧《马尔塔·格鲁尼》（*Marta Gruni*）等。莱昂·比里奥蒂（León Biriotti, 1929~ ）是双簧管演奏家、作曲家和管弦乐团的指挥。他创建了阿尔科管弦乐团（Orquesta de Arcos）。1970 年他除了指挥了阿尔科管弦乐团外，还担任了乌拉圭青年交响乐团的指挥。他的作品包括室内乐、交响乐、声乐和钢琴曲。

乌拉圭当代也涌现出一些具有世界影响力的音乐家。科里温·阿阿罗尼安（Coriún Aharonián，1940~2017）是著名的电子音乐作曲家和钢琴演奏家。他还是一个评论家、指挥家和教育家。除了在乌拉圭，他还经常到阿根廷、玻利维亚、巴西、巴拉圭、委内瑞拉等拉美其他国家进行演出、教书及担任音乐指挥。他的足迹还遍及西班牙、德国、法国、瑞典等欧洲国家。他还积极参与华沙、弗赖堡（德国）等欧洲音乐节的活动。他创作的音乐作品有《三人乐》（*Música Paratres*，1968）、《五人乐》（*Música Paracinco*，1972）、《伟大的时刻》（*Gran Tiempo*，1974）、《每一天》（*Los Cada Dias*，1980）、《人们》（*Gente*，1990）和《一首歌》（*Una Canción*，1998）等。爱德华多·费尔南德斯（Eduardo Fernández，1952~ ）是世界著名的吉他演奏家。他7岁开始学习吉他，先后获得巴西亚雷格雷国际吉他大赛（1972）、巴黎国际吉他大赛（1975）和西班牙塞哥维亚国际吉他大赛（1975）的桂冠。1977年，费尔南德斯开始在纽约及世界各地进行演出，足迹遍及世界各地。费尔南德斯除了在蒙得维的亚大学的音乐学院任教外，还在世界各地举办大师班和讲习会。费尔南德斯多次担任蒙得维的亚国际吉他节的艺术总监，成功地将乌拉圭的吉他艺术介绍到世界各地。何塞·塞雷布里埃（José Serebrier，1938~ ），是享有世界声誉的古典音乐创作者和指挥家。他第一次指挥管弦乐队时只有11岁。17岁时创作了第一部交响曲，现在是当代古典音乐界唱片出版最多的指挥家及作曲家之一。他几乎包揽了美国各大重要奖项，其中包括两次古根海姆奖；先后37次获格莱美提名，8次获奖。他创作的《第三交响曲》（*Third Symphony*）和《弦乐幻想曲》（*Fantasia for Strings*）是其最受欢迎的作品。他的风格充满活力，色彩丰富，旋律优美。他最不寻常的作品之一是《手风琴和室内管弦乐队的帕萨卡利亚和无穷动》（*Passacaglia and Perpetuum Mobile for Accordion and Chamber Orchestra*）。2012年，他发行了《探戈长笛协奏曲》（*Flute Concerto with Tango*）。塞雷布里埃与世界许多著名的交响乐团有过合作，并在世界巡回演出。2017年1月他与中国国家交响乐团合作在中国国家大剧院进行了演出。

官方电台广播服务局（SODRE）在推动音乐创作和欣赏方面发挥了重要的作用。其下属的交响乐团成立于 1931 年 6 月 20 日，后来发展为国家交响乐团（National Symphony Orchestra）。

（二）民间音乐和舞蹈

乌拉圭的民间音乐以歌舞曲为主，大多从高乔人和黑人的歌曲和主题中发展而来。一些民间音乐和舞蹈，如坎东韦是它独有的。与此同时，由于共同的历史和文化，乌拉圭有许多音乐和舞蹈与阿根廷或拉美其他国家是共有的，如探戈等。

1. 坎东韦（Candombe）

在乌拉圭待过一段时间的人，应该都听过坎东韦的音乐，尤其是在蒙得维的亚闲逛的时候。这种重金属音乐原产于乌拉圭，是典型的南美黑人歌舞，被称为"黑人的探戈"。演奏坎东韦的鼓通常有三种：一种是小鼓，可以敲打出如钟声一样的声音；一种是可以发出像钢琴一样的声音的鼓；一种是低音鼓。在节奏感很强的鼓点伴奏下，人们尽情地欢跳。

坎东韦于 19 世纪末开始在蒙得维的亚兴起，但它作为一种黑人文化，直到 20 世纪 40 年代还没有被社会接受。它的广泛传播在很大程度上要归功于著名艺术家、"白房子"的主人卡洛斯·派斯·比拉罗的艺术作品和大力倡导。1923 年出生的卡洛斯·派斯·比拉罗虽是一个白人，但他年轻时就沉浸在乌拉圭黑人文化中。他的很多艺术创作都以坎东韦为素材，坎东韦激励了他一生的大部分创作。在 2014 年 2 月去世的前 9 天，这位艺术家还敲着鼓，与他钟爱的"召唤狂欢节"（llamadas）乐队参加狂欢节游行。著名画家佩德罗·菲卡里也有一幅表现坎东韦这种舞蹈的著名油画。坎东韦已成为最具乌拉圭特色和传统的音乐舞蹈形式，在夏季的周末人们经常可以看到由不同种族鼓手组成的乐队打着鼓在城中穿行，它也是狂欢节期间最受乌拉圭人喜爱的演出之一。可以说，它已成为乌拉圭文化和社会生活的重要组成部分。

坎东韦还是流行音乐的一部分，海梅·罗斯（Jaime Roos，1953~ ）等许多乌拉圭最著名的艺术家，将坎东韦作为他们音乐的重要组成部分。

另一些人如迭戈·詹森（Diego Janssen），则将坎东韦与爵士乐或蓝调等其他音乐结合起来，创造出一种新颖但又具有乌拉圭特色的音乐。2009年，坎东韦已被联合国教科文组织列为世界文化遗产。

2. 穆尔加（Murga）

穆尔加是狂欢节期间在乌拉圭、阿根廷和西班牙演出的一种流行音乐剧。但相比较而言，穆尔加在乌拉圭演出的规模要大得多。穆尔加起源于西班牙的加的斯（主要从 1908 年开始），传入乌拉圭后有了很多变化，并成为乌拉圭独特和最受欢迎的文化表达形式之一。

传统的穆尔加乐队由一个合唱团和三个打击乐手组成。一个表演团最多由 17 个演员组成，通常是男性。表演者通常穿着精致、鲜艳、滑稽的服装，很少使用道具。音乐剧由一组歌曲和持续约 45 分钟的吟诵组成。在整个狂欢节期间，音乐剧将在社区舞台上演出。这些舞台设在蒙得维的亚的各个街区及首都以外的很多地区。各个表演团体还在官方组织的比赛中相互竞争，一争高下。每个表演团组都有自己的粉丝。

抒情内容基于一个特定的主题，该主题由组织者选择，旨在提供对乌拉圭或其他地区过去一年发生的事件的评论。因此，穆尔加很适合作为一种大众抵抗的形式。例如，20 世纪 70 年代乌拉圭独裁统治期间，像阿拉卡拉卡纳（Araca La Cana）这样的团体以其左翼倾向、颠覆性评论和反对立场而闻名，被乌拉圭人奉为文化偶像。2005 年 3 月该乐队在巴斯克斯总统就职典礼上表演。在首都蒙得维的亚，还有常年开放的穆尔加博物馆（Murga Museum）。

穆尔加的音乐风格或节奏已成为乌拉圭流行音乐的一部分。流行音乐艺术家，如海梅·罗斯、鲁本·拉达（Ruben Rada）、亚历杭德罗·巴尔比斯（Alejandro Balbis）和你不会喜欢它（No Te Va Gustar）乐团的音乐作品中常常渗透着穆尔加的音乐元素。

3. 佩里孔（Pericon）

尽管高乔人的音乐起源于阿根廷，但乌拉圭的国舞佩里孔（Pericon）却是乌拉圭独有的。它是由 6 对或 6 对以上的人跳的一种三拍子的圆圈舞，与法国的米奴哀小步舞曲相像。它于 1889 年由蒙得维的亚的一个戏剧社复兴光大，并一直盛行至今。

4. 探戈

探戈是拉普拉塔地区最地道的和最真实的音乐表达之一，2009 年被联合国教科文组织列为人类非物质文化遗产。然而，乌拉圭人很不认同探戈起源于阿根廷的布宜诺斯艾利斯这个说法，乌拉圭首都蒙得维的亚有"探戈之都"的称号。乌拉圭有两家电台专门播放探戈舞曲，有 20 家探戈酒吧、7 家探戈舞蹈学校。

许多世界流行的探戈舞曲是由乌拉圭作曲家创作的。乌拉圭有大约 1.7 万首探戈舞曲，这些舞曲由拉普拉塔河两岸的诗人、音乐家和舞蹈演员创作和诠释，并将它们带往世界各地。其中，最经典的探戈舞曲《假面舞会》（*La Cumparsita*，1917）是由乌拉圭人创作的。赫拉尔多·H. 马托斯·罗德里格斯（Gerardo H. Matos Rodriguez，1900～1948）在创作这首舞曲时，只有 17 岁，是一名建筑系的学生。他随后以匿名方式将曲子交给罗伯托·费尔博（Roberto Firpo）管弦乐团首演。1924 年《假面舞会》传到巴黎，并在世界各地传播开来，成为无数电影中的标志性作品，并被世界各地的艺术家演绎。1998 年，探戈舞曲《假面舞会》被定为乌拉圭国家探戈舞曲。为了纪念这首世界上最著名的探戈舞曲，蒙得维的亚在每年 4 月都会举办"假面舞会周"（Semana de La Cumparsita）。阿根廷经典探戈舞曲《黑发姑娘》（*La Morocha*）是由在乌拉圭出生的歌曲作家恩里克·萨布里多（Enrique Saborido）创作的。此外，1927 年由蒙得维的亚的雅典演员（Troupe Ateniense）剧团成员胡安·安东尼奥·科拉索（Juan Antonio Collazo）作曲，维克托·索利诺（Victor Solino）和罗伯托·丰泰纳（Roberto Fontaina）作词的探戈歌曲《狂欢》（*Garufa*）是至今仍在拉普拉塔地区非常流行的一首探戈舞曲。

5. 其他形式的黑人音乐和舞蹈

乌拉圭北部及蒙得维的亚的黑人音乐和舞蹈与巴西南里奥格朗德州的黑人音乐和舞蹈有相似之处，如"奇马丽塔"（Chimarrita）、"卡兰盖伊霍"（Carangueijo）、"蒂兰纳奥"（Tiranao）等。在西班牙殖民统治时期，节奏感很强的非洲音乐和舞蹈随着黑人的输入而传入乌拉圭，并与当地的文化融合，最终形成了具有本国特点的非洲艺术。

（三）爵士乐

爵士乐在乌拉圭已有几十年的历史。全国有许多爵士乐队。每年 1 月在埃斯特角城的拉帕塔伊阿（La Pataia）乳制品农场里举行音乐节。这个音乐节是美洲著名的音乐节之一，由著名的古巴萨克斯管演奏家帕基托·里韦拉（Paquito D'Rivera）创办，吸引了大批旅游者前来参加。

（四）当代流行音乐

当全球旅行者在寻找一个与众不同的目的地时，会被蒙得维的亚这个国际化的城市吸引。尽管乌拉圭规模不大，但涌现出数量惊人的创新音乐：从探戈到酷劲十足的 Campo 乐队的亚热带音乐。流行音乐文化已成为乌拉圭人民社会生活的一部分。美国奥斯汀音乐记者南希·弗洛里斯（Nancy Flores）注意到，"在乌拉圭观看现场音乐表演的包括各个年龄段的人。从年轻的潮人到 50 多岁的女人，各种各样的人都有。这种情况非常普遍。你在其他国家可能经历过的代沟或'酷'之分在这里并不存在"[①]。

阿尔弗雷多·西塔罗萨（Alfredo Zitarrosa，1936～1989），被广泛认为是拉丁美洲最有影响力的歌手和词曲作者。除此之外，他还是诗人和记者。他最擅长的是乌拉圭和阿根廷的民间音乐，如赞巴（zamba）和米隆加。他是 20 世纪 70～80 年代伊比利亚美洲兴起的以民间音乐和社会内容为歌词的新歌运动的主要代表人物。他还是一名共产主义理想的坚定支持者，在军政府执政期间，曾于 1976～1984 年流亡海外。

乌拉圭当代著名作曲家豪尔赫·德雷克斯勒（Jorge Drexler，1964～　）近年频频获奖。2004 年为电影《摩托车日记》创作的电影歌曲《到河对岸》获第 77 届奥斯卡最佳配乐和最佳歌曲提名。2018 年 11 月，他创作的歌曲《电话》（Telefonía）获得第 19 届拉丁格莱美年度歌曲奖，他的专辑《冰的拯救者》（Salvavidas de Hielo）获得最佳专辑奖提名。

---

① "Montevideo's Burgeoning, Innovative Cultural Scene", February 25, 2015, http: // www. guruguay. com/montevideo – live – music – scene.

乌拉圭当代流行音乐最值得收听和珍藏的 5 个专辑①如下。

（1）罗斯（Jaime Roos，1953～　）的《密码》（*Contraseña*）。在乌拉圭，很少有音乐家能靠音乐生活。但罗斯就是其中的少数人之一。他在乌拉圭和邻国阿根廷非常受欢迎。此专辑由其他乌拉圭艺术家的歌曲改编而成。这个专辑具有乌拉圭人的特点，使用了狂欢节音乐穆尔加的和声。专辑视频是在蒙得维的亚的老城拍摄的，由尼·佩拉扎（Ney Peraza）的吉他与"Tablas"鼓合奏。

（2）爱德华多·马特奥（Eduardo Mateo，1940～1990）的《马特奥做到了最好的自己》（*Mateo Solo Bien Se Lame*）。马特奥是 20 世纪 60 年代崭露头角的一位极具影响力的曲作家、歌手和吉他手。作为一名节奏大师，他在坎东韦的节奏基础上创造了一种新的节奏，称为坎东韦节拍。他有不可预知、极具吸引力的狂野个性，一段时间内曾是个无家可归之人，50 岁生日即将到来之前离开了人世，死时身无分文。《滚石》乐队的戴维·弗里克（David Fricke，1952～　）称马特奥是一位极具革命性的音乐家。

（3）安娜·普拉达（Ana Prada，1971～　）的《我是一个罪人》（*Soy Pecadora*，2009）。安娜·普拉达 1992 年开始在乌拉圭蒙特维多学习音乐和心理学。其后加入表哥丹尼尔·德雷克斯勒（Daniel Drexler）组建的乐队火山口（La Caldera），成为一名歌手。自 2006 年起，她开始创作自己的歌曲，先后出版了三张专辑：《我是一个孤单的人》（*Soy sola*，2006）、《我是一个罪人》和《我是另一个人》（*Soy otra*，2013）。普拉达获得了加德尔奖（Premios Gardel）②和格拉菲提奖（Graffiti Award）③等

---

① "5 Albums from Uruguay You Must Listen to"，*The Guru of GuruGuay*，February 15，2015，http：//www.guruguay.com/5 - albums - from - uruguay.

② 加德尔奖，1999 年阿根廷音乐界开始颁发的一个奖项，相当于阿根廷的美国格莱美奖和英国全英音乐奖（BRIT）。奖项以阿根廷最早的著名音乐家之一卡洛斯·加德尔（Carlos Gardel）的名字命名。

③ 2003 年首次设立，奖励乌拉圭的摇滚乐。随后几年，开始奖励乌拉圭音乐的所有流派。该奖共设 35 个奖项，自 2014 年以来，颁奖仪式一直在阿德拉·雷塔博士国家大礼堂举行。

音乐奖项的提名，成为拉普拉塔地区有一定影响力的当代流行音乐人。从音乐风格来说，普拉达是乌拉圭民族音乐现代性的代表。她的第二张专辑，尽管继续使用民间音乐节奏——米隆加、瓦尔萨西托（valsecito）、查玛姆（chamame）以及雷鬼（reggae），但她的音乐更加都市化，并带有电子的原声背景。

（4）托比俱乐部（El Club de Tobi）的《托比主义》。1996年，托比俱乐部开始在贯穿蒙得维的亚老城区的萨兰迪（Sarandi）步行街和地下场馆演奏古典弦乐四重奏。他们在拉普拉塔地区演奏自己创作的流行音乐和摇滚乐，特别是亨德里克斯（Hendrix）、披头士和鲍勃·马利（Bob Marley）的经典作品。托比俱乐部获得了2011年格拉菲提奖。

（5）古斯塔沃·佩纳（Gustavo Pena，1955～2004）的《演奏会》（*El Recital*）。古斯塔沃·佩纳被称为"王子"（El Principe）。他努力靠音乐维生，但英年早逝，去世时只有40多岁。20世纪80年代初，他开始被人熟知。他是一个多产的作曲家，受爵士乐和巴西音乐的影响（他在巴西的丛林中生活了一段时间）很大，他的幽默在他歌曲的歌词中得到充分体现。《演奏会》是他在2002年现场演出时录制的。他的女儿埃利奥·佩纳（Eliu Pena）用她独特的魅力风格诠释了他的音乐，使人们记住他，让他的音乐流传至今。与马特奥一样，"王子"已经成为这个地区音乐家的偶像。

五　美术

（一）绘画

胡安·曼努埃尔·勃拉奈斯（Juan Manuel Blanes，1830～1901）是乌拉圭第一个受到广泛关注的画家。他的绘画作品题材非常广泛，有表现历史题材的作品，如《东岸33个爱国者的誓言》（1878）；也有表现人物和农村生活的作品，如《卡洛塔·费雷拉》。他还是个肖像画家，作品有《阿蒂加斯将军》。勃拉奈斯与墨西哥的贝拉斯科（José María Velasco，1840～1912）和阿根廷的普埃伦东（Prilidiano Pueyrredón，1823～1870）被看作19世纪伊比利亚美洲绘画艺术成就最高的三位画家。他对乌拉圭民族绘画艺术的发展产生了重要影响，有大批的追随者。他的大儿子胡安·路易斯·勃拉奈斯（Juan Luis Blanes，1856～1895）在绘画方面也有很高的成就。与勃拉奈斯同时代的画家还有以高乔人为题材的画家奥拉西奥·埃斯庞达布鲁（Horacio Espondaburu，1855～1902）、以军事为题材的画家迪奥赫内斯·埃克特（Diogenes Hequet，1867～1902）和海景画家曼努埃尔·拉腊维德（Manuel Larravide，1871～1910）。

19世纪90年代，受欧洲的影响，现代主义绘画在乌拉圭出现。卡洛斯·费德里科·萨耶斯（Carlos Federico Sáez，1878～1901）的作品有《西奥西阿罗头像》（*Ciocciaro Head*，1897）等。卡洛斯·玛丽亚·埃雷拉（Carlos María Herrera，1875～1914）也是现代绘画艺术的开创者。他的作品以肖像画为主。1905年他创建了美术社团，对绘画教育的发展起到积极的推动作用。

在乌拉圭印象派画家中，佩德罗·勃拉奈斯·维亚尔（Pedro Blanes Viale，1879～1926）是最重要的代表人物之一。他曾在巴黎和马德里学习，擅长描绘风景和欢庆场面。代表作品有《马约尔卡的棕榈树》。水彩画家何塞·库内奥（José Cúneo，1887～1977）也是印象派代表人物之一。他最著名的作品是《月亮和牧场》（*Lunas y Ranchos*）。印象派画家还有米洛·贝雷塔（Milo Beretta，1875～1935）、曼努埃尔·罗丝（Manuel Rose，1882～1961）、卡洛斯·阿尔维托·卡斯特利亚诺斯（Carlos Alberto Castellanos，1881～1945）。

第一个取得国际声誉的乌拉圭画家是后印象派画家佩德罗·菲卡里（Pedro Figari，1861～1938）。他的作品主要表现了殖民地时期蒙得维的亚及农村地区的日常生活，特别是黑人和高乔人的生活。《野花》是他最受欢迎的作品之一，描写的是一个骑着马的黑人手里拿着一大把紫罗兰花边走边唱的画面。1914年他创办了国家美术学校。1917年他还出版了理论巨著《艺术、美学与理想》。他的作品主要保存在国家视觉艺术博物馆中。

20世纪30～40年代，以华金·托雷斯·加西亚（Juaquín Torres García，1874～1949）为代表的抽象派成为乌拉圭最有影响力的绘画艺术流派。托雷斯·加西亚曾在巴塞罗那学习绘画，随后游历了大部分欧洲和美洲国家。1929 年他与瑟蓬（Michel Seuphor，1901～1999）在法国巴黎创办了世界第一个抽象艺术杂志《方圆》（*Cercle et Carre*），与康定斯基（Wassily Kandinsky，1866～1944）、蒙德里安（Piet Mondrian，1872～1944）等世界著名抽象派画家组织了一个集体绘画展。1932 年，他在年近 60 岁的时候从欧洲回到蒙得维的亚。随后他开办了南方学校，同时继续出版他在巴黎创办的评论杂志，出版发行了西班牙文版的《方圆》（*Circulo y Cuadrado*）。他通过教学、写作以及绘画创作，把当时世界流行的立体主义、新造型主义、结构主义等抽象艺术介绍到乌拉圭。与此同时，他创建了宇宙结构主义流派。代表作品有《宇宙纪念碑》（1938）等。他不仅对绘画产生了重要影响，而且对建筑和雕塑艺术产生了巨大影响。他的作品被广泛收藏，在北美洲和欧洲的博物馆中都能找到。其中以其名字命名的托雷斯·加西亚博物馆收藏的作品最多。他有一大批追随者，其中包括他的两个儿子——奥古斯托·托雷斯（Augusto Torres，1932～1992）和奥拉西奥·托雷斯（Horacio Torres，1924～1976）。雕塑家贡萨洛·丰塞卡（Gonzalo Fonseca，1922～2000）也是其追随者之一，他的雕塑取得了国际性的声誉，其最著名的作品是 1968 年为墨西哥举行的奥运会制作的高 12 米、用混凝土浇筑的可住人的塔。

此外，卡梅洛·德阿萨杜姆（Carmelo de Arzadum，1888～1968）、何塞·古尔维奇（José Gurvich，1927～1974）、阿尔弗雷多·德西莫内（Alfredo de Simone，1898～1950）也是乌拉圭当代最好的画家。

（二）雕塑艺术

乌拉圭早期雕塑作品最值得关注的是何塞·利维（José Livi）仿照米开朗基罗同名作品雕刻的《皮耶塔》和蒙得维的亚克甘奇广场（Plaza de Cagancha）的《自由》（*La Liberdad*）群雕。胡安·曼努埃尔·费拉里（Juan Manuel Ferrari，1874～1916）的表现主义风格显然受到了法国雕塑家罗丹的影响。在他的许多青铜雕塑作品中，米纳斯城的安东尼奥·拉瓦列哈纪念碑最令人瞩目。

乌拉圭最有影响的雕塑家是何塞·贝略尼（José Belloni，1880～1965）。

他的大理石和青铜雕塑再现了乌拉圭的历史。他的雕塑《牛车》（*La Carreta*）、《大马车》（*La Diligencia*）、《混战》（*El Entrevero*）成为装点蒙得维的亚的最重要的艺术作品，吸引了无数旅游者参观拍照。

何塞·路易斯·索里利亚·圣马丁（José Luis Zorrilla de San Martín，1891～1979），是乌拉圭著名的雕塑家。他是著名诗人胡安·索里亚·圣马丁的儿子。蒙得维的亚城的《高乔人纪念碑》是他最令人称赞的作品。他的作品还有普拉多公园里的雕塑《最后的查鲁亚人》、七月十八日大道入口处为纪念第一部宪法颁布而修建的方尖石塔、蒙得维的亚大教堂的蒙西诺尔·马里亚诺·泽勒（Monsignor Mariano Seler）纪念雕塑等。

蒙得维的亚城的当代纪念性雕塑大部分是贝尔纳韦·米切莱纳（Bernabé Michelena，1883～1963）的作品。其中，最著名的有卡拉斯科国际机场的纪念雕塑和奥希金斯纪念碑。他的作品是托雷斯·加西亚宇宙结构主义流派在雕塑方面的延伸。他的风格简练，很多不必要的细节都被省略了。

爱德华多·迪亚斯·耶佩斯（Eduardo Díaz Yepes，1909～1979）出生于西班牙，西班牙内战爆发后来到蒙得维的亚避难。随后，与抽象派画家托雷斯·加西亚的女儿结婚，成为乌拉圭公民。他的作品呈现不同的风格，有立体主义也有表现主义。其中，最著名的抽象派作品有巴西圣保罗伊维拉布埃拉公园里高 7 英尺（约 2.1 米）的缟玛瑙纪念碑（1958）。他的表现主义作品有蒙得维的亚比尔希略广场的海难纪念碑（1958）。

赫尔曼·卡夫雷拉（German Cabrera，1903～1990）的抽象作品由大理石、青铜、混凝土木材、陶瓷等各种材料制成。其他抽象派雕塑家还有奥克塔维·波德斯塔（Octavio Podesta，1929～   ）、萨卢斯蒂亚诺·平托（Salustiano Pintos，1905～1975）、迪亚斯·巴尔德斯（Wifredo Díaz Valdez，1932～   ）和乌戈·南德斯（Hugo Nantes，1933～2009）等。

胡安·达尼埃利（Juan D'Anielli）、安东尼亚·佩纳（Antonio Peña，1894～1947）、路易斯·P. 坎图（Luis Pedro Cantú）、埃德蒙多·普拉蒂（Edmundo Prati，1889～1970）也是乌拉圭较有影响的雕塑家。在博物馆、广场或公园内，人们经常可以看到他们的作品。路易斯·阿尔贝托·索拉里（Luis Alberto Solari，1918～1993），自 1948 年开始在版画、绘画和拼贴画中以狂欢节作为主题。他在人物中使用了狂欢节面具，这样人物形象大多带有动物的头，暗示着人物的双重身份。他的作品经常表现虚伪、贪婪、暴力、怯懦、愤怒、无知等主题以及他那个时代的其他社会批评性话题。

巴勃罗·阿特楚加利（Pablo Atchugarry）是乌拉圭当代著名的艺术家。他自 20 世纪 70 年代开始创作，最初用水泥、木头和铁制作雕塑作品，1979 年开始创作大理石作品，并为此移居意大利。他的大理石作品承袭了米开朗基罗的风格，将现代抽象艺术融合到石雕中。1999 年，他凭借卡拉拉大理石的艺术成就获得了意大利卡拉拉市颁发的米开朗基罗奖。2000 年，他代表乌拉圭出席了第 50 届威尼斯双年展。他的作品不仅经常出现在世界大型艺术博览会上，还被乌拉圭及世界各国收藏。

六 文化设施

乌拉圭文化设施健全，图书馆、博物馆、剧院、电影院等完全可以满足民众的文化生活需要。

（一）文化馆

蒙得维的亚有 70 个公共图书馆，16 个市政公共图书馆和 10 个大学图书馆。各省都有公共图书馆。

国家图书馆是乌拉圭最大的图书馆，建于 1816 年 5 月 26 日。首任馆长达马索·安东尼奥·腊尼亚加是位历史学家。建馆时有藏书 5000 册，后通过征集私人馆藏、接受国内外赠书，馆藏规模不断扩大。1842 年政府颁布法令，规定新出版的图书必须送交样书存入国家图书馆，这对国家图书馆充实馆藏起到了积极作用。1945 年，国家图书馆迁入现址，有藏书 11 万册，报刊 1300 种，其中 12000 幅绘画、图片、地图和手抄本为稀世珍品。藏有 1751 年巴黎出版的《百科全书》（法文版）和《科学技术辞典》，以及《教皇格列高利 11～13 世的宗教古谱集》。1988 年，国家图书馆开始实施图书管理现代化。出版有《国家图书馆杂志》（1966 年至今)、《图书档案杂志》(1987 年至今)。2001 年 5 月 22~25 日,乌拉圭为纪念国家图书馆开馆 185 周年举行了为期 3 天的全民朗诵名著活动。

除国家图书馆外,还有议会图书馆、美洲国际保卫儿童学会图书馆、阿蒂加斯-华盛顿图书馆(1943 年由美国开办)。

(二)博物馆

乌拉圭博物馆众多,但大多数集中在首都蒙得维的亚。2018 年蒙得维的亚各类博物馆的参观人次达 22.47 万,其中参观人次最多的是胡安·曼努埃尔·勃拉奈斯市政博物馆(见表 7-4)。

表 7-4 2016~2018 年蒙得维的亚主要博物馆及参观人次

单位:人次

	2016	2017	2018
总人次	247048	262424	224691
胡安·曼努埃尔·勃拉奈斯市政博物馆	67081	89667	62282
市政厅历史博物馆	60615	65330	57119
艺术历史博物馆	43278	40123	40854
瓷砖博物馆	6777	8281	5206
记忆博物馆	22271	23471	22797
费尔南多·加西亚博物馆	18668	12036	15771
地下铁道(Subte)	28358	23516	20662

资料来源:Intentencia de Montevideo, INE, "Anuario Estadístico - 2019", http://www.ine.gub.uy/documents/10181/623270/Anuario + Estadistico + 2019/f854fb27 - ad7f - 4ce3 - 8c37 - 005ade0a6140, p. 182。

1. 国家视觉艺术博物馆(Museo Nacional de Artes Visuales)

该博物馆是乌拉圭最著名的艺术博物馆。它建立于 1911 年 12 月 10 日,坐落在蒙得维的亚的何塞·罗多公园。自 1969 年起,博物馆常年开放。20 世纪 70 年代,在阿根廷建筑师克洛林多·特斯塔(Clorindo Testa)的指导下,博物馆进行了大规模的重修,面积扩大了一倍。1986 年添加了一个技术先进的画廊和一个会议厅。博物馆的收藏大多数是本国艺术家的作品。此外,也收藏了一些欧洲艺术家的作品。拉美画家的作品也在收藏之列。

2. 胡安·曼努埃尔·勃拉奈斯市政博物馆（Museo Municipal Juan Manuel Blanes）

乌拉圭最有影响力的博物馆之一。1912年，阿莱霍·罗塞尔·留斯（Alejo Rossell y Rius，1848～1919）和他的妻子多洛雷斯·佩雷拉（Dolores Pereira）将他们收藏的欧洲绘画和雕塑捐赠给蒙得维的亚市政当局。1928年，在他们捐赠的基础上建立了胡安·曼努埃尔·勃拉奈斯市政博物馆。1935年，博物馆对外开放，并通过向个人购买、捐赠等方式逐渐发展和扩大。博物馆收藏了胡安·曼努埃尔·勃拉奈斯创作的大部分油画、素描、草图和文件，还收藏了国内一些画家的作品。

3. 市政厅历史博物馆（El Museo Histórico Cabildo）

该博物馆位于蒙得维的亚老城区，是一座建于1804年的历史建筑。在殖民地时期，它曾作为市政厅。独立后，被用于各种用途，见证了乌拉圭历史上很多重要的政治、社会和文化事件。其中1830年7月18日第一部宪法就是在这里通过并颁布的。1958年改为博物馆，1975年被列为国家历史建筑（Monumento Histórico Nacional）。

4. 艺术历史博物馆（El Museo de Historia del Arte）

该博物馆创建于1971年，坐落在蒙得维的亚七月十八日大道上，主要展示史前、前哥伦布时代、殖民地时期世界各地的艺术品，其中包括埃及、伊朗、希腊和罗马等的艺术品，以及前哥伦布时代的美洲艺术品。该博物馆发挥着重要的教育功能，其教育作用在美洲也是独一无二的。博物馆不仅展出大量原作，也展出很多高质量的复制品、模型、巨幅版画、年表和区域地图等。

5. 记忆博物馆（El Museo de la Memoria）

该博物馆建于2006年，其建筑原为前总统马克西莫·桑托斯的故居。它隶属于蒙得维的亚市政府，专门纪念在1973～1985年军政府时期那些为争取自由、民主和社会正义死亡或"失踪"的人。

6. 费尔南多·加西亚博物馆及公园（El Museo y Parque Fernando García）

它位于蒙得维的亚和卡内洛内斯省交界处，最初只是一个娱乐性的郊野公园，其后公园内开设了一个马车和交通工具展馆，因收藏有40多辆

19 世纪末和 20 世纪初的古董级马车以及其他交通工具在美洲很有名气。
其中一件展品是一辆 1880 年在英国制造的战车，该车曾在 1881 年被用于
抗击黄热病。它展出的古董车还有 1896 年英国"皇家邮政"（Royal
Mail）使用的"米洛德"（Milord）邮政车、19 世纪末亨利·拉博德
（Henri Laborde）生产的"伦德鲁伊"（Lendruy）、乌拉圭前总统胡安·林
多尔福·库斯塔斯（Juan Lindolfo Cuestas，1899～1903）和前总统马克西
莫·桑托斯曾使用过的 1890 年产的凌渡（Lando）车。

7. 安第斯 1972 年博物馆（Museo Andes 1972）

该博物馆是乌拉圭商人汤姆森（Jörg Thomsen）在蒙得维的亚设立的
一家私人博物馆，主要展示 1972 年乌拉圭空军 571 号班机在安第斯发生
的空难事故及其幸存者的故事。

1972 年 10 月 13 日星期五，乌拉圭空军 571 号航班运载乌拉圭老基督
徒俱乐部（Old Christians Club）橄榄球队从蒙得维的亚前往智利圣地亚哥
参加比赛。机上有 40 名乘客和 5 名机组人员。飞机在飞越安第斯山时撞山
坠毁，12 人当场死亡。在空难发生近 2 个月后，两名幸存者——南多·帕
拉多（Nando Parrado）和罗伯托·卡尼萨（Roberto Canessa）在 12 月 12
日走出雪山，寻求帮助。他们跋涉 10 天后终于遇到一个牧羊人，并请求
他报警。12 月 22 日，16 名幸存者被智利空军解救。

多年后，571 号空难幸存者们参与出版了多本记录整个事件的书和回
忆录，拍摄了电影和纪录片，并建立了一个关于该事件的官方网站
（http://www. viven. com. uy/571/eng/historia. asp）。其中，英国历史学家
和传记作家皮尔斯·保罗·里德（Piers Paul Read）通过采访幸存者及其
家属在 1974 年出版了名为《劫后余生：安第斯幸存者的故事》（*Alive:
The Story of the Andes Survivors*）的纪实文学作品，并引起轰动。近年来，
一些幸存者相继出版了他们的回忆录：南多·帕拉多在 2006 年出版了
《安第斯山上的奇迹》（*Miracle in the Andes*）；罗伯托·卡尼萨在 2016 年
出版了《幸存者》；2017 年何塞·路易斯（Jose Luis "Coche" Inciarte）
出版了《安第斯回忆录》（*Memorias de los Andes*）。此事件后来也被拍成
电影，如墨西哥导演雷内·卡多纳（René Cardona Jr.，1939～2003）拍

摄的《幸存者》（1976）和好莱坞导演弗兰克·马歇尔（Frank Marshall）拍摄的《劫后余生》（*Alive*, 1993）。2012 年 10 月 13 日，16 名幸存的乌拉圭橄榄球队成员与智利前橄榄球队打了一场迟到了 40 年的比赛。比赛后，幸存的 16 名球员又去当年飞机失事的地方悼念了遇难的队友。

空难事故发生时，汤普森只有 16 岁。虽然他与事故并无关系，但他及家人曾遭遇过空难。20 世纪 70 年代，他的教父和他的妻子在另一起空难中丧生。在他年轻的时候，他和家人被困在一架起火的飞机上。他认为，安第斯山幸存者的故事是 20 世纪人类最伟大的生存故事之一。他的同胞在如此困难的情况下能够幸存下来是一个奇迹，体现了乌拉圭人的团结、重视团队合作和友谊的价值观。因此，他放下手中的生意，着手建立了这家博物馆。

8. 其他博物馆

其他有特色和值得参观的博物馆还有国家历史博物馆（Museo Historico Nacional）、瓷砖博物馆（Museo del Azulejo）、前哥伦布及土著人艺术博物馆（Museo de Arte Precolombino e Indigena）、地下铁道（Subte）、位于塔夸伦博的印第安人及高乔人博物馆（Museo del Indio y del Gaucho）和卡洛斯·加德利博物馆（Museo Carlos Gardel）、托雷斯·加西亚博物馆（Museo Torres García）、马尔多纳多的美洲艺术博物馆（El Museo de Arte Americano）、弗赖本托斯的索拉里博物馆（Museo Solari）和工业革命博物馆（El Museo de la Revolución Industrial）、萨尔托的美术及装饰艺术博物馆（Museo de Bellas Artes y Artes Decorativas）、埃斯特角城的海洋博物馆（Museo del Mar）等。

（三）剧院和影院

乌拉圭戏剧在拉美享有盛誉，剧团和剧院很多。仅乌拉圭独立剧院联合会（FUTI）就下辖了蒙得维的亚 20 个剧团。首都以外的独立剧院另外组建了内地剧团协会（Asociacion de Teatros del Interior，ATI）。

索利斯剧院是乌拉圭最著名的剧院。它于 1841 年开始修建，最初由意大利人弗朗西斯科·克萨维尔·德加门迪亚（Francisco Xavier de Garmendia）设计。后来，意大利人卡洛斯·祖基（Carlos Zucchi）对建筑设计进行了修改。1856 年，索利斯剧院建成。它共有 2800 个座位，是当时南美洲最大的剧院。剧院两侧的建筑是 1869～1883 年修建的。1903 年意大利指挥家托斯卡尼尼（Arturo Toscanini）和意大利歌剧男高音歌唱家卡鲁索（Erico Caruso）曾在那里演出。1923 年，世界著名音乐家、德国的理查德·施特劳斯（Richard Strauss）在那里指挥了《埃莱克特拉》（*El ektra*）的演出。1998 年剧院进行了翻修，并于 2005 年重新开放。它是蒙得维的亚最具象征意义的建筑之一，现在是国家喜剧院（La Comédia Nacional）的主要演出场地。

乌拉圭有 70 多家影院，影院大多集中在蒙得维的亚。古典和严肃的电影通常在电影资料馆（Cinemateca，有三个独立的电影院）和共和国大学电影院（有两个放映厅）放映。其他影院多半放映热门电影。放映的影片多为美国和英国的电影。欧美热门影片在蒙得维的亚上映的时间有时比布宜诺斯艾利斯还早。

第四节　体育

乌拉圭人喜爱运动，拥有许多设施良好的体育场和私人俱乐部。通常来讲，国家开办的体育设施收费很低或实行免费。足球是乌拉圭人最喜爱的体育运动项目，而且乌拉圭球队在国际比赛中取得过不俗的成绩。乌拉圭人在自行车、拳击、篮球、足球和划船等项目上都登上过奥运会的领奖台。人们喜欢的运动还有赛马、钓鱼等。

1924 年，乌拉圭第一次参加了在巴黎举行的奥运会。参加的项目有拳击、击剑和足球，并获得足球比赛的冠军。1964 年以后，乌拉圭在奥运会比赛中没有获得任何奖牌。2000 年米尔顿·怀南茨在悉尼奥运会自行车项目中夺得一枚银牌，改写了自 1964 年以来乌拉圭奥运会奖牌榜空白的历史。2008 年北京奥运会，乌拉圭派出 12 名选手，分别参加了田径、自行车、游泳、赛艇、射击和帆船 6 个大项的比赛。截至 2008 年北京奥运会，乌拉圭共夺得 10 枚奖牌，其中 2 枚足球金牌（1924 年和 1928 年）、2 枚银牌（划船和自行车）和 6 枚铜牌（3 枚划船、2 枚篮球和 1 枚拳击）。

一 足球

(一) 足球运动的发展

足球在乌拉圭近乎宗教，是人们最喜爱的运动项目。无论是踢球的人还是观球的人，人数众多，而且包括社会各个阶层的人。所以，在乌拉圭有个说法，即足球经理人的数量和这个国家的居民人数一样多。这个说法展示了这项运动对乌拉圭人的意义。

早在19世纪，足球运动由英国人带到乌拉圭，并成为风靡一时的运动。19世纪90年代，乌拉圭成立了足球俱乐部。1924年在巴黎奥运会上，乌拉圭队以3∶0战胜阿根廷队获得冠军。梁文道在给爱德华多·加莱亚诺《足球往事》所撰写的书评中说，第一次出征欧洲的南美洲国家队乌拉圭"教懂了欧洲人什么是真正的足球"。1928年在阿姆斯特丹奥运会上，乌拉圭再次以2∶0击败阿根廷队获得冠军。

乌拉圭是第一届世界杯足球赛的举办地。1930年乌拉圭独立100周年，他们许诺修建一座新的体育场，为每支参赛球队提供交通费用。这使乌拉圭获得了第一届世界杯足球赛的主办权。1930年7月13～30日，第一届世界杯足球赛在乌拉圭首都蒙得维的亚如期建成的世纪体育场（Estadio Centenario）举行。乌拉圭队不负众望，在决赛中以4∶2击败阿根廷队，夺得首届世界杯足球赛的冠军。1950年乌拉圭在客场以2∶1战胜巴西队，再次夺得世界杯冠军，成为该届比赛的爆炸性新闻。为了欢庆胜利，乌拉圭宣布全国放假，蒙得维的亚举行了一周的狂欢庆祝活动。此后，乌拉圭队多次打入世界杯足球赛决赛圈。20世纪90年代2次缺席世界杯后，乌拉圭队于2002年参加了在法国举行的世界杯足球赛。乌拉圭队在2002年之前的世界杯足球赛中，以16胜8平13负的成绩排名第九位。为纪念世界杯举办百年，2017年10月6日，阿根廷、巴拉圭、乌拉圭三国正式宣布将联合申办2030年世界杯。

乌拉圭足球运动设施完备，每个城镇都有足球场。其中最大的足球场是世纪体育场。该球场是1929年乌拉圭获得第一届世界杯足球赛主办权后，由足球爱好者募捐40万美元修建的。1930年建成时，正值乌拉圭宪法颁布 100 周年。因此，这座体育场被称为世纪体育场。该体育场可容纳 10 万名观众，现为佩那罗尔队的主场。

（二）足球队

全国共有 18 支甲级球队。佩那罗尔队和民族队是乌拉圭最有竞争力的两支球队，被称为"乌拉圭甲级联赛的双子星"。两支球队几乎包揽了国内重大比赛的冠亚军。据统计，1900 ~ 2000 年的 100 年间，这两支球队共在国内获得过 83 次冠军。在国际比赛中它们也多次获得冠军。这两支球队都有各自的支持者。不同球队的支持者之间相互对立的关系绝不亚于两大传统政党——红党和白党。

佩那罗尔队，全名为佩那罗尔竞技队（Club Atlético de Peñarol），1891 年 9 月 28 日由英国人所属的乌拉圭中央铁路有限公司组建。传统队服为黄黑剑条衫，镶黄边黑短裤和黑袜，黑黄两色来源就是铁路上常见的标志及围栏的颜色。它曾经 36 次夺得国内职业联赛冠军，五次夺得解放者杯（1960 年、1961 年、1966 年、1982 年和 1987 年），三捧世界俱乐部冠军杯（又称"丰田杯"，1961 年、1966 年和 1982 年）。"你如时间般的永恒，你会在每个春天来临之时鲜花盛开"是佩那罗尔队的座右铭。

民族队（Club Nacional de Football）成立于 1899 年 5 月 14 日，由乌拉圭竞技俱乐部和蒙得维的亚足球俱乐部合并而成。同年 6 月 18 日举行了该队成立后的第一场比赛。该队 42 次获得国内职业联赛的冠军，1971 年、1980 年和 1988 年三次获得过南美解放者杯冠军，1971 年、1980 年和 1988 年三次获得丰田杯冠军。

（三）著名的足球运动员

乌拉圭先后涌现出一大批优秀的足球运动员，这些优秀球员不仅驰骋在乌拉圭足球场上，而且绽放在世界各地的足球场上。

奥布杜里奥－巴雷拉（Aubrio Barrera，1917 ~ 1996）　被称为世界杯历史上最伟大的队长。1950 年巴西世界杯时，巴雷拉率领乌拉圭国家队在比分落后的情况下实现了大逆转，为乌拉圭夺得了第二个世界杯冠军。1996 年巴雷拉去世时，乌拉圭曾举国哀悼。

胡安·西亚菲诺（Juan Shiaffino，1925 ~ 2002）　20 世纪 50 年代世

界最出名的前锋，也是历届世界杯足球赛累计进球最多的球员之一，在1950 年和 1954 年的世界杯赛中，共进 7 个球。他也是世界杯足球赛中一场比赛个人进球最多的球员之一。在 1950 年 7 月 2 日的世界杯足球赛中，乌拉圭以 8:0 战胜玻利维亚队，西亚菲诺独进 4 个球。他曾在国内的佩那罗尔队、意大利的 AC 米兰队和罗马队踢球，共参加过 227 场比赛，打进88 个球。

罗克·加斯顿·马斯波利（Roque Gaston Maspoli，1917～2004）是与西亚菲诺同时代的优秀球员。在 1950 年世界杯决赛中，乌拉圭队在客场以 2:1 打败巴西队。加斯顿·马斯波利作为守门员为球队攻入一球，为乌拉圭队取胜立下了汗马功劳。但是，担任足球教练给他带来了更大的荣誉。在担任佩那罗尔队教练期间，他帮助球队取得了 5 次国内职业联赛的冠军、1 次解放者杯冠军。此外，在 1966 年举行的世界杯足球赛中，他领导的球队以 4:0 打败皇家马德里队。他还曾执教过西班牙、秘鲁和厄瓜多尔的球队。20 世纪 80 年代任乌拉圭国家队教练。

弗朗西斯科利（Enzo Francescoli，1961～　）　乌拉圭足球史上的传奇人物，人称"流浪王子"，2004 年被国际足联评为世界上仍健在的125 名优秀球员之一。他前后为阿根廷河床队效力 15 年。其间，在法国、意大利的多支俱乐部踢球，并两次代表国家队出征世界杯（1986 年墨西哥，1990 年意大利）。1999 年 8 月 1 日，他代表阿根廷河床队与佩那罗尔队比赛，阿根廷总统梅内姆和乌拉圭总统桑吉内蒂到场观看比赛。他已经超越了足球的范围，成为乌拉圭的骄傲和象征。

鲁本·索萨（Ruben Sosa，1966～　）　是继弗朗西斯科利之后乌拉圭较有影响力的足球运动员。他个头矮小，但动作灵活，脚法诡异，有"灵猫"和"小王子"的美称。1981 年进入达努比奥队（Danubio），开始职业生涯。在驰骋足坛的 20 多年里，他先后在西班牙的皇家萨拉戈萨队、意大利的拉齐奥队、国际米兰队和德国的多特蒙德队效力。随后，他返回祖国，参加了蒙特维多国民队，并帮助该队夺得了 1998 年、2000年、2001 年三次国内职业联赛冠军。与此同时，他兼任该队助理教练。2002 年他在 35 岁时加盟上海申花，并因此被中国球迷熟知。2004 年 8 月

2 日，鲁本·索萨宣布退役。

阿尔瓦罗·雷科巴（Álvaro Recoba，1976 ~ ） 外号"中国男孩"，1994 年开始职业生涯，1996 年加入民族队，1997 年开始在意甲国际米兰俱乐部效力，长达 10 年。后来因伤病不断，未能发挥出全部潜力。但他的才能是被认可的，"他不是一名普通的足球运动员。他就是为足球而生的。他可以做到普通球员做不到的事情"，这使他一度成为世界足坛年薪最高的球员。2016 年 3 月 30 日正式退役。

迭戈·弗兰（Diego Forlan，1979 ~ ） 1998 年加入阿根廷独立足球俱乐部。从 2002 年 1 月起，转战欧洲，先后效力英超曼彻斯特足球俱乐部（2005）、西班牙的马德里竞技足球俱乐部、西甲比利亚雷亚尔足球俱乐部（2007）、意甲国际米兰足球俱乐部（2011）。2012 年后，先后在巴西国际足球俱乐部、日本大阪樱花足球俱乐部（2014）、乌拉圭佩纳罗尔队（2015）、印度孟买城足球俱乐部（2016）、香港杰志足球俱乐（2018）效力。自 2002 年起多次进入国家队。其中在 2010 年南非世界杯中，带领球队获得世界杯第四名，并以 5 个进球获得本届世界杯金球奖，也是世界杯历史上首个球队无缘前三名却获得金球奖的运动员。2015 年 3 月，宣布退出乌拉圭国家足球队。

路易斯·阿尔贝托·苏亚雷斯（Luis Alberto Suarez，1987 ~ ） 最早效力乌拉圭民族足球俱乐部。2006 年后转战欧洲，先后在荷甲格罗宁根足球俱乐部、荷甲阿贾克斯足球俱乐部、英超利物浦足球俱乐部、西班牙巴塞罗那足球俱乐部效力。先后夺得荷甲金靴奖、荷兰足球先生、英超金靴奖、西甲金靴奖和两次欧洲金靴奖等荣誉。但苏亚雷斯因多次在球场上恶意咬人被禁赛，并因此被球迷惯称"苏牙"。

埃迪森·罗伯托·卡瓦尼·戈麦斯（Edinson Roberto Cavani Gómez，1987 ~ ） 最早在乌甲达努比奥（Danubio）队开始其职业生涯，先后在意大利的巴勒莫（2007）、那不勒斯队（2010）效力，2013 年 7 月以 6400 万欧元转会至巴黎圣日耳曼队，创法国足球史转会的最贵纪录。2018 年 1 月，他以第 157 个进球成为该俱乐部历史上的最佳射手，在2016 ~ 2017赛季被评为年度最佳球员。自 2008 年 2 月起，进入国家队。

至 2018 年 3 月 26 日，他共赢得 100 场比赛，打入 42 个国际进球，进球数仅次于乌拉圭国脚苏亚雷斯。

（四）乌拉圭球员在中国

近年来，乌拉圭足球俱乐部为了缓解经济压力、减少劳资纠纷，实行了新的财政制度。此项措施使俱乐部大幅削减人员，造成大量职业球员失业。失业球员不得不到海外寻求发展。1997～2003 年，乌拉圭向世界五大洲的 50 多个国家及地区输出了 760 名球员。其中，有 50 多名乌拉圭球员加盟中国的足球俱乐部。

来中国踢球的乌拉圭运动员主要有艾德里安·帕斯（Adrián Paz）、古斯塔沃（Gustavo Matosas）、罗德里戈·莱莫斯（Rodrigo Lemos）、鲁本－索萨（Rubén Sosa）、费尔南多·卡雷尼奥（Fernando Carreño）、路易斯·阿尔韦托·罗梅罗（Luis Alberto Romero）、奥斯卡·埃雷拉（José Oscar Herrera）、迭戈·阿隆索（Diego Alonso）、费尔南多·科雷亚（Fernando Correa）、塞尔西奥·布兰科（Sergio Blanco）、巴勃罗·穆涅斯（Pablo Munhoz）、曼努埃尔·奥里韦拉（Juan Manuel Olivera）、彼得·维拉（Peter Vera）、胡安·弗朗西斯科·费雷里·塞缪尔（Juan Francisco Ferreri Samuel）、克劳迪奥·马塞洛·埃利亚斯（Claudio Marcelo Elias）、法维安·塞萨罗（Fabian Cesaro）、克里斯蒂安·卡斯特亚诺（Christian Castellano）。

二 篮球

从普及水平及国际比赛成绩看，篮球在乌拉圭是仅次于足球的运动项目。1909 年美国传教士费利佩·康拉德（Felipe Conrad）到乌拉圭传教，同时也把篮球这项运动引入乌拉圭。由于青年人非常喜爱这项运动，1912 年他所属的教会派了一名有经验的体育教师杰斯·霍普金斯（Jess T. Hopkins）来乌拉圭指导篮球训练。1914 年第一个篮球俱乐部建立。从此，篮球这项运动在乌拉圭蓬勃发展起来。

乌拉圭有许多可以开展包括篮球在内的综合运动的俱乐部或专门从事篮球运动的俱乐部。成立于 1926 年的欢迎来竞技俱乐部（Club

Atlético Welcome）是篮球水平最高的俱乐部。该俱乐部先后在 1953 年、1956 年、1966 年、1967 年、1997 年、1998 年、1999 年和 2000 年获得全国联赛的冠军。目前乌拉圭最好的篮球运动员、在南美和世界都享有声望的篮球运动员奥斯卡·莫戈利亚（Oscar Moglia）就在这支球队效力。其他俱乐部有 1914 年成立的全国第一个专门进行篮球训练的俱乐部拉腊尼亚社会竞技俱乐部（Club Social Larrañaga）、成立于 1919 年的斯托科尔莫竞技俱乐部（Club Atlético Stockolmo）、获得乌拉圭第一个联赛冠军的拉腊尼亚加·蒙得维的亚俱乐部（CS Larrañago Mondevideo）、获 2004 年联赛第二名的耶鲁竞技俱乐部（Club Atlético yale）。还有来竞技俱乐部（Club Atlético Go）、马尔文·蒙得维的亚俱乐部（Club Malvin Montevideo）、奥林匹亚竞技俱乐部（Club Atlético Olimpia）等。

　　乌拉圭国家篮球队曾多次参加奥运会的篮球赛，并有过出色的表现。1936 年在德国柏林奥运会取得第 6 名的开局好成绩，1948 年在伦敦奥运会上获得第 5 名，在 1952 年赫尔辛基和 1956 年墨尔本奥运会上均获得第 3 名，在 1960 年意大利罗马和 1964 年日本东京奥运会上获得第 8 名，1984 年在洛杉矶奥运会中获得第 6 名。乌拉圭还赢得了 12 次南美冠军。1967 年乌拉圭还成功主办了国际篮联世界杯。

　　乌拉圭涌现出一批世界有名的篮球运动员，古斯塔沃·巴雷拉（Gustavo "Panchi" Barrera，1985～　）、莱安德罗·加西亚·莫拉莱斯（Leandro Garcia Morales，1980～　）等。其中，司职大前锋和中锋的伊斯特班·巴蒂斯塔（Esteban Batista，1983～　），先后在美国 NBA 老鹰队和北京北控水务队效力。

　　为了协调和推动篮球运动的发展，1915 年 3 月 19 日篮球协会联盟（La Unión de Sociedades de Basket-Ball）成立。1921 年 8 月 21 日，该组织改名为乌拉圭篮球联合会（Federación Uruguaya de Basketbal，FUBB）。此外，乌拉圭还成立了国家篮球教练协会（Associación Nacional de Entrenadores de Básquetbol de Uruguay，ANEBU）。这两个组织对乌拉圭篮球运动的发展起着非常重要的作用。

西林德罗市政体育馆（Cilindro Municipal）是举行篮球比赛的重要场地，举行过南美及世界杯篮球赛。

三　橄榄球

橄榄球运动在乌拉圭有很长的历史。1861 年乌拉圭就成立了蒙得维的亚板球俱乐部（Montevideo Cricket Club，MVCC），这是欧洲以外第一家打橄榄球的俱乐部。根据休·理查兹（Huw Richards）在《流氓游戏：橄榄球联盟的历史》（*A Game for Hooligans：The History of Rugby Union*）一书中的研究，1880 年，乌拉圭人与蒙得维的亚板球俱乐部的英国成员打过一场比赛。

橄榄球是乌拉圭第三大受欢迎的运动，仅次于足球和篮球。乌拉圭国家橄榄球队，又被称为 Los Teros。自 20 世纪 40 年代末以来，乌拉圭国家橄榄球队一直参加国际橄榄球比赛，并在 1999 年、2003 年和 2015 年三次打入橄榄球世界杯决赛圈。

橄榄球虽然没有像足球那样被广泛接受，但乌拉圭喜欢橄榄球的人越来越多。近年，乌拉圭开启了职业橄榄球时代，2018 年两大足球俱乐部民族队和佩纳罗尔队负责组建了两支橄榄球队，准备参加新的南美职业橄榄球比赛。

四　其他运动

水上运动很普及，在度假胜地特别是海滨地区，这项运动全年都能进行，吸引了很多人参与或观看。

自行车运动也是重要的运动项目。乌拉圭前总统何塞·穆希卡在 13～17 岁时曾是自行车运动员，效力于多家俱乐部。运动员米尔顿·怀南茨（Milton Wynantz）曾获得 2000 年悉尼奥运会自行车赛总分亚军。2004 年已 32 岁的怀南茨再次代表乌拉圭参加在希腊雅典举行的奥运会。环乌拉圭自行车比赛是国际著名赛事之一，吸引了大批爱好者参加。

19 世纪末，网球运动就在乌拉圭发展起来，也是一项受欢迎的体育运动项目。卡拉斯科网球俱乐部拥有国际著名的高质量球场，戴维斯杯网球赛曾在这里举行。

高尔夫球是一项很流行的体育运动项目。蒙得维的亚有两个 18 洞的高尔夫球场：塞罗高尔夫球场和彭塔卡莱塔斯高尔夫球场。由麦肯齐（Allastair McKenzie）设计并于 1934 年开放的高尔夫球俱乐部就坐落在海滨大道边。

第五节 新闻出版

乌拉圭的媒体很活跃。除军政府时期（1973～1985）新闻受到管制外，乌拉圭一直实行新闻及出版自由的政策，且新闻自由度居世界前列。在非政府组织无国界记者（NGO Reporters without Borders）的新闻自由度评估中，2016 年乌拉圭在 180 个国家中排第 20 位。[①] 人们对新闻记者的信任度总体上来说也比较高。根据联合国教科文组织驻蒙得维的亚办事处在 2015 年的一项调查，只有 17% 的受访者认为记者不值得信任。

乌拉圭媒体市场主要由罗迈－萨尔沃（Romay-Salvo）、谢克（Scheck）和丰塔纳－德菲波（Fontaina-De Feo）三大媒体集团控制。但它们对媒体的垄断程度低于巴西环球（Globo）集团和阿根廷号角（Clarin）集团。[②]

乌拉圭《宪法》与《通信及信息法》（Ley de Comunicaciones y Informaciones，1989）、《社区媒体法》（Ley de Servicio de Radiodifusión Comunitaria，2007）、《公共信息法》（Ley de Acceso a la Información Publica，2008）、《媒体法》（Medios de Comunicación，2009）等构成了该国新闻媒体的主要法律框架。乌拉圭最新出台的有关新闻和媒体的法律是 2014 年 12 月穆希卡政府时期通过的《视听通信服务法》（Ley de Servicios de Comunicación Audiovisual）。

出台此法案的主要目的是结束媒体行业的垄断；规范广播、电视和其他视听服务（例如，规定所有电视节目中至少 60% 应由国家制作或联合

---

① Mariella Bastian, *Media and Accountability in Latin America*, Springer, 2019, p. 77.

② Mariella Bastian, *Media and Accountability in Latin America*, Springer, 2019, p. 74.

制作）；根据各政党在以往选举中的表现，免费分配广告时段。该法案遭到反对派的强烈批评，认为此法"违宪"，"高度管制和意识形态化"可能导致"自我审查和对言论自由的威胁"。前总统胡里奥·玛丽亚·桑吉内蒂称该法相当于"一把上了膛的枪对准了独立新闻媒体的后颈"。独立党主席伊万·波萨达（Ivan Posada）甚至将其描述为"自独裁时代以来对言论自由最粗暴的攻击"①。

一　广播

1921 年通用电器公司在蒙得维的亚的乌尔基萨剧院建立了发射台。第二年，乌拉圭零售商人帕拉迪萨瓦尔（Sebastian Paradizabal）将它买下，成立了帕拉迪萨瓦尔及通用电气电台（Paradizábal y General Electric），电台聘请流行歌星路易斯·比亚皮亚娜（Luis Viapianna）做播音员，主要播出商业和娱乐节目。1922 年 11 月 1 日，前总统巴特列在他主持的节目里做了半个小时的演讲，这是第一位重要的政治家通过电台向全国广播。1931 年该电台改名为旁观者电台（Radio El Espectador）。1924 年 5 月 25 日，派桑杜电台第一个获得商业广播的许可证。第二个获得商业广播许可证的电台是蒙特卡罗电台（Radio Montecarlo），它是建立最早且现在仍在运作的少数电台之一。

1929 年 12 月，乌拉圭成立了官方电台广播服务局（Servicio Oficial de Difusión Radio-Eléctrica，SODRE），负责管理国营广播网。它利用自身拥有的发射台，每天向学校和广大公众播讲历史、地理、科学和文学等课程。另外，它还拥有自己的剧院、芭蕾舞团和电视台。1933 年乌拉圭广播协会（Asociacion Nacional de Broadcasters Uruguayos，ANDEBU）成立。

乌拉圭广播电台数量众多。其中，历史悠久、影响较大的广播电台有旁观者电台、萨兰迪电台（Radio Sarandi，1931）、卡韦电台（Radio Carve，1928）、蒙特卡罗电台（1931）、环球电台（Radio Universal，1929）、1010 电台（Radio 1010）。此外，有一些专门及专业广播电台，如

---

① "Uruguay's Ruling FA Forces through Media Law"，*Latin News Daily*，December 23，2014.

服务于农村和农业的农业电台（Radio Rural）、专门开展宗教广播的东方电台（Radio Oriendal）以及专门播报体育赛事的体育 890 台（Radio Sport 890）等。国家官方电台有古典电台（Radio Clásica）、国家广播电台（Radiodifusion Nacional SODRE，1929）、南方广播电台（Emisora del Sur）和巴贝尔调频 9 台（Babel FM 9）。

二 电视台

电视是最重要的媒体之一。最早成立的私人电视台多由电台创办，而且政治倾向明显。1956 年 12 月 7 日，卡韦电台创办了 10 台（SAETA-Canal 10），这是乌拉圭成立的第 1 家、拉美成立的第 4 家电视台，创办人是劳尔·丰塔纳（Raúl Fontaina）和恩里克·德菲波（Enrique Defeo）。它的电视节目较为严肃，政治上倾向于白党。几年后，相继有 2 家私人电视台在蒙得维的亚成立。一是 1961 年 4 月成立的蒙特卡罗 4 台（Monte Carlo-Canal 4），它由农牧业企业家罗迈·萨尔沃（Hugo Romay Salvo）创办，隶属于蒙特卡罗广播电台，政治上倾向于红党。因其图像清晰，自称"伟大的频道"。二是电视 12 台（Teledoce 12），1962 年由谢克家族创建，政治上倾向于白党。1963 年乌拉圭国家电视台（Televisión Nacional Uruguay，TNU）成立。

1981 年彩色电视逐步取代黑白电视。20 世纪 90 年代，随着电信市场开放和技术的发展，电视行业发生了巨大变化。三家私人电视台蒙特卡罗 4 台、10 台和电视 12 台与外国公司 Equital 合作，开办了付费的有线电视频道，如蒙特有线（Montecable）、彩色有线电视（Televisión Cable Color，TCC）和新世纪（Nuevo Siglo）。1996 年 9 月，蒙得维的亚市政府创办了城市电视台（TV Ciudad）。1998 年乌拉圭第一次播出数字电视，节目是由派桑杜市的有线电视公司 TVA 制作的。2001 年乌拉圭开放了卫星电视市场，美国电话电报公司（AT&T）的子公司、卫星服务提供商 Direc TV 于 2003 年进入乌拉圭。同年，又成立了两家有线电视台：一是政治上右倾的电视企业 Tenfield 所属的 VTV；二是共和国多媒体公司（Multimedio La República）创办的自由电视台（TV Libre）。2011 年 12 月 22 日自由电视台更名为 RTV。

蒙得维的亚有 5 家开放电视台（见表 7-5），它们在全国其他省份的不同地方设有中转站。其中，三家私人电视台在 1981 年 8 月 25 日组建了乌拉圭电视网（La Red Uruguaya de Televisión，La Red），该电视网从各电视台选择一些节目向全国播出。蒙得维的亚以外的省有大约 50 个地方电视台，包括开放电视和有线电视。所有 3000 人以上以及少数几个 3000 人以下的内陆城镇都有有线电视。Direc TV、Cablevisión 和 TDH 是获得授权的卫星电视公司。

表 7-5 蒙得维的亚的电视台

	电视台	10 台	电视 12 台	蒙特卡罗 4 台	乌拉圭国家电视台	城市电视台
开放电视	开播时间	1956 年 12 月 27 日	1962 年 5 月 2 日	1961 年 4 月 23 日	1963 年 6 月 19 日	1996 年 9 月 1 日
	性质	私人	私人	私人	公共	公共
	产权归属	丰塔纳和德菲波集团	迪斯科集团（Grupo Disco）	蒙特卡罗	教育和文化部	蒙得维的亚市政府
	节目类型	体育	综合	综合	文化	新闻、体育综合
	频道	10	12	4	5	6
付费电视	电视台	VTV +	Canal U	La Red	A + V	VTV
	开播时间	2014 年 1 月 5 日	2013 年 7 月 31 日	1981 年 8 月 15 日	2010 年 10 月	2003 年 1 月
	节目类型	体育	综合	综合	文化	新闻、体育及综合
其他电视	电视台	Asuntos Públicos	RTV	Maroñas TV	Cardinal TV	Charrúa Televisión
	开播时间	2008 年	2003 年 5 月 29 日	2003 年 6 月 29 日	2018 年 10 月 1 日	2010 年
	产权归属	彩色有线电视	乌拉圭《共和报》	-	-	-
	节目类型	播放会议、论坛、演讲和辩论	播放南方电视台和自制的节目	-	-	-

资料来源："Televisión en Uruguay"，https：//es. wikipedia. org/wiki/Televisi% C3% B3n_ en_ Uruguay。

乌拉圭政府在 2005 年由委内瑞拉、阿根廷等拉美左派政府运营的南方电视台（Telesur）中持有 10% 的股份。

三　出　版

1. 报纸

乌拉圭第一份报纸《南方之星》（*La Estrella del Sur*）是英国人在 1807 年占领蒙得维的亚时创办的，用英文和西班牙文两种文字出版。英国人撤退后，这家报纸停止了发行。此后，乌拉圭相继发行过一些报纸，如《海事电讯报》（*El Telegrafo Maritimo*，1848）、《世纪报》（*El Siglo*，1862）、《和平改革报》（*La Reforma Pacífica*，1870）等。不过，这些报纸存在的时间都不长。19 世纪末 20 世纪初，乌拉圭出版了一批至今都较有影响力的报纸。1878 年著名诗人胡安·索里亚·德圣马丁创办了《公共福利报》（*El Bien Público*，1963 年该报改名为 *BP Color*）。1886 年何塞·巴特列 - 奥多涅斯创办了《日报》。1879 年何塞·拉皮多（José A. Lapido）创办了《人民论坛报》（*Tribuna Popular*），1918 年 1 月 14 日《国家报》正式出版。此后又陆续有一些报纸出版。20 世纪 60~80 年代中期，由于经济、政治危机特别是军政府的新闻检查，报业发展受到严重影响。一些报社破产，一些被关闭，一些出现经营困难。1985 年恢复民主化后，随着经济的恢复、新闻检查的取消，一批新的报纸创办并发行。但由巴特列 - 奥多涅斯总统创办的《日报》在 20 世纪 90 年代初，由于经济原因而停刊。

乌拉圭大多数报纸在首都蒙得维的亚出版，有几家在全国发行。乌拉圭的报纸基本上都有政党背景，几乎每一家报纸都从属于或依赖于某个政党或某个政党的某个派别。因此，报纸除了广告收入外，在很多情况下依靠政党的资助。2004 年，全国 4 家最重要、发行量最大的报纸——《国家报》《共和国报》《观察家报》和《最后消息报》占据市场份额的 50% 以上。其中，2016 年 11 月，《国家报》日均发行量为 2.7 万份，《共和国报》和《观察家报》日均发行量为 6600 份。《每日报》的发行量也较大，为 5800 份。① 此外，还有 30 多家地方性报纸。

《国家报》（*El País*，http：//www. elpais. com. uy）：晨报，为白党机关报。1918 年由莱昂内尔·阿吉雷、华盛顿·贝尔特兰和埃德华多·罗德里格斯·拉雷塔创建，现为乌拉圭第一大报。平时除副刊外，有大开版，共 34 页，星期天有大量增刊。广告收入是该报重要的经济来源。

《观察家报》（*El Observador*，http：//www. elobservador. com. uy）：在蒙得维的亚发行的全国性日报，1991 年由一批实力较强的企业家共同创办，立场较为独立。该报为小开版，共 34 页。内容涵盖政治、社会、文化、经济、体育等各种主题。

《共和国报》（*La República*，http：//www. republica. com. uy）：1988 年 5 月 3 日由乌拉圭报业家费德里科·法萨诺·梅尔滕斯（Federico Fasano Mertens）创办。该报创刊后发展迅速，2011 年发行量已跃居全国第三位。该报奉行政治多元化，但左翼色彩较浓。该报为小开版，共 40 页，其中有 4 页专门留给广泛阵线使用。该报还同时发行两种副刊，一种是每周四出版的《经济战略》杂志，另一种是星期天出版的《妇女》杂志，有工作人员 300 人。

《每日报》（*El Diario*，www. ladiaria. com. uy）：1923 年创刊，是隶属于《晨报》的晚报。以体育消息吸引读者，是发行量最大的报纸之一。

《每日电讯报》（*El Telégrafo*，http：//www. eltelegrafo. com）：在派桑杜省发行的报纸，创办于 1910 年 7 月 1 日，是乌拉圭最古老的流通报纸之一，主要提供地区、国内的政治、体育等方面的内容。

《晨报》（*La Mañana*）：1917 年由马尼尼·里奥斯（Pedro Manini Ríos）创办，从属于红党独立派。由于经营困难，1992 年中国台湾企业买下该报的大部分股份。该报为小开版，共 40 页。

《商业报》（*Gaceta Comercial*）：1916 年创刊，晨报，从属于独立左派。周一至周五出版。

《官方日报》（*Diario Oficial*）：创建于 1905 年，双周出版，出版法

---

① Mariella Bastian，*Media and Accountability in Latin America*，Springer，2019，p. 74.

律、官方法令、议会辩论、司法决定和法律诉讼等。

《最后消息报》（*Ultimas Noticias*）：1981 年 9 月 16 日创刊，晚报（星期六除外）。隶属于波洛出版有限公司（Impresora Polo Ltd.）。体育消息所占比重较大。

乌拉圭没有英文新闻出版物。乌拉圭日报新闻网（Uruguay Daily News.com，UDN）在 2007~2010 年曾刊登英文新闻摘要，但由于缺乏资金，该网站永久性地关闭了其电子门户。

1945 年成立的国家新闻社（Agencia Nacional de Informaciones，ANI），在全国及阿根廷有 50 多家办公机构。国外新闻机构，如路透社、法新社、美联社等在蒙得维的亚设有代表机构。

南大西洋新闻社（Mercopress，http：//www. mercopress. com），一家总部位于蒙得维的亚的独立在线新闻机构。该新闻社成立于 1993 年，重点传播与南共市及其成员国相关的新闻，其影响范围包括南美洲、南大西洋和包括马岛在内的周边岛屿领土。自创立以来该新闻社一直使用英语出版，2008 年又推出了西班牙文版本。

访问量比较大的门户网站有 http：//180. com. uy 和 https：//diarione cochea. com/diario。

2. 杂志

乌拉圭有 100 多种杂志，包括政治类、经济类、综合类及各种专业性杂志，还有儿童杂志。政治经济类刊物大多有自己的政治立场和政治背景。

持中右翼政治立场的杂志主要有三种。《探索》（*Búsqueda*）是该国最重要的新闻周刊，创办于 1972 年，主张实行自由市场、自由贸易、私人企业和竞争的政治经济政策。最初报道政治、经济新闻，随后逐渐加入了文化、科学、健康、幽默、体育等内容。2016 年发行量为 9100 份。《民主》（*La Democracia*）周刊，1981 年由白党创办，发行量为 1.7 万份。《经济大事记》（*Crónicas Económicas*）是 1981 年创刊的政治立场较为独立的经济类杂志。

中左翼政治立场的杂志有《前进文集》（*Cuadernos de Marcha*），1985

年由著名左翼政治活动家卡洛斯·吉哈诺（Carlos Quijano）创办的政治经济月刊；《这里》（*Aquí*）周刊创办于 1984 年末，属于基督教民主党，支持广泛阵线；《苦马黛茶》（*Mate Amargo*），1986 年由图帕马罗斯创办；《缺口》（*Brecha*），1985 年由乌戈·阿尔法罗（Hugo Alfaro）等记者创办的政治经济类杂志，为周刊。

综合类和专业性杂志有《计算机指南》（*Guía de la Computación*）、《背包客》（*Guambia*，旅游杂志）、《乌拉圭电影杂志》（*Revista de Cine Uruguayo*）、《艺术启示》（*Revel Arte*）、《艺术与设计》（*Arte y Diseno*）等。《临界点》（*Umbrales*），音乐类杂志，为月刊。《乌拉圭医学杂志》（*Revista Médica del Uruguay*），1920 年创刊，由乌拉圭医学会（Sindicato Médico de Uruguay）负责出版，为季刊。《体育》（*El Deportivo*），1995 年 5 月 26 日由马里奥·阿尔马达（Mario Almada）创办，为半月刊，隔周二出版。Tres 和 Posdata 是两家著名的时尚杂志社。

儿童杂志主要有三种。《恰罗娜》（*Charoná*）是发行量最大的幼儿杂志，1968 年创刊，两周一期，2011 年发行量达 2.5 万册。《红色朱顶雀》（*Colorín Colorado*），1980 年创办的月刊，发行量为 3000 册。《这个那个》（*Patatín y Patatán*），1977 年创刊，周刊，发行量为 3000 册。

军事方面的期刊有月刊《海洋军事学报》（*La Gaceta Militar Naval*）和 1988 年创办的年刊《军事和海洋杂志》（*Revista Militar y Naval*）。

3. 图书出版

乌拉圭出版业发达，是人均图书产量最高的拉美国家之一，2016 年出版各类图书 2099 种。乌拉圭出版业以作品的原创性和独特性在拉美地区及世界出版业中占有一定地位。其中，出版和翻译作品最多的作家有胡安·卡洛斯·奥内蒂、马里奥·贝内德蒂和爱德华多·加莱亚诺。近年来，儿童文学和青年文学在市场中表现出明显的活力，占乌拉圭图书销售量的 20%，被认为是乌拉圭文学的新繁荣。

1944 年，图书出版业的行会组织乌拉圭图书商会（Cámara Uruguaya del Libro）建立，该组织汇集了 80 多家书商、出版商和分销商。1978 年，该机构举办了第一次国际书展，此后每年都举行。商会还主办儿童和青少年书展（Feria del Libro Infantil y Juvenil）、省图书展（Ferias de Departamentales），组织参加在国外举办的图书展（Ferias en el Exterior）。另外，商会还组织颁发图书奖，其中包括年度最佳图书奖——巴托洛梅·伊达尔戈奖（Premio de Bartolomé Hidalgo）、畅销书金奖（Premio Libro de Oro）和乌拉圭图书军团奖（Premio Legión del Libro）等。

主要出版社：阿尔卡出版社（Editorial Arca SRL），1963年成立，为综合性出版社，出版文学、社会科学和历史方面的图书；东岸出版社（Ediciones de la Banda Oriental）出版一般性的文学图书；1871年成立了巴雷罗和拉莫斯出版社；1879年成立了绿山出版公司；1888年成立了莫斯卡兄弟出版社。此外还有一些专业性出版社：国家统计及国际贸易中心出版社（Centro de Estadísticas Nacionales y Comercio Internacional，CENCI-Uruguay）成立于1956年，主要出版经济及统计类图书；大学文化基金会（Fundación de Cultura Universitaria），成立于1968年，主要出版法律及社会科学类图书。南半球出版社（Hemisferio Sur），成立于1951年，出版农业及畜牧业方面的图书。

第八章

外　交

第一节　外交简史

乌拉圭地理位置十分重要，不仅据守拉普拉塔河口，且介于南美两个大国巴西和阿根廷之间。基于特殊的地理位置以及人文和历史发展，乌拉圭逐步形成了一套独特的外交政策。乌拉圭法学教授夸利奥蒂·德贝利斯（Quagliotti de Bellis）曾归纳了乌拉圭外交政策的五个特点：一是坚持各国人民的自决权；二是积极参与本地区面向内部及面向外部的政治合作进程；三是在所有事情上尽可能地坚持调和立场；四是承认问题的复杂性和多样性；五是坚持谨慎的灵活性。

一　独立后至 19 世纪末的外交政策

殖民地时期，乌拉圭是西班牙和葡萄牙两个殖民帝国争夺的对象。1680 年葡萄牙人占领科洛尼亚，100 多年后，西班牙人在 1777 年再次夺回这个城市，并最后征服东岸地区。19 世纪初，英国开始向拉普拉塔河地区渗透，并在 1807 年一度占领蒙得维的亚。1814 年西班牙殖民统治结束后，乌拉圭成为阿根廷和葡萄牙以及巴西争夺的目标。1816 年葡萄牙入侵东岸地区，并于 1821 年将乌拉圭所属的东岸地区并入葡属巴西，称为"西斯布拉丁省"。1828 年在英国调解下，乌拉圭获得独立，成为阿根廷与巴西之间的一个缓冲国。

独立初期，乌拉圭没有一个明晰的对外政策。由于缺乏民族认同，红、白两党分别寻求巴西和阿根廷的支持，国家因此陷入长期的内战。通常来讲，红党倾向于巴西，白党倾向于阿根廷。与此同时，阿根廷和巴西这两个大国也利用红、白两党之间的矛盾和斗争，向东岸地区渗透，并影响乌拉圭的内外政策。

二　20世纪初至1945年的外交政策

1903年3月，巴特列－奥多涅斯执政并于1904年镇压了萨拉维亚领导的白党政变，最终结束了独立后红党与白党持续不断的内战，实现了国家政治上的统一。乌拉圭在此之后才有了独立的外交政策。

乌拉圭对外政策的很多原则及做法是由巴特列－奥多涅斯确立的。20世纪初，虽然巴西和阿根廷停止了对乌拉圭的直接干涉和控制，但它的独立地位依然十分脆弱。如何通过外交努力确保国家的独立、维护国家的利益，成为巴特列－奥多涅斯政府外交政策的主要目标。

在维护国家独立地位问题上，巴特列－奥多涅斯政府没有像欧洲许多小国那样实行中立政策，而是主张通过国际合作，在国际法的框架内捍卫小国的独立。巴特列－奥多涅斯大力倡导加强国际组织的力量，积极参与国际组织的活动。1907年，巴特列－奥多涅斯在海牙和平会议上提出建立一个国际组织的倡议。后来成立的国际联盟在架构上与他倡导建立的国际组织非常相近。非中立的政策和积极参与国际组织的活动后来成为乌拉圭外交政策的传统。

第一次世界大战爆发后，乌拉圭虽宣布实行中立政策。但1917年10月当巴西向德国宣战后，乌拉圭与德国的关系恶化了。所以，它的中立政策被看成是一种结盟政策。第一次世界大战后，乌拉圭成为国际联盟的创始成员国，在1923～1926年参加了国际联盟委员会。1927年蒙得维的亚主办了国际联盟召集的第一个拉美会议，讨论促进公共卫生计划。在美洲事务上，乌拉圭积极主张建立和发挥地区组织的作用。为了协调泛美体系与国际联盟的作用，1920年巴尔塔萨·布鲁姆（Balthasar Brum）总统提出，美洲各共和国及美国在主权平等基础上建立美洲国家联盟，以解决美洲地区特有的问题。乌拉圭还积极充当泛美事务的协调国。1929年及

1935～1938 年，它在泛美中立委员会中积极发挥协调作用，推动在查科战争中交战的玻利维亚和巴拉圭实现和解。

第二次世界大战初期，乌拉圭政府虽宣布实行中立政策，但对盟军抱有同情。1939 年 12 月初，当德国潜艇在乌拉圭海岸与英国巡洋舰交火遭到破坏时，乌拉圭政府拒绝德国潜艇到蒙得维的亚港避难。愤怒的德国政府在 1940 年组织亲纳粹分子发动了一场企图推翻乌拉圭政府的政变。1941 年 12 月 8 日，美国对轴心国宣战后，乌拉圭加强了与美、英等盟国的合作。1942 年 1 月，在里约热内卢举行的第三届泛美外长会议上，乌拉圭决定与拉美其他国家一道同德国、意大利和日本断绝外交关系。这次会议还授权将政治防务紧急委员会的总部设在蒙得维的亚。1945 年 2 月 15 日，乌拉圭对轴心国正式宣战。同年乌拉圭签署了美洲共和国集体防御的《查普德庇克公约》（Act of Chapultepec），并加入了美洲防务局（The Inter-American Defense Board，IADB）。

三 1945～1985 年的外交政策

第二次世界大战后，乌拉圭外交政策进行了一些调整。在不干涉原则问题上，由于与阿根廷庇隆政府关系紧张，红党政府在 1945 年向大批阿根廷政治流亡者提供政治避难。外交部部长爱德华多·罗德里格斯·拉雷塔（Eduardo Rodríguez Larreta，1888～1973）甚至违背乌拉圭一直奉行的不干涉原则，提出美洲国家对美洲事务进行集体干预，并以此作为西半球安全的基础。该建议提出后遭到了拉美许多国家的反对。

冷战开始后，乌拉圭放弃了过去实行的灵活中立政策，实行了与美国彻底结盟的政策。1947 年乌拉圭签署了《美洲互助条约》。1948 年加入了美洲国家组织。在西半球事务上，乌拉圭也采取了与美国积极合作的政策。1955 年，应美洲国家组织理事会的要求，乌拉圭派飞机参加了旨在抵制尼加拉瓜军队入侵哥斯达黎加的泛美委员会。1960 年它支持美洲国家组织对多米尼加特鲁希略政府进行集体制裁。1962 年乌拉圭支持将古巴卡斯特罗政府排除出美洲国家组织，并在古巴导弹危机后支持美国对古巴进行集体制裁。1964 年 9 月 8 日，乌拉圭根据美洲国家组织大会的决议，断绝了与古巴的外交和领事关系。

在参与国际组织的活动方面，乌拉圭保持了一贯的传统。1945年乌拉圭加入联合国，成为联合国许多专门机构的成员。1960年，乌拉圭与拉美一些国家签署了《蒙得维的亚条约》，成立了拉美自由贸易协会。乌拉圭与美国的特殊关系使它在这一时期的美洲外交活动中表现得非常活跃。1956年乌拉圭外交官何塞·A.莫拉（José A. Mora，1897~1975）当选美洲国家组织临时秘书长，随后正式当选，并担任此项职务长达10年，直到1968年5月18日才卸任。1961年，在美国总统肯尼迪倡议下，争取进步联盟在乌拉圭埃斯特角城举行成立大会。乌拉圭经济和财政部部长胡安·爱德华多·阿西尼（Juan Eduardo Azzini）主持会议。1967年4月12~14日，第一届美洲国家首脑会议在乌拉圭举行。

20世纪60年代末，拉美国家外交的独立性加强，不仅积极加强地区一体化合作，而且大力推动建立国际经济新秩序及反对帝国主义霸权的斗争。在这些问题上，乌拉圭与拉美国家有共同的利益，在许多问题上与拉美国家保持了协调一致的立场。

在一体化合作方面，1969年4月，乌拉圭参加了由5个国家组成，旨在推动该地区水力资源开发，促进内河航运和铁路运输，加强成员国之间政治、经济和文化交流的拉普拉塔河流域组织。1980年8月12日，乌拉圭与拉美自由贸易协会成员国签署了新《蒙得维的亚条约》，决定将拉美自由贸易协会改为拉美一体化协会。

在争取建立国际经济新秩序的斗争中，乌拉圭参加了1964年成立的77国集团。为促进本国渔业发展，保护海底和海床资源，帕切科总统响应智利、秘鲁等拉美其他国家的号召，于1969年12月29日颁布了第13833号法令，宣布实行200海里领海权。1970年5月，乌拉圭邀请8个拉美国家（阿根廷、巴西、智利、秘鲁、厄瓜多尔、巴拿马、尼加拉瓜和萨尔瓦多）在蒙得维的亚举行会议，讨论建立一个共同阵线，以维护200海里领海权和开发海洋资源。会议最后通过了《蒙得维的亚海洋宣言》。

在维护世界及地区和平、反对美苏霸权主义方面，乌拉圭与20个拉美国家在 1967 年 2 月 4 日共同签署了《拉丁美洲禁止核武器公约》（又称《特拉特洛尔科条约》）。1984 年乌拉圭同印度一道向联合国大会提出了冻结核武器的建议。为支持中美洲国家的和平进程，反对美、苏在中美洲地区的争夺，1984 年 4 月乌拉圭与巴西、阿根廷、秘鲁等国家组成了利马支持集团，声援孔塔多拉集团为解决中美洲地区冲突所做的调解努力。在参与不结盟运动方面，虽然拉美大多数国家先后以不同方式参加了该组织，而且乌拉圭非常赞同不结盟运动的原则，但它一直没有参加。

四 民主化以后至 21 世纪初的外交政策

这一时期，不同政府的外交政策目标略有变化，但连续性大于变化。1985 年乌拉圭实现民主化，在经历了"历史上 11～12 年的军政权之后，桑吉内蒂政府外交政策的首要任务是重新融入外部世界，恢复国家的形象：乌拉圭是一个民主国家；乌拉圭是一个法治国家"[1]。20 世纪 90 年代以后，乌拉圭政府外交政策的主要目标是融入全球化，促进经济的发展。2005 年 3 月，左翼的广泛阵线政府上台执政，虽然"左翼和右翼行为者的意识形态立场与和外交政策偏好之间存在关联。乌拉圭政治体系中的右翼政党更倾向于向世界开放，但左翼更重视将本地区作为战略性地区，以及将以巴西为首的新兴国家作为盟友"[2]，但外交政策并没有发生根本性改变。

关于外交政策的连续性，桑吉内蒂政府时期的外长路易斯·A. 巴里奥斯·塔萨诺（Luis A. Barrios Tassano）将其概括为四点——"多元化、多层面、民族主义和灵活性"。这些特点体现在以下几个方面。

一是放弃意识形态外交，强化传统外交中的不干涉原则。桑吉内蒂政府上台后明确提出，乌拉圭将与"每一个尊重国际法准则，不干涉他国内政的国家建立外交关系"。根据这一原则，桑吉内蒂政府抛开意识形态差

---

[1] Didier Opertti, "La Política Exterior de Uruguay en el Actual Contexto Internacional", *Revista Mexicana de Política Exterior*, No. 67 - 68, 2003, p. 143.

[2] Camilo López Burian, "Political Parties, Ideology and Foreign Policy in Uruguay (2010 - 2014)", *Colombia Internacional*, No. 83, 2015, p. 163.

异，相继恢复了与古巴、尼加拉瓜和中国的关系，加强了与苏联及东欧国家的外交关系。在国际问题上，乌拉圭坚持不干涉他国内政的原则。作为里约集团成员，桑吉内蒂政府参加了 1985~1986 年有关中美洲问题的会议，积极参与调解中美洲冲突。1989 年 12 月美国军事入侵巴拿马后，桑吉内蒂政府强烈谴责美国的入侵行为，称这是一种倒退。随后上台的拉卡列政府甚至拒绝承认美国在巴拿马扶持的恩达拉政府。美国从巴拿马撤军后，乌拉圭才于 1990 年 3 月与巴拿马实现了外交关系正常化。同年 8 月，伊拉克入侵科威特后，拉卡列政府谴责美国对伊拉克使用武力，要求联合国安理会采取制裁行动，支持联合国对伊拉克实施制裁。1995 年桑吉内蒂再次执政后，坚持独立的外交政策，不顾美国反对，邀请古巴国务委员会主席卡斯特罗访问乌拉圭。2005 年广泛阵线上台后，进一步强调传统外交中的不干涉原则和国家主权。乌拉圭加强了与古巴、委内瑞拉等拉美左翼政府的关系。2018 年 5 月 20 日委内瑞拉大选后，拉美一些国家和加拿大组成利马集团，以选举缺少合法性为由，拒绝承认委内瑞拉选举结果和马杜罗政府。巴斯克斯政府不仅没有参加利马集团，而且在委内瑞拉政治形势日益恶化后，与墨西哥一起建立了蒙得维的亚机制，推动马杜罗政府与反对派进行对话，促进委内瑞拉危机的政治解决，反对外部干涉。在贸易问题上，2015 年 9 月 7 日，由于担心与跨国公司进行磋商有损国家主权，巴斯克斯总统宣布，乌拉圭将退出国际服务贸易协定（TISA）谈判。

二是外交层面不断扩大，多边外交积极活跃。1986 年乌拉圭当选联合国经社理事会成员。为了恢复乌拉圭在军政府时期受到损害的国际形象，桑吉内蒂政府的第一任外交部部长恩里克·伊格莱西亚斯（Enrique Iglesias）发起了积极的外交攻势。在他的努力下，乌拉圭再次成为重大国际会议的主办地。1986 年 9 月关贸总协定（GATT）会议、1988 年 10 月第二届八国集团（1990 年改名为里约集团）总统会议相继在乌拉圭埃斯特角城举行。1988 年 4 月，伊格莱西亚斯当选美洲开发银行（IDB）的主席，并任职到 2005 年。1998 年 9 月 9 日乌拉圭外长迪蒂尔·奥佩蒂（Didier Opertti）当选联合国大会第 53 届会议主席。2015 年 10 月，继 1965~1966 年之后乌拉圭第二次当选联合国安理会非常任理事国。在联合国以及各种多边国际论坛中，"乌拉圭优先考虑以人权、多边主义和参与维持和平行动为重点的国际合作"①。

三是外交关系多元化有了很大发展。20 世纪 70 年代，乌拉圭的对外关系仅限于欧洲、美国和拉美国家。1985 年文人政府上台后，大力发展多元化的对外关系。截至 2000 年，乌拉圭已与 164 个国家建立了外交关系，在其中的 48 个国家开设了使馆。此后，乌拉圭又在亚洲、非洲和中东地区设立了新的大使馆。根据乌拉圭外交部网站资料统计，到 2019 年 3 月，乌拉圭与 176 个国家建立了外交关系。除教廷和国际组织外，乌拉圭在 53 个国家设立了大使馆。在设立使馆的国家中，非洲国家有 4 个、中东国家有 7 个、亚太地区有 8 个，其余国家主要是欧洲和拉美国家。特别值得一提的，2011 年 3 月 15 日，乌拉圭与拉美许多国家一道，承认了巴勒斯坦国。

四是加强地区一体化。乌拉圭一直是拉美地区一体化的积极参与者。20 世纪 80 年代中期，巴西、阿根廷和乌拉圭相继实现民主化后，南锥体地区一体化进程有了实质性的发展。1985 年 11 月 30 日巴西和阿根廷签署《伊瓜苏宣言》启动一体化合作，1991 年 7 月乌拉圭与巴西、阿根廷和巴拉圭共同签署《亚松森条约》，组建南共市。乌拉圭学者（Alberto René Methol Ferré，1929～2009）认为乌拉圭是一个小国，"一体化是小国无法避免的未来"。20 世纪 90 年代，乌拉圭不仅积极参与南共市的发展，而且对美国老布什总统提出的美洲倡议及构建美洲自由贸易区的设想表现出极大的热情。但是，2001 年阿根廷经济危机后南共市发展陷入停滞，2005 年美洲自由贸易区谈判也因遭到巴西和阿根廷等拉美左翼政府的抵制而失败，乌拉圭政府的地区一体化政策陷入困境。乌拉圭转而寻求与南共市以外的国家谈判双边自由贸易协定，但受南共市规则制约，谈判并没有取得大的进展。与此同时，乌拉圭积极推动南共市与欧盟的自由贸易谈

---

① Wilson Fernández Luzuriaga & Nicolás Pose，"Uruguay y su Ingreso al Consejo Nacional de las Naciones Unidas. El Derecho Internacional en el Rol de un Estado Pequeño"， （Colombia） *Revista de Relaciones Internacionales*，*Estrategia y Seguridad*，Vol. 12，No. 2，pp. 133 – 161，Julio – diciembre，2017.

判。此外，对奉行开放地区主义的太平洋联盟（Allianza Pacifico，AP）[①]表现出极大的热情，2012 年乌拉圭成为该组织的观察员，并着手与智利、秘鲁和哥伦比亚等太平洋联盟成员开展自由贸易协定谈判。经过谈判，2016 年 10 月 4 日乌拉圭与智利更新了原有的自由贸易协定，将服务业纳入自由贸易协定中，乌拉圭希望利用智利扩大对太平洋两岸的贸易开放。2018 年 4 月，阿根廷、巴西、智利、秘鲁、哥伦比亚、巴拉圭等拉美国家相继宣布退出南美国家联盟后，乌拉圭表示遗憾，认为南美国家联盟是南美国家进行政策协商的重要平台，应加强联盟机制建设并进行必要改革。

第二节　外交政策原则及决策机制

乌拉圭外交政策最突出的一个特点是政策的连续性。这种连续性是基于对外交政策理念及原则的坚守以及决策机制的制度化发展。

一　外交政策理念及原则

（一）外交政策的理念及价值观

用乌拉圭前外长迪蒂尔·奥佩蒂的话说，"国家政策是一种信念，即对具有永久地位价值观的某些认同，而这些价值观与管理本身无关"[②]。乌拉圭外交政策的理念和价值观是和平、安全、发展、民主和人权。在巴斯克斯政府（2015~2020）任外长的鲁道夫·尼恩·诺沃亚（Rodolfo Nin Novoa）指出："乌拉圭的外交政策是建立在独立、主权、不干涉、和平与安全的原则之上的，它致力于对话、捍卫人权、保护环境。"[③] 他们用

---

① 2011 年 4 月由秘鲁、智利、墨西哥和哥伦比亚组建的拉美一体化组织。2012 年 6 月 6 日四国正式签署太平洋联盟框架协议。

② Didier Opertti，"La política exterior de Uruguay en el actual contexto internacional"，*Revista Mexicana de Política Exterior*，No. 67 – 68，2003，p. 143.

③ Rodolfo Nin Novoa，"Uruguay de Cerca y de Lejos"，*Revista Diplomática*，2ᵃÉPOCA-VOLUMEN 1，No. 1，JULIO-DICIEMBRE 2018，p. 13.

词略有不同，但都强调了和平、发展、民主、人权和安全这些理念。

和平价值观，就是"使用武力可能只是一个例外，而不是规则，使用武力是受管制的"。但在主权和不干涉原则问题上，乌拉圭红、白两大传统政党与广泛阵线的主张略有区别。红党和白党承认人道主义干涉的合法性，认为《联合国宪章》需要考虑人道主义干涉这种情况的新规则。[①]但广泛阵线则更强调主权和不干涉原则。

民主与人权是乌拉圭外交政策的另一个重要的理念和价值观。乌拉圭是宪政民主、政治多元主义（political pluralism）和个人自由的强烈倡导者，它不仅是人权的坚定捍卫者，而且是世界人权发展的贡献者。谴责种族和宗教迫害最早是由乌拉圭外交代表团在 1945 年旧金山会议上提出的。1948 年联合国通过《世界人权宣言》时，乌拉圭是最早签署该宣言的 48 个国家之一。对于民主和人权的价值观，乌拉圭的红党和白党两大传统政党更多地强调民主和人权的不可分割性。乌拉圭前外长迪蒂尔·奥佩蒂曾表示，"我们不能设想在没有民主制度的情况下充分尊重人权。它们是一个不可分割的整体"[②]。而 2005 年 3 月以来执政的广泛阵线政府并没有刻意强调二者的不可分割性。

促进国家发展是乌拉圭各届政府外交政策的共同目标。但不同时期，由于各政党的政治理念不同，外交在如何促进国家发展的路径上有所区别。20 世纪 90 年代以后，在全球化和区域集团发展的大背景下，开放的区域主义和一体化成为外交政策的基础。

（二）外交政策的指导原则

在长期的实践中，乌拉圭外交政策形成了一套以价值理念为基础的外交政策指导原则。一是尊重国际法和国际规则。乌拉圭的一位政治领袖曾

---

① Didier Opertti, "La Política Exterior de Uruguay en el Actual Contexto Internacional", *Revista Mexicana de Política Exterior*, No. 67 – 68, 2003, p. 147.

② Didier Opertti, "La Política Exterior de Uruguay en el Actual Contexto Internacional", *Revista Mexicana de Política Exterior*, No. 67 – 68, 2003, p. 151.

说过,"法律是弱者的盾牌"(el derecho es el escudo de los débiles)①。乌拉圭一直主张在国际关系中以国际法为指导,并为推动国际法的发展起到了积极的作用。乌拉圭驻国联代表团团长阿尔贝托·瓜尼(Alberto Guani, 1877~1956)② 提出将有效占领原则(uti possidetis iuris)作为拉美国家解决边界冲突的有效机制,并被大多数拉美国家和世界各国接受。③ 1998 年 7 月通过、2002 年生效的旨在保护国际人权、打击国际犯罪的《国际刑事法院罗马规约》 (Estatuto de Roma de la Corte Penal Internacional Estatuto de Roma),虽然受到美国小布什政府的反对和威胁,乌拉圭"在没有恐惧和沉默的情况下",于 2000 年 12 月 19 日签署、2002 年 6 月 28 日批准了该条约。而且,乌拉圭是最早将《国际刑事法院罗马规约》纳入国内法的国家之一,2002 年议会批准使其成为第 17510 号法律。2006 年,议会还通过了第 18026 号法律,允许与国际刑事法院合作打击种族灭绝、战争罪和反人类罪。④

二是和平解决争端。乌拉圭认为这一原则不仅适用于联合国或美洲国家组织,也适用于南共市。在贸易争端领域,乌拉圭也奉行这一原则。2006 年乌拉圭与阿根廷在乌拉圭河上修建纸浆厂引发争端后,乌拉圭将这一争端提交国际法院仲裁。

三是不干涉原则。不干涉原则是 20 世纪的大部分时间里,拉美国家普遍奉行的一个外交原则,乌拉圭也不例外。20 世纪 90 年代后,面对全球化的发展,拉美一些国家开始放弃不干涉原则。但乌拉圭认为,"不干涉原则不会消失,但必须加以调整。它不可能是一个封闭的原则。在打击

---

① Didier Opertti, "La Política Exterior de Uruguay en el Actual Contexto Internacional", *Revista Mexicana de Política Exterior*, No. 67 – 68, 2003, pp. 152 – 153.
② 乌拉圭法学家、外交官,1943~1947 年任副总统。
③ Paula Wojcikiewicz Almeida and Jean-Marc Sorel Edited, *International Court of Justice- Contributions to International Law*, Routledge, 2017, p. 18.
④ Martín Gaudin, "A 20 Años del Estatuto de Roma: Escenarios de la Justicia Penal Internacional", *Revista Diplomática*, 2ª ÉPOCA, Vol. 1, No. 1, 2018, pp. 137 – 144.

毒品、保护人权上不适用不干涉原则——也包括恐怖主义"①。

四是民族自决原则（autodeterminación）。乌拉圭认为，自决的前提是自由和独立国家的存在。领土、人民的统治和对法律秩序的尊重是构成国家的三个要素。②

二 外交决策机制

（一）总统

总统拥有外交政策的最高决策权力。根据乌拉圭宪法，总统无论在国内和国外，都是国家的最高代表；总统可依照议会已决议案，宣布战争或与他国断绝外交关系；总统有权任命领事或外交人员，任命外交使团团长要经参议院同意。随着全球化的发展和国家日益融入全球化，总统外交的作用越来越大。总统出访频率大幅提升。

（二）外交部

外交部是外交政策的主要制定机构和实施机构。外交部门中，大使与公使为行政权力机构的全权代表。宪法同时规定，"行政权力机构的决议和通告必须由总统和有关的部长或若干部长共同签字，否则任何人均有权拒绝执行"。与此同时，宪法规定部长或者若干部长应对其与总统共同签署或公布的法令负责。乌拉圭实行职业外交官制度，这确保了外交人员的素质及履职能力。

外交部的机构设置：

部长秘书处（Secretaría del Ministro）

副部长秘书处（Subsecretaría）

秘书总局（Dirección General de Secretaría）

行政技术事务总局（Dirección General para Asuntos Técnico Administrativos）

---

① Didier Opertti, "La Política Exterior de Uruguay en el Actual Contexto Internacional", *Revista Mexicana de Política Exterior*, No. 67 - 68, 2003, pp. 156 - 157.

② Didier Opertti, "La Política Exterior de Uruguay en el Actual Contexto Internacional", *Revista Mexicana de Política Exterior*, No. 67 - 68, 2003, p. 158.

政治事务总局（Dirección General para Asuntos Políticos）

国际经济事务总局（Dirección General para Asuntos Económicos Internacionales）

一体化和南方共同市场总局（Dirección General para Asuntos de Integración y MERCOSUR）

国际合作总局（Dirección General de Cooperación Internacional）

文化事务总局（Dirección General para Asuntos Culturales）

领事事务和对外联络总局（Dirección General para Asuntos Consulares y Vinculación）

边境、边疆和海员总局（Dirección General del Área para Asuntos de Frontera，Limítrofes y Marítimos）。

（三）议会

议会在外交方面的权力包括以下几个方面。第一，宣战权及同意或否决外国签署的各种形式的条约或契约。1997 年修订后的宪法第五编第一章第 85 条第 7 款规定：宣布战争状态，以两院全体议员的绝对多数同意或否决行政权力机构同外国达成的和平、联盟、贸易条约以及任何形式的公约和契约。第二，允许外国军队入境和本国军队出征，而且强调如果允许外国军队进入共和国的领土，应规定其离开的时间。如果只是为了表示敬意而入境的部队，经行政和机构批准即可，无需议会批准。第三，任命外交使团团长必须经参议院同意。

（四）其他行为者

随着乌拉圭日益融入全球化，外交政策议程日益扩大。因此，外交政策的行为者数量也日益扩大。"在外交决策过程中包括政府和非政府组织在内的行为者数量扩大，这个过程在拉卡列政府时期尤为明显。与此同时，决策过程脱离了传统的总统－外交部部长模式。"① 近年来，经济和财政部，住房、领土规划和环境部等政府部门以及地方

① Lilia Ferro Clérico，"Democracia y Política Exterior：Uruguay（1985 - 2006）"，*América Latina Hoy*，Vol. 44，Diciembre，2006，p. 130.

政府越来越多地参与到贸易、气候变化等议题的国际谈判以及国际经济合作之中。

三　阿蒂加斯学院

阿蒂加斯学院（El Instituto Artigas del Servicio Exterior，IASE），又称共和国外交学院。它是根据 1949 年 9 月 19 日的行政令建立的，主要任务是负责刚刚入职的外交人员的培训、外事官员的专业化教育和进修。该学院也是国际政治和外交的研究中心、信息传播中心和出版中心。为纪念外交部成立 190 年和阿蒂加斯学院建院 70 年，停刊 21 年的《外交杂志》（*Revista Diplomática*），在 2018 年 12 月 14 日再次出版。

第三节　对外关系

乌拉圭与邻国阿根廷和巴西以及欧洲国家保持着传统而密切的政治、经济和文化联系。第一次世界大战后，美国在其对外关系中的地位上升。20 世纪 90 年代与巴西、阿根廷等南共市国家的政治经济关系加强。进入 21 世纪后，中国成为乌拉圭重要的贸易伙伴。

一　与拉美其他国家的关系

发展与拉美其他国家特别是与巴西、阿根廷等邻国的友好关系是乌拉圭对外政策的传统及优先目标。

（一）与巴西和阿根廷的关系

在独立后的相当长时间内，乌拉圭一直是南美最大的两个国家巴西和阿根廷之间的一个缓冲国和争夺的目标。乌拉圭不得不在这两个大国之间寻求平衡，某些时候乌拉圭红、白两大政党出于权力争夺的需要，分别寻求巴西和阿根廷的支持。在第二次世界大战期间，执政的红党与巴西一道，和同盟国站在一起。而以埃雷拉为首的反对党白党则支持亲轴心国的阿根廷庇隆政府，并对德国的希特勒政权充满同情。但是按照 1934 年宪法，反对党白党在参议院中占一半议席。这使亲同盟国的红党总统巴尔多米尔无法向同盟国提供支持。他不得不于 1942 年解散议会，制定新宪法。阿根廷因此采取报复措施，对乌拉圭进行贸易封锁、禁止阿根廷人去乌拉圭旅行。直到 1955 年庇隆政府下台，乌拉圭与阿根廷的关系才出现好转。20 世纪 70 年代以后，乌拉圭与巴西和阿根廷开始加强合作。1970 年 5 月，乌拉圭与巴西签署联合开发瓜伊拉瀑布（Guaira Falls）水利资源的协定。1975 年巴西总统盖泽尔访乌，两国签订了双边友好合作条约及近 20 项双边合作协定。1982 年乌拉圭与巴西签署了为期 6 年的经济互补协定。与此同时，乌拉圭与阿根廷的关系也逐步改善。1970 年 3 月，乌拉圭总统帕切科与阿根廷总统胡安·卡洛斯·翁加尼亚（Juan Carlos Onganía，1914~1995）举行会谈。1973 年两国签订《拉普拉塔河流域条约》，解决了长期困扰两国的边界纠纷。1977 年阿总统魏地拉（Jorge Rafaél Videla，1925~2013）访乌。1978 年两国正式划定了拉普拉塔河及大西洋的分界线。1981 年 3 月两国签订和平利用核能协定。1982 年英阿爆发马岛战争后，乌拉圭支持阿根廷对马岛的主权要求。同年 8 月，连接乌拉圭和阿根廷的第一座公路－铁路桥在萨尔托建成。1983 年 5 月，两国合建的萨尔托水电站全部竣工。1985 年，巴西与阿根廷实现政治和解，两国从竞争转向合作。1986 年，乌拉圭、阿根廷和巴西总统在巴西利亚举行会议，三国一致同意加强地区一体化进程。1991 年 3 月 26 日，乌拉圭与巴西、阿根廷和巴拉圭组建了南共市。

南共市的一体化进程强化了乌拉圭与巴西和阿根廷的政治经济关系。正如穆希卡总统在 2015 年 1 月 1 日参加巴西总统罗塞夫就职典礼时所说的，"巴西是拉丁美洲最重要、最具吸引力的国家。它的命运对我们所有国家都很重要。如果巴西的情况良好，乌拉圭对我们来说是比较好的；同样，如果巴西有问题，做得不好，对我们来说就更糟"①。乌拉圭与阿根廷的经贸关系更是密不可分，特别是金融业、旅游业和房地产业，从阿根廷经济危机对乌拉圭的传导效应中可以看得非常清楚。2001~2002 年阿

---

① "Mujica Defends Brazilian Leadership in the Region and Called for Strong Unity", January 3, 2015.

根廷发生经济危机，阿根廷人持续从乌拉圭银行提款，使乌拉圭银行业出现大面积瘫痪和破产，乌拉圭陷入历史上最严重的经济危机。2002 年巴特列总统因将阿根廷人描述为"一伙盗贼"而使两国关系降温。

"纸浆厂争端"进一步将乌拉圭与阿根廷的关系降到了冰点。2005 年乌拉圭政府批准芬兰公司在乌阿两国界河乌拉圭河沿岸的弗赖本托斯修建纸浆厂，该项目投资 17 亿美元，是该国有史以来最大的外国投资项目。该项目距阿根廷著名的旅游胜地瓜尔瓜伊楚（Gualeguaychú）约 30 千米，由于担心污染，阿根廷人自 2005 年 4 月起封锁了乌拉圭河上连接两国的圣马丁将军大桥，长达数年之久，阿根廷基什内尔（Nestor Kirchner）政府高层政治人物公开支持抗议活动。在外交交涉无果的情况下，2006 年 5 月阿根廷将争端诉诸国际法院。因为担心阿根廷可能对纸浆厂会采取军事行动，巴斯克斯总统在 2007 年甚至与美国总统小布什（George W. Bush）就此事进行磋商。[1] 2008 年 10 月，在基什内尔卸任阿根廷总统并被推选为新成立的南美国家联盟首任常设秘书长候选人时，乌拉圭投了否决票。2010 年海牙国际法院（International Court of Justice）做出了较为公平的判决。穆希卡总统上任后主动缓和两国关系，乌拉圭撤回否决票后，基什内尔最终当选南美国家联盟的首任秘书长。几天后，阿根廷解除了对圣马丁将军大桥的封锁，两国关系回归正常。除"纸浆厂争端"外，两国经贸争端不断。2013 年 3 月，阿根廷税务机关将海外旅游和支出的税收从 15％提高到 20％。由于旅游业是乌拉圭的支柱产业，而阿根廷又是该国游客的主要来源国，此项政策对乌拉圭旅游业和银行业影响很大。乌副总统阿斯托里称两国的经贸关系处于"最坏的时刻"。2013 年 11 月，阿根廷实施货物转运限制，禁止运往乌拉圭港口的货物在阿根廷卸货。这严重损害了乌拉圭经济，造成蒙得维的亚港口的海上货物运输量同比下降 43％。[2] 阿根廷总统毛里西奥·马克里（Mauricio Macri）在 2015 年 12 月

---

[1] David R. Mares and Arie M. Kacowicz eds., *Routledge Handbook of Latin American Security*, Routledge, 2015, p. 256.

[2] "Uruguay: Mujica Compelled to Ring Changes", *Weekly Report*, January 9, 2014.

上台后，致力于改善与乌拉圭的关系，解决与内河港口和过境有关的多种后勤和商业争端。

近年，乌拉圭与巴西的关系受到贸易保护主义政策的影响，农产品贸易摩擦也使两国关系变得紧张。为了保护国内的乳制品生产商，巴西出台了针对乌拉圭乳制品进口的限制措施。2017 年 8 月，巴西政府官员提出对从乌拉圭进口的乳制品实行配额，同年 10 月 10 日，巴西指责乌拉圭乳制品生产商采购来自第三国的牛奶，宣布暂停进口乌拉圭牛奶。

（二）与其他国家的关系

20 世纪 70~80 年代，乌拉圭与拉美其他国家为推动建立国际经济新秩序、维护海洋权益、促进中美洲和平解决危机和联合解决债务问题等开展了积极的政治合作。1985 年文人政府上台后，乌拉圭与拉美其他国家的双边关系发展很快。除双边关系外，在世界及地区问题上，乌拉圭与拉美其他国家加强了磋商及多边政治合作，在扫毒、联合国改革、环境保护、打击恐怖主义等问题上，开展了一些合作。

1. 与墨西哥的关系

乌拉圭与墨西哥保持了比较密切的政治经济关系。1996 年胡利奥·桑吉内蒂总统访问墨西哥。1999 年 7 月，墨西哥总统埃内斯托·塞迪略访问乌拉圭，双方签署了相互促进和保护投资协定。2000 年 1 月，两国签署经济补偿协定。该协定生效于 2001 年 3 月 1 日，两国大部分产品实现了贸易自由化。2003 年 11 月 15 日，墨西哥与乌拉圭签署自由贸易协定。2009 年 8 月 17 日，墨西哥总统卡尔德龙和乌拉圭总统巴斯克斯签署战略伙伴关系协定。2013 年 1 月 28 日，墨西哥总统涅托访问乌拉圭，两国表示在多边论坛中相互支持。墨西哥支持乌拉圭担任 2015~2016 年联合国安理会非常任理事国，希望乌拉圭支持墨西哥候选人竞选美洲国家组织人权委员会的席位。自由贸易协定促进了两国贸易的增长。乌拉圭对墨西哥的出口自 2004 年起年均增长 15%，2012 年达到 5.48 亿美元。①

---

① "Peña Nieto Visits Uruguay", *LatinNews Daily Report*, January 29, 2013.

2. 与委内瑞拉的关系

1985 年 2 月桑吉内蒂总统访问委内瑞拉，两国恢复了自 1976 年因避难权问题而中止的外交关系。1999 年查韦斯总统执政后，两国保持了友好关系。2007 年 8 月，查韦斯访问乌拉圭，两国政府签署了乌拉圭国有企业 ANCAP 和委内瑞拉国家石油公司（PDVSA）能源合作协议等一系列重要的双边投资与合作协议。2010 年 4 月，穆希卡总统访问委内瑞拉，查韦斯政府同意以优惠价格向乌出口原油。2013 年 1 月，两国还签署了奶粉供应协议。根据新协议，乌拉圭将每月向委内瑞拉出口 4500 吨奶粉，每月净赚 1600 万美元。而且，委内瑞拉为该产品支付的价格比乌拉圭出口到其他国家的价格高 25%。除奶粉外，乌拉圭还向委内瑞拉出口其他食品，其中鸡肉出口增幅居首位。2012 年，委内瑞拉成为乌拉圭的第四大出口市场，占乌拉圭出口总额的 4.6%。① 乌拉圭政府于 2007 年 6 月 25 日决定加入查韦斯总统倡导建立的南方银行。乌拉圭还积极支持委内瑞拉加入南共市。2011 年 12 月 20 日，查韦斯总统在被诊断癌症后首次因公出国，出席了在蒙得维的亚举行的南共市首脑会议。2012 年 7 月委内瑞拉加入南共市，在乌拉圭执政的广泛阵线内部一度引起巨大争议。但穆希卡总统坚持认为，"并不是委内瑞拉加入了南共市，而是南共市进入了委内瑞拉，或者你还没有意识到委内瑞拉是拉美的一个战略性国家？把魔鬼查韦斯从你的头脑中去除，政府来来去去，但这个国家仍在那里"。② 2013 年 1 月 10 日，何塞·穆希卡总统参加了查韦斯总统因病缺席的就职典礼，并扮演了主角作用，以示对查韦斯政府的支持。2013 年 3 月 5 日查韦斯总统逝世后，穆希卡政府以"不干涉"别国内政为由，继续支持其后上台的马杜罗政府。

巴斯克斯领导的第三届左翼政府（2015～2020）对委内瑞拉的政策略有调整，与委内瑞拉关系有所疏远，但仍继续支持马杜罗政府。外交部部长鲁道夫·宁恩·诺沃亚在上任之初明确表示，处理对外关系时将基于

---

① "Uruguay: Mujica Headlines at Chávez Rally", *Brazil & Southern Cone*, January 2013.

② "Quotes of the Week", *Latin America Weekly Report*, August 2, 2012, p16.

国家的经贸利益和全世界的人权保护，而非意识形态。但巴斯克斯政府尽量减少对马杜罗政府的批评，并维持了双方的合作。2015 年 7 月 6 日，乌委两国总统在巴西利亚出席第 48 届南共市首脑会议期间签署双边经济合作协议，内容包括乌向委出口价值 3 亿美元的 26.5 万吨食品，委向乌出口价值 4 亿美元的石油，用于支付进口食品的费用及偿还拖欠乌两家出口企业的 3800 万美元债务。①

随着委内瑞拉政治经济形势恶化，面临的国际压力越来越大，马杜罗政府不仅面临美国越来越严厉的制裁，也日益受到拉美国家的孤立。但总体上来说，乌拉圭对委内瑞拉马杜罗政府采取了较为温和的立场，没有加入 2017 年 8 月 8 日成立的孤立马杜罗政府的利马集团（Grupo de Lima）。② 在 2018 年 12 月 15 日举行的广泛阵线全体会议上，还将近几年推动美洲国家组织制裁马杜罗政府的乌拉圭前外长（2010～2015）、现任美洲国家组织秘书长路易斯·阿尔马格罗（Luis Almagro）驱逐出党。2019 年 1 月 10 日，马杜罗开始其第二个任期后，欧美多个国家因为不承认选举的合法性，拒绝承认马杜罗政府，转而承认自任总统的委内瑞拉国会议长胡安·瓜伊多（Juan Guaido）为合法总统。面对委内瑞拉政治危机，乌拉圭认为委内瑞拉政治危机是国内问题，反对美国对委内瑞拉进行干涉。而且，乌拉圭与墨西哥组成接触集团，推动委内瑞拉问题的政治解决。2019 年 1 月 23 日，乌拉圭与墨西哥发表联合声明，敦促委内瑞拉社会为其国内不断加深的危机找到一个和平和民主的解决办法。但巴斯克斯政府的对委政策遭到反对派的批评。2019 年 1 月 7 日白党发表声明，批评"乌拉圭政府令人遗憾的沉默，损害了国家的传统和声誉"，敦促政府加入利马集团，不承认马杜罗在 2019 年 1 月 10 日开始的新一届政府，并与国际社会一道对其采取制裁行动。③

① 《委内瑞拉和乌拉圭签署经济合作协议》，人民网，http：//world. people. com. cn/n/2015/0718/c1002-27323332. html，2015 年 12 月 29 日。
② 成立之初有 12 个国家：阿根廷、巴西、加拿大、智利、哥伦比亚、哥斯达黎加、危地马拉、洪都拉斯、墨西哥、巴拿马、巴拉圭和秘鲁。圭亚那和圣卢西亚后来加入。
③ "Buoyant Blancos Go on the Offensive", *Weekly Report*, January 10, 2019.

随着委内瑞拉经济形势的恶化，两国经贸关系受到很大影响，乌拉圭对其出口大幅减少。2014 年小幅跌至 4.13 亿美元，2015 年乌拉圭对委出口开始暴跌，2017 年已下降到 1990 万美元。[1] 到 2016 年初委内瑞拉已拖欠乌拉圭乳制品企业 9300 万美元。[2]

3. 与古巴的关系

乌拉圭与古巴的关系一波三折。1964 年 9 月 8 日，根据美洲国家组织大会的决议，乌拉圭断绝了与古巴的外交和领事关系。恢复民主化后，桑吉内蒂政府于 1985 年 4 月与古巴恢复了贸易和文化关系。同年 10 月 17 日，两国正式恢复了外交和领事关系。此后，两国关系发展一直很好。1987 年 10 月，外长伊格莱西亚斯访问古巴，双方签署经济、贸易、文化、科技合作及互免关税协定。乌拉圭不仅反对美国旨在强化对古巴经济封锁的赫尔姆斯 - 伯顿法，1995 年桑吉内蒂政府还不顾美国的反对，邀请古巴国务委员会主席卡斯特罗访问乌拉圭。这是卡斯特罗 1959 年访乌后时隔 36 年再次访问乌拉圭。

巴特列政府时期，乌古关系恶化。2002 年 4 月 19 日，乌拉圭在联合国人权委员会上带头提出一项要求古巴改善人权状况、允许联合国派代表检查古巴人权状况的提案。该议案最后以 23 对 21 票获得通过。古巴外长佩雷斯·罗克（Felipe Pérez Roque）指责乌拉圭提出此项提案是对美国的屈服和献媚。菲德尔·卡斯特罗甚至称巴特列总统是一个"醉醺醺的、可怜的犹大"[3]。面对这些指责，巴特列政府于 2002 年 4 月 23 日宣布断绝与古巴的外交关系。2005 年 3 月 1 日巴斯克斯总统宣誓就职 3 个小时后，恢复了与古巴的外交关系。

穆希卡作为广泛阵线内的激进左派，与古巴的关系可追溯到 20 世纪 60 年代，他曾经访问过古巴。因此，2010 年 3 月执政后，穆希卡政府与古巴保持了密切关系。2013 年 7 月，穆希卡总统访问古巴。穆希卡总统在 2014 年 12

---

① "Buoyant Blancos Go on the Offensive", *Weekly Report*, January 10, 2019.

② "Uruguay's Beleaguered Dairy Sector Accepts Bail out", *LatinNews Daily*, February 23, 2016.

③ 赵静：《人权、谎言和录音带：古巴和墨西哥、乌拉圭之间的一出外交戏》，《华夏时报》2002 年 4 月 26 日，第 5 版。

月 17 日美国和古巴恢复外交关系的过程中也发挥了重要调解人的作用。穆希卡早在一年前访美时，亲自将劳尔·卡斯特罗的亲笔信交给了奥巴马总统。①

二 与美国的关系

1867 年 4 月 5 日，乌拉圭与美国建交。20 世纪初，巴特列－奥多涅斯政府为抑制英国资本的扩张，大力引进美国资本，美国势力乘机向乌拉圭渗透。第一次世界大战爆发后，费利西亚诺·比埃拉（Feliciano Viera，1872~1927）总统承认美国的"正义和高尚"原则，于 1917 年 10 月同德国断交。第一次世界大战结束到 20 世纪 20 年代，乌拉圭成为南美洲最亲美的国家。其外交部部长、后任总统的巴尔塔萨·布鲁姆（Baltasar Brum，1919~1923），承认泛美主义的价值；建议恢复门罗主义；提议建立一种基于地区层面的国际联盟（League of Nations），即美洲联盟（American League）。②

第二次世界大战初期，乌拉圭宣布实行中立，但日本袭击珍珠港后仅 1 个月，乌拉圭便于 1942 年 1 月断绝了与轴心国的关系。当时的阿尔弗雷多·巴尔多米尔（Alfredo Baldomir，1884~1948）总统还全面加强了与美国的军事合作，不仅允许美国在其领土上建立海军和空军基地，而且同意美国帮助它训练武装部队，并向其提供军事设备。与此同时，乌拉圭与美国的经济关系也得到加强。1942 年美国进出口银行向乌拉圭提供了几笔贷款，资助它完成了内格罗河上的水电站工程。1943 年美国又向乌拉圭提供了几笔市政工程贷款，帮助乌拉圭修建了卡拉斯科国际机场。其间，美国在乌拉圭进出口中的地位大幅提升。乌拉圭对美出口占其出口总额的比重从 1936~1940 年的 14.7% 增加到 1941~1945 年的 47.7%；同期，从美国的进口占其进口总额的比重从 12.1% 增加到 29.7%。

① "Mujica's Role in US-Cuba Understanding Praised Worldwide", http：//en. mercopress. com/2014/12/18/mujica – s – role – in – us – cuba – understanding – praised – worldwide, December 18, 2014.

② Jorge I. Domínguez and Ana Covarrubias, eds, *Routledge Handbook of Latin America in the World*, Routledge, 2014, p. 64.

第二次世界大战后，乌拉圭与美国的政治和军事关系进一步加强。1947 年乌拉圭签署了《美洲国家互助公约》（即《里约条约》）。1949 年11 月 23 日，乌拉圭还在拉美国家中第一个与美国谈判签署了友好、贸易和经济发展等一系列的双边条约。这个条约规定了许多促进美国私人投资的措施，如保证美国资本自由进入和撤出、美国公司的管理和技术人员自由出入、财产和人员享受与乌拉圭人同等的待遇、当财产被没收时应给予相应赔偿、实行外汇自由兑换等。作为回报，乌拉圭从美国得到了大量的经济和军事援助。据统计，1946 ~ 1969 年，美国对乌拉圭的援助额达1.622 亿美元。① 但第二次世界大战后，特别是朝鲜战争后，乌拉圭对美国的出口和进口大幅回落。

卡特政府时期，美国与乌拉圭关系出现了一些摩擦。美国对乌拉圭军政府的人权状况提出批评，两国关系逐渐冷淡。

1985 年乌拉圭实行民主化后，乌美政治关系良好。两国高层官员互访频繁。1985 年 3 月，美国国务卿舒尔茨参加了桑吉内蒂的总统就职仪式。1986 年 6 月，桑吉内蒂访美时，在白宫受到热烈欢迎，这是乌拉圭总统 30多年来对美国进行的第一次访问。1988 年 8 月 5 日，美国国务卿舒尔茨回访乌拉圭。1989 年桑吉内蒂再次访美。1990 年 2 月拉卡列作为当选总统对美国进行了私人访问。1990 年 12 月老布什总统访问乌拉圭。1991 年 5 月拉卡列对美国进行了回访。桑吉内蒂总统再次执政期间（1995 ~ 2000）两次访问美国。与此同时，乌拉圭与美国在政治、经济、军事及扫毒等方面的合作也不断加强。在扫毒问题上，1989 年 12 月，乌拉圭签署了《联合国禁止非法贩运麻醉药品和精神药物公约》。1991 年 5 月乌拉圭与美国签署了扫毒协定。在债务问题上，拉卡列政府不仅支持美国解决外债问题的立场，而且同意在美国财政部部长布雷迪（Nicolas Brady）于 1989 年 3 月提出的债务重组计划基础上重新谈判外债。在加强西半球经济合作方面，布什于

---

① Thomas E. Weil, Jan Knippers Black, Kenneth W. Martindale, David S. McMorris, Sally Engle Merry, Frederick P. Munson, *Area Handbook for Uruguay*, U. S. Government Printing Office, 1971, p. 237.

1990 年 6 月 27 日提出了"美洲倡议",拉卡列总统在拉美国家中第一个表示支持。后来的桑吉内蒂政府也赞成并积极推动美洲自由贸易区的谈判。1999 年 8 月,美国宣布给予乌拉圭公民赴美旅游及从事商务活动三个月内免签证待遇。但 2003 年 4 月 16 日,美国出于安全需要,取消了这项规定。尽管乌拉圭与美国保持了较好的关系,但乌拉圭政府在许多问题上坚持独立自主的外交原则,与美国存在矛盾。在扫毒问题上,拉卡列政府强调,毒品问题有两个方面,这不仅是拉美毒品生产国的问题,作为毒品消费的主要国家,美国也应该承担责任。在古巴问题上,乌拉圭反对美国制裁古巴的赫尔姆斯－伯顿法;在人权问题上,乌拉圭不满美国指责乌的人权状况。1997 年 2 月 4 日,乌拉圭外交部政治事务司司长阿塞·玛丽亚·阿拉内奥专门召见美国驻该国大使托马斯·多德,谴责美国在 1996 年人权报告中指责乌拉圭政府存在人权问题。此外,乌拉圭还反对美国对巴拿马的军事干涉和用军事手段解决哥伦比亚国内冲突的"哥伦比亚计划"。

2000 年 3 月,豪尔赫·巴特列政府上台后,由于受 2001 年阿根廷经济危机影响,乌拉圭经济受到巨大冲击,对南共市出口大幅下降。为了摆脱危机,减少对南共市国家的经济依赖,巴特列政府加强了与美国的政治经济关系。2001 年 4 月和 2002 年 2 月,巴特列两次访问美国。2000 年美国商业部部长戴利和南方司令部司令威尔赫姆先后访问乌拉圭。在建立美洲自由贸易区问题上,乌拉圭决定撇开南共市单独与美国谈判自由贸易协定。2001 年 5 月,双方成立了乌美部长级联合经济理事会。2002 年 4 月 11 日,两国成立了贸易和投资双边委员会(JCTI)。2002 年 7 月,美国政府向乌拉圭提供了 15 亿美元的紧急贷款,帮助乌拉圭应对金融危机,这是小布什政府执政后首次向发生金融动荡的国家提供直接贷款援助。此后,美国又支持国际货币基金组织及世界银行向乌拉圭提供了多笔贷款,帮助它应对金融危机。为了回报美国的支持,乌拉圭在 2002 年和 2003 年联合国人权委员会上带头提出了要求古巴改善人权状况的提案。2004 年 10 月 25 日,乌拉圭与美国正式签署贸易和投资条约。2004 年 10 月 20 日,乌拉圭与美国还签署了开放天空的双边条约。该条约替代了 1946 年签署的航空协议,两国同意在同等条件下进行国际航空客、货运输。

这一条约的签署使乌拉圭成为全球第 66 个、南半球第 13 个与美国签署开放天空条约的国家。尽管巴特列政府加强了与美国的关系，但乌拉圭在对外关系中仍坚持反对美国的单边主义。在美国发动对伊拉克战争的问题上，巴特列政府坚持美国动武需要得到联合国安理会的授权，并应尊重国际法的原则。

2004 年 10 月，左翼执政联盟广泛阵线总统候选人巴斯克斯在当选总统后明确表示，"新政府虽然是左翼政府，但不会改变对美政策"，尽管新政府将优先发展与南共市和拉美其他国家的关系，但这并不排除保持与美国的良好关系，乌拉圭将和美国保持"亲切的、甚至是热烈的关系"。乌美两国领导人保持了密切交往。除美国财政部部长保尔森、商务部长古铁雷斯、副国务卿伯恩斯、助理国务卿香农先后来访外，2007 年 3 月，美国总统小布什访问乌拉圭。由于南共市一体化缺乏进展，乌拉圭"没有从南共市中吃到好果子"，巴斯克斯政府甚至一度寻求与美国谈判自由贸易协定。2006 年 6 月 27 日，乌拉圭和美国开始就签署自由贸易协定的可行性进行了第一轮探讨。为此，乌拉圭政府成立了产品贸易、服务开放、纠纷解决、知识产权、援助和合作 5 个谈判小组。但由于受南共市规则的限制和执政党内部的反对，乌拉圭与美国的自由贸易谈判受阻。2007 年 1 月 25 日，乌拉圭政府与美国政府只签署了颇具争议的《贸易与投资框架协议》（TIFA）。2008 年 4 月，美国时任国务卿康多莉扎·赖斯（Condoleezza Rice）会见乌拉圭外交部部长冈萨洛·费尔南德斯（Gonzalo Fernandez），双方签署了一项科学技术协议。2008 年 10 月乌美签署了一份关于可再生能源和能源效率的谅解备忘录。乌拉圭与美国在打击毒品走私和恐怖主义等执法事务上进行合作。在人权问题上两国有很多共同点。

何塞·穆希卡总统及其政治派别在广泛阵线内部虽属激进左派，但 2010 年 3 月执政后与美国保持了较为密切的关系。2010 年 3 月，美国务卿希拉里出席乌总统权力交接仪式。2010 年 7 月，美西半球事务助理国务卿凯利访乌。2012 年，阿斯托里副总统兼议会主席访美。2014 年 5 月，穆希卡总统访美并同奥巴马总统举行会谈。与此同时，两国也加强开展了一些政治合作。2011 年 3 月，美国国防部西半球事务助理部长莫拉访乌，两国举行了首次防务战略对话。2014 年 7 月，乌宣布接收 6 名美关塔那摩嫌犯，由此成为继萨尔瓦多（2012 年接收了两名中国籍的关塔那摩囚犯）之后拉美第二个接收关塔那摩囚犯的国家。

2015 年巴斯克斯总统第二次执政后，继续与美国开展合作。2017 年 1 月，美国与乌拉圭签署了双边社会保障全面协议（Social Security Totalization Agreement），该协议于 2018 年 11 月 1 日生效。2018 年 11 月 15 日，乌拉圭参议院批准一项法律，允许三架美国燃料货机、两架运输机和三架 E - 3 预警机以及 400 名美国军人和文职人员进入乌拉圭，为邻国阿根廷举办 20 国集团领导人峰会提供安全保障。

1994～2017 年，乌美双边贸易额有一定增长，但美国在其进出口中的比重没有变化。2017 年，乌拉圭对美国出口 4.55 亿美元，约占其出口总额的 5.77%；从美国进口 9.21 亿美元，约占其进口总额的 10.89%（见表 8 - 1）。乌拉圭对美国的贸易有大量逆差。据美国国务院的资料，2017 年，美国和乌拉圭的双边货物贸易额为 14.6 亿美元。美国对乌出口产品包括化妆品、电脑配件、手机、通信设备和药品。美国从乌进口的产品包括肉制品、皮革和毛皮、医疗设备和木材产品。约 120 家美国公司在乌拉圭经营。①

表 8 - 1　1994～2017 年乌拉圭与美国的贸易情况

单位：百万美元，%

	1994	2004	2005	2010	2015	2016	2017
对美国出口（离岸价）	131	577	764	195	525	446	455
占出口总额的比重	6.82	19.76	22.32	2.89	6.84	6.38	5.77
从美国进口（到岸价）	260	222	259	855	850	561	921
占出口总额的比重	9.36	7.06	6.68	9.92	8.96	6.89	10.89
贸易平衡	- 253	355	- 236	- 660	- 843	- 115	- 915

资料来源：乌拉圭国家统计局；CEIC 数据库。

---

① Bureau of Western Hemisphere Affairs, "U. S. Relations with Uruguay", October 2, 2018, https：//www. state. gov/r/pa/ei/bgn/2091. htm.

三 与西欧国家的关系

乌拉圭曾是西班牙的殖民地，在语言、文化等方面继承了西班牙的许多遗产。然而，在独立后的很长一段时间内，乌拉圭与西班牙的政治经济关系不是很密切。联合国成立时，乌拉圭甚至以佛朗哥政府1939年上台时曾得到轴心国帮助为由，反对西班牙在联合国的成员国地位。20世纪60年代，由于贸易原因，两国关系有所改善。1983年5月西班牙国王首次访问乌拉圭。

在第二次世界大战前，英国在乌拉圭政治经济发展中起着非常重要的作用。1807年2~9月，英国曾对蒙得维的亚进行了7个月的军事占领。英国的军事占领时间尽管不长，但对乌拉圭后来的政治、经济和社会发展产生了非常深远的影响。1828年在英国调解下，乌拉圭获得了独立。尽管英国此后在保护乌拉圭不受巴西、阿根廷两个大国干预方面并没有起到什么作用，但英国一直强调它的这种作用。1885年，英国驻蒙得维的亚公使帕尔格雷夫（Palgrave）说，"乌拉圭政府在处理与巴西和阿根廷的关系时，英国将向它提供有效的支持"[1]。19世纪最后25年，乌拉圭丰富的牧业资源吸引了大批英国企业。到第一次世界大战前，英国在乌拉圭投资了4600万英镑。[2]几乎所有乌拉圭的外债都来自英国伦敦。所有铁路都是由英国人修建和经营的。蒙得维的亚所有的公共设施，如煤气、供水、有轨电车、电话等都由英国人垄断或由英国资本控制。英国还是乌拉圭进口的主要来源国，进入蒙得维的亚港的船只有一半以上是英国的。在银行和保险业，英国公司也占据了统治地位。第一次世界大战以后，随着乌拉圭出口的快速增长和进口多元化以及巴特列－奥多涅斯的反帝立场，英国对乌拉圭经济的控制逐渐削弱。1915年，乌拉圭政府开始从英国公司手中购买铁路，到1948年基本完成了铁路国有化。二战后，英国在乌

---

① M. H. J. Finch：*A Political Economy of Uruguay since* 1870，The Macmillan Press Ltd.，1981，p. 191.

② M. H. J. Finch：*A Political Economy of Uruguay since* 1870，The Macmillan Press Ltd.，1981，p. 192.

拉圭政治、经济等方面的作用被美国取代。

20 世纪 90 年代，乌拉圭与西欧国家的关系发展密切，高层互访频繁。拉卡列总统，1993 年先后访问英国、比利时等欧共体国家，1994 年访问西班牙；桑吉内蒂总统，1995 年访问西班牙，1996 年访问意大利、奥地利和法国，1998 年访问葡萄牙，1999 年访问法国、西班牙；2010 ~ 2014 年，穆希卡总统先后访问西班牙、瑞典、德国、比利时、芬兰、梵蒂冈和布鲁塞尔欧盟总部；巴斯克斯总统 2015 年 10 月访问法国，2017 年 2 月访问德国和芬兰。访问乌拉圭的欧盟国家领导人有西班牙国王（1996）、英国王子查尔斯（1999）、西班牙首相马里亚诺·拉霍伊（Mariano Rajoy）（2017）等。

除双边关系外，自 20 世纪 90 年代以来，乌拉圭与欧盟的机制化合作也逐步确立和发展。1992 年欧盟与乌拉圭签署框架合作协议（Framework Co-operation Agreement）。在此框架下，欧盟 – 乌拉圭联合委员会（EU-Uruguay Joint Commission）定期举行（通常每两年一次）会议，讨论包括贸易在内的合作事项。作为南共市成员，乌拉圭在欧盟和南共市的合作框架内也开展了广泛合作。1995 年 12 月，欧盟与南共市签署《框架合作协定》，两个集团建立了定期政治对话机制。1999 年 11 月，南共市与欧盟开始自由贸易谈判，但由于在农产品贸易问题上遇到障碍，谈判陷入停顿。2010 年 7 月，欧盟和南共市重启自由贸易谈判，2019 年 6 月 28 日双方经过 20 年的艰难谈判，终于达成了历史性的自由贸易协定。但该协定能否得到批准生效还面临不少的挑战。此外，自 1999 年召开第一次欧盟 – 拉美国家首脑会议以来，乌拉圭领导人参加了历次举行的欧盟 – 拉美国家首脑会议以及在 2013 年 1 月以后召开的历届拉共体 – 欧盟国家首脑会议。乌拉圭还积极参加伊比利亚美洲峰会。2006 年 11 月 3 ~ 5 日，第 16 届伊比利亚美洲国家首脑峰会在乌拉圭首都蒙得维的亚举行。2017 年 6 月 21 ~ 22 日在蒙得维的亚举行了第一届欧洲投资论坛（European Investment Forum）。

欧盟是乌拉圭重要的贸易伙伴。2017 年，欧盟与乌拉圭的双边贸易总额为 30.6 亿欧元，占其贸易总额的 15%，为乌拉圭的第三大贸易伙伴。欧盟对乌拉圭的出口产品主要有化学品（30%）、机械和机械设备

（21%）、食品饮料和烟草（8%）、运输设备（6%）、塑料制品（3%）、光学和摄影仪器（3%）和纺织品（2%）。欧盟从乌拉圭的进口产品有木材纸浆、纸及纸板（43%）、动物产品（25%）、蔬菜产品（8%）、生皮和皮革（5%）、木材（5%）、纺织品（4%）与食品、饮料和烟草（3%）。

欧盟是乌拉圭最大的外国直接投资来源地。2016年欧盟对乌拉圭的投资流量为2亿欧元，投资存量为116亿欧元。芬欧汇川（UPM，纸浆）、Montes del Plata（纸浆）、Katoen Natie（物流/港口业务）、嘉能可（Glencore，农业）、索菲特（Sofitel，旅游）、拜耳（Bayer，制药）、西班牙桑坦德银行（Banco Santander）、西班牙对外银行（BBVA）和Movistar（电信）等公司在乌拉圭经济中发挥着重要作用。其中，欧盟国家对乌拉圭林业和造纸部门的投资对乌拉圭的外国直接投资总额产生了重大影响。2006年世界第三大纸和纸制品生产商芬兰芬欧汇川公司在乌拉圭的弗赖本托斯投资11亿美元建设了第一座纸浆厂，该纸浆厂于2007年投产。该项投资给乌拉圭创造了7000个就业岗位，贡献了1.4%的GDP和8%的能源需求。2017年11月，芬欧汇川公司与乌政府签署投资框架协定，决定在乌投资兴建第二座纸浆厂，预计投资额40亿美元。

欧盟曾是乌拉圭获取对外援助最重要的来源。1995～1999年，欧盟对乌拉圭的援助占该国得到的对外发展援助总额的63.9%。但此后，欧盟逐步减少了对乌拉圭的援助。2007～2013年，欧盟向乌提供了3600万欧元的援助，用于执行包括在农村地区建立卫生机构、建戒毒所、减少贫困家庭的营养不良、改善监狱设施等社会项目。欧盟援款约占乌接受外援总额的20%。2012年欧盟决定，自2014年起停止对乌拉圭等11个拉美国家的经济援助。欧盟认为乌经济已达中等偏上水平（人均收入在3976～12275美元），已经"毕业"，不应再享受欧盟的援助。①

---

① 《欧盟将停止对乌拉圭经援》，http://uy. mofcom. gov. cn/article/ztdy/201205/2012050814 2713. shtml。

四　与俄罗斯及东欧国家的关系

19 世纪至 20 世纪初，乌拉圭和沙皇俄国保持了友好关系。1857 年双方建立外交关系。1926 年，乌拉圭继墨西哥之后在拉美国家中第二个承认苏联。1934 年，苏联在乌拉圭设立大使馆。乌拉圭与苏联的贸易关系在第一个 10 年中是非常有建设性的。苏联石油公司（Iuyamtorg）向乌拉圭国有石油公司 ANCAP 提供原油。但受意识形态及国际环境影响，两国关系起伏较大。1935 年 12 月，由于巴西总统瓦加斯指责苏联驻蒙得维的亚外交官在巴西参与组织颠覆活动，乌拉圭断绝了与苏联的关系。4 年后，乌拉圭支持将苏联驱逐出国联。第二次世界大战期间，由于共同参加了反轴心国的战争，乌拉圭与苏联恢复了外交关系。

冷战开始后，东西两大阵营对立，乌拉圭与苏联的关系逐渐冷淡。尽管如此，两国仍保持着外交关系。与此同时，乌拉圭与苏联和东欧国家的贸易还有较大增长。与这些国家的贸易额占其外贸总额的比重从 1950 年的 5% 上升到 1958～1959 年的 16%。对外贸易增长的原因是乌拉圭因缺少外汇，以易货贸易形式从苏联进口了大量石油。1960 年，因乌拉圭拒绝增加石油进口，苏联停止购买乌拉圭羊毛，乌拉圭与苏联及东欧国家的贸易大幅下降。1960 年拉美只有 4 个国家与苏联保持外交关系，乌拉圭就是其中之一。但随着两国经贸关系的疏远及乌拉圭国内共产党领导的工会罢工活动的增加，乌拉圭与苏联的关系出现了许多摩擦。1961 年 1 月，苏联驻乌拉圭使馆一秘米哈伊尔·K. 萨米洛夫（Mikhail K. Samilov）被控参与颠覆活动而被宣布为不受欢迎的人。1966 年乌拉圭政府因 4 名苏联外交官鼓动罢工，将他们驱逐出境。1968 年乌拉圭指责苏联渔船侵犯乌拉圭领水。

20 世纪 60 年代末，两国关系开始缓和。1969 年 2 月，乌拉圭副总统阿尔韦托·阿夫达拉（Alberto Abdala）访问莫斯科，两国签署了价值2000 万美元的协定。根据这个协定，乌拉圭购买苏联的大型设备，并向苏联出售农产品和一些消费品。1970 年 5 月，苏联议会代表团对乌拉圭进行了回访。同年，乌拉圭与捷克斯洛伐克谈判促进贸易问题。

军人执政时期，因政府奉行国家安全主义，外交政策的意识形态色彩加重，乌拉圭与苏联和东欧国家的关系疏远。

1985 年民主化以后，乌拉圭与苏联的关系开始恢复。1985 年 5 月，桑吉内蒂政府授权重新开放了苏联－乌拉圭文化中心。1986 年乌拉圭外长访问苏联。同年 9 月，苏联航空公司（Aeroflot）在蒙得维的亚设立了办事处。1987 年开通了蒙得维的亚飞往莫斯科的航班。1987 年 10 月，苏联外长谢瓦尔德纳泽（Eduard A. Shevardnadze）访问乌拉圭。1988 年 3 月，桑吉内蒂总统访问莫斯科，这是乌拉圭总统对苏联的第一次访问。双方签署了1988～1990 年贸易协定及 1988 年易货协议。此外，桑吉内蒂还访问了民主德国，并与之建立了贸易关系。1990 年格罗斯外长访问了芬兰和罗马尼亚。

1991 年 12 月 25 日苏联解体后，乌拉圭承认了立陶宛、爱沙尼亚、拉脱维亚、俄罗斯、亚美尼亚、白俄罗斯、乌克兰等国的独立。立陶宛总统和亚美尼亚外长分别于 1991 年 10 月和 12 月访问了乌拉圭。1992 年亚美尼亚总统对乌拉圭进行了访问。1995 年乌拉圭与波黑建立了外交关系。1996 年立陶宛总统访问乌拉圭。

苏联解体后，由于实力地位大幅下降，俄罗斯的力量逐步退出拉美。2000 年，弗拉基米尔·普京（Vladimir Putin）任总统后，俄罗斯开始重返拉美。俄罗斯与乌拉圭的关系也恢复了一定活力。在巴特列政府（Jorge Batlle，2000～2005）期间，俄罗斯由副总统、国防和对外关系部门组成的多个高级代表团访问乌拉圭。2005 年上台的巴斯克斯政府（2005～2010），与俄罗斯保持了密切关系。为庆祝两国建交 150 周年，俄罗斯外长拉夫罗夫（Sergei Lavrov）在 2007 年 9 月访问乌拉圭，两国签署多项合作协定和声明。巴斯克斯总统还邀请俄罗斯政府参加了 2007 年 12 月在蒙得维的亚举行的南共市首脑峰会。乌拉圭向俄罗斯派出多个高级别代表团，两国外交部建立了协商机制。在此期间，谈判的重点是减免苏联对乌拉圭的债务，乌拉圭承认俄罗斯在世界贸易组织中的市场经济地位，两国签署了新的肉类贸易。在何塞·穆希卡政府（2010～2015）时期，高级别互访继续进行。2014 年在巴西福塔雷萨举行的"金砖国家－南美峰会"的框架内，穆希卡和普京举行了会晤。此外，乌拉圭寻求俄罗斯在基础设施和能源领域的投资。巴斯克斯总统在第二任期（2015～2020）内继续加强与俄罗斯的关系，并于2017年访问俄罗斯，两国签署了包括国防和海关合作、投资保护等在内的双边合作协议。

五　与亚洲、非洲、大洋洲国家的关系

乌拉圭与亚洲、非洲及大洋洲国家的关系起步较晚。20世纪70年代乌拉圭开始同中东和非洲产油国建立和扩大关系。1979年先后在尼日利亚、伊拉克和沙特设立使馆并任命了常驻大使。1980年乌拉圭将驻以色列使馆从耶路撒冷迁往特拉维夫。

1985年文人政府上台后，开始重视发展与亚洲、非洲和大洋洲国家的关系。20世纪80年代末，桑吉内蒂政府与马来西亚、新加坡建立了贸易关系。1988年向阿尔及利亚派驻了常驻代表，与坦桑尼亚恢复了关系，与阿曼、卡塔尔和巴林建立了外交关系。此外，乌拉圭加强了与这些地区国家的首脑互访。1989年9月桑吉内蒂总统访问日本，两国签署《关于日本向乌拉圭投资和贷款协定》（共2.1亿美元）。1996年桑吉内蒂总统访问马来西亚。1997年10月马来西亚总理马哈蒂尔访问乌拉圭。1998年桑吉内蒂总统访问以色列，双方签署了促进和保护投资、社会保险以及动物检疫等协定。1999年，费尔南德斯·法因戈德副总统对埃及、摩洛哥、突尼斯进行了正式访问，外长奥佩蒂访问了日本，副外长皮奥里先后出访伊朗、黎巴嫩等国。同年，印尼总统哈比比派特使访乌。2000年，伊朗、朝鲜（7月）和日本（9月）的代表团相继访问乌拉圭。7月乌拉圭与新西兰的外交关系由代办级提升为大使级。8月印度外交部副部长访乌。10月，乌拉圭副外长访问伊朗和日本。2001年4月，巴特列访问日本。与此同时，多个日、韩代表团访问乌拉圭。2004年6月，乌拉圭与伊朗签署贸易协定。此项协定将促进乌拉圭对伊朗出口的多样化。目前，乌拉圭对伊朗主要出口大米和羊毛。

2003年以后，随着乌拉圭及拉美国家在大宗商品价格上涨的带动下进入"超级繁荣"周期，亚洲国家开始重视与拉美国家的关系。2010年印度在乌拉圭设立大使馆。2018年12月初，日本首相安倍晋三访问乌拉圭，这

是日本政府首脑对乌拉圭的首次访问。在访问期间，两国签署协议，日本同意对乌拉圭牛肉开放市场。日本首相安倍晋三强调，乌拉圭是日本的战略伙伴，两国在自由、民主、人权和法治方面有着共同的原则。

第四节　与中国的关系

一　建交前中乌民间交往

新中国成立后，受冷战后东西方两大阵营对抗以及国内政治等因素影响，中国与乌拉圭长时间内没有建立外交关系。朝鲜战争爆发后，乌拉圭还参加了联合国军。1950 年 9～11 月，乌拉圭宣布向联合国捐款 200 万美元、提供 2 艘教练舰和部分物资。

虽然两国没有建交，但民间交流和贸易往来逐步建立起来。1956 年 8 月，中国人民对外文化协会会长楚图南率中国民间艺术团赴乌拉圭等拉美国家演出。访问期间，代表团参观了国营屠宰厂。1956 年 11 月，中乌签订经济合同，中国向乌拉圭购买价值 360 万美元的羊毛。1957 年 5 月，中国人民银行代表团访问乌拉圭、智利和阿根廷。1959 年 5 月，中国新闻工作者代表团访问乌拉圭等拉美国家。1959 年 6 月，乌拉圭 – 中国文化协会成立。同年 11 月，中国工会代表团访问乌拉圭。

同期，乌拉圭一些友好人士也访问过中国。1956 年乌拉圭共产党派代表参加了中共"八大"。1959 年，乌拉圭众议院议长弗朗西斯科·卡穆（Francisco Rodríguez Camusso，1923～2004）率 5 名议员访问中国，参加新中国成立十周年的活动，并受到周恩来总理的接见。回国后，代表团成员出版了一本《新中国：乌拉圭议员眼中的新中国》（*La Nueva China-Vista Por Parlamentarios Uruguayos*）的书，介绍新中国的发展。此次访问"成为两国人民友谊的一部分，可以被视为双边关系'史前'的一个里程碑"[①]。

---

① 乌拉圭驻华大使馆：《中乌议会友谊六十年》（*60 Años de Amistad Parlamentaria*），2019 年 3 月 5 日。

乌拉圭前总统何塞·穆希卡曾于 1962 年作为左翼游击队组织图帕马罗斯领导人，与拉美 12 国学生代表团一道访问中国，并受到毛泽东主席的接见。48 年后，当穆希卡总统回忆这段历史时，深情地表示"被毛泽东接见，是我永远的记忆……能见到毛泽东主席，令我对中国怀有很强烈的亲切感。我对中国除了亲切，还是亲切"。①

乌拉圭左派成员比森特·罗维塔（Vicente Rovetta）在 20 世纪 60 年代初来到中国，参与了 1963 年《北京周报》西班牙语版创刊号的编辑工作。其后在乌拉圭创立了"本土书店"（Nativa Libros），通过与中国国际书店合作，致力于推广和销售中国主题的书籍和期刊，并以此为基地，将这些书籍转运发行到拉丁美洲其他国家。"大量中国书籍在拉丁美洲的传播使得更多的拉美左派能够方便地阅读到他们当时所需求的革命指导理论，并对之后拉美毛派运动的发展产生了深远的影响。"② 比森特·罗维塔受到过毛泽东主席和周恩来总理的接见。1975 ~ 1986 年，他在北京外语出版社工作。

20 世纪 70 年代，中国加入联合国后，与智利、秘鲁、墨西哥、阿根廷、巴西等拉美一批国家相继建交，中国与拉美国家迎来了建交小高潮。虽然乌拉圭许多政治人士也希望与中国建交，但并不想与台湾"断交"，加之 1973 年军人上台执政，乌拉圭与中国一直没有建立外交关系。军政府在执政后期开始讨论与中国建交的问题，乌拉圭外长卡洛斯·马埃索（Carlos Maeso）在 1984 年 9 月联大会议期间曾会见中国外长吴学谦，表明了乌拉圭政府对发展与中国关系的态度，并邀请中国派贸易代表团访乌，推动两国建交工作。③

二 中乌建交

1985 年乌拉圭实现民主化，以桑吉内蒂总统为首的文人政府的意识

---

① 余熙：《约会乌拉圭——"南美瑞士"的闲适故事》，世界知识出版社，2011，第 121 ~ 122 页。
② 张琨：《比森特·罗维塔与原生书店——试论冷战时期毛泽东思想在拉丁美洲的传播》，《冷战国际史研究》2018 年第 1 期，第 151 ~ 172 页。
③ 李明德主编《拉丁美洲和中拉关系——现在与未来》，时事出版社，2001，第 547 页。

形态色彩淡化，并致力于发展经济，大力推动对外关系多元化。他们认识到，"乌拉圭与（中国）这个伟大国家没有外交关系是反常之态"，因此，中国与乌拉圭开始进行官方接触，为建交做准备。1985 年 5 月，乌拉圭红党代表团访问中国。1985 年 7 月，新华社在乌建立分社。同年 11 月 22 日，乌拉圭农牧渔业部部长罗伯特·巴斯克斯·普拉特罗（Roberto Vázquez Platero）访问中国。与此同时，两国也开展了政党交往。1987 年 3 月 20 日至 4 月 5 日，中国在蒙得维的亚举行了经贸展览会。1987 年 9 月，中联部顾问张香山率中共友好代表团访问乌拉圭。1987 年乌拉圭外长伊格莱西亚斯在阿根廷外交学会做报告时表示，乌拉圭希望本国的外交具有普遍性，主张与世界各国发展关系，其中也包括社会主义国家。1987 年 12 月 29 日，桑吉内蒂总统向记者发表讲话时称，与中华人民共和国建交体现了乌拉圭外交多元化的特征，与中国发展关系，符合乌拉圭的经济利益。[1]

中乌建交谈判从 1986 年开始，由双方驻阿根廷的大使作为谈判代表。时任中国驻阿大使沈允熬和乌驻阿大使路易斯·巴里奥斯·塔萨诺（Luis Barrios Tassano）开始进行接触和谈判，但进展不大。1987 年 7 月，乌拉圭的立场突然转变，提出要与回国述职的沈允熬大使在北京进行谈判。随后不久，乌驻阿大使访问北京，进行建交谈判，取得圆满成功。同年 10 月 14 日，朱启祯副外长与乌拉圭外长在阿根廷草签了两国建交文本。

1988 年 2 月 3 日，中国和乌拉圭两国驻联合国代表团团长在联合国驻地正式签署建交公报，宣布两国即日起建立大使级外交关系。

三 建交后两国关系的平稳发展

中乌建交后，两国关系进入平稳发展阶段，政治往来密切，经贸关系取得较快发展。

1993 年两国建立外交部间定期政治磋商制度。1988 年 11 月，胡利

---

[1] 谢汝茂：《在阿根廷谈判中乌建交》，《世界知识》2001 年第 8 期，第 42 页。

奥·玛丽亚·桑吉内蒂总统率领 80 人的代表团对中国进行了为期 6 天的正式访问。此后，几乎历届乌拉圭总统都访问过中国。1993 年 11 月 19 日至 12 月 5 日，拉卡列总统访问中国。1997 年 4 月 20~24 日，桑吉内蒂总统再次执政后对中国进行了第二次国事访问。中国领导人也多次出访乌拉圭。1990 年 5 月，国家主席杨尚昆对乌拉圭进行了历史性访问，这是新中国成立以来，我国最高领导人首访包括乌拉圭在内的拉美国家。杨尚昆主席在乌议会做了演讲，两国签署了《动物检疫和卫生合作协定》、《关于植物检疫合作的谅解备忘录》和体育合作协定。这一时期访问乌拉圭的其他中国领导人有国务委员兼外长钱其琛（1993 年 3 月），副总理朱镕基（1996 年 2 月），国务委员李贵鲜（1996 年 9 月），政治局常委、中央书记处书记尉健行（1999 年 5 月）等。

中国人大和政协与乌拉圭议会开展了交流。1988 年 10 月，全国人大常委会副委员长班禅额尔德尼·确吉坚赞率代表团访问乌拉圭等国，这是中乌建交以来访问乌拉圭的第一个中国人大代表团。乌拉圭议会领导人也先后访问中国，如众议院议长卡洛斯·巴拉伊巴尔（1997 年 10 月 31 日至 11 月 9 日）、特罗沃（1999 年 2 月）、劳萨洛特（2000 年 1 月）等。

党际交往不断加深。1993 年 4 月，胡利奥·玛丽亚·桑吉内蒂作为红党领导人访问中国。1997 年 11 月 1 日，白党全国领导委员会书记路易斯·伊图尼奥率领白党代表团访问中国。1994 年中共中央政治局常委、中央书记处书记胡锦涛率中国共产党代表团访问乌拉圭。1998 年广泛阵线主席巴斯克斯应中联部邀请访华，中国共产党和广泛阵线建立了两党友好交流机制，交流内容包括干部培训和定期组织关于治国理政的学术研讨及广泛阵线干部到中国各地考察等内容。

中乌军事交往也开展起来。乌国防部部长丹尼尔·乌戈·马丁内斯博士（1994 年 12 月）和伊图利亚（1997 年 11 月 28 日）先后访问中国。1997 年 3 月，中国在乌拉圭设立了武官处。中国国防部部长迟浩田（1994 年 6 月）和总参谋长傅全有（1998 年 10 月）先后访问乌拉圭。

经贸关系起步很快，但规模不大。两国自 1988 年建交后，经贸关系发展迅速。贸易额从 1987 年的 4539 万美元增加到 1988 年的 1.29 亿美元。到 1990 年，中国已成为乌拉圭第四大贸易伙伴。据中国海关总署统计，2000 年中国与乌拉圭的贸易总额达到创纪录的 3.44 亿美元。但此后两国的贸易出现波动。中国对乌拉圭出口的主要商品有机械设备、化工产品、服装、鞋类等。乌拉圭对中国的出口商品主要有羊毛、冻鱼、皮革等。中国是乌拉圭羊毛最大的买主。1980 年中国只购买了 80 吨乌拉圭羊毛。1996 年乌拉圭向中国（含香港地区）出口的羊毛达到 2.53 万吨。其中，上海恒源祥绒线公司是乌拉圭羊毛的最大买家，占乌拉圭羊毛总产量的约 15%。[1] 由于恒源祥公司在乌拉圭对华出口中的地位，1997 年 4 月桑吉内蒂总统访问中国时，专程访问了恒源祥公司。2000 年 1 月 27 日，中乌签署了关于中国加入世界贸易组织的双边协议。

双边经贸关系主要集中在贸易方面，投资规模很小。1996 年中远（乌拉圭）公司成立，1999 年成为独资公司。中远有定期班轮停靠蒙得维的亚港。

在台湾问题上，乌拉圭政府承认世界上只有一个中国，不与台湾发展官方关系，但与台湾仍保持了一定的非官方关系。1991 年乌拉圭与台湾当局签署协议，允许台湾在乌拉圭设立"台北经济办事处"。1992 年 9 月 3 日，台湾根据协议在乌拉圭设立"台北经济办事处"，2002 年 6 月关闭。1999 年双方贸易总额为 8265 万美元，其中，乌拉圭出口 783 万美元，进口 7482 万美元。其后，双方贸易额大幅下降，2002 年双边贸易额为 3523 万美元，乌拉圭进口 3135 万美元，出口 388 万美元。

四 21 世纪以来中乌关系的跨越式发展

进入 21 世纪后，中乌关系进入跨越式发展阶段。政治互信增强，关系定位不断提升，经贸合作日益加深，合作领域不断扩大。2018 年，中

---

① 秦黎、高建会：《乌拉圭羊毛与中国纺织工业的发展》，《中国纺织》1997 年第 7 期，第 31 页。

国与乌拉圭建交 30 周年。两国开展了一系列的活动，将两国关系推向
"历史新高"①。

（一）政治互信增强，关系定位提升

两国领导人继续保持频繁互访。2001 年 4 月 10~11 日，中国国家主
席江泽民对乌拉圭进行国事访问，两国签署了《中乌文化交流执行计划》
《中乌外交学院合作协议》。2011 年 6 月，中国国家副主席习近平访问乌
拉圭。2012 年 6 月 22~23 日温家宝总理对乌拉圭进行正式访问。2014 年
7 月，习近平主席同穆希卡总统共同出席在巴西利亚举行的中拉领导人
会晤。

乌拉圭各届政府首脑在任期内都访问过中国并取得丰硕成果。2002
年 10 月，豪尔赫·路易斯·巴特列对中国进行国事访问，两国签署教育
合作谅解备忘录。2009 年 3 月，巴斯克斯总统对华进行国事访问，访华
期间中乌签署《政府间贸易与投资合作谅解备忘录》，乌方宣布承认中国
完全市场经济地位。2013 年 5 月 25~28 日何塞·穆希卡总统对中国进行
工作访问，"寻求同中国一切可能的合作"②，特别是基础设施项目合作。
两国签署了经贸、教育、信息通信等领域的双边合作文件。穆希卡总统还
访问了天津，考察了当地的铁路、港口，并出席了在北京举行的第二届京
交会。2016 年 10 月 12~20 日，塔瓦雷·巴斯克斯总统对中国进行国事
访问。其间，两国签署《关于建立战略伙伴关系的联合声明》，乌拉圭表
示愿意在"一带一路"倡议下，探讨两国在相关领域的合作。

中国人大和政协与乌拉圭议会的交往不断加深。全国人大常委会委员
长李鹏（2001）、吴邦国（2006），全国政协主席贾庆林（2005）先后访
问乌拉圭。乌拉圭参众两院议长也频繁访华。访问中国的乌拉圭参议院议
长有耶罗（2000）、阿斯托里（2010）和露西娅·托波兰斯基（Lucía

---

① "China Willing to Negotiate FTAs with Uruguay, Other South American Countries", http://
www.xinhuanet.com/english/2018 - 01/25/c_ 136924491.htm.

② 《乌拉圭将寻求同中国"一切可能的合作"——访乌拉圭总统穆希卡》，http://
www.gov.cn/jrzg/2013 - 05/24/content_ 2410452.htmhttp://www.gov.cn/jrzg/2013 - 05/
24/content_ 2410452.htm。

Topolansky，2018）等。同时有多位众议院议长访华。2006 年乌拉圭议会成立乌中议员友好小组。2008 年第十一届全国人大成立中国 – 乌拉圭友好小组。

两国关系定位及合作机制不断提升。2001 年江泽民主席访乌，两国宣布建立长期稳定、平等互利的友好合作关系。2016 年 10 月两国建立战略伙伴关系。2009 年 3 月中乌建立科技合作混委会并举行首次会议。2003 年 9 月 4 日和 2008 年 8 月 27 日，乌拉圭相继在上海和广州设立领事馆。为促进商务往来，2018 年 11 月 1 日，乌拉圭迅美亚在佛山设立了商务平台，致力于发展中拉贸易特别是电商合作。

2003 年 9 月，中国提出与由巴西、阿根廷、乌拉圭与巴拉圭组成的南共市签订自由贸易协定后，乌拉圭一直致力于推动南共市与中国缔结自由贸易协定。面对太平洋联盟的发展及世界区域一体化格局的变化，乌拉圭主张应将南共市与中国签署自贸协定一事纳入战略讨论议程。乌拉圭担任南共市轮值主席国时，在 2018 年 10 月 18 日推动了中国与南共市的第六次对话。[①] 由于南共市与中国的自由贸易谈判缺少进展，自 2015 年开始，乌拉圭致力于同中国谈判双边自由贸易协定。2016 年巴斯克斯总统再度访华期间，两国就商签中乌自贸协定达成共识。目前，双方已成立非正式联合工作组就商签自贸协定事宜进行技术性磋商，首次会议于 2017 年 4 月在北京举行。但受南共市规则的限制，中乌自由贸易谈判缺乏进展。此外，乌拉圭国内对签署中乌自由贸易协定也存在分歧。2007 年 2 月，时任乌拉圭外交部部长雷伊纳尔多·加尔加诺（Reinaldo Gergano）在广泛阵线政治局会议上明确表示，鉴于乌拉圭在对中国和印度两国进出口贸易中处于不利地位，而它们低廉价格的加工产品也会充满我们的市场，因此，乌拉圭不适合与它们签署"自由贸易协议"[②]。

乌拉圭对参加中国提出的"一带一路"倡议合作非常积极。2017 年

---

① 《乌拉圭外长尼恩强调南共市应密切与中国关系》，http：//www. mofcom. gov. cn/article/ i/jyjl/l/201808/20180802779076. shtml。

② 《乌拉圭外交部长反对与中国和印度签署自贸协议》，http：//uy. mofcom. gov. cn/article/ jmxw/200702/20070204387237. shtml。

5 月，乌拉圭派官员参加了"一带一路"国际合作高峰论坛。2018 年 8 月，中乌签署《关于共同推进丝绸之路经济带和 21 世纪海上丝绸之路建设的谅解备忘录》。乌拉圭希望借助"一带一路"将其打造成中国及亚太国家面向南大西洋的重要节点，帮助乌实现从拉美"后阳台"变成"前大门"的战略构想。① 2017 年 11 月 30 日至 12 月 2 日，乌拉圭在埃斯特角城主办了第 11 届中国—拉美企业家高峰会。2018 年乌拉圭还出席了中国海外投资博览会中国国际进口博览会。

中乌地方政府交往扩大。自 1992 年中乌开始友好城市交往后，到 2018 年 3 月底，中乌已建立 8 对友好省市关系。分别是：山西省—卡内洛内斯省（1992）、青岛市—蒙得维的亚市（2004）、甘肃省—佛罗里达省（2006）、菏泽市—弗来宾多市（2006）、海南省—罗恰省（2017）、沈阳市—佛罗里达市（2017）、重庆市—圣何塞省（2018）和辽宁省—佛罗里达省（2018）。

随着中国与乌拉圭关系进入"历史最好时期"，台湾问题不再成为影响中乌关系的一个因素。乌拉圭政府宣布，自 2018 年 12 月 5 日起，暂停持有"中华民国护照"者免签入境 90 天的待遇。

（二）经贸关系实现跨越式发展

乌拉圭非常重视中国市场的潜力。何塞·穆希卡曾说过，"我们都知道中国意味着什么，我们不应该羞于说中国是我们这个时代的大买家和大卖家"。中国经济的快速增长确实为两国贸易的快速发展提供了机会。②

进入 21 世纪后，中乌贸易增长迅速，双边贸易额从 2001 年的 2.85 亿美元，增长到 2018 年的 46.4 亿美元，增长 15 倍多（见表 8-1）。中国自 2012 年起首次超过巴西，成为乌拉圭最大的贸易伙伴、最大的出口目的地。根据乌拉圭的统计，2018 年乌拉圭对中国出口总额为 23.25 亿

---

① 毕淑娟：《中乌务实合作打开新空间》，《中国联合商报》2018 年 2 月 12 日，第 B01 版。
② Francisco Urdinez, Camilo López Burian and Amâncio Jorge de Oliveira, "MERCOSUR and the Brazilian Leadership Challenge in the Era of Chinese Growth: A Uruguayan Foreign Policy Perspective", http://www.furdinez.com/uploads/2/2/5/6/22565746/ngs - 2015 - 0015_1_.pdf.

美元，占该国出口总额的 26% 。[1] 乌拉圭是中国进口肉类第二大来源国和进口大豆第四大来源国。除羊毛、牛肉、乳制品等传统出口产品相继进入中国市场外，乌拉圭一些非传统出口产品也开始进入中国。中国已是乌拉圭纸浆、大豆等产品的最大买家。2007 年乌拉圭首次对华出口红酒，共出口 1200 箱 15240 瓶 "复活节先生"（Dan Pascual）牌的红酒。

表 8 – 1　1987 ~ 2019 年中国和乌拉圭贸易统计

单位：亿美元，%

年份	贸易额 *				占出口和进口总额的比重 **	
	进出口	出口	进口	平衡	占出口的比重	占进口的比重
1987	0.54	0.02	0.53	0.51		
1988	1.25	0.02	1.23	– 1.21		
1989	1.14	0.03	1.11	– 1.08		
1990	0.71	0.05	0.66	– 0.60		
1991	1.29	0.11	1.18	– 1.08		
1992	1.12	0.18	0.94	– 0.76		
1993	0.99	0.32	0.67	– 0.35		
1994	1.14	0.35	0.79	– 0.43	6.01	0.99
1995	1.33	0.47	0.85	– 0.38	5.87	1.21
1996	1.26	0.57	0.69	– 0.11	4.85	1.49
1997	1.79	0.88	0.92	– 0.04	4.52	1.72
1998	1.65	1.21	0.45	0.76	2.76	2.07
1999	2.13	1.42	0.71	0.72	2.76	2.65
2000	3.44	2.43	1.01	1.42	3.97	3.24
2001	2.85	1.89	0.96	0.93	5	3.97
2002	1.73	0.95	0.78	0.17	5.57	3.83
2003	2.03	1.28	0.79	0.52	4.33	3.93
2004	3.20	2.10	1.10	0.99	3.84	5.54
2005	4.55	2.82	1.73	1.09	3.56	6.25

[1]　"Informe Annual de Comercio Exterior – 2018"，https：//www.uruguayxxi.gub.uy/uploads/informacion/690cc2f9aaa8763b54d802d8e991665b4e007585.pdf.

年份	贸易额 *				占出口和进口总额的比重 **	
	进出口	出口	进口	平衡	占出口的比重	占进口的比重
2006	6.72	4.02	2.70	1.32	4.12	7.30
2007	9.58	6.16	3.42	2.74	3.62	9.60
2008	16.52	10.28	6.24	4.04	2.89	10.01
2009	15.53	8.19	7.34	0.85	4.35	11.86
2010	26.29	14.77	11.52	3.25	5.41	13.03
2011	34.15	20.02	14.13	5.89	6.65	13.41
2012	43.24	24.13	19.11	5.02	9.14	14.31
2013	47.90	23.24	24.66	-1.42	14.23	16.88
2014	50.87	24.58	26.29	-1.71	13.37	18.51
2015	43.71	19.61	24.10	-4.49	13.89	18.41
2016	37.21	17.73	19.48	-1.75	12.43	18.83
2017	48.02	21.52	26.50	-4.98	18.88	20.03
2018	46.40	20.81	25.59	-4.78	20.00	18.87
2019	59.36	19.50	29.68	-10.18	15.17	20.83

资料来源：* 一栏下的数据来自中国海关；** 一栏下的数据来自乌拉圭国家统计局。

截至 2016 年底，中国在乌直接投资存量 2.3 亿美元。主要涉及汽车组装、运输服务、贸易等项目。2017 年，中国对乌直接投资 975 万美元。华为、中兴、力帆等中国企业在乌投资设立了子公司，投资涉及基础设施、畜牧、通信制造和汽车制造等行业。乌拉圭在华也有一些投资项目。截至 2017 年底，乌在华投资项目 22 个，实际投资 5065 万美元，主要涉及纺织、汽车零部件等行业。

截至 2017 年底，中国在乌承包工程累计签订合同额 2 亿美元，完成营业额 3.6 亿美元，主要涉及港口疏浚、通信等项目。其中，一个比较重要的项目是 2013 年 6 月 27 日，中交集团所属上航局与乌拉圭萨雅格煤气股份有限公司签署的乌拉圭液化气疏浚合同，合同总额约 4000 万美元。

中乌经济技术合作取得很大进展。中国已成为乌发展援助的最主要提供国之一。"中方捐赠的防灾救援设备，提升了乌国家紧急状况署在乌全境特别是内陆地区的灾害应对能力；中方提供的体育教练技术援助项目提高了乌多个体育项目的竞技水平，其中一位选手更是在参训后为乌拉圭赢得了历史上第 1 枚泛美运动会艺术体操金牌；目前正在启动中的蒙市小学校项目，将是中国在海外第一个全本地化实施的成套项目，将为蒙市市郊 CASAVALLE 区的小学生提供设施齐备、窗明几净的理想学习环境。近年来，中国政府还加大了对乌提供人力资源培训方面的援助：截至 2017 年底，中方累计培训乌方人员 600 余人，其中 305 人参加的是为乌拉圭量身定做的双边培训项目。相关培训涉及汉语、科技、基建和文化等各个领域，受到乌社会各界的热烈欢迎。"①

（三）文、教、科技及军事领域的交流日益活跃

中乌文化交流不断加强，交流内容和规模不断扩展。2016 年 3 月，由国际芭蕾舞大师博卡领衔的乌拉圭国家芭蕾舞团和艺术家乔凡娜领衔的探戈舞团来华参加"中拉文化交流年"开幕式演出，乔凡娜女士还担任"中拉文化交流年"形象大使。2018 年为庆祝中乌两国建交 30 周年，乌拉圭在中国开展了一系列的文化交流活动：4 月 20 日～5 月 5 日，"乌拉圭的瓜拉尼艺术展"在中国美术馆举行。乌拉圭在中国北京、重庆和广州等城市相继举办了"乌拉圭中国周"活动，内容包括商业推广、美食和文化活动。

两国教育领域的合作日益扩大。2001 年 4 月，两国外交学院签署合作协议。中国扩大了乌拉圭来华奖学金留学生名额。截至 2015 年底，中国共接受 47 名乌拉圭奖学金留学生。2016 年 10 月，两国签署教育领域合作谅解备忘录。为扩大中国文化传播和汉语教学，2017 年 11 月 29 日，由共和国大学和中国青岛大学共建的孔子学院在蒙得维的亚正式揭牌成立，这是中国在乌拉圭开设的首家孔子学院。2018 年 4 月 23 日，北京交通大学乌拉圭研究中心成立，两国还签署关于在乌拉圭设立中国文化中心的谅解备忘录。

中乌加强了科技领域的交流与合作。2011 年 6 月，北京大学同乌拉圭分子影像研究中心签署合作谅解备忘录。2016 年 10 月两国决定建立在

---

① 周泉：《中国－乌拉圭经贸合作未来可期》，《国际商报》2018 年 4 月 19 日，第 6 版。

南极气候及气候变化研究方面的人员及科学知识的交流机制。2017 年 1 月，乌拉圭外长鲁道夫·尼恩·诺沃亚（Rodolfo Nin Novoa）访问了位于乔治王岛（King George Island）的中国长城站。2017 年 9 月，中乌科技合作混委会第二次会议在蒙得维的亚举行，双方签署共建联合实验室的谅解备忘录。2018 年 4 月，双方签署关于创新合作的谅解备忘录。

2006 年，乌拉圭为中国公民出境旅游目的地国。2011 年，双方签署关于中国旅游团队赴乌旅游实施方案的谅解备忘录。为吸引中国游客，2017 年 8 月起，乌拉圭对持有美国、加拿大、英国签证的中国公民实行免签入境政策。2018 年 1 月，双方签署互发十年多次商务签证协议。

2012 年 11 月 20 日，乌拉圭陆军司令彼得罗·塞盖伊拉参加了在北京举行的首届中国-拉美高级防务论坛。

第五节　与国际组织的关系

一　参加的国际组织

乌拉圭是 30 多个国际组织的成员，如联合国、世界贸易组织等。此外还有国际卫星通信机构（INTELSAT）、联合国粮食及农业组织（FAO）、77 国集团（G77）、美洲防务局（IADB）、国际原子能机构（IAEA）、国际复兴开发银行（IBRD）、国际民间航空组织（ICAO）、国际计算机中心（ICC）、国际金融组织（IFC）、国际航道测量组织（IHO）、国际劳工组织（ILO）、国际货币基金组织（IMF）、国际刑事警察组织（INTERPOL）、不结盟运动（NAM）（观察员）、国际奥林匹克委员会、国际标准化组织（ISO）、国际电信联盟（ITU）、联合国贸易与发展会议（UNCTAD）、联合国教科文组织、联合国工业发展组织（UNIDO）、万国邮政联盟（UPU）、世界劳工组织（WFTU）、世界卫生组织、世界气象组织（WMO）、世界知识产权组织（WIPO）、亚洲开发银行（ADB）。

乌拉圭加入了美洲及拉美的几乎所有的次区域组织，如美洲国家组织、拉美经济体系、拉丁美洲一体化协会、拉丁美洲禁止核武器组织（OPANAL）、南共市、南美国家联盟（UNASUR）、拉丁美洲和加勒比国家共同体（CELAC）等。

二 在国际组织中的地位和作用

乌拉圭在国际组织中非常活跃。乌拉圭是许多地区及国际多边组织总部的所在地，如拉丁美洲一体化协会（Latin American Integration Association，LAIA）、南共市等。乌拉圭还是一些重要的国际会议的主办地。从 1986 年 9 月至 1994 年 4 月，历时 7 年半的关贸总协定（GATT）乌拉圭回合谈判在乌拉圭埃斯特角城举行。

乌拉圭被看作一个中立国家，并拥有职业外交团队，因此有许多乌拉圭人在国际机构中担任重要职务。乌拉圭经济学家、外交家恩里克·伊格莱西亚斯（Enrique Valentín Iglesias García，1930～ ），1988～2005 年 4 次连任美洲开发银行行长，2005～2014 年任伊比利亚美洲首脑会议秘书处（SEGIB）秘书长。2015 年 3 月 18 日，乌拉圭时任外长阿尔马格罗（Luis Almagro）当选美洲国家组织秘书长。

三 与南方共同市场的关系

在乌拉圭参加的国际组织中，南共市从政治、经济和社会发展来说无疑是最重要的。1991 年 3 月 26 日，乌拉圭与巴西、阿根廷和巴拉圭组成了南共市。但随着南共市发展进程的停滞，乌拉圭对南共市的失望情绪在增加。

在南共市发展初期（1991～1998），乌拉圭对南共市的发展充满期待。乌拉圭人常讲的一句话是"在巴西，人们每年谈论一次南共市，在阿根廷人们每月谈论一次。而在乌拉圭，人们每时每刻都在谈论它"。为确保乌拉圭在南共市的竞争力，拉卡列总统于 1992 年 2 月任命一个"特别内阁"，负责国内工业部门的重组问题。这一时期，南共市的建立和快速发展对乌拉圭的政治、经济和社会发展产生了积极的影响，成为带动 20 世纪 90 年代乌拉圭经济增长的主要动力及乌拉圭参与世界经济全球化的重要平台。

乌拉圭对南共市出口和进口的增长幅度都超过了对世界其他地区进出口的增长。对南共市的出口从 1990 年的 5.94 亿美元增加到 1998 年的 15.33 亿美元，增长了 158.1%；进口从 5.60 亿美元增加到 16.48 亿美元，增长了 194.3%。而同期，乌拉圭对世界其他地区的出口从 11.14 亿美元增加到 12.36 亿美元，只增长了 11.0%；进口从 8.55 亿美元增长到 21.60 美元，增长了 152.6%。随着贸易的快速增长，乌拉圭对南共市的贸易依赖程度越来越高。1990 ~ 1998 年，乌拉圭对南共市的出口占出口总额的比重从 34.8% 提高到 55.4%，从南共市的进口占进口总额的比重从 39.9% 提高到 43.3%。

1999 年巴西货币贬值及阿根廷经济危机成为南共市发展的转折点，并对乌拉圭经济产生严重冲击。乌拉圭对南共市成员国的出口大幅萎缩。1998 ~ 2002 年，乌拉圭对南共市的出口从 15.32 亿美元下降到 6.06 亿美元，下降了 60.4%。同期，对南共市的出口占其出口总额的比重从 55.34% 下降到 32.6%。南共市国家由于宏观经济政策缺乏协调及经济衰退给乌拉圭造成的损害，在一定程度上动摇了乌拉圭对南共市的信心。2000 年 3 月上台的巴特列政府认为，"南共市要么抱在一起死亡，要么各自寻找生路"。2002 年 4 月，巴特列总统提出，"南共市要么退一步建成一个自由贸易区，要么重新考虑它的一体化战略，更多地关注成员国经济不平衡的问题"①。为了减少对南共市的依赖，巴特列政府开始调整对南共市的政策，将对外政策的优先目标放在发展同美国的关系上。2002 年 2 月巴特列访美时，表示要单独同美国谈判自由贸易协定。2003 年 11 月乌拉圭还单独与墨西哥和秘鲁签署了自由贸易协定。

尽管 2005 年 3 月上台执政的广泛阵线政府与阿根廷和巴西执政的左翼政治立场相近，但由于南共市的发展不尽如人意，加之与阿根廷和巴西各种经济摩擦不断，各届广泛阵线政府一直致力于减少对南共市的依赖，开辟与区域外国家的自由贸易谈判。2006 年 5 月，巴斯克斯总统表示，

---

① EIU, *Uruguay*, February 2002, p. 8.

"乌拉圭不允许南共市成为乌拉圭寻求世界其他市场的暗礁"[1]，将寻求与世界的新融入点。太平洋联盟以及跨太平洋伙伴关系等区域及跨区域一体化的发展，促使穆希卡政府寻求南共市对其采取灵活的政策，与区域外国家签署双边自由贸易协定，但这项政策进展不大，未得到南共市两个大国巴西和阿根廷的支持。

与此同时，乌拉圭积极推动南共市与其他国家和欧盟等区域一体化组织谈判自由贸易协定。乌拉圭是南共市与欧盟自由贸易谈判的积极推动者。乌拉圭在 2018 年担任南共市轮值主席国时，推动南共市与四个集团或国家谈判自由贸易协定：2018 年 3 月南共市与加拿大开始谈判全面和包容性的贸易协定（Acuerdo Comercial Integral e Inclusivo）；2018 年 12 月，与欧洲经济联盟（Unión Económica Euroasiática, UEE）签署谅解备忘录；2018 年 5 月，南共市和韩国达成一项协议，促进贸易、投资、就业和可持续发展；2018 年 7 月，在太平洋联盟第十二次首脑会议的框架内，南共市与新加坡就签署自由贸易协定的可能性展开对话。与此同时，继续推动与欧盟和欧洲自由贸易联盟（The European Free Trade Association, EFTA）的贸易协定谈判。

目前，南共市在贸易上对乌拉圭的重要性已大幅下降。2016～2017年乌拉圭对南共市的出口占其出口总额的比重已下降到 24%。[2]

---

[1] 《巴斯克斯说乌不允许南共市成为它开拓世界市场的暗礁》，http：//uy. mofcom. gov. cn/article/lsyg/200605/20060502089165. shtml。

[2] CEPAL，"Boletín de Comercio Exterior del MERCOSUR"，https：//repositorio. cepal. org/bitstream/handle/11362/44298/1/S1801158_ es. pdf。

大事纪年

9000～10000 年以前	东岸地区开始有人类在活动。
1516 年 2 月	西班牙探险家胡安·迪亚斯·德索利斯到达拉普拉塔河口。
1616 年	西班牙方济各会传教士进入东岸地区，向印第安人传教布道。
1624 年	耶稣会传教士进入东岸地区传教。
1680 年	葡萄牙人在科洛尼亚建立定居点。
1726 年 12 月 24 日	西班牙移民在蒙得维的亚建立定居点。
1807 年 2 月 3 日至 9 月 9 日	英国军队占据蒙得维的亚。
1816 年	葡萄牙入侵东岸地区，并在 1821 年建立"西斯布拉丁省"。
1825 年 8 月 25 日	乌拉圭独立。
1830 年 7 月 18 日	第一部宪法颁布。
1839～1852 年	"大战争"。
1849 年 7 月 18 日	共和国大学成立。
1867 年 4 月 5 日	乌拉圭与美国建交。
1903～1907 年和 1911～1915 年	何塞·巴特列－奥多涅斯担任总统，推动了国家现代化。
1907 年	离婚合法化。
1923 年	乌拉圭工会联盟成立。
1930 年 7 月 13～30 日	第一届世界杯足球赛在蒙得维的亚举

	行，乌拉圭获得冠军。
1934 年	选举法颁布。
1934 年	《公共卫生组织法》颁布。
1950 年	乌拉圭在客场以 2∶1 战胜巴西队，第二次夺得世界杯足球比赛冠军。
1951 年	乌拉圭工会联合会（CSU）成立。
1962 年	劳尔·森迪克创建游击队组织"民族解放运动－图帕马罗斯"。
1966 年 10 月	最大的工会组织全国工人大会（CNT）成立。
1969 年	国家文官办公室成立。
1971 年 11 月	广泛阵线成立，并第一次参加总统选举。
1973 年 6 月 27 日	军人发动政变。
1984 年 8 月	军人与各政党达成恢复民主的《海军俱乐部协定》。
1985 年 3 月 1 日	胡利奥·玛丽亚·桑吉内蒂就任总统，军人统治结束，恢复民主。
1985 年 10 月	乌拉圭与古巴恢复外交关系。
1988 年 2 月 3 日	中国与乌拉圭建立外交关系。
1991 年 3 月 26 日	乌拉圭与巴西、阿根廷和巴拉圭组建南共市。
2005 年 3 月 1 日	巴斯克斯政府上台执政，开启广泛阵线执政的新时代。
2013 年 12 月 24 日	《大麻及其衍生物的进口、生产、采购、储存、销售和分销的国家管制和规定》颁布，乌拉圭成为世界第一个实施大麻合法化的国家。
2014 年 12 月	《视听通信服务法》颁布。

2016 年 10 月	巴斯克斯总统访问中国，两国签署《关于建立战略伙伴关系的联合声明》。
2018 年 8 月 20 日	中乌签署《关于共同推进丝绸之路经济带和 21 世纪海上丝绸之路建设的谅解备忘录》。
2020 年 3 月 1 日	路易斯·拉卡列·波乌就任总统，并组成了以白党为首的彩色联盟，终结了广泛阵线政府 15 年的执政。

参考文献

一 中文文献

〔乌拉圭〕弗朗西斯科·R. 平托斯：《巴特列与乌拉圭的历史发展过程》，辽宁大学外语系翻译组译，辽宁人民出版社，1973。

〔英〕约翰·斯特里特：《阿提加斯与乌拉圭的解放》（上、下），辽宁大学外语系翻译组译，辽宁人民出版社，1974。

〔英〕莱斯利·贝瑟尔主编《剑桥拉丁美洲史》（第 5 卷），胡毓鼎、高晋元、涂光楠、戴声浦等译，社会科学文献出版社，1992。

余熙：《约会乌拉圭——"南美瑞士"的闲适故事》，世界知识出版社，2011。

张琨：《比森特·罗维塔与原生书店——试论冷战时期毛泽东思想在拉丁美洲的传播》，《冷战国际史研究》2018 年第 1 期。

二 外文文献

（一）图书

William Henry Hudson, *The Purple Land*：*Being the Narrative of one Richard Lamb's Adventures in the Banda Orientál*, *in South America*, *as Told by Himself*, Creative Arts Book Company, 1979.

Yamandú Acosta, *Pensamiento Uruguayo-Estudios Latinoamericanos de Historia de las Ideas y Filosofía de la Ppráctica*, Montevideo：Nordan Comunidad, 2012.

M. H. J. Finch: *A Political Economy of Uruguay since 1870*, The Macmillan Press Ltd. , 1981.

Martin Weinstein, *Uruguay, the Politics of Failure*, Greenwood Press, 1975.

El Ejército Uruguayo en Misiones de Paz, *1935 ~ 1996*, Segunda Edición, 1996.

Lavinia G. Dobler, *Land and People of Uruguay*, J. B. Lippincott Company, 1972.

George Pendle, *Uruguay*, Oxford University Press, Third Edition, 1963.

Milton I. Vanger, *The Model Country-José Batlle y Ordoñez of Uruguay*, *1907 ~ 1915*, Trustees of Brandeis University, 1980.

Luis E. Gonzalez, *Political Structures and Democracy in Uruguay*, University of Notre Dame Press, 1991.

Stephen Gregory, *Intellectuals and Left Politics in Uruguay*, *1958 ~ 2006*, Frustrated Dialogue, Sussex Academic Press, 2009.

Martin Weinstein, *Uruguay: Democracy at the Crossroads*, Westview Press, 1988.

Carlos Real de Azúa, *Política Internacional e Ideologías en el Uruguay*, Universidad de la República, Facultad de Humanidades y Ciencias, Departamento de Historia Americana, 1987.

Pablo Rocca, *Literatura y Futbol en el Uruguay*, *1899 ~ 1990: la Polémica, el Encuentro*, Arca, 1991.

（二）论文

Wilson Fernández Luzuriaga & Nicolás Pose, "Uruguay y su Ingreso al Consejo Nacional de las Naciones Unidas. El Derecho Internacional en el Rol de un Estado Pequeño", （Colombia）*Revista de Relaciones Internacionales, Estrategia y Seguridad*, Vol. 12, No. 2, Julio-diciembre, 2017.

Lilia Ferro Clérico, Wilson Fernández Luzuriaga, and Diego Hernández Nilson, "La Estrategia de Inserción Internacional de Uruguay en el Gobierno del Frente Amplio", *Revista Uruguaya de Ciencia Política*, Vol. 15, No. 1, 2006.

Julián González Guyer, "La Contribución de Uruguay para Operaciones de Paz de Naciones Unidas: Acerca de las Motivaciones y la Interpretación de su Record", *Revista Uruguaya de Ciencia Política*, Vol. 23, No. 1, 2014.

Rodolfo Nin Novoa, "Uruguay de Cerca y de Lejos", *Revista Diplomática* (2ª ÉPOCA), Vol. 1, No 1, Julio-Diciembre, 2018.

Diego Hernández Nilson, Santiago Caetano Grau & Elizaveta Berezina, "El Reflorecimiento de las Relaciones entre Rusia y Uruguay en el Siglo XXI", *Revista Diplomática* (2ª *ÉPOCA*), Vol. 1, No 1, Julio-Diciembre, 2018.

Andrés Raggio Souto, "Algunos Apuntes sobre el Establecimiento de las Relaciones Diplomáticas entre Uruguay y la República Popular China en 1988", *Revista Diplomática* (2ª ÉPOCA), Vol. 1, No 1, Julio-Diciembre, 2018.

Lincoln Bizzozero, "Toma de Decisiones en la Politica Exterior Uruguaya: el Caso de las Dos Chinas", *Revista Uruguaya de Ciencias Sociales*, Vol. 13, No. 8, 1988.

Oyhantçabal, Gabriel. "The Political Economy of Progressive Uruguay, 2005 – 2016", *Latin American Perspectives*, Vol. 46, No. 1, 2019.

Camilo López Burian, "Political Parties, Ideology and Foreign Policy in Uruguay (2010 ~ 2014)", *Colombia Internacional*, No. 83, 2015.

三 相关网站

乌拉圭二十一世纪投资和出口促进局（Uruguay XXI），https：//www. uruguayxxi. gub. uy/en/。

国家统计局（Instituto Nacional de Estadística, INE），http：//www. ine. gub. uy/。

开放数据更新（Novedades de Datos abiertos），http：//www. agesic. gub. uy。

拉美新闻（LatinNews），https：//www. latinnews. com/。

南大西洋新闻社（Mercopress），https：//en. mercopress. com/。

索　引

后 记

列国志《乌拉圭》出版于 2005 年 9 月。接手这项工作时，我对乌拉圭几乎没有任何研究。通过列国志的写作，我对乌拉圭不仅有了些了解，而且喜欢上了这个遥远的拉美国家。之所以喜欢，是因为它有许多打动我的地方：它虽是拉美国家，但又没有拉美许多国家的典型特征——贫困和不平等；它虽是非典型的拉美小国，但自 100 多年前起实施了很多开创性的政治、经济和社会改革政策；它虽是一个小国，但是国际舞台上一个活跃的力量，让我这个做国际关系研究的人从乌拉圭看到了小国大外交的影子。此外，它的富饶、美丽、平和都让我对它心生爱意，这也许就是老一辈拉美研究学者中常有的爱屋及乌现象吧。因此，此次修订再版，我没有太多的犹豫，就接受了这项工作。

然而，修订工作付出的努力远比当初接受这项工作时预想得要多得多。其中，获取资料仍是撰写中遇到的最大困难。中文资料仍然很少，外文资料不全，有些网站的资料更新较慢。加之西班牙语水平的限制，费力不少。但无论付出怎样的努力，内心还是平衡的，谁让我喜欢这个国家呢。

不过，最大的遗憾是，虽然撰写了列国志《乌拉圭》，从事了多年的拉丁美洲研究，但我未曾踏上过这片土地。因为缺少感性认识，下笔时只能拘泥于文字资料，不敢有半点想象和情感发挥，这不免使得这本书在文字上缺乏灵动感和鲜活性。

乌拉圭驻华大使佩拉约·迪亚斯（Pelayo Díaz）为第一版作序。修订再版之际，乌拉圭新任驻华大使费尔南多·卢格里斯（Fernando Lugris）

为本书撰写了序言。有两位大使作序，对我来说是一种荣誉，但他们最主要的是表达他们对中国与乌拉圭友好关系的期盼。

在此，特别感谢费尔南多·卢格里斯大使及乌拉圭驻华大使馆为本书提供了许多精美的图片。此外，也感谢为本书出版提供过帮助的人。叶娟、刘燕编辑对本书做了非常细致的修改，她们对工作的认真态度令我非常感动，为本书添色不少，避免了很多错误。另外还特别感谢张昆、吴雪、杜泽宇、王钰鑫等同行、同学和朋友以及乌拉圭友人桑潇逸（Ismael Santana）为本书提供的帮助。

贺双荣

2020 年 3 月 31 日于北京

非洲

阿尔及利亚

埃及

埃塞俄比亚

安哥拉

贝宁

博茨瓦纳

布基纳法索

布隆迪

赤道几内亚

多哥

厄立特里亚

佛得角

冈比亚

刚果

刚果民主共和国

吉布提

几内亚

几内亚比绍

加纳

加蓬

津巴布韦

喀麦隆

科摩罗

科特迪瓦

肯尼亚

莱索托

利比里亚

利比亚

卢旺达

马达加斯加

马拉维

马里

毛里求斯

毛里塔尼亚

摩洛哥

莫桑比克

纳米比亚

南非

南苏丹

尼日尔

尼日利亚

塞拉利昂

塞内加尔

塞舌尔

圣多美和普林西比

斯威士兰

苏丹

索马里

坦桑尼亚

突尼斯

乌干达

赞比亚

乍得

中非

欧洲

阿尔巴尼亚

爱尔兰

爱沙尼亚

安道尔

奥地利

白俄罗斯

保加利亚

北马其顿

比利时

冰岛

波斯尼亚和黑塞哥维那

波兰

丹麦

德国

俄罗斯

法国

梵蒂冈

芬兰

荷兰

黑山

捷克

克罗地亚

拉脱维亚

立陶宛

列支敦士登

卢森堡

罗马尼亚

马耳他

摩尔多瓦

摩纳哥

挪威

葡萄牙

瑞典

瑞士

塞尔维亚

塞浦路斯

圣马力诺

斯洛伐克

斯洛文尼亚

乌克兰

西班牙

希腊

匈牙利

意大利

英国

美洲

阿根廷

安提瓜和巴布达

巴巴多斯

巴哈马

巴拉圭

巴拿马

巴西

玻利维亚

伯利兹

多米尼加

多米尼克

厄瓜多尔

哥伦比亚

哥斯达黎加

格林纳达

古巴

圭亚那

海地

洪都拉斯

加拿大

美国

秘鲁

墨西哥

尼加拉瓜

萨尔瓦多

圣基茨和尼维斯

圣卢西亚

圣文森特和格林纳丁斯

苏里南

特立尼达和多巴哥

危地马拉

委内瑞拉

乌拉圭

牙买加

智利

大 洋 洲

澳大利亚

巴布亚新几内亚

斐济

基里巴斯

库克群岛

马绍尔群岛

密克罗尼西亚

瑙鲁

纽埃

帕劳

萨摩亚

所罗门群岛

汤加

图瓦卢

瓦努阿图

新西兰

国别区域与全球治理数据平台

www.crggcn.com

　　"国别区域与全球治理数据平台"（Countries，Regions and Global Governance，CRGG）是社会科学文献出版社重点打造的学术型数字产品，对接国别区域这一重点新兴学科，围绕国别研究、区域研究、国际组织、全球智库等领域，全方位整合基础信息、一手资料、科研成果，文献量达30余万篇。该产品已建设成为国别区域与全球治理数据资源与研究成果整合发布平台，可提供包括资源获取、科研技术服务、成果发布与传播等在内的多层次、全方位的学术服务。

　　从国别区域和全球治理研究角度出发，"国别区域与全球治理数据平台"下设国别研究数据库、区域研究数据库、国际组织数据库、全球智库数据库、学术专题数据库和学术资讯数据库6大数据库。在资源类型方面，除专题图书、智库报告和学术论文外，平台还包括数据图表、档案文件和学术资讯。在文献检索方面，平台支持全文检索、高级检索，并可按照相关度和出版时间进行排序。

　　"国别区域与全球治理数据平台"应用广泛。针对高校及国别区域科研机构，平台可提供专业的知识服务，通过丰富的研究参考资料和学术服务推动国别区域研究的学科建设与发展，提升智库学术科研及政策建言能力；针对政府及外事机构，平台可提供资政参考，为相关国际事务决策提供理论依据与资讯支持，切实服务国家对外战略。

数据库体验卡服务指南

※100元数据库体验卡，可在"国别区域与全球治理数据平台"充值和使用

充值卡使用说明：
第1步　刮开附赠充值卡的涂层；
第2步　登录国别区域与全球治理数据平台（www.crggcn.com），注册账号；
第3步　登录并进入"会员中心"→"在线充值"→"充值卡充值"，充值成功后即可使用。

声明

最终解释权归社会科学文献出版社所有

客服QQ：671079496
客服邮箱：crgg@ssap.cn

欢迎登录社会科学文献出版社官网（www.ssap.com.cn）和国别区域与全球治理数据平台（www.crggcn.com）了解更多信息

社会科学文献出版社
SOCIAL SCIENCES ACADEMIC PRESS (CHINA)

卡号：254719598299
密码：

图书在版编目（CIP）数据

乌拉圭/贺双荣编著．--2版．--北京：社会科
学文献出版社，2020.12
（列国志：新版）
ISBN 978－7－5201－7687－3

Ⅰ.①乌…　Ⅱ.①贺…　Ⅲ.①乌拉圭－概况　Ⅳ.
①K978.2

中国版本图书馆 CIP 数据核字（2020）第 241712 号

·列国志（新版）·

乌拉圭（Uruguay）

编　　著／贺双荣

出 版 人／王利民
组稿编辑／张晓莉
责任编辑／叶　娟
文稿编辑／刘　燕

出　　　版／社会科学文献出版社·国别区域分社（010）59367078
　　　　　　地址：北京市北三环中路甲 29 号院华龙大厦　邮编：100029
　　　　　　网址：www.ssap.com.cn
发　　　行／市场营销中心（010）59367081　59367083
印　　　装／三河市尚艺印装有限公司

规　　格／开　本：787mm×1092mm　1/16
　　　　　　印　张：25.25　插页：1　字　数：372 千字
版　　次／2020 年 12 月第 2 版　2020 年 12 月第 1 次印刷
书　　号／ISBN 978－7－5201－7687－3
定　　价／89.00 元

本书如有印装质量问题，请与读者服务中心（010－59367028）联系